KB073294

선진 물류시스템을 실현하기 위해 살아온 물류선구자의 인생

물류의 길 ®

물류의 길(상표권자: 한국물류연구원)은 대한민국 특허청 상표법에 따라 서비스표등록원부에 다음과 같이 등록되어 있습니다.

제40-1238967호 (제16류, 그림 형태의 인쇄물 등 8건)

제41-0390527호 (제35류, 마케팅 자문업 등 10건)

제41-0390528호 (제39류, 화물 보관/운송/픽업 및 포장업 등 16건)

제41-0390529호 (제41류, 광고 목적 이외의 인쇄물/서적/신문/정기 간행물 출판 및 편집업 등 8건)

선진 물류시스템을 실현하기 위해 살아온 물류선구자의 인생

물류의 길 ®

서병륜 지음

(주) 삼양미디어

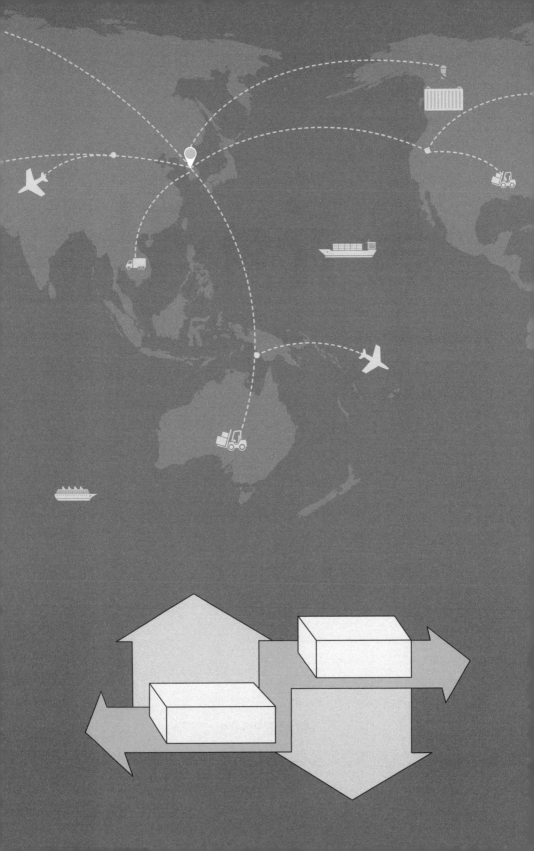

서문

먼저 필자가 그동안 걸어온 물류의 길은 다음과 같이 세 가
지 축을 이루고 있습니다.

그것은 남들보다 먼저 물류를 발견하여 깊이 빠져들게 되었
던 '물류개척의 길'과 프로 물류맨으로 성장할 수 있는 계기가
되었던 '물류컨설팅의 길', 그리고 파렛트 풀과 컨테이너 풀
사업을 중심으로 물류 공동화 비즈니스 모델인 LOGISALL을
창업하고 경영하여 온 '물류사업화의 길'입니다.

物流의
뒤안길에서

인간은 누구나 자기 나름의 인생길을 걸어가게 마련입니다.

언제나 우리 앞에는 여러 갈래의 길이 기다리고 있으며 우리는 이 갈림길에서 하나의 인생길만을 선택할 수밖에 없습니다.

우리는 가지 않은 길에 항상 미련을 갖습니다. 때로는 어느 쪽 길을 선택할 것인가 망설이기도 하고 또 한길을 선택하여 걸어가면서도 그 선택한 길이 잘못한 것은 아닌지, 뒤돌아보고 후회를 하기도 합니다. 그렇지만 후회하면서도 어쩔 수 없이 주어진 운명의 길을 살아가는 것이 인생이라고 생각합니다. 아마도 순간순간 결정한 최선의 길을 연속적으로 연결하여 본다면 그것이 한평생 삶의 궤적이 될 것입니다.

필자도 이러한 삶의 현장에서 스스로 선택한 물류의 길을 걸어오면서 때로는 아쉬움과 안타까움으로 회한의 눈물을 흘리기도 하였고 때로는 가슴 떨리는 기쁨과 진한 감격도 맛보았습니다.

물류의 길을 가겠다고 처음 나섰던 시절이 떠오릅니다. 마치 걸음마를 배우는 어린아이처럼 뒤뚱거리던 모습이었는지도 모르겠습니다. 무슨 일을, 어디에서 어떻게 시작하여야 할지 막막했으며 불빛 하나 없는 깜깜한 깊은 산 속에서 길을 잃고 헤매는 기분이었습니다.

때로는 커다란 장애물에 부딪쳐 아무것도 할 수 없다는 무력감에 빠져 폭풍우 몰아치는 망망대해에서 홀로 뗏목을 타고 표류하고 있다는 그런 공포스러운 느낌에 떨기도 하였습니다.

그러나 어두운 밤이 깊어지면 밝은 새벽이 다가오듯이 물류의 길목에서 몸부림을 치고 있을 때 서서히 희망과 행운이 찾아 왔습니다.

필자가 지난 48년간 물류의 길을 걸어오면서, 나아갈 길을 몰라 방황하고 있을 때면 어김없이 스승님과 선배들이 나타나 길을 인도하여 주었고, 혼자 외로워하고 있으면 물류동지들이 찾아와 격려하여 주었습니다.

가진 돈이 없어 끼니 걱정을 하고 있으면 자금이 마련되어 생존은 물론이고 사업도 할 수 있었습니다. 또 착수한 사업이 자리 잡지 못하여 여러 가지 타개책에 골몰하다 보면 반드시 사업의 활로가 열렸습니다.

지금까지 물류인생을 살아오면서 필자는 수많은 행운과 기회를 얻었고 주위의 전폭적인 신뢰와 도움을 받아 왔습니다. 그리고 지금 이 자리에 섰습니다. 이제는 앞에서 이끌어주고 뒤에서 밀어주신 여러분들에게 받은 마음의 빚을 갚는 겸허함으로 지금까지 걸어온 물류의 길을 뒤돌아보고자 합니다.

먼저 필자가 그동안 걸어온 물류의 길은 다음과 같이 세 가지 축을 이루고 있습니다. 그것은 남들보다 먼저 물류를 발견하여 깊이 빠져들게 되었던 '물류개척의 길'과 프로 물류맨으로 성장하게 된 계기가 되었던 '물류컨설팅의 길', 그리고 파렛트 풀과 컨테이너 풀 사업을 중심으로 물류공동화 비즈니스 모델인 LOGISALL을 창업하고 경영하여 온 '물류사업화의 길'입니다.

이 글은 필자가 한 인간으로서 외길을 걸어오면서 고뇌하고 역경을 극복하고 또 최선을 다하여 살아온 삶의 흔적들을 모아서 그 동안의 생각과 경험을 정리하여 본 것입니다.

우리 인간들이 먹고, 입고, 생활을 계속하는 이상, 물자를 만들고 소비하는 물류활동은 영원히 지속될 것입니다. 이미 인류의 역사는 농업혁명, 산업혁명 그리고 정보혁명으로 거듭났으며 본격적인 창조혁명 또는 지식혁명이 시작되고 있습니다. 이와 더불어 물류에도 엄청난 변화와 혁신이 예고되고 있습니다.

필자가 걸어왔던 물류의 길이 과거 산업사회와 정보사회의 초입에 걸친 경험에 불과하다면 이제 앞으로의 물류는 보다 더 새로운 시각과 혁신적인 패러다임, 체인지 마인드를 가진 후학들에 의해 새롭게 전개되고 발전되어 나갈 것이라고 확신합니다.

　아직은 부족한 점이 많고, 인생을 정리하기에도 조금 빠르다는 느낌이 들지만 용기를 내어 이 책을 집필하게 된 것은 새로운 물류시스템을 개척하여 고객들의 물류가치를 창조하여 모두가 공존공영하는 물류의 길에 있어서 새로운 이정표를 세우고 싶기 때문입니다.

　필자는 앞으로도 물류의 길을 그치지 않고 끊임없이 연구하고 노력할 것입니다. 모쪼록 많은 선배님, 동지, 그리고 후배 여러분들의 지도편달을 부탁드립니다.

　감사합니다.

2024년 12월 1일

서병륜

차 례

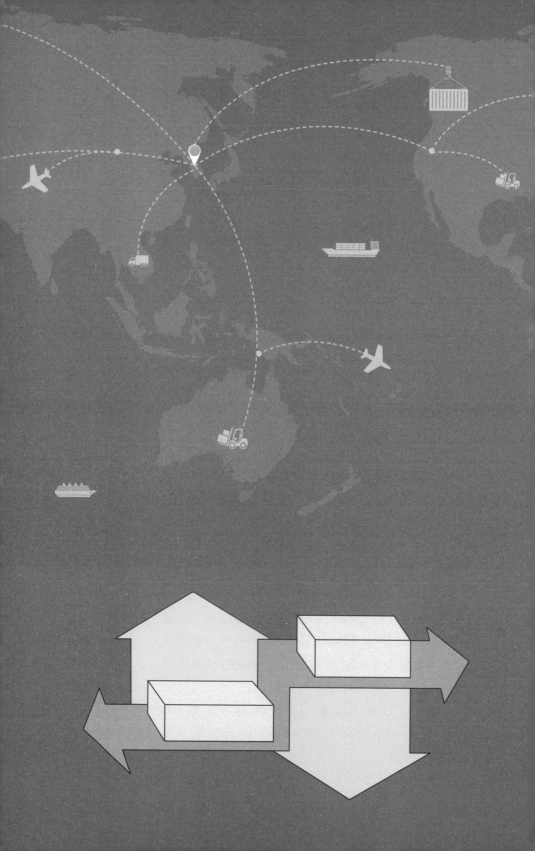

Chapter 1

物流개척의 길

01

내 인생의 좌우명, '物流의 길'

지난 48년간 물류라는 외길을 걸어온 내 인생의 좌우명은 바로 '物流之道물류지도'이다. 그리고 이 좌우명은 앞으로 내가 살아있는 동안 오직 물류의 길만을 걸어가겠다는, 나 자신과의 약속이기도 하다.

■ 物流之道의 進化

| 초창기

| 현재

나의 사무실에는 커다란 액자에 '物流之道'라는 글이 걸려있는데, 이는 내가 인생을 마쳤을 때 관위에 덮어주기를 바라는 가장 가치 있는 자산 제1호이다.

1984년 9월 1일, 나는 몸담고 있던 대우중공업(주)의 지게차 부문을 사직하고 물류인으로서 홀로서기를 하였다. 지금은 물류가 널리 알려져 사람들에게 중요한 분야로 인식되어 있지만 당시에는 이 분야가 거의 알려지지 않은 미개척 분야였다.

　당시 나는 다행스럽게도 직장 상사였던 대우중공업(주)의 임효빈 전무를 비롯한 임원들의 후원 덕분에 이미 해외 선진국에서는 물류가 대단히 중요한 분야로 각광받고 있다는 사실을 알게 되었다. 그리고 물류는 머지않은 장래에 우리나라에서도 반드시 중요하게 여길 날이 오리라는 확신을 가지게 되었다. 그러나 미래에 도전하기에는 한 인간으로서의 나약함과 망설임을 떨쳐버리기가 쉽지 않았다. 35세라는 젊음과 물류에 대한 열정만으로 인생의 모험을 걸기에는 한 여인의 남편이자 두 아이의 아버지로서의 현실적인 문제가 만만치 않았기 때문이었다. 솔직히 불확실한 앞날에 대한 두려움이 너무 크게 다가왔다.

　당시 내가 걷고자 했던 '물류의 길'은 보통 사람들이 걷는 평범한 길, 가령 학업을 마치고, 군대에 다녀오고, 직장을 마련하고, 결혼하여 가정을 갖게 되고, 자식들을 낳고 평범한 샐러리맨으로서 한 평생을 살게 되는, 그런 평탄한 길과는 너무나도 낯설고 또 다르게 여겨지는 길이었다. 그러나 나는 기꺼이 그 길을 택했고 오늘날까지 그 길을 걷고 있다.

　돌이켜 보건대, 지난 48년간 달려온 물류의 길은 나와 물류와의 운명적인 만남이 있었기 때문이라고 생각한다. 때로는 감격에 벅찬 감정을 느꼈고, 때로는 깊은 좌절감에 빠지기도 하였으나 다음과 같은 이유로 나는 분명 선택받은 행운아였다.

　첫째, 국내외에 걸쳐 수많은 물류분야의 전문가와 동지들을 만날 수 있었다.

　둘째, 인류의 지혜가 망라된 소중한 물류 전문서적을 5,000여 권이나 소장하게 되었다.

　셋째, 물류 계몽운동의 중심이 된 사단법인 한국물류협회와 사단법인 한국파렛트컨테이너협회, 그리고 사단법인 한국식품콜드체인협회를 탄생시키는 산파역할을 할 수 있었다.

넷째, 30개에 달하는 대기업의 물류컨설팅을 맡아 수행하면서 생생한 현장 물류를 체험하고 연구할 수 있었다.

다섯째, 경제기획원을 비롯한 물류 관련 기관에게 선진국의 물류 자료를 제시하고 선진 물류 제도 도입을 제안하여 정부의 물류정책 개발에 참여할 수 있었다.

여섯째, 우리나라 산업계에 있어서 물류분야의 표준화와 공동화의 주역이 될 한국파렛트풀(주)와 한국컨테이너풀(주), 그리고 한국로지스풀(주)를 주축으로한 LOGISALL을 창업할 수 있었다.

위에 열거한 이 모든 일들은 물류의 길을 선택함으로써 만나게 된 커다란 행운이었다고 생각한다. 물론 아직도 하고 싶은 일과 해야 할 일들이 산적되어 있지만 '無'에서 출발하던 때의 초심을 잃지 않고 최선을 다한다면 어떤 일이든 능히 극복할 수 있으리라 믿는다. 그리고 이러한 나의 노력은 2017년 2월 9일 '物流之道', 2017년 3월 10일 '물류의 길' 등 두 가지가 우리나라 특허청으로부터 지적재산권을 인정받는 결실을 맺었다. 이는 운명적으로 만났고 의지로 선택한 물류의 길이 내 인생과 삶의 모든 것이라고 믿고 있다.

어느새 2024년, 숨 가쁘게 달려온 내 나이는 벌써 일흔을 넘어서고 있다. 그러고 보니 물류의 길에 몸담은 지도 어언 48년이라는 세월이 흘렀다. 10년이면 강산도 변한다는데 강산이 네 번이나 변할 정도의 시간이 흐른 것이다. 나의 청춘과 한 평생을 다 바쳤음에도 불구하고 물류분야는 아직도 진화·발전하고 있으며 여전히 흥미로운 나의 삶의 무대이다.

이번 기회에 '물류의 길 48년'을 정리해 보려는 나의 뜻은 지금까지 교류해 온 물류동지들과 생각을 나누고, 뒤를 잇고 있는 물류 후배들에게 경험을 전하고 싶기 때문이다. 또 우리나라에서도 선진국들과 마찬가지로 물류 전문가들이 지속적으로 배출되고, 유망한 물류사업이 계속 출현하여 한국의 물류산업이 더욱 발전하기를 바라는 간절한 마음이다.

02

운명의 전환,
지게차와의 만남

미국의 수도 워싱턴에 있는 스미스소니언Smithsonian 박물관을 견학한 적이 있었다. 이 박물관 내에는 인류 문명 발달관이 있고, 그 입구에는 물류 운반 역사에서 빛나는 기술 개발 품목이 세계 전도 위에 해당 민족의 표시와 함께 일목요연하게 정리되어 있었다.

그 순간, '우리 한민족이 물류 운반 발달에 공헌한 것이 있을까? 혹 있다면 우리 민족이 개발해 낸 물류운반 장비의 기술은 과연 무엇일까?' 하는 의문이 들었다. 나는 설레는 마음으로 우리나라 지도가 있는 쪽을 눈길로 찾았다. 한반도 위에는 '지게'가 놓여져 있었다. 다행스럽게도 동력에 의한 기계가 발전하기 전, 인력에 의한 작업도구로서 지게의 가치를 인류 운반 역사에서 높이 다루고 있었던 것이다.

나는 지게차에 관련된 일을 하다가 물류의 길을 걷게 되었으나 우리 선조들이 사용해 온 지게가 인류 운반 역사에 그토록 크게 공헌한 사실은 전혀 알지 못했다.

지게차를 국내에 도입하던 초창기 시절, 지게를 연상시켜 사용자들이 장

| 구인사에서 승려들이 사용하고 있는 지게 | 워싱턴의 스미스소니언 박물관에 전시되어 있는 인류의 물류운반 발달사에 관한 안내도(한반도 위에 지게가 표시되어 있다)

비의 기능을 쉽게 이해할 수 있다는 생각으로 '지게차'라고 이름을 붙였고, 현재까지 이를 보편적으로 사용하고 있다.

어린 시절, 농촌에서 자라면서 지게를 직접 지어본 경험이 있었기에 인간의 힘을 이용한 지게의 구조를 발명한 지혜는 감탄할 만하다고 생각한 적이 있었다. 사람의 등 뒤에 하중을 걸 수 있는 구조역학적인 측면과 허리를 굽히면 지렛대 원리를 이용하여 자기 체중보다 무거운 짐을 지고도 이동이 용이하도록 한 기계역학적인 측면까지 고려한다면, 우리 선조들은 수천 년 전부터 물류 기술 개발에 탁월한 능력을 보유하고 있었다고 생각된다. 현대 산업사회의 물류 현장에서 주역 장비로 사용되고 있는 지게차의 기능들도 구조적이나 역학적으로 분석하여 보면, 지게의 구조나 사용법과 유사한 점이 상당히 많기 때문이다.

내가 지게차를 처음 만난 것은 1977년 3월 15일, 인천에 있는 대우중공업(주) 산업차량생산본부에 배치되어서였다. 지게차를 본 첫 인상은 그저 흉측한 기계였을 뿐 별다른 감흥은 없었다. 그때는 그 지게차가 나의 운명을 바꾸어 놓게 될 것이라고는 상상조차 할 수 없었다.

오늘날 물류현장에 지게차가 없다면 아마도 대부분의 물류이동이 불가능할 것이다. 지금 이 시각에도 전국의 수많은 작업현장에서는 지게차에 의한 물류가 진행되고 있다. 그러나 1977년 당시에는 우리나라 전체 지게차 시장규모는 연간 200대 수준이었고, 기종 또한 5톤 중심의 대형장비가 많이 사용되고 있었다. 이는 지금처럼 유니트 로드 시스템이 도입되기 전단계로서 원목, 철강 등 중량물 하역작업 현장에서 주로 사용되었다.

인간의 힘으로는 도저히 작업이 불가능한 하역 작업을 기계화하는 데 있어서 지게차는 그야말로 필수불가결한 장비였다. 그런 결과로 초기 2~3년간은 고객으로부터 주문이 몰려와도 영업부문에서 납품을 하지 못하여 어려움을 겪었다. 이후 생산설비와 생산량을 급격하게 확대하였으나 2~3년이 지나자 상황은 역전되었다. 대형 중량물 하역 작업 현장에 어느 정도 지게차가 보급되자 이제는 반대로 생산능력이 연간 1,000대를 돌파하였는데도 불구하고 판매량은 500대 수준으로 떨어졌고 급기야 판매부진의 늪에 빠져들고 말았다.

다급해진 영업부서에서는 지게차 판매 확대를 강화하기 위한 방안을 마련하였다. 공장에서 일하고 있는 엔지니어들을 선발하여 영업부서에 엔지니어링 팀을 구성하기로 하였으며, 당시 기술개발 부서에서 근무하던 나에게 팀장으로 파견 명령이 내려졌다. 원래 소극적인 성격에 공장근무 경험밖에 없었던 나에게 그것은 청천벽력과도 같은 일이었다. 도무지 지게차 판매 분야에서는 자신이 없었다. 결국 한시적인 기간만 파견한다는 조건부로 마지못해 지게차 시장개척 업무에 착수하였다.

마케팅 분야에서 아마추어인 내가 할 수 있는 일이라고는 작업현장을 연구하는 것뿐이었다. 추곡수매장, 양곡창고, 연탄공장, 벽돌공장, 심지어는 서울대 시체해부실 등 물동량이 있어 지게차가 팔릴만한 곳이라면 좌충우돌 찾아다녔다.

추곡수매 현장에서 지게차 시범작업을 시도하다가 하역인부들의 거센 항의를 받기도 하였으며, 연탄 파렛타이저 장비까지 개발하였으나 유통과정의 낙후성 때문에 시장개척에 실패하기도 하였다.

또한 일본 동경대 의대 시체해부실에서 지게차를 사용하고 있다는 정보를 얻어 서울대 의대 해부실 담당교수님을 방문하기도 하였다. 그 결과 물동량이 소규모_{의대생 인원 수와 해부시체 수의 비율 ; 동경대 1 : 1 서울대 15 : 1}라는 사실과 함께 노교수가 안경 너머로 웬 돈키호테가 나타났나 하는 눈초리로 바라보자 나는 지게차를 팔기 위하여 더는 갈 곳이 없다는 절망감을 느꼈다.

03

物流의 혈맥,
파렛트 시스템의 발견

'지게차의 시장개척을 어떻게 추진해야 한단 말인가?'

나는 이 당면 과제를 해결하기 위해 앉으나 서나 고민하고 또 고민했다. 그러나 아무리 생각하고 또 생각해도 별 뾰족한 수가 없었다. 나는 절박한 심정으로 전국 도처의 작업현장을 뛰어 다녔다.

엎친 데 덮친다고 1979년 10월, 절대 권력이 무너지는 10·26사태가 발생하여 정치, 사회적 혼란이 야기되었고, 2차 오일쇼크로 경제상황은 지난 1997년의 IMF 상태 이상으로 어려워지고 있었다.

이런 상황이니 지게차 마케팅의 기준지표인 물동량과 설비투자는 급격히 위축되어 지게차 판매량은 곤두박질치고 있었다. 지게차 신규 마케팅을 담당하고 있던 나로서는 그야말로 한치 앞도 내다볼 수 없는 상황에 직면한 것이다. 그 동안 가까스로 찾아낸 마케팅 대상인 연탄업계 1천대, 양곡업계

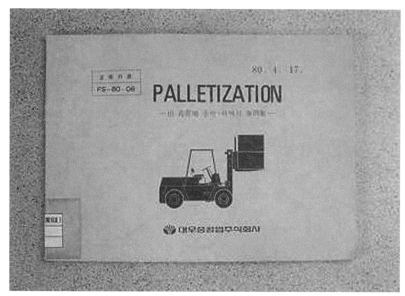

| 1980년도에 작성한 파렛트 매뉴얼

1천대, 비료업계 1천대, 시멘트업계 1천대, 벽돌업계 1천대 등 5천대의 신규 수요 창출이라는 마케팅 목표는 이미 실현 불가능한 일이 되었다. 어떻게 이 난관을 타계해 나갈지 도무지 묘안이 떠오르지 않았다.

궁리 끝에 생각해낸 것이 일본의 지게차 사용현장에 대한 연구를 하자는 방안이었다. 그 이유는 1970년대 당시 우리나라는 연간 1천 대도 안 되는 지게차 시장규모였으나, 일본은 우리의 100배인 10만 대 규모였으므로 일본에서 지게차를 어떻게 사용하고 있는가를 집중적으로 연구한다면 해결의 실마리를 찾을 수 있을 것이라는 생각이 들었기 때문이었다.

당시 대우중공업과 제휴선이었던 고마츠小松사의 도움으로 일본산업계의 지게차 사용현장을 3주간에 걸쳐 조사하고 분석하였다.

한국에서 신규 마케팅 대상으로 삼고 있는 분야와 같은 일본 현장을 중심으로 농촌지역의 비료, 양곡, 농산물 재배 농가들과 공단지역의 식품 가공회사, 건축 자재공장, 자동차, 전자공장 등 생산거점은 물론, 유통 소비 과정인 종이, 출판물, 항만 부두, 철도역, 창고 등 지게차가 있는 곳이라면 어디라도 찾아다녔다.

수많은 일본의 지게차 사용현장을 방문하여 얻을 수 있었던 결론은 이용방법이 국내와는 다르다는 사실이었다. 착안점은 지게차의 포크였는데 포크에는 반드시 파렛트가 끼워져 있었다. 지게차를 사용하려면 파렛트가 필수조건이었다. 즉, 지게차와 파렛트의 관계는 바늘과 실의 관계라는 공식을 발견한 것이다. 바느질을 할 때 바늘만 가지고는 옷을 만들 수 없듯이, 지게차 작업을 할 때에는 파렛트가 없으면 안 된다는 사실이었다.

| 1979년 가을 추곡수매장에서 지게차 파렛트 시범작업 장면

'파렛트 시스템의 발견'

당시 지게차 마케팅을 갈망하고 있던 나에게 파렛트 시스템의 발견은 마치 콜럼버스의 달걀과도 다름없었다.

나는 뛰는 가슴을 안고 귀국길에 올랐다. 비행기에서 내려다 본 현해탄 위에는 파렛트 무지개가 신기루처럼 떠 있었다. 나는 출장보고서에 '파렛트 시스템'을 지게차의 마케팅전략으로 제출하였고, 회사에서도 흔쾌히 받아들였다. 자신감과 신념을 갖게 된 나는 영업부서 파견근무라는 한시적이고 아마추어적인 자세가 아닌, 본업으로서 지게차 마케팅을 본격적으로 추진하게 되었다.

지게차 도입 초창기에는 사람의 힘으로는 작업할 수 없는 중량물의 운반 하역 장비로서 3.5톤 이상의 대형 지게차를 사용하여 왔으나, 원래 지게차라는 장비의 주된 용도는 사람의 힘으로 작업할 수 있는 20~25kg의 포장된 화물들을 1톤 규모로 파렛트에 적재하여 2톤 이하의 소형지게차로 작업을 하는 것이 보편적인 이용방식이었다.

파렛트는 단순하게 보면 화물의 깔판 정도로 생각하기 쉽다. 왜냐하면 파렛트 하나만을 보면 매우 구조가 간단하고, 가격 또한 4~5만 원밖에 되지 않는 하찮은 도구라고 간과해 버리기 때문이다. 그러나 이는 나무만 보고 숲을 보지 못하는 것과 같다.

파렛트는 한 장소에서만 사용되는 것이 아니라, 물자가 이동되는 흐름을 1톤씩 나누어 짊어지고 돌아다니는 물류의 기본수단으로, 1매 단위가 아닌 많은 수량이 서로 짝을 맞추어야만 제 기능을 발휘하는 것이다. 따라서 어느 정도 규모가 있는 기업이라면 수천 매에서 수만 매의 파렛트가 필요하고 이들이 물자의 생산공장에서 소비지에 이르기까지 물자와 함께 커다란 흐름을 만들어 전국으로 움직이게 된다. 물자 역시 한 기업의 내부에서만 유통되는 것이 아니라, 상호간에 교환 유통되고 있으므로 파렛트도 기업 상호

간에 연계되어 사용될 수밖에 없다.

이와 같이 파렛트 1매로서가 아닌 파렛트 시스템으로써의 역할을 하고 있기 때문에 규격의 일치는 물론, 형태도 통일되는 파렛트 표준화가 물류의 중심과제가 되는 것이다.

파렛트 시스템은 물류활동을 가능하게 하는 혈액순환 체계와 같다. 따라서 파렛트 시스템은 현대 사회의 문명수단이며 우리 산업계의 아주 중요한 공동자산이 된다.

04

物流 스승,
선각자를 만나다

파렛트 시스템을 발견하여 이를 우리 산업계에 도입시키겠다는 목표를 설정하고, 어떤 방법으로 추진할 것인가를 고민하고 있을 때, 산신령처럼 홀연히 나타나 나아갈 길을 가르쳐주신 나의 물류스승이 한 분 계시다. 바로 일본의 물류개척자인 히라하라 스나오平原 直 선생님이시다.

| 나의 영원한 물류스승이신 히라하라 스나오(平原 直) 선생님과 함께 KPP 창립기념식에서

히라하라 선생님은 공교롭게도 본인이 태어난 1949년 9월에 일본에서 하역연구소荷役研究所를 설립하시고, 「하역과 기계荷役と機械」라는 물류전문지를 발간하여 50여 년 간에 걸쳐 일본의 물류 발전을 위해 커다란 공헌을 하신 분이다. 히라하라 선생님은 지난 2001년 11월 22일 작고하시기 전까지 100세의 고령에도 불구하고 후학들에게 명쾌한 물류 강론을 펴시는 정열을 가지고 계셨다.

히라하라 선생님이 처음 물류 계몽운동에 나서게 된 것은 바로 2차 세계 대전 중이었다. 선생님은 전쟁의 소용돌이 속에서 일본통운의 하역작업부장으로 근무하면서 수많은 하역인부들이 중노동의 고통으로 등뼈가 구부러지고 어깨뼈가 튀어나오고 혹이 생기는 등 인간에게 가혹한 작업현장을 지켜보고 많은 것을 깨달았다. 그것은 너무나도 가슴 아픈 일이었다. 그 후 선생님은 인간존중이라는 큰 뜻을 세우고 일본 물류기계화론을 바탕으로 물류 계몽운동에 나서게 된 것이다.

내가 태어나던 1949년 9월, 선생님은 하역연구소를 설립하셨다. 그러나 재정상의 어려움이 뒤따랐다. 선생님은 물류강연 도중 각혈을 하면서도 일본의 물류근대화를 위하여 몸을 던지신 분이시다.

히라하라 선생님은 '물류物流'라는 용어를 처음 만들고 하역의 기계화를 부르짖으며, 물류장비전시회를 개최하고 일본정부에 파렛트 풀pallet pool제도 도입을 제안하였다. 또한 일본파렛트협회 등 물류 관련단체들을 설립하는 등, 선생님은 가히 물류 선각자라 해도 지나침이 없으신 분이다.

또 선생님은 미국과 유럽에서 발전하고 있는 물류 분야를 일본에 알리고 국제적인 물류 전문가들과 교류를 하여 일본이 물류 선진국의 대열에 오를 수 있는 발판을 마련하기도 하셨다.

나는 히라하라 선생님에게서 「하역과 기계荷役と機械」 창간호부터 40여 년 동안 발간된 책 전부를 선물로 받아 소장하고 있다. 지금도 짬이 날 때마다 틈틈이 읽고 있는데, 이 잡지에는 세계의 물류 발달과정을 소상히 파악할 수 있음은 물론, 현장에 바탕을 둔 전문성이 뛰어난 주옥같은 내용들이 가득 차 있다.

또 선생님의 자택에는 고대 이집트 피라미드 건축 이야기며, 중국의 만리장성 축조작업 내용 등과 관련된, 출판된 지 100년이 넘는 수많은 물류 전문서적들이 많았다. 나는 그 책을 한 권씩 꺼내 읽으면서 인류사의 물류 발달과정을 공부하였다.

선생님은 1985년 10월 2일, 한국파렛트풀(주)KPP의 창립 기념식에 참석하시어 축하와 격려를 해주셨고, 1995년 10월 6일 창립 10주년 기념식전에는 고령으로 직접 참석은 못하셨지만, 비디오 강연을 통하여 다음과 같이 축사를 해주셨다.

여러분 안녕하십니까!

저는 일본 명으로는 '히라하라 스나오', 한국 발음으로는 '평원직平原 直'이라고 합니다. 저는 10년 전 오늘 한국파렛트풀주식회사 창립식에 참석하여 마음으로부터 그 발전을 기원했던 사람입니다. 그때 KPP는 파렛트 보유매수가 단지 500매에 불과한 회사였습니다. 그런데 그로부터 불과 10년이 지난 오늘 파렛트 보유 매수가 125만 매를 넘는 커다란 나무로 성장하였습니다. 이는 세계의 어떤 나라에서도 전례를 찾아볼 수 없는 훌륭한 대발전입니다. 이는 서병륜 사장의 파렛트 풀에 대한 열의와 뛰어난 경영수완, 그리고 전 직원의 일치단결된 노력의 성과라고 생각합니다. 이에 마음으로부터 경의와 축하를 드리며 이후에도 더욱 발전하시기를 기원합니다. 저는 KPP의 훌륭한 발전 뒤에 생애 잊을 수 없는 추억이 있어 이를 여러분께 말씀드리는 것으로 저의 마음으로부터의 축하의 말씀을 대신할까 합니다.

그것은 KPP의 창립일의 밤이었습니다. 제가 한강변 음식점에서 KPP 창립 임원들과 저녁식사를 함께 하던 때의 일입니다. 저는 그 자리에서 서병륜 사장에게 이런 말을 하였습니다.

"내가 아직 28세의 젊은이였을 때 일본 하역노동자들이 어깨에 혹을 만드는 짐을 지는 중노동의 고통에서 구하고 싶어 하역기계화론을 주장하여, 이것이 오늘의 물류론이 되었고 나의 일생은 일본 물류 근대화 추진의 외길을 걷게 된 것입니다. 그러나 나는 이 운동을 위하여 직업을 버리고 수입이 없어 가족을 울렸을 뿐만 아니라 내가 주장한 하역기계화론, 물류근대화론은 당시 사회인과 산업인으로부터 '당신의 기계화론, 근대화론은 이상론, 공상론이다.'라는 비웃음을 받았고, 노동조합으로부터는 '기계화는 노동자의 직업을 빼앗는 것이다. 당신은 노동자의 적이다.'라는 맹렬한 반대를 받았습니다. 이와 같이 물류 근대화나 파렛트 풀의 추진운동은 커다란 고통과 고난은 있었어도 보답은 없는 가시밭길이었습니다만, 서병륜 사장은 그렇더라도 나와 같은 길을 가겠습니까?" 라고 물었습니다.

그 때 서병륜 사장은 "제가 한국에서 물류와 파렛트 풀을 추진하는 것은 한국의 경제발전과 대한민국 국민의 안녕과 행복증진에 큰 도움이 된다고 확신하고 있습니다. 일본에서 히라하라 선생님께서 걸으신 길을 제가 한국에서 걷는 것은 저의 천명이라고 생각하고 있습니다. 수많은 어려움을 참고 견디신 선생님처럼 저도 대한민국 국민을 행복하게 할 수 있다면 어떠한 어려움도 참고, 고난을 뛰어넘어 노력하겠습니다. 선생님께서는 안심하시고 저를 지켜봐 주십시오."라고 결연히 자신의 신념을 말하여 주었습니다. 서 사장의 결의에 저는 가슴이 떨릴 정도로 감동하였고, 그날의 일은 생애 잊을 수 없는 추억이 되었습니다.

고﹅ 히라하라 선생님이 제창하신 '아시아 선린 물류론'은 지금까지도 많은 후학들에게 깨달음을 주고 있다. 이후 중국, 대만, 한국, 일본 등에서 주요한 물류활동을 하고 있는 20여 명의 제자들이 모여서 상호 교류를 통하여 아시아 선린 물류를 실현하기 위한 모임을 유지하고 있다.

돌이켜 보면, 히라하라 선생님께서 걸어오신 물류의 길은 내가 물류의 길을 걸어가는 데 많은 영향을 주었다. 나는 여러 면에서 히라하라 선생님과 비교가 되지 못할 정도로 부족한 제자이다. 그러나 어렵고 힘들 때마다 스승으로부터 물려받은 '物流之道'라는 인생 좌우명을 마음속에 간직하고 우

| 히라하라 선생님께서 써주신 액자 선물

리나라의 물류 발전을 위한 길에 최선을 다하고자 노력하였다.

나는 지금도 '着眼大局, 着手小局 사업의 구상은 크게 하되, 시작은 작게 하라'는 히라하라 스나오 선생님이 가르쳐 주신 지혜를 떠올리며 그분의 열정과 신념을 기억하고 있다.

05

'物流'라는
금광을 찾아내다

1979년도는 나의 인생에 있어서 매우 뜻 깊은 한 해였다. 그 이유는 물류라는 커다란 금광을 찾아냈기 때문이다.

옛 성현인 공자는 나이 서른 살에 인생의 뜻을 세운다는 뜻의 '삼십이립三十而立'을 말한 바 있다. 그런데 다행스럽게도 나는 서른 살에 물류를 인생의 좌표로 설정하고, 물류추진 계획을 수립하게 된 것이다.

1979년 10월, 물류에 관한 국내외 자료를 구하기 위하여 동분서주하던 중, 을지로에 있던 동남서적의 외국 출판물 코너에서 나의 물류 스승인 히라하라 선생님이 발간하고 있던 「荷役と機械」를 우연히 발

| 히라하라 선생님이 발간한 「荷役と機械」 1979년 9月호

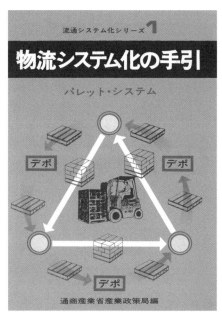

| 물류시스 템화의 매뉴얼 「物流SYSTEM化の手引」

견하게 되었고, 이를 통하여 일본과 해외 선진국의 물류 동향을 파악할 수 있었다.

또 하나의 행운은 일본 정부 통산성에서 1976년에 발간한 「物流SYSTEM化の手引」이라는 책자를 통하여 물류시스템화를 추진하기 위해서는 파렛트 풀 제도가 국가적인 중요한 과제라는 사실을 발견하게 된 것이다. 당시 대우중공업 지게차 마케팅을 담당하고 있던 나는 지게차 마케팅을 추진하기 위해서는 파렛트 풀 제도를 도입해야 하고, 이를 위해 물류 계몽운동을 전개해야 한다는 판단을 할 수 있었다.

1980년 1월, 나는 두 번째 일본 출장을 떠났다. 일본에서는 물류와 파렛트 풀 시스템을 어떻게 추진해 왔는지를 연구하기 위해서 한 달간 머물 예정이었다. 당시 나는 이 업무를 관장하였던 일본상공회의소, 일본운수성, 일본통산성, 일본물류협회, 파렛트 풀 회사, 물류연구기관, 생산성본부, 능률협회 등 30여 곳을 방문하였다.

1960년대와 1970년대에 물류와 파렛트 풀 제도 도입을 위하여 추진되었던 업무내용과 관련 자료들을 입수하는 것이 목적이었다. 출장기간 동안 나는 후일 내 물류인생에 크게 영향을 끼친 세 사람을 만났다.

첫 번째로 만난 분이 당시 하역연구소의 히라하라 스나오不原 直 소장으로 나에게 많은 깨달음을 준 물류스승이었다. 선생님에 대해서는 앞 장에서 서술한 바 있다.

두 번째로 만난 분은 일본파렛트렌탈(주)의 사카이 겐지坂井 健二 회장이다. 현재의 한국파렛트풀(주)는 나와 사카이 회장의 공동작품으로 이에 대한 내용은 '물류사업화의 길' 부분에서 다룰 예정이다.

세 번째로 만난 분은 일본물류관리 협의회의 이나쓰까 모도끼稻束 原樹 사무국장으로서 일본로지스틱스시스템협회JILS의 전무이사를 역임하였다. 이분은 내가 1984년 한국물류연구원을 설립하자 많은 도움을 주었고, 사단법인 한국물류협회의 발전에 큰 공헌을 하신 분이다.

이렇게 일본 출장을 통하여 일본의 물류 추진 과정을 연구할 수 있었다.

다음에는 유럽을 연구하기 위하여 1개월간 스위스, 영국, 프랑스 3개국에 출장을 갔다. 먼저 유럽 18개국이 공동으로 운영하고 있는 교환 방식 파렛트 풀을 연구하기 위하여 베른에 있는 스위스 철도청SBB을 방문하였다. 당시 SBB의 파렛트 풀 담당부장이었던 Mr. Hoegger는 동양에서 온 후배를 위하여 정성을 다해 파렛트 풀에 관한 모든 것을 가르쳐 주었다. 각 지역의 철도역에 일일이 동행하여 설명해 주었고, 이용 현장인 공장과 물류센터도 여러 곳을 안내하여 나로 하여금 파렛트 풀 뿐만 아니라 철도망의 발달과정까지도 배울 수 있도록 배려해 주었다.

생활물자협동조합의 물류센터에서 나는 바코드 1개를 주머니에 넣고 나오다가 입구의 감지장치에 걸려 도둑으로 몰릴 뻔하기도 하였다. 그때의 바코드는 지금도 소중히 간직하고 있으며, 물류와 정보시스템의 중요함을 몸으로 터득하게 된 계기가 되었다.

다음으로 영국의 Cranfield University에 있는 물류연구소인 National Material Handling Center를 방문하였다. 당시 이곳의 소장이었던 Dr. Williams는 연구소의 활동내용을 자세하게 설명해 주면서 한국의 물류 추진 방안을 나에게 제시해 주었다. 한국물류연구원과 한국물류협회의 활동

방안은 이 분의 제안을 많이 참조하였음을 밝힌다. 또한 이 연구소에 소장되어 있던 세계 각국의 물류 자료들을 보고 느낀 바가 있어 나도 이후 물류 자료를 5,000여 점이나 모으게 되었다.

어렵게 찾아간 영국의 파렛트 풀 회사 GKN Chep에서는 로얄티 30만불을 지불하지 않으면 안내해 줄 수 없다는 냉혹한 거절을 받고 씁쓸하게 쫓겨 나오기도 하였다. 또 물류 책 한 권을 사기 위해 눈이 펑펑 쏟아지는 런던거리를 헤매던 중에 가까스로 출판사를 찾았으나 너무도 비싼 가격 때문에 출장비를 걱정해 가면서 구입을 한 에피소드도 있다.

마지막으로 프랑스 파리에서 개최된 물류전시회에 참관하여 세계 각국의 물류장비와 자료들을 접하였다. 우여곡절 끝에 '물류'라는 금광을 찾아낸 나는 그 거대한 물류세계에 눈을 뜨게 된 것이다. 귀국하던 비행기 안에서 나는 거대한 '물류'라는 금광을 찾아낸 흥분으로 잠을 이룰 수 없었다.

마침내 1980년 말, 일본과 유럽을 연구하고 미국의 자료를 보완하여 나름대로의 이론을 정립한 나는 첫째, 사단법인 한국물류협회를 결성하고 둘째, 한국파렛트풀(주)를 설립한다는 물류추진 계획서를 작성하기에 이르렀다.

06

우리나라의 물류산실(物流産室), '한국물류연구원'의 설립

물류협회를 결성하고 파렛트 풀 회사를 설립한다는 목표를 세운 것은 1980년 12월이었다.

그러나 일은 생각만큼 쉽게 진척되지 않았다. 그 당시 대우중공업의 전폭적인 지원 아래, 3년 정도 다각적인 노력을 하였으나 끝내 목표를 달성할 수가 없었다.

먼저 물류활동의 중심역할을 할 물류협회를 결성하기 위하여 관련이 있는 경제단체나 연구기관을 설득하고 업계에 호소해야 했다. 그러나 당시의 분위기는 유사 협회들을 오히려 통폐합하고 있는 실정이었으며, 물류 분야에 대한 관심 부족으로 업계의 호응을 얻어내기가 쉽지 않았다.

그리고 파렛트 풀 회사의 설립도 정부 주도로 추진되도록 설득하였으나 역부족이었다. 3년여의 기간 동안에 성과를 끌어내지 못하자, 회사 측에서도 관심이 적어지고 물류팀은 해체되었으며 나 역시 타 부서로 이동하지 않

| 1984년 설립한 한국물류연구원 간판」

으면 안 되었다. 그토록 염원하던 물류협회의 결성과 파렛트 풀 회사의 설립이라는 나의 인생 목표가 좌절된 것이다.

대우중공업이라는 회사의 울타리 안에서 더 이상 추진이 불가능하게 되자, '이대로 포기해야 하는가?'라는 생각이 들었다. '인생을 걸고 물류의 길을 가야 한다면 회사를 그만두고서라도 계속 추진하는 뜨거운 젊음과 진정한 용기가 있어야 하는 거 아닐까?' 나는 여러 가지 생각으로 머리가 어지러웠다.

그러나 나는 평범한 한 인간일 뿐이었다. 이후 불확실한 장래에 대한 두려움과 가족들의 생계 걱정 등 홀로서기를 결심하게 되기까지 수없이 망설이고 고뇌하였음을 밝힌다.

망설이다가도 문득, '창조주로부터 단 한 번 부여받은 삶인데, 진정으로 하고 싶은 일을 하지 못한 채, 겁쟁이가 되어 한 평생을 후회하느니보다 차라리 물류의 길에 한 몸을 던지고 후회하지 않도록 최선을 다하는 것이 옳지 않을까?'하는 생각에 나는 나 자신과 계속 싸우고 있었다. 결국 나는 가보지 않은 길 쪽으로 걸음을 옮기기 위해 최후의 결정을 내렸다.

1984년 8월 25일 마침내 회사에 사표를 제출했다. 그리고 9월 1일 서울시 용산구 갈월동에 소재한 한성빌딩의 조그마한 사무실로 첫 출근을 하였다. 한국의 물류를 위하여 '物流之道'라는 좌우명을 내걸고 홀로서기를 한 것이다.

먼저 물류연구원의 활동을 추진하기 위한 사업계획을 수립하고, 뜻을 같이 할 분들을 찾아 나섰다. 물류 사업계획으로는 1. 회원 모집, 2. 물류 연구회 구성, 3. 물류 전국대회 개최, 4. 물류 설명회 및 세미나 개최, 5. 물류

통신강좌, 6. 해외 물류 시찰단 파견, 7. 물류 전시회 개최, 8. 물류 컨설팅 및 엔지니어링 실시, 9. 해외의 물류협회 및 연구기관과의 제휴, 10. 물류 간행물 및 도서 발행, 11. 물류 자료수집, 12. 국내 물류 실태조사 등을 세웠다.

다음으로 물류에 뜻을 같이 할 사람들을 찾아 나섰는데, 동참하여 주신 동지들의 명단은 다음과 같다. 아래의 명단은 1984년 당시 근무처와 직책이다.

전문위원회를 총괄하는 회장에는 인하대학교 경상대학장 겸 경영대학원 장인 안태호安台鎬 박사, 물류 조직과 회계분야의 전문위원에는 한국경제개 발협회 전만술田萬述 부소장, 유니트 로드분야의 전문위원에는 전국경제인연 합회 국제경영원 윤문규尹文奎 연구위원, 포장분야의 전문위원에는 한국디자 인포장센터의 설립에 산파역할을 하시고, 부이사장을 지내다 퇴임 후「포장 산업」을 발간하던 하진필河鎭弼 이사장, 운반 · 하역 분야의 전문위원에는 한 국과학기술원 생산기술연구실장인 유헌수兪憲樹 박사, 수송분야 전문위원에 는 인하대학교 경상대학 교수인 임호규林浩奎 박사, 창고 · 보관분야의 전문 위원에 태평양화학공업(주)의 김정환金政煥 상품유통본부장, 자재관리분야의 전문위원에 삼성전자(주)의 신유균申侑均 구매기획과장, 유통가공분야의 전 문위원에 해외유통연구소 임영웅林英雄 소장, 정보분야의 전문위원에 IBM Korea의 허진욱許辰旭 부장, 감사에는 (주)유일의 장억근張億根 사장, 그리고 원장에 필자 등 모두 12명이다. 이들은 바야흐로 한국에 물류가 도입되던 초창기의 일등 공신들이라고 할 수 있다.

40여 년이 지난 지금에 와서 돌이켜보니 한국물류연구원을 설립하던 당 시의 상황과 현재는 많은 변화가 있다는 생각이 든다. 당시는 물류에 대한 관심이 전무하여 암울하던 사정과는 달리 지금은 물류 분야에 대한 산업계 나 정부차원의 관심이 지대하다. 또한 당시에는 물류 분야에 눈을 뜨고 있 던 전문가도 몇 명 되지 않았으나 오늘날은 수많은 물류 전문가가 각 분야

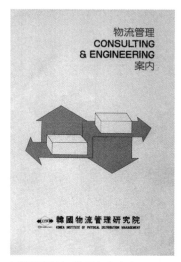
物流管理
CONSULTING
& ENGINEERING
案内

韓國物流管理研究院
KOREA INSTITUTE OF PHYSICAL DISTRIBUTION MANAGEMENT

| 한국물류연구원 최초의 카탈로그

에서 활동하고 있다.

그러나 갈월동 사무실에 첫 출근을 하고 물류 동지들을 모았던 1984년 9월, 바로 그때가 한국 물류 발전 과정의 태동기가 아니었나 하는 생각이 든다. 즉 한국물류연구원 설립이 우리나라에서 물류가 도입되기 시작한 출발점이 된 것이다. 위에 열거된 12인의 물류 전문가들은 특별한 대가를 바라지도 않았고 단지 물류가 좋아서 똘똘 뭉쳤던 진정한 물류 동지들이었다고 훗날 평가받을 수 있기를 간절히 기원한다. 이러한 순수한 열정과 오랜 세월동안 노력한 결과로 2012년 2월 21일 '한국물류연구원'의 명칭이 우리나라 특허청으로부터 물류 분야에 있어서 전문적인 연구기관으로 공식적인 상표등록을 인정받았다.

그러나 뒤돌아보니 초창기 세웠던 물류 사업 계획들 중 아직도 미진한 부분들이 많다고 생각된다. 내가 이루지 못한 일은 앞으로 물류 분야의 뒤를 이어갈 훌륭한 후배들이 더욱 발전시켜 나갈 수 있기를 희망한다.

07

물류국제화의 첫걸음,
'일본물류협회와의 제휴'

한국물류연구원의 출발 초기에 나는 어떤 방식으로 물류 활동을 추진하는 것이 좋은지에 대하여 많은 생각을 해 보았다.

물론 나 혼자의 힘만으로는 불가능한 일이었다. 그래서 뜻을 같이 할 물류 동지들을 찾아내고 여러 가지 추진할 물류 활동 계획을 수립하였다.

그러나 1984년 당시의 국내 상황은 물류가 도입되기 이전으로, 별다른 물류활동을 할만한 여건이 아니었다. 한국 내에서 자생적인 물류 활동을 추진하기에는 그 토양이 너무도 척박한 실정이었다. 따라서 독자적인 국내 활동보다는 우리와 유사한 물류 환경을 가지고도 우리 보다 앞서 있는 일본의 물류시스템을 모델로 삼기로 하였다.

나는 먼저 물류연구원의 기본적인 틀을 만든 다음, 일본의 물류협회인 '일본물류관리협의회'의 이나쓰까 모도끼稻束 原樹 사무국장에게 도움을 요청하는 편지를 보냈다. 이나쓰까 사무국장은 1980년 1월, 일본 출장 중에 방

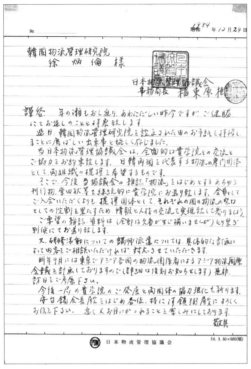

No. ____ 昭和__年 12月 24日

韓国物流管理研究院
徐 炳倫 様

日本物流管理協議会
事務局長 稲東原樹

謹啓 年の瀬もおし迫り、あわただしい昨今ですが、ご健勝
にてお過ごしのことと拝察致します。
先日、韓国物流管理研究院を設立された由のお手紙を拝接し
まことに慶ばしい出来事と嬉しく存じました。
当日本物流管理協議会は、全面的口貴院との交流と
ご協力をお約束致します。日韓両国を代表する物流の専門団体
として、両組織の提携を希望するものです。
そこで、今後「当協議会」の雑誌『物流』をはじめとするその他の
刊行物、案内状等を定期的に貴院にお送り致します。会員として
ご入会いただくよりも提携団体として、それぞれの国の物流の窓口
としての役割を果たすため、情報と人材の交流で実現致して参りたい。
ご要望の雑誌、資料は（全部は欠巻が出し構いませんが）より多く
別便にてお送り致します。
又、研修活動についての講師派遣については、具体的な計画に
よって内容をご相談いただければ対応させていただきます。
明年9月には東京でアジア各国の物流関係者によるアジア物流国際
会議を計画しておりますので（詳細は追ってお知らせします）是非、
訪日をご考慮下さい。
今後一段の貴院のご発展と両団体の協力強化を祈ります。
徐日鎮会長殿をはじめ各位、特に洪鎮琪殿によろしく
お伝え下さい。近く又お目にかかれることを楽しみにしております。
敬具

(PTM) 日本物流管理協議会   56.3.60×500(明)

| 일본물류관리협의회와 한국물류연구원과의 업무제휴문서

문하여 내가 한국의 물류 발전을 위하여 열정을 갖고 있음을 밝힌 바 있었고, 그런 뜻을 이해하고 있었다.

1984년 12월 24일자로 답변 문서가 왔는데 한국물류연구원과 일본 물류관리협의회가 한국과 일본을 대표하는 물류 단체로서 업무제휴를 하자는 반가운 내용이었다. 제휴내용으로는 상호간에 국가를 대표하는 물류 창구가 되는 전문단체로서 정보와 인재의 교류, 물류연수단의 파견, 물류 심포지엄의 강사파견, 물류 자료의 교환 등을 추진하고 향후 아시아 각국의 물류 대표자들이 참여하는 아시아 국제물류회의체를 결성하자는 등의 안건이 제시되었다.

이렇게 하여 한국물류연구원은 본격적으로 물류 분야의 국제적인 활동을 할 수 있게 되었다. 일본물류관리협의회가 주관하는 국제 물류심포지엄과 국제 물류회의에 한국 대표들이 참가하였고 한국의 물류 대회나 물류 세미나에 일본의 물류 전문가들이 참가했다. 또한 우리의 물류 연수단이 여러 차례 파견되어 일본의 물류선진현장들을 견학하였으며 일본 역시 물류 연수단이 한국의 물류 현장을 견학하기도 하였다.

그 후 다행스럽게 국내 산업계에도 물류에 대한 관심이 고조되었고 초창

기 수립하였던 한국물류연구원의
물류 추진 계획들이 하나 둘씩 실
현되어 갔다. 한국물류연구원과 일
본물류관리협의회가 긴밀한 업무
제휴를 통하여 한국과 일본 간의
활발한 물류 교류를 하여 왔으며
그 결과 우리나라의 물류가 상당히
발전할 수 있었다.

좁은 국토에 많은 인구가 밀집하
여 살고 있는 한국과 일본은 물류
측면에서 닮은 점이 참 많다. 미국
이나 유럽은 광활한 면적에 상대적

| 일본물류관리협의회와 한국물류연구원과의
제휴기념패

으로 적은 인구를 갖고 있어 수송체계나 창고시설 등 물류 관리방식이 우리
와 여러 가지로 다르다. 그래서 물류 도입 초창기에는 일본의 물류시스템을
모델로 삼은 것이 매우 바람직하였다고 생각한다.

그러나 지금은 국제화시대이다. 급속하게 발전되고 있는 통신 기술과 교
통 수단으로 국제 물류는 더 큰 규모로, 더욱 빠른 속도로 진행되고 있다.
더욱이 물류 기술은 해마다 다르게 진보하고 있는 분야이므로 많은 실력 있
는 물류 전문가들이 배출되어 불철주야 노력하지 않으면 상대적으로 뒤처
질 수밖에 없다. 물류 설비나 장비 등 HARDWARE 기술측면이나 정보 ·
통신 · 관리 등 SOFTWARE 기술 측면 모두 기업간, 국가간의 경쟁이 치열
하다. 따라서 선진국의 물류 기술에 대한 정보를 끊임없이 파악하여야 한
다.

반대로 국제화시대에는 개발도상국이나 후진국의 물류 체계에 대한 연
구가 필요하다. 그 이유는 그들과도 물자의 흐름을 유지하여야 하기 때문이

다. 결론적으로 우리나라는 다음과 같은 두 가지 측면에서 물류 국제화가 중요하다고 생각한다.

첫째, 우리나라의 경제체제는 해외 의존형이다. 따라서 원자재를 수입하여 상품으로 만들어 수출을 해야만 경제를 꾸려갈 수 있다.

둘째, 지정학적으로 유리한 물류 입지를 가지고 있다.

유라시아 대륙의 서쪽인 유럽에서는 네덜란드가 물류 거점의 역할을 훌륭하게 해내고 있는데, 유라시아 대륙의 동쪽인 아시아에서는 한반도가 그 역할을 해낼 수 있는 입지를 가지고 있는 것이다.

인류 문명에서 획기적인 변혁기가 될 21세기에는 분명 물류가 중요한 과제가 될 것이다. 경제 전쟁에서 국경선이 없이 무한경쟁을 하게 되는 글로벌시대에는 저비용, 고효율의 물류시스템 구축만이 기업간, 국가간의 생존 전략이 될 것이기 때문이다.

08

매스컴에 등장한
物流

1984년 9월, 우리나라의 물류 산실인 한국물류연구원을 설립하고 가장 고심했던 것은 바로 '물류'라는 분야를 산업계에 알리는 일이었다.

나는 물류 자료를 만들어 배포하고 여러 곳에 설명을 하러 다녔으나 그 방법만으로는 한계가 있었다. 물론 물류 전문지를 발간하려는 계획도 세워 보았다. 그러나 당시 나에게는 자금도 없었고 문화공보부의 발행 허가를 받아내는 것도 쉽지 않은 상황이었다. 궁여지책으로 생각해 낸 방안은 「물류뉴스」를 제작하여 무료로 배포하는 것이 좋겠다는 계획이었다. 먼저 물류 분야의 중요한 내용들과 국내외 물류 소식을 편집하여 각 기업의 물류 관련 관리자들에게 1,000부를 우송하였다. 그런데 「물류뉴스」를 발송하던 도중에 이 소식지를 각 신문사의 편집국장 앞으로도 발송하면 좋겠다는 생각이 들었다. 1985년 3월, 당시 국내에는 물류 전문지는커녕 신문사에서 조차 물류 매체의 담당 부서도, 담당 기자도 없던 실정이었다.

그런데 기대하지도 않았던 일이 일어났다. 1985년 3월 23일 아침, 사무실에 출근하여 한국경제신문을 펼쳐보았더니 내가 제작하여 발송한 「물류뉴스」의 기사들이 '물류관리 새바람'이라는 제목으로 게재되어 있었던 것이다. 그토록 간절하게 바라던 '물류'가 매스컴에 등장한 것이었다. 그 기사를 펼쳐들고 감격에 겨워 몇 번이고 반복하여 읽고 있는데, 한국경제신문사의 서광식 차장이 찾아왔다. 「물류뉴스」를 보고 물류가 우리 산업계에 필요한 분야라고 판단되어 나에게 물류 특집 시리즈 원고를 써달라는 부탁을 하러 왔다는 것이었다. 참으로 커다란 행운이었다. 물류 연구원을 설립하고 나서 6개월간 어떤 방법으로 물류를 산업계에 알릴 것인가 고심하고 있었는데 절호의 기회가 온 것이다. 난생 처음 주요 경제신문에 '물류'를 주제로 글을 쓰게 되었다는 기쁨에 나는 정성을 다하여 특집기사를 써내려갔다. 먼저 국내외 물류동향과 물류의 중요성을 부각시킬 수 있는 내용들을 정리하여 지난 5년여 기간 동안 준비해 왔던 것들을 기사화하였다.

| 1985년 3월26일자 한국경제신문의 물류 특집기사

물류 특집은 '태동기-한국의 물류'라는 제목으로 제1회 '새바람 이는 물적 유통'(3월 26일자), 제2회 '조달 물류'(3월 27일자), 제3회 '생산 물류'(3월 28일자), 제4회 '판매 물류'(3월 31일자), 제5회 '외국의 성공사례'(4월 2일자), 제6회 '종합개선방안'(4월 3일자) 등으로 작성하여 게재하였다.

반응은 생각했던 것보다 훨씬 뜨거웠다. 매 회마다 특집 기사를 읽은 독자들이 한국경제신문사와 나의 사무실에 전화를 걸었고 물류에 관한 문의가 쇄도하였다. 독자들의 반응에 고무되어 나는 아예 사무실에서 밤을 새워가며 물류에 관한 좋은 내용의 글을 쓰는 데 몰두하였다.

격려의 전화는 한동안 계속되었다. 주로 물류 특집 기사를 통하여 물류가 중요하다는 사실을 알았으며 물류를 어떻게 추진하여야 하는가를 묻는 내용이었고, 새로운 사실에 눈뜨게 해주어 고맙다는 내용도 있었다. 전화는 주로 각 기업체의 최고 경영자 또는 물류관리자들이 걸어왔다. 자료를 뒤져 공부를 하는 한편 기사를 쓰는 일이 쉽지는 않았지만 보람이 있었기에 사실 힘들다는 것도 느끼지 못했던 시간들이었다. 그 뒤 나는 한국경제신문사의 이규행 사장으로부터 히트기사를 만들어 주어 고맙다는 칭찬을 들었고, 국내 언론매체로는 처음으로 한국경제신문에 유통부가 탄생하는 계기를 마련하였다. 그 후로도 한국경제의 유통부 송재조 기자와 함께 산업계의 물류 도입을 위해 많은 물류 기사를 제공하였다. 이 자리를 빌어 물류 분야가 우리나라에 도입되던 초창기에 한국경제신문사의 역할이 참으로 컸음을 밝히고 그 고마움을 전하고 싶다.

두 번째로 물류의 매스컴 등장은 MBC TV 방송이었다. 1985년 6월 어느 날, MBC 문화방송의 최금락 기자가 갑자기 물류연구원으로 찾아왔다. 그 날 오전에 상공부차관으로부터 물류가 중요하다는 브리핑을 듣고 수소문 끝에 나를 찾아오게 되었다고 했다.

긴급히 보도 내용을 협의하고 물류 현장을 몇 군데 연락하여 바로 촬영에

| 1985년 6월 11일 '여기는 MBC'에 출연한 필자

| 1985년 8월 17일 'MBC 뉴스데스크'에 출연한 필자

들어갔다. 먼저 태평양화학과 OB맥주 공장 물류센터, 파렛트 사용현장을 취재하였다. 물론 나도 인터뷰를 하여 물류의 중요성을 설명하였다. 평생 처음 TV에 출연하게 된 것이다. 아침 7시에 방송되는 '여기는 MBC'라는 뉴스프로였다. 드디어 물류가 TV매스컴에 등장한 것이다. 그로부터 얼마 지나지 않아 MBC측으로부터 저녁 9시에 방송되는 'MBC 뉴스 데스크'에 다시 한 번 보도된다는 연락이 왔다. 이번에는 내 얼굴이 주요 뉴스의 첫머리에 크게 부각되었는데 역시 매스컴의 위력은 대단했다. 뉴스가 방송된 직후부터 가족, 친구들은 물론 나를 아는 많은 사람들로부터 축하의 전화가 걸려왔고 만나는 사람들도 모두들 한 마디씩 거들었다. 물론 개인적인 기쁨도 컸으나 무엇보다도 물류가 많은 사람들에게 알려지는 기회가 된 것 같아 보람을 느꼈다.

이를 계기로 여러 매스컴에서도 물류를 자주 다루게 되었고, 몇 년 후에는 물류 전문지들도 속속 탄생하여 산업계는 물론이고, 정부나 일반인들에게도 '물류'가 광범위하게 알려지게 되었다.

09

제1회
'物流전국대회' 개최

물류는 산업계의 물자 흐름이므로 인체에 있어 '피의 흐름'과 같다.

그러나 자칫하면 물자의 실체만 볼 뿐 그 흐름을 파악한다는 것은 대단히 어려운 일이다.

1985년 당시 각 기업에서 수송이나 보관, 하역 등 하위수준의 관리는 하고 있었으나, 물자의 흐름을 관리하며 물류 관리의 중요성을 인식하고 있는 기업은 별로 없었다.

나는 이런 현실을 감안하여 한국물류연구원의 활동을 통하여, 우리 산업계에 물류가 도입되던 초기에 물류 분야의 중요성을 널리 알리는 방법을 찾고 있었다. 물론 1985년도에 들어와 앞에서 서술한 바와 같이 매스컴에서 물류가 중요하다는 것을 보도하기 시작하였으나 정확한 전달에는 한계가 있었다.

| 1985년 10월 28일 개최된 제1회 물류전국대회

　당시 선진국에서는 물류 단체가 주최하는 '물류전국대회'나 '국제물류심
포지엄'이 물류전시회와 함께 매년 한두 차례 정기적으로 열려 물류 교류의
장으로 활용되고 있었다. 이들 물류 행사를 통하여 새로 개발된 물류 기술
을 소개하고 물류 관리 성공 사례를 수많은 물류 전문가들이나 물류 관리자
들에게 발표하여 물류 분야의 중요한 점이나 필요한 분야가 널리 알려지게
한 것이다.

　우리나라도 물류 도입을 위해서는 이런 물류 행사가 절실히 요구되는 상
황이었다. 한국물류연구원이 국내에서는 처음으로 물류 행사를 개최하기로
결정하고 제1회 '물류전국대회'를 열기로 하였다. 물론 자금도 여의치 않았
고 변변한 인력도 없었으나 의욕과 열정 하나만 믿고 시도해 보기로 한 것
이다. 다행히 해외 제휴 단체인 일본물류관리협의회에서 전문 강사를 파견
하여 주기로 하였다.

　문제는 자금과 참여 인원의 확보였다. 먼저 소요 예산 1천만 원의 확보가

시급했다. 참가자는 물류 관련자 400여 명으로 목표를 세웠다. 지금은 일반적인 세미나처럼 참가자들에게 수강료를 부담시키는 방법도 생각해 보았지만 물류에 별로 관심이 없던 시절이었기에 비싼 수강료를 내면서까지 많은 사람들이 모이지 않을 것 같았다.

이런 상황에서 고민하고 있는데 참으로 반가운 소식이 왔다. 대한상공회의소에서 '물류전국대회'를 공동으로 개최하자는 제의를 해 온 것이다.

이렇게 하여 국내 최초의 전국규모 물류 행사인 제1회 '물류전국대회'는 1985년 10월 28일, 한국물류연구원과 대한상공회의소가 공동으로 개최하게 되었다. 황량한 사막에서 방황하던 중 오아시스를 만난 기분이었기에 신명이 났다.

물류 행사의 주제는 첫째, 거시경제國家次元에 있어서의 물류 관리, 둘째 미시경제企業次元에 있어서의 물류 관리, 이 두 가지로 설정하였다. 국가물류는 일본의 물류 학자 중에서 와세다早稻田 대학의 우노 마사오宇野 政雄 교수가 강연하기로 하고, 기업물류는 동경대학의 하야시 슈지林 周二 교수가 담당하기로 하였다. 또한 외국의 물류관리 성공사례의 영화도 상영하기로 하였다. 그리고 물류 전시회는 현실적으로 개최하기가 어려워, 대신에 한국과 일본의 물류 장비 카탈로그 전시회를 동시에 추진하기로 하였다.

나로서는 생전 처음 주최하는 큰 행사인지라 걱정도 많이 하였으나 온갖 지혜를 다 짜내어 훌륭한 행사가 되도록 최선을 다하였다. 장소는 대한상공회의소 국제회의실에서 하기로 결정하고 동시통역 준비, 안내장 발송, 교재 준비, 해외물류 영화 필름 입수, 물류 기계 및 장비 카탈로그 수집, 행사 관계 인사 연회준비, 매스컴의 보도기사 부탁 등 여러 가지 일들로 분주한 나날을 보냈다. 그 중에서 가장 어려웠던 일은 물류 관련자 400여 명을 참가하도록 독려하는 일이었다.

나는 여러 번 외국행사에 참가하였는데, 선진국에서는 참가자들이 비싼 참가비를 내고도 행사장의 좌석을 가득히 채우는 대성황을 이루었다. 그러나 국내에서는 최초로 시도되는 물류 행사인지라 참가비가 무료였는데도 불구하고 업계의 반응이 신통치 않았다. 물류에 관심이 있을 만한 사람들을 찾아다니면서 부탁하기도 하고 전화로 설득하기도 하였으나 불안하기만 했다.

모처럼 개최하는 '물류전국대회'가 참석하는 사람이 별로 없어 썰렁한 분위기로 망쳐버린다면 우리나라에 물류를 도입시키려고 애쓴 나의 인생길도 실패로 끝나는 것 아닌가 하는 걱정이 앞섰다. 어쨌든 운명의 주사위는 던져졌고 남은 것은 진인사 대천명盡人事 待天命일 뿐이었다.

드디어 1985년 10월 28일, 그 날이 왔다.

제1회 '물류전국대회'가 열리던 날, 나는 결승전에 임하는 운동선수처럼 심호흡을 크게 내쉬고 아침 일찍 행사장으로 갔다. 행사는 오전 9시 30분부터 시작될 예정이었는데, 다행히 이른 시각부터 사람들이 모여들기 시작했다. 그렇게 넓게만 보이던 대한상공회의소 국제회의실의 1층 좌석들을 다 채우고 2층 좌석까지 가득 메웠다. 그동안 노심초사하던 참가자 동원에 성공한 것이다. 드디어 물류가 우리나라에서도 도입될 수 있다는 기쁨에 온종일 기분이 들떠 있었다. 그리고 행사는 계획했던 것보다 훨씬 성황리에 막을 내렸다.

그 후로 지금까지 수많은 물류 행사가 개최되었으나 제1회 '물류전국대회'에 참가하였던 인원은 돌파하지 못한 것으로 알고 있다. 한편으로는 기쁘기도 하지만, 또 한편으로는 우리나라의 물류 분야가 본격적으로 발전하지 못하는 것 같아 안타깝기도 하다. 머지않은 장래에 이 기록이 깨지기를 기원한다.

물류관리 심포지엄 강연 내용

– 1985년 10월 28일 제1회 물류대회 원고 –
– 1985년 10월 30일 한국경제신문 기사 –

■ 기업경영(企業經營)과 물류(物流) 관리

–하야시 슈지(林 周二) 교수 「동경대(東京大)」–

일본은 2차대전 이후 중화학공업 육성을 위한 임해(臨海) 공업을 발전시켰으나 최근에 경부단소(輕薄短小)를 특징으로 하는 하이테크산업이 부상하자 비행장 근처에 공장을 건설한 임공(臨空) 공업지대가 등장했다. 이와 같이 일본은 물류 전략을 잘 이용해 고도성장을 이룩했다.

물류 코스트에 대한 전통적 사고방식은 메이커에서 소비자로 이동하는 비용으로 간주됐으나 최근 이에 대한 생각이 바뀌어 소비자로부터 메이커로 환원되는 비용까지 물류 코스트에 포함시키는 경향을 보이고 있다. 따라서 사회적 비용으로서 물류비를 절감시키는 것은 기업 경영 뿐 아니라 국민경제상에도 중요한 문제로 대두되고 있다.

경제의 고도성장에 따라 물류 전략도 변화해야 한다. 일본의 경우 1973년 석유 파동 이후 물동량의 양적확대현상은 없어지고 질적 충실시대로 접어들었다. 즉 정확한 시간에 원하는 상품을 운반해야 하는 등 유통의 서비스 향상이 요청됐다.

이와 같은 요구에 부응하기 위해 물류의 시스템화가 이루어졌다. 종래의 개별운송을 지양하고 유통센터를 통한 대량 수송 체계를 갖추어 물류의 합리화를 꾀한 것이다.

앞으로 정보화시대가 전개되면 생산자와 소비자가 서로 정보를 공유하는 '참가사회(參加社會)'가 될 것이다. 다시 말해 소비자와 생산자가 함께 의견을 모아 상품을 만들어내는 방향으로 전개돼 상품의 다품종을 기하게 되고 무재고(無在庫)가 실현될 것으로 보인다. 이에 맞추어 공업사회에서와는 전혀 다른 새로운 유통형태의 출현이 예상되고 있다. 현재 일본에서 급속히 확산되고 있는 가정배달(택배)형태가 그 좋은 예이다. 대량생산, 대량 유통 시대인 공업사회와는 달리 꼭 필요한 물건을 필요한 만큼 생산, 운반, 보관하는 정보화 시대를 앞두고 일본 물류 업계는 이에 대비해 나가고 있다.

■ 일(日)경제 발전과 물류관리 흐름

—우노 마사오(宇野政雄) 교수 「와세다대」—

과거 40년 동안 일본의 경제 발전과 물류 관리의 실천적 추이는 크게 5단계로 구분된다. 첫 단계는 1945년부터 1955년 사이의 기간으로 일본 경제의 부흥기라 할 수 있다. 이 기간 동안 기업과 정부의 중심과제는 생산과 재무에 있었으며 영업 및 물류는 문제 대상이 되지 못했다.

그 이후 일본 경제는 고도 성장기에 접어들면서 소비와 구매력이 증가되는 시기를 맞았다. 이에 따라 대량생산, 대량판매, 대량소비의 시대가 도래, 양판점(量販店, GMS)의 형태를 띤 유통업체가 등장했다. 이 같은 유통 혁명이 일어남에 따라 기업은 생산, 재무 뿐 아니라 영업분야도 중시하게 됐다. 이 때를 제2단계(1956~1965년)라 한다.

일본 경제의 성장 후반기로서 제3단계(1966~1975년)에서는 소비와 구매력은 증가했으나 소비물가의 상승으로 소비자들의 경제성 추구현상이 일어났다. 유통의 낙후성 문제가 대두, 정부가 유통근대화정책을 추진하기 시작했고 물류코스트 절감도 요청됐다.

오일쇼크 이후 제4단계(1976년~1985년)에서는 소비자의 생활태도가 변해 자기반성과 함께 어떻게 생활설계를 할 것인가에 대해 생각하게 됐다. 기업도 이 같은 소비자의 변화에 대응하고 경영 합리화를 위해 마케팅 관리와 물류 관리를 중시하게 됐다. 적절한 시간에 고객이 원하는 모든 것을 공급, 욕구충족을 도모하고, 유통 비용 절감으로 이윤을 창출하는 물류 관리의 중요성을 인식하게 됐다. 앞으로 전개될 제5단계는 POS 시스템 도입 등으로 정보화시대가 될 것이다.

새로운 형태의 편의점이 출현해 일본은 제2의 유통 혁명을 맞고 있다. 고객 한 사람마다의 욕구를 어떻게 충족시키는가에 대한 문제를 해결하기 위해 정보시스템 등 첨단기술이 도입되고 상업적인 측면에서 인간적인 접촉이 이루어질 것이다. 이에 맞추어 물류 관리도 다시 검토, 연구되어 새로운 도약 단계로 나갈 것이다.

10

해외에
'物流연수단' 파견

물류 연구는 이론 중심보다는 현장 중심이 되어야 한다.

즉 물류의 기본적인 이론과 원리를 터득한 다음에 어떻게 현실에 응용을
잘 할 것인가에 초점을 맞추어야 한다. 이런 맥락에서 나는 물류연구원의
여러 활동 중에서 사례연구를 중요시하여 왔다. 앞선 물류 시스템을 운영
하고 있는 물류 현장을 직접 방문하여 어떤 면이 잘 되어 있고 부족한 점이
무엇인가를 파악하는 것이 대단히 효과적인 방법이라고 판단했기 때문이
었다.

물류 도입 초기에는 국내에 좋은 사례가 없어서 해외의 선진 물류 현장을
연구 대상으로 하기 위하여 해외 연수단을 자주 파견하였다.

1985년 5월, 제1회 물류연수단이 제휴단체인 일본물류관리협의회의 협
조로 일본으로 출발하였다. 35명의 인원이 약 2주간의 일정으로 일본을 방

문, 20여 곳의 물류 현장을 둘러볼 계획이었다.

최초로 실시된 행사인지라 첫 일정에 일본 물류 대표자들과 인사를 나누었고 기념강연도 들었다.

나는 해외 물류연수단을 인솔하면서 선진 물류 현장에서 물류에 관한 많은 것을 배웠다. 그 중에 특히 기억에 남는 것들을 몇 가지 소개하고자 한다.

첫 번째로 물류 센터의 운영에 관한 모델케이스로 세이코SEIKO를 들 수 있다.

벽시계와 손목시계를 주된 사업으로 하고 있는 세이코는 공장이 오사카에 있었으나 공장에서 생산된 모든 제품을 100% 동경에 있는 통합 물류센터로 가져와 전국으로 공급하고 있었다. 연수 단원이었던 전자회사 물류 부장이 날카로운 질문을 했다.

"오사카지역의 판매물량도 동경물류센터로 이동한 다음 다시 오사카로

| 1985년 5월에 파견한 제1회 일본물류 연수단

| 일본 물류 대표들과의 상견례(1985년 5월)

가져옵니까?"

"그렇습니다."

세이코 물류센터장은 단호하게 대답하였다. 그러자 이는 이중으로 운임이 낭비되는 결과라는 한국측 주장과, 자기들 방식이 옳다는 세이코측 발언이 교차하여 묘한 분위기가 되어 버렸다.

물론 물류 시스템을 구축하는 방법이 한 가지만 있는 것은 아니었다. 그후 몇 차례 더 세이코를 방문하여 터득한 결론은 한국측은 운송비에만 집착하였고, 세이코측은 재고 비용을 포함한 전체의 물류비용을 관리하고 있었다는 점이었다.

두 번째로는 욕조, 세면기, 변기 등으로 유명한 TOTO 물류센터의 일화다. 현장견학 도중 연수단원의 일원인 화장품회사의 물류 부장이 포장용기인 골판지 상자의 충진율에 관하여 질문하였다.

내용인즉, 골판지 상자의 내용물들이 꽉 차지 않아 빈 공간이 너무 많고, 더구나 제품 파손을 방지하기 위하여 완충재들로 상자 공간을 채우고 있으니 낭비가 아니냐는 것이었다. 그러자 TOTO의 포장 책임자가 대답했다.

"물론 그렇게 생각할 수도 있겠지만 상품의 종류도 많고 크기와 형태도 다양한 TOTO의 입장으로서는 포장 모듈화를 도입하기 위해서는 불가피한 선택이었습니다."

이 답변을 듣고 나는 다시 한 번 물류 표준화와 포장 모듈 치수의 중요성을 깨닫게 되었다.

세 번째로는 야마다네山種 영업 창고를 견학할 때의 일이다. 영업 창고는 물동량이 여러 가지라 랙 등의 자동창고가 설치되지 않는 것이 일반적이었다. 그런데 몇 사람이 참여한 모 자동창고 제조회사의 사장이 간부들에게 쓸데없는 것을 보고 다닌다고 야단을 치며 당장 철수하라고 불호령을 내렸다. 참으로 답답한 일이었다. 자동 설비만이 물류 해결의 유일한 방안이란 말인가? 그런 의구심이 들었다. 그런데 그 곳 야마다네의 영업창고 현장에서 물류의 중요한 노하우를 배울 수 있었다. 비록 하드웨어는 자동설비가 아니었지만 소프트웨어는 놀라울 정도로 앞서 있었다. 아무런 자동설비도 없는 텅 빈 공간에 바닥과 벽면, 그리고 천정에 페인트로 간단한 표시만 하고도 완벽한 로케이션Location관리를 하고 있었던 것이다. 그 덕분에 자동설비 도입을 검토하기 이전에 소프트웨어적인 시스템의 검토가 더욱 중요하다는 점을 배우게 되었다.

네 번째로는 닛산日産, NISSAN자동차 물류 센터에서 견학한 결과이다. 원래 자동차의 부품은 크기와 형상 등이 천차만별이었다. 우선 볼트와 너트 등 소형 부품에서부터 모터나 계기 등의 중형 부품과 철구조물 등의 대형 부품으로 구분하고 있었다. 그런데 닛산자동차의 물류 센터에서는 이 세 가지의 부품 영역을 완전히 분리하여 전혀 다른 창고시설과 하역작업방식을 채택하고 있었다. 즉 소형 부품들은 플라스틱 상자를 단위로 입출고 하고 보관하는 최신 자동창고를 설치하여 운영하고 있었다. 수량 단위보다는 중량 단위 관리방식을 중심으로 한 것이다.

중형 부품들은 파렛트 단위 자동 랙 창고를 설치하였으며 출하시 피킹방식은 출하 로트 크기나 빈도수에 따라 자동방식과 수동방식을 병행하고 있었다. 그밖에 대형 부품들은 낱개 단위로 아무런 자동설비가 없었다.

그 곳에서 배울 수 있었던 점이라면 물류 설비는 물동량의 특성을 연구하여 그 조건에 적합한 방법을 도입하여야 한다는 것이었다.

다섯 번째로는 세제 등 생활용품을 주된 사업으로 하고 있는 카오花王. KAO의 물류 센터에서의 일이었다. 공장에서 한 품목이 한 유니트 로드Unit Load로 파렛트에 적재된 채 물류 센터로 수송되어 보관되다가, 출하할 때 파렛트에 적재된 유니트 로드를 포장용기의 각 단별로 자동으로 들어내는 자동기계를 개발하여 가동하고 있었다. 또한 배송 트럭의 적재함의 규격에 맞추어 한 번에 자동 상차할 수 있는 특수 유니트 로드 시스템을 개발하여 도입하고 있었다.

즉, 카오의 물류 시스템의 특징은 자기 회사의 물류 현상을 연구하여 독특한 물류 설비를 개발하여 사용하고 있다는 점이었다. 손쉽게 남을 모방하지 않고 창의적인 물류 개발을 하고 있는 카오의 물류는 앞으로 선진 물류의 시스템이 되리라는 확신을 갖게 되었다.

11

物流 강연
1,500회 실시

지난 40여 년 동안 나는 1,500회 이상 물류 강연을 해왔다.

　유감스럽게도 일일이 기록하지 않아 정확한 기록은 모르겠지만 연평균 30~40회씩 40년간 지속하여 왔으므로 어림잡아 그 정도는 된다고 생각된다.

　물론 이 자리에서 내가 1,500회에 걸쳐 물류 강연을 했다는 것을 자랑하는 것은 결코 아니다. 오히려 그렇게 오랜 세월동안 참으로 많은 물류 강연을 했음에도 불구하고 아직도 물류에 관하여 모르는 것이 많아서, 아니 물류에 대하여 별로 아는 것이 없는 것 같아서 나의 무능력함을 탓하고 싶을 뿐이다.

　'물류란…?' 하고 강연을 시작하려면 나는 아직까지도 다음에 무슨 말로 이어가야 할지 말문이 막히고는 한다. 서른 나이에 시작하여 일흔을 넘긴 지금까지도 남들 앞에 서서 물류 강연을 하려면 긴장이 되는 것도 여전하다.

때로는 물류 현장의 작업자들을 모아놓고 물류의 중요성을 역설하기도 하였고, 또 어떤 때에는 물류협회, 표준협회, 능률협회, 생산성본부 등의 세미나 장에서, 경제단체인 대한상공회의소, 무역협회, 전경련 등의 회의실에서, 경제연구소인 KDI나 교통개발연구원, 한국디자인포장센터의 연구회에서, 대학강단에서, 농산물도매시장, 농수산물유통공사, 농협의 간부직원을 대상으로, 공무원연수원이나 정부종합청사 등에서 물류 관련 공무원들에게, 호텔에서 개최되는 최고경영자들의 조찬회에서도, 중소기업진흥공단의 중소기업 물류관리자들에게도, 로지스틱스학회 세미나에서도 물류 강연을

| 1982년에 삼성그룹 동방연수원에서 실시한 삼성전자의 물류 강연

하였다. 생각해보면 그 대상과 장소도 다양하였다. 적게는 강연을 들은 사람들이 한 회당 20~30명으로 줄잡아도 1,500회를 강연했다고 가정한다면 지난 40여 년간 약 3~4만 명의 물류 관리자들에게 물류 강연을 했다는 계산이 나온다.

물론 모든 물류 강연이 성공적이었다고는 생각하지 않는다. 불행하게도 내가 물류 강의를 할 때 재미를 느끼지 못하고 졸고 있는 수강자들도 있었으니 그럴 때마다 나는 내 능력이 부족한 것 같아 안타까움을 금치 못했다. 그러나 어떤 때에는 너무나도 진지하게 눈을 반짝이며 한마디도 놓치지 않으려고 열심히 메모하며 청강하는 수강자를 만나기도 하였다. 그런 날은 나도 모르게 감정이 고조되어 열띤 강연을 하였던 것 같다.

가장 긴장되고 흥분되었던 첫 번째 물류 강연은 대우중공업의 지게차마케팅 팀장으로 근무하고 있던 1981년의 어느 날이었다.

당시에 파렛트시스템을 발견한 후 대우지게차를 사용하고 있는 고객들을 모아 전국 각 지역을 돌면서 물류 강연을 한 결과를 회사에 보고하였다. 그런데 뜻밖에도 대우중공업 이사회의 석상에서 1시간 동안 강연을 하라는 지시가 내려왔다. 한편으로는 물류의 중요성을 인정받는 것 같아 기쁘기도 하였으나 솔직히 걱정이 앞섰다. 자신이 소속되어 있는 회사의 임원진 30여 명 앞에서 일개 대리에 불과한 내가 물류 강연을 하자니 오죽 가슴이 떨렸겠는가? 그러나 비록 가슴은 떨렸지만 물류 강연 내용에는 자신이 있었다. 그동안 충분히 준비를 해 왔고 더구나 같은 내용을 수십 차례 강연한 경험이 있었기 때문이었다.

작성한 슬라이드 필름과 원고를 차분히 설명해 나가자, 맨 앞좌석에 앉아 있던 윤영석 사장님이 중요한 내용을 메모하고 있는 것이 보였다. 나는 왠지 신바람이 났다. 소속회사의 최고경영자가 자신의 물류 강연을 경청한다고 생각하니 한편으로는 두렵고 또 한편으로는 영광스러웠다. 지금 뒤돌아

보면 내가 유명한 강사여서가 아니라 물류와 파렛트시스템이 회사의 경영 전략상 얼마나 중요한지를 알고 인정해준 당시 대우중공업 최고 경영진들의 앞선 판단에 절로 고개가 숙여진다.

그로부터 6년쯤 뒤인 1987년 9월, 동부제강 기획실에서 물류 강연을 부탁한다는 연락이 왔다.

나는 평소대로 평범한 물류 강연인 줄 알고 시간에 맞추어 동부제강을 찾았다. 그런데 뜻밖에도 내가 안내된 곳은 황경로 사장실이었다. 그곳에는 동부제강 그룹의 핵심 멤버들이 모두 모여 있었다. 간단히 인사를 나눈 뒤 나는 다시 대강당으로 안내되었다. 강당에는 동부그룹 대리급 이상 300여 명의 간부들이 자리를 꽉 메우고 있었다. 황송하게도 황사장님은 나를 우리나라의 유명한 물류 전문가라고 소개한 뒤 앞장서 경청하시는 것이었다.

역시 그 분은 뛰어난 경영수완을 가지신 분이었다. 왜냐하면 내가 그렇게 유명한 물류 전문가는 아니었지만 동부제강이나 동부그룹차원의 전 간부들에게 물류의 중요성을 주지시키기 위한 수단으로 그러한 자리를 마련해 주는 지혜를 가졌기 때문이다. 나는 갑자기 영웅이라도 된 기분으로 정성을 다하여 좋은 내용의 물류 강연을 하였다.

1992년 교통부에 화물유통국이 만들어지고 물류스쿨이라는 프로그램에 강사로 초청된 적이 있었는데 그 날도 잊을 수 없다. 물론 박사학위도 갖지 못한 나를 강사로 선택하여 준 사연은 아무래도 물류 이론 보다는 현장 경험이 더 듣고 싶어서였을 것이라는 판단이었다. 나는 표준 파렛트 실물을 가지고 가서 파렛트 역할과 물류 표준화의 중요성을 설명하기로 하였다.

교통부 내의 물류 관련 공무원들이 모두 모인 자리에서 우리나라의 물류 현안과 나아가야 할 방향에 대하여 나의 제안을 역설하고 파렛트를 중심으로 한 물류 표준화 정책을 제시하였다. 특히 참석하여 경청해 준 정임천 국장은 표준 파렛트와 물류 표준화에 많은 관심을 가져 주셨고, 그 후 건설교

| 1987년 동경 물류국제심포지엄에 참석한 필자

통부의 물류심의관 체제의 주요 정책으로 채택되는 계기가 되었다.

그로부터 몇 달 뒤 개최된 물류 표준화추진위원회의 회의석상에서 구본영 차관은 나에게 '그동안 물류 표준화를 위해 수고 많이 하셨습니다. 앞으로는 혼자서 고민하지 않아도 될 것입니다.'라고 분에 넘칠 정도로 칭찬과 용기를 심어주었다.

위에서도 언급한 적이 있듯이 나는 결코 나의 행적을 자랑하고 싶어 이런 글을 쓰고 있는 것이 아니다. 다만 그간의 고생을 알아주는 짧은 한 마디에, 물류의 길을 걸어오면서 겪었던 수많은 어려움들이 봄눈 녹듯 녹았던 기억이 생각이 나서 정리를 해 본 것이다.

12

'The LogiSCM Library'
물류전문 도서관 개관

물류신문사의 김성우 편집장이 필자를 인터뷰한 내용이 2021년 9월 20일자 물류신문에 게재되어 이를 소개한다.

"물류의 길을 이어 줄 후진들에게 지혜의 보고(寶庫)를 남겨주고 싶습니다."

"이 물류 전문 도서관이 물류 발전을 위한 지혜의 보고가 되기를 희망합니다."

지난 9월 2일 사내에 국내 유일의 물류 전문 도서관인 'The LogiSCM Library'를 개관한 로지스올LOGISALL 그룹 서병륜 회장의 바람이며, 물류 전문 도서관을 열게 된 까닭이기도 하다. 'The LogiSCM Library'에는 서병륜 회장이 지난 40여 년간 읽고 연구한 8,000권의 전문서적이 '물류의 길을 이어 줄' 후진들을 기다리고 있다. 서병륜 회장을 만나 물류 전문 도서관을 열게 된 까닭과 의미, 그 가치에 대해 들어보았다.

책! 세상의 문이 열리는 것 같았다.

Q 평소 책을 가까이하신다고 들었습니다. 책을 가까이하게 된 계기가 있었을 덴데, 어떻게 책과 인연을 맺게 되셨는지요?

A 어렸을 때 교육자인 아버지께서 학창 시절에 공부하셨던 책들을 보게 되었는데, 어린 호기심에 이 책, 저 책 책장을 넘겨보면서 세계가 무한히 넓고 참으로 많은 지식들이 존재한다는 사실에 감동하게 되었습니다. 그 책들은 아버님이 일본 식민지 시절에 공부하며 읽었던 책인지라 일본 서적이었으니 제가 읽을 수는 없었습니다. 하지만, 세계 지도와 통계 숫자, 도표와 그래프, 역사, 흥미로운 사진 등을 보면서 어린 저로서는 세상의 문이 열리는 것 같았습니다.

1965년, 순천고에 입학한 후 학교 도서관에서 도서 관리 봉사 학생으로 활동하면서 훌륭한 책들을 가까이하게 되었고, 도서 분류 코드 체계에 눈을 뜨게 되었습니다. 그래서 틈만 나면 서가에 달라붙어 있었고, 다양한 서적의 세계에 들어갈 수 있었습니다.

| 로지스올 그룹 서병륜 회장

책이 나를 물류의 길로 이끌었다.

Q 책 속에서 자신의 미래를 발견하기도 하고, 책을 통해 '앞으로 어떻게 살아갈 것인가?'라는 질문에 대한 답을 찾기도 한다는데, 회장님의 경우는 어떤가요?

A 대학 시절, 서울대 농대 도서관에 소장된 서적의 책갈피에 끼워져있던 모교 유달영 교수님의 '젊은 하루'라는 시 한 편을 내 인생의 등대로 삼게 되었습니다.

> 그대! 아끼게나 청춘을!
> 이름 없는 들풀로 사라져 버림도
> 영원에 빛날 삶의 광영도
> 젊은 시간의 쓰임새에 달렸거니
> 오늘도 가슴에 큰 뜻을 품고
> 젊은 하루를 뉘우침 없이 살게나!

감수성이 예민하던 20대 초 젊은 시절에 도서관에 가서 책을 읽다 보면 책마다 끼어있던 이 시 구절이 자꾸 눈에 들어왔어요. 그래서인지 4년 동안 쉬지 않고 대학 도서관에서 꾸었던 인생의 '젊은 하루'라는 꿈을 일흔이 넘은 이 나이에도 또렷하게 간직하고 있습니다.

'젊은 하루'라는 시가 제 인생의 등대가 되었다면, 사회생활 초년병 때 접한 물류 관련 서적은 제 삶을 '물류의 길'로 이끈 책들입니다.

사회생활이 시작된 대우그룹에서 제게 '지게차 시장 개척'이라는 업무가 주어졌습니다. 저는 이때를 '운명의 순간'이었다고 생각하고 있습니다. 그 '운명의 순간'에 행운의 물류 서적을 만나게 되었고, '책 속에 길이 있다.'는 진리를 터득하게 된 것입니다. '책 속에 길이 있다.'는 진리도 깨닫게 되었고, 물류에 내 삶의 길이 있음을 동시에 알게 된 것이지요. 하지만 나아갈 길을 못 찾아 헤매던 물류의 길목마다 답답함의 연속이었는데, 그 답답함을 풀어내려 항상 관련 서적을 찾아다니다 보니 책과 더욱 가까워졌습니다.

저는 지나간 40여 년간 읽어 온 5,000여 권의 물류 전문서적을 통해 수많은 문제의 답을 찾아내면서 물류의 길을 살아왔습니다.

'책에 길이 있다.'라는 신념으로 살다.

Q 수많은 문제의 답과 삶의 비전을 책을 통해 찾으셨다고 하셨는데, 어떤 책이 결정적인 영향을 주었습니까?

A 잠시 후에 제가 소중히 여기는 '10대 소장도서'를 소개할 기회가 있겠습니다만, '물류의 길'이라는 제 삶에 결정적 영향을 준 두 권의 책을 먼저 소개합니다.

1979년 가을, 당시 저는 대우중공업(주)에서 지게차 마케팅을 담당하고 있었습니다. 그 직전까지 지게차 생산 공장에서 기계 엔지니어로 근무하고 있었는데, 회사에서 지게차 판매 사업이 부진하자 지게차 시장을 개척하기 위한 전담팀을 구성하였습니다. 살아오면서 항상 느껴왔고, 지금도 그렇지만, 제가 그 전담팀의 팀장으로 파견된 것은 분명 '필연'이었다고 생각합니다. 엔지니어가 마케팅을 한다는 것이 쉬운 일은 아니지요. 어찌해야 하나 고민, 고민하다 '책에 길이 있다.'는 저의 신념에 따라 서울 시내 을지로에 있던 동남서적의 외국도서 코너를 방문하여 해외 자료들을 뒤졌습니다.

| '책 속에 길이 있다.'는 신념으로 살아온 서병륜 회장. 그는 책에서 '물류의 길'을 찾았다. 도서관 입구에는 그의 신념이 담긴 글귀가 새겨졌다.

그 순간, 그곳에서 골프를 치다가

홀인원을 하듯 행운을 만났습니다. 제 삶을 '물류의 길'로 이끈 「하역과 기계荷役と機械」라는 물류 전문 잡지를 발견한 것입니다. 일본의 하역연구소荷役研究所에서 히라하라 소장이 발행하고 있던 물류 전문 월간지입니다.

히라하라 소장은 태평양 전쟁 중 일본군의 병참 하역 작업 현장에서 낙후된 인력 하역 작업으로 수많은 인부가 고통받고 있던 현장을 목격하셨답니다. 제가 그분의 존재를 알았을 때 히라하라 소장은 전쟁 후 '인간을 중노동으로부터 해방시키겠다.'는 큰 꿈을 갖고 일본 산업 현장에서 운반 하역 작업을 기계화하는 계몽 운동과 연구 활동을 전개하고 있었습니다. 그 중심 내용이 지게차와 파렛트 시스템이었습니다. 당시 지게차 마케팅에 몰두하고 있던 저로서는 '신의 한 수'를 찾았던 것입니다. 그 잡지를 접한 후 저는 '파렛트 시스템으로 지게차 시장을 개척한다.'는 목표를 세웠습니다.

그 후로 저는 히라하라 소장의 아끼는 제자가 되었고, 그분은 평생 발간하신 「하역과 기계」를 창간호부터 마지막호까지 정성을 다하여 완벽하게 보내주셨습니다. 보통의 인연으로는 할 수 없는 일이라 생각합니다. 그 책들은 이 도서관에 소중하게 보관되어 있습니다. 덧붙이면, 제가 설립해 운영한 한국물류연구원과 사단법인 한국물류협회의 활동은 하역연구소와 「하역과 기계」를 만난 인연으로 가능했다고 생각합니다.

세계 최대, 최고의 파렛트 풀 기업 창조

Q 회장님은 우리나라에 파렛트 풀 시스템을 처음 도입해 성공 모델을 만든 물류인으로 평가받고 있습니다. 파렛트 풀 시스템 역시 책에서 영감을 얻었다는 얘기를 들었습니다.

A 네, 두 번째 소개하고자 하는 서적이 바로 그 책입니다. 일본 정부 통상산업성 산업정책국에서 1976년 2월 1일 발행한 「물류 시스템화 입문物流システ

化の手引」이 그것입니다. 이 책은 일본 정부가 산업계의 물류 시스템을 개선하기 위해 파렛트 시스템을 국가차원에서 추진하는 방안을 제시하고 이를 홍보하는 책자입니다. 1966년부터 1969년까지 3년간 일본 상공회의소가 중심이 되어 학계, 업계 전문가들로 구성된 파렛트 풀 추진위원회를 결성하여 연구한 결과로, 국가 차원의 파렛트 풀 시스템을 추진한다는 내용입니다.

저는 이 책을 집중적으로 연구하여 파렛트 풀 시스템을 우리나라에 파종하였고, 1985년 설립한 한국파렛트풀(주)를 통해 한국산업계에 성공적으로 정착시켰습니다. 현재 기준으로 2,500만 매의 표준 파렛트로 20만 개 고객 기업들이 물자 이동에 공동 이용하는 세계적인 규모의 국가 파렛트 풀 제도를 탄생시킨 것입니다. 1985년 설립된 한국파렛트풀(주)는 플라스틱 파렛트를 전문으로 하는 국가단위 파렛트 풀 회사로서는 최대, 최고의 '글로벌 챔피온Global Champion'이 되었습니다.

이 두 책은 제가 물류의 길을 걷는 데 있어 지침서가 되었으며, 우리나라 물류 발전에 주춧돌이 되었다고 생각합니다.

| 서병륜 회장의 삶을 '물류의 길'로 이끈 「하역과 기계荷役と機械」와 우리나라 파렛트 풀 시스템 제도 도입의 계기가 된 「물류 시스템화 입문物流システム化の手引」. 서병륜 회장은 이 두 책이 자신이 물류의 길을 걷는 데 있어 지침서가 되었으며, 우리나라 물류 발전에 주춧돌이 되었다고 생각한다.

모든 물류인에게 개방, 큰 도움될 것

Q 책을 좋아한다 하더라도 개인 서재를 넘어 도서관을 꾸민다는 것이 쉬운 일은 아닐 것입니다. 발상의 전환과 무언가 의미 있는 일을 해봐야겠다는 실천 의지가 융합된 결과라고 생각합니다. 물류 전문 도서관을 만들게 된 계기는 무엇이었습니까?

A 저는 항상 책을 통해 새로운 정보와 지식을 입수하고, 그 속에서 지혜를 찾고 있었습니다. 해외 출장길에도 틈만 나면 현지 유명 서점을 찾아 나섰고, 물류 전문서적이 있나 뒤지고 다녔습니다. 사무실에서도 언제나 물류 서적 탐험은 계속되었고, 물류 서적과의 만남은 지금도 여전히 하루도 거르지 않는 중요한 일상생활이 되어 있습니다.

대우중공업(주)에 근무하던 1980년 12월, 영국 출장 중 크랜필드Cranfield 대학에 있는 물류연구소를 방문한 적이 있습니다. 당시 윌리엄스Williams 소장께서 저에게 물류 전문 도서관을 견학시켜 주었는데, 그곳에서 세계 각국의 물류 전문서적이나 잡지 등이 소장되어 있는 것을 보고 대단히 부러웠습니다. '나도 언젠가는 저런 도서관을 만들고 싶다.'는 생각이 들었습니다. 저는 물류의 길을 개척해 오면서 해외 선진국의 물류 서적들을 통해 물류 연구를 해왔습니다. 그러다 보니 귀한 해외의 물류 서적이고 나에게 꼭 필요한 소중한 책이라는 생각이 들어 한 권도 버리지 않고 잘 보관하기 시작하였습니다.

1984년 9월, 한국물류연구원을 설립하여 여러 가지 사업을 구상하던 중 가지고 있던 물류 서적과 자료들을 빌려주는 서비스 사업을 시작하였습니다. '물류 데이터 뱅크Data Bank'라는 이름으로 시작했습니다. 뜻은 좋았으나 아쉽게도 서비스를 중단할 수 밖에 없었어요. 되돌아오지 않는 책들이 감당할 수 없을 만큼 많았거든요. 대부분이 다시 구하기 어려운 외국 서적이었는데, 회수가 되지 않는 경우가 많았습니다. 변상을 시킬 수도 없고 결국 손실이 커서 몇 년 후 중단하고 말았습니다.

그 후 20여 년이 지난 2008년, 정보 통신 기술이 발전하고, 특히 물류 추적 관리 수단인 'RFID 시스템'이 등장하면서 이 시스템을 도서의 대출과 반납에 적용해 보기로 하였습니다. 제 기억에 아마도 국내 최초 사례였다고 생각됩니다. 당시 소장하고 있던 3,500권 모든 책에 RFID 칩을 장착하고, 직원들의 전자 출입증을 연계시켜 회사 내에 무인 자동 도서관을 열었는데, 지금도 운영하고 있습니다.

도서관을 개방하여 제가 아끼고 소중하게 여기는 6,500여 권의 전문서적들을 물류인들과 공유한다면 물류업계에 도움이 될 것 같다는 판단으로 이번에 'The LogiSCM Library'라는 이름으로 새 출발하게 되었습니다. 물류의 길을 이어 줄 후진들에게 지혜의 보고를 남겨주고 싶습니다.

전 세계에서 출간된 3세대 물류 서적 모아

Q '물류의 길을 이어 줄 후진들에게 남겨주고 싶은 지혜의 보고', The LogiS-CM Library의 규모는 어느 정도이며, 소장 도서의 종류나 성격에 대해 간략하게 소개해 주십시오.

A 제가 나이 서른이던 1979년부터 43년간 모아 온 책은 모두 6,500권 가량 됩니다. 물류 관련 서적이 5,000권이고, 경영 관련 서적이 1,500권 정도 됩니다.

초기인 1970년대 말과 1980년대에는 지게차 작업 개선을 위한 연구 시절이었으므로 운반·하역Material Handling에 관한 서적들이 주류를 이루고 있습니다. 세계적으로 보더라도 아직 물류 분야가 발전하기 전이었기 때문입니다. 1985년에 미국 물류단체 CLMCouncil of Logistics Management이 출발하였고, 1990년대에 들어와 본격적인 물류 서적들이 출간되기 시작하였습니다.

2005년이 되면 미국의 물류단체인 CLM의 명칭이 CSCMP_{Council of Supply} _{Chain Management Professionals}로 바뀝니다. CSCMP의 출범이 계기가 되어서인지 2000년대 들어와서는 미국을 중심으로 SCM에 관한 책들이 활발하게 출판되었습니다.

저는 시대 상황에 따라 SCM 서적들을 지속적으로 구입하여 왔습니다. 지난 40여 년간 도서 수집의 과정을 보면, ▲1970~1980년대 Material Handling 분야, ▲1990년대 물류_{Logistics} 분야, ▲2000년대 SCM 분야로 도서들의 내용이 바뀌어 왔습니다. 말하자면 지난 50여 년에 걸쳐 세계 각국에서 출간된 3세대에 걸친 물류 서적들이 모여 있습니다. 특히 저는 일본에서 발간된 물류 서적의 대부분을 소장하고 있습니다.

Q 앞서 회장님의 삶에 결정적인 영향을 준 서적 두 권을 말씀하시면서 소중히 여기는 '10대 소장도서'를 소개할 기회가 있을 것이라 하셨는데, 소중히 여기는 도서 열 권만 꼽아주십시오.

A 한국파렛트풀(주)를 설립하는 데 귀중한 자료가 된 일본 통상산업성의 「물류 시스템화의 입문_{物流システム化の手引}」과 제 삶을 '물류의 길'로 이끈 「하역과 기계_{荷役と機械}」에 대해서는 앞서 소개를 드렸습니다. 이 밖에 영국에서 발간된 운반 하역 분야를 종합 정리한 백과사전으로, 제게 Unit Load System의 기초와 파렛트 풀에 관해 알려준 「Encyclopaedia of Material Handling」도 저에겐 참으로 소중한 책입니다. 얘기가 길어질 것 같아 '내가 소중히 여기는 10대 소장도서' 표로 정리하였습니다. 참고하시면 될 것입니다.

No.	제목	저자	출판사	내용
1	하역과 기계 (荷役と機械)	히라하라 스나오	하역 연구소	1950년 4월호부터 1986년 12월까지 일본 물류 선구자인 히라하라 소장이 설립한 하역연구소에서 발간한 월간지이다. 37년간 세계 물류역사, 일본의 물류 발전사를 파악할 수 있는 훌륭한 물류 보물창고이다.
2	물류시스템화 입문(物流システ ム化手引)		통상산업성 산업정책국	물류 시스템을 혁신하기 위한 전략으로 파렛트풀 시스템을 도입하기로 한 일본 정부의 홍보용 책자이다. 이 책은 한국파렛트풀(주)를 설립하는 데 귀중한 자료가 되었다.
3	物流の歴史に学 ぶ人間の知恵	히라하라 스나오	유통 연구사	저자는 물류 현장에서 인간존중의 정신으로 하역의 기계화를 통한 Unit Load System의 선구자로서 아시아 선린 물류를 제창하였다. 물류의 발전을 인류의 지혜로 정리하여 소개하고 있는 서적이다.
4	Encyclopaedia of Material Handling	더글라스 R. 우들리	Pergamon Press	영국에 발간된 운반 하역 분야를 종합 정리한 백과사전이다. 초창기 Material Handling Engineering의 전문지식을 파악할 수 있다. 14장 1,400페이지에 걸친 방대한 자료이며 제6장 Unitization에서 Unit Load System 기초를 배웠고 특히 Pallet Pool에 관하여 처음으로 알게 되었다.
5	Supply Chain Strategy	에드워드 프레즐	McGraw– Hill Education	이 책의 저자는 미국 조지아 공과대학의 Supply Chain Logistics 연구소를 설립하였으며 LRI(Logistics Resources International) 컨설팅 조직을 이끌어 온 세계적인 물류 권위자이다. 이 책은 저자가 물류 자동화와 SCM 연구 활동을 하면서 귀중한 경험과 이론들을 정리한 것으로서 물류와 SCM 분야를 대표하는 훌륭한 교과서이다.
6	물류 관리와 SCM	마틴 크리스토퍼	청람	영국의 크랜필드 대학교의 물류 연구소장을 역임한 저자는 이 분야의 세계적인 권위자이다. 이 책은 물류와 공급망 관리에 관한 이론 정립은 물론 물류 전문가들에게도 전략 방안을 제시하고 있다.
7	산을 옮겨라	윌리엄 거스 파고니스	삼양 미디어	걸프전에서 병참 사령관으로 크게 기여한 파고니스 장군이 저술한 미군의 병참술로 발전한 물류 성공 사례집이다.
8	Value Chain 진화론	다카하시 테루오	물류 신문사	일본 와세다 대학에서 기계공학을 전공한 물류 전문 교수로서 물류연구소장을 역임하였다. 이 책에서는 공학적으로 물류를 연구하여 생산 운반 자동화를 바탕으로 한 Value Chain을 연구하고 이에 대한 방안을 제시하고 있다.
9	더 박스	마크 레빈슨 (이경식 번역)	청림출판	해상용 컨테이너의 출현을 소개하는 서적이다. 해상용 컨테이너를 활용하여 국제 무역의 현대적인 발전이 가능하였으며 물류혁신을 통하여 국제경제가 발전하여 왔음을 입증하고 있다.
10	격탕 30년	우샤오보어	새물결	낙후되어 있던 중국 경제가 지난 30년 동안 어떻게 급성장해 왔는지 알 수 있는 책이다. 사회주의 계획 경제 체제에서 어떻게 자본주의 시장 경제 시스템이 도입될 수 있었는지 그 과정이 일목요연하게 정리되어 있다.

도서관 첨단 물류시스템 구축

Q 고등학교 때 도서 관리 봉사활동을 하면서 가진 도서 분류 코드 체계에 대한 관심, RFID 시스템의 도서 관리에의 적용 등 그동안의 경험과 아이디어가 'The LogiSCM Library'의 관리 운영 시스템에 녹아 들어갔을 것이라 생각됩니다. 'The LogiSCM Library'의 책들은 어떻게 관리·운영되고 있습니까?

A 앞서 말씀드렸듯 2008년에 3,500권의 물류 서적으로 로지스올 물류 전문 도서관을 만들면서 RFID 시스템을 도서 관리에 적용, 온라인 리얼타임 Online Real Time으로 도서 대출, 반납과 재고 파악이 가능한 Paperless 무인 자동 시스템을 국내 최초로 실현하였습니다.

이에 따라 로지스올 도서관에서는 회사 전자 신분증이 있는 사원들은 아무 제한 없이 무인 자동화 시스템을 이용하고 있습니다. 말하자면 도서관의 첨단 물류 시스템을 만들어 보았던 것이지요. 현재는 얼굴 인식 시스템으로 진화하고 있습니다.

또, 물류라는 같은 영역의 전문 서적이지만, 이들을 분류하여 코드를 부여하였습니다. 100-물류 일반, 200-Unit Load(포장, 파렛트, 컨테이너), 300-운반·하역, 400-운송(수송, 배송), 500-보관(창고, 재고 관리), 600-정보·통신, 700-SCM, 800-유통, 무역, 환경, 콜드체인, 900-엔지니어링·컨설팅, 000-경영 관련 등 10가지로 구분하였으며, 이들 각각의 특성에 따라 소분류 코드를 갖도록 하였습니다.

그렇지만 대부분 학문이 그러하듯 칼로 두부 자르듯 각 분야의 구분이 분명하지 않은 경우가 많습니다. 게다가 물류 분야들이 융합되어가고 있는 추세인지라 도서의 분류 시스템 또한 많은 숙제를 안고 있습니다. 이 분야 전문가들의 활발한 연구가 필요하다고 생각됩니다. 또 다른 고민은 전자서적의 출현입니다. 앞으로 이에 대한 준비가 요구되고 있습니다.

'The LogiSCM Library'에는 물류의 길이 있다.

Q 앞으로 'The LogiSCM Library'를 어떻게 운영하실 계획이신지, 도서관 운영을 통해 얻게 될 가치는 무엇이라고 생각하시는지요?

A "책 속에는 길이 있습니다."와 "물류 전문 도서관인 The LogiSCM Library에는 물류의 길이 있습니다."라는 말을 남기고 싶습니다.

마이크로소프트Microsoft의 창업자 빌 게이츠Bill Gates도 책을 사랑한다고 알고 있습니다. 빌 게이츠는 세계적인 창조 기업을 일으킬 수 있었던 지혜는 어렸을 때부터 도서관에서 책을 즐겨 읽었기 때문이라고 밝히고 있습니다. 또, 철강왕 앤드류 카네기Andrew Carnegie도 악착같이 사업을 일구어낸 후에 남긴 전 재산으로 도서관 3,000여 개를 만들어 기부하였으며, '도서관은 사막에 있는 마르지 않는 샘이다.'라는 명언을 남겼습니다. 이처럼 책을 좋아

| 마이크로 소프트 창업자 빌 게이츠
(Bill Gates)
어렸을 때부터 도서관은 내 인생에서 중요한 역할을 해 왔습니다.
Since i was a kid, libraries have played an important role in my life.

| 철강왕 앤드류 카네기
(Andrew Carnegie)
도서관은 사막에 있는 마르지 않는 샘과 같습니다.
A library is a never failing spring in the desert

| 'The LogiSCM Library'의 내부. 서병륜 회장이 그가 소중히 생각하는 책 「물류시스템화 입문 物流システム化の手引」을 들고 있다.

하는 선각자들의 삶의 지혜를 배워서 이번에 'The LogiSCM Library'를 개관하였습니다.

앞서 말씀드렸듯, 제가 아끼고 소중하게 여기는 물류 전문서적들을 물류인들에게 개방을 한다면 물류업계에 도움이 될 것 같다는 판단으로 'The LogiSCM Library'를 개관하게 되었습니다. 물류의 길을 이어 줄 후진들에게 지혜의 보고를 남겨주고 싶습니다. 이 물류 전문 도서관이 물류 발전을 위한 지혜의 보고가 되기를 희망합니다.

– 물류신문. 2021. 09. 29. –

13

물류컨설팅의 길

1984년 9월, 물류연구원을 설립한 후 약 1년간은 앞에서 언급한 바와 같이 물류를 매스컴에 등장시키고, 물류전국대회를 개최하고, 해외에 물류연수단을 파견하는 등 물류 계몽운동을 하였다.

그런데 2년쯤 지난 1986년경 또 하나의 행운이 찾아왔다. 그것은 물류 컨설팅이라는 일이었다.

1986년 5월 어느 날, 당시 동양제과의 담철곤 부사장을 만나게 되었는데 2시간 정도 면담을 한 뒤, 나에게 동양제과의 물류 컨설팅을 의뢰하고 싶다고 하였다.

뜻밖의 제안이었으나 이것이 내가 맡은 제1호 물류 컨설팅이었다. 이를 출발점으로 하여 물류 컨설틴트로서의 길을 걸어 올 수 있었는데 지금까지 약 30여 건의 물류 진단을 해 왔다. 솔직히 말하자면 물류 컨설팅 능력보다는 물류에 대한 나의 열정을 믿고 일을 맡겨 준 담부사장이 물류 컨설팅이라는 길을 열어 준 것과 다름없다고 할 수 있다. 담부사장은 그 뒤로도 주위의 최고 경영자들에게 나를 소개하여 몇 건의 물류 컨설팅을 더 할 수 있도록 성원하여 주었다.

당시 동양제과는 서울과 대구, 익산 등 3개 지역에 5개의 공장을 가동하고 있었고, 전국에 걸쳐 20여 개 지점과 물류 센터, 그리고 50여 개의 대리점과 창고를 배치하여 물류 체계를 운영하고 있었다. 특히 T11 표준 파렛트에 의한 유니트 로드 시스템을 구축하여 상·하차 등 하역작업의 기계화가 가능하도록 하기 위하여 공장 구내용으로만 사용하던 파렛트를 공장과 물류센터 간에 활용, 일관된 파렛트 시스템을 실현시켰다.

동양제과의 물류 컨설팅을 끝낼 무렵인 1986년 11월에는 오뚜기식품의 박한욱 부장이 찾아와 자동창고 건립 계획에 관한 컨설팅을 요청하였다. 당시 국내의 자동창고 분야는 도입 초창기였다. 나는 단순히 자동창고를 설계하는 것이 아니라 생산현황과 공장의 물동량, 각 지역 물류 센터의 재고량과 판매량을 분석하고 전반적인 물류 현상을 진단한 결과를 토대로 하여 창고의 형태와 크기를 최종적으로 결정하고 이에 대한 타당성을 검토하였다.

오뚜기식품의 자동창고 컨설팅을 마무리하고 있던 1987년 1월 말에는 삼성전자 물류부를 담당하고 있던 백봉기 부장이 찾아왔다. 제품을 보관할 자동창고를 건설하려고 하는데 관련부서나 경영층의 결재를 받아내기가 어려우니 나에게 물류 컨설팅을 하여 이를 해결해 달라는 부탁이었다. 6개월에 걸친 컨설팅의 결과로 성공적인 최종 보고회가 있었고 현재 가동되고 있는 삼성전자 수원공장의 제품 자동창고는 내가 고민하고 컨설팅한 결과로 탄생한 것이다.

그 뒤로 수년간 나는 물류 컨설팅에 전념하였다. 농심의 물류 센터에 관한 컨설팅, 서울하인즈의 물류 컨설팅, 해태제과, 빙그레, 고려합섬, 부산파이프, 롯데칠성음료, 코오롱상사, 미원그룹 등 30여 건의 물류 컨설팅을 해왔다. 나는 기업체의 컨설팅 과정을 거치면서 많은 고뇌를 하였고 귀중한 경험을 쌓았으며 더욱 많은 현장연구를 통하여 물류 컨설팅에 관한 자신을 갖게 되었다.

지금 나는 LOGISALL을 창업하여 경영을 맡고 있으므로 물류 컨설팅에 전념하지 못한다는 안타까움도 있지만 그 동안의 경험의 결과로 얻은 물류 컨설팅의 길을 제시해 보고자 한다.

| 삼성전자의 자동창고 도입을 위한 물류 컨설팅보고서

첫째로, 철저한 비밀유지를 하여야 한다. 물류 컨설팅을 하게 되면 그 기업의 깊숙한 내용을 많이 알게 된다. 이에 대한 보안 유지는 컨설턴트로서의 생명과도 같다. 나는 지금까지 이 점에 유의하여 왔음을 밝힌다.

둘째로, 철저한 물류 전문가가 되어야 한다. 물류 컨설팅이야말로 진정한 프로로서만 가능하며 아마추어로서는 불가능하다고 생각한다. 즉 '목숨을 걸고 둔다.'는 조치훈 프로기사의 자세가 필요한 분야이다. 나는 이 점에 관한한 자랑할 만한 기록을 가지고 있다. 수많은 반대론자들을 이겨냈으며 비록 건강은 상했지만 어떤 때는 일주일 동안 겨우 다섯 시간을 자고도 견디면서 맡은 일에는 최선을 다했다.

셋째로, 철저한 현장 중심이 되어야 한다. 나는 물류의 길 초창기부터 현장을 중요시하여 왔다. 특히 물류 컨설팅을 담당할 때에는 항상 물류 현장에서 시작하였다. 간단한 메모지와 줄자, 스톱워치, 카메라 등을 가지고 현장에서 해결방안을 모색하였고 대부분의 경우 그곳에서 해답을 찾을 수 있었다.

넷째로, 철저히 데이터 중심이 되어야 한다. 물동량의 수치화와 물류비의 금액을 산출하여 이들의 흐름을 시스템으로 창출해 내는 것이 물류 컨설팅의 핵심이라고 본다. 즉, 장황한 이론적인 설명이 불필요한 분야이다.

다섯째로, 철저히 문제점들을 찾아내야 한다. 현장 중심의 실태 조사와 데이터분석을 통한 비용을 산출한다면 물류에 관한 여러 문제들을 발견하는 것이 그리 어렵지 않을 것이다.

여섯째로, 철저하게 시스템을 구축하여야 한다. 물류를 혁신하기 위해서는 앞에서 찾아낸 문제점들을 해결하는 방안을 마련해야 하는데, 이때에는 하드웨어와 소프트웨어를 접합하는 기술을 개발하는 시스템을 만들어야 할 것이다.

앞으로 기회가 닿는 대로 나는 그 동안 내가 연구해 온 물류 컨설팅의 경험을 물류 관리자들에게 정리하여 전달하고 싶다. 이 자리를 빌어 그동안 나에게 물류 컨설팅을 의뢰하여 준 기업에 감사를 드리며 앞으로도 물류 개선에 많은 진전이 있기를 기원한다.

14

해외에서 발표한 物流 논문

돌이켜보면 한국에서 물류를 도입하기 시작한 것은 한국물류연구원이 설립된 1984년부터라고 생각한다.

당시 물류를 매스컴에서 중요 분야로 다루었고 물류전국대회와 많은 물류 세미나가 개최되기 시작하였다.

그즈음 나는 각 기업의 물류 컨설팅에 매달리고 있었다. 일을 하면서 한국의 물류 발전 정보를 알게 되자 일본의 물류업계에서 나에게 물류 논문을 발표해 줄 것을 요청해 왔다.

첫 번째는 1987년 6월경으로 일본의 물류 전문 연구기관인 일통총합연구소日通總合硏究所에서 발간하고 있는 「수송전망輸送展望」의 편집장 마쓰시다松下 씨에게 요청이 왔다.

논문제목은 '한국의 물류 현상과 과제'였는데 논문의 주요골자는 다음과 같다.

| 1987년 가을호 「輸送展望」에 게재된 '한국물류의 현상과 과제'

Ⅰ. 한국 물류 발전의 배경은 고속도로망과 공업단지의 확충과 제조업의 발전, 그리고 유통근대화를 들 수 있다.

Ⅱ. 물류 발전의 저해요인으로는 상적유통과 물적유통의 미분화, 제조업체에 의한 유통업계의 지배, 유니트 로드 시스템의 미확립, 물류 기계·설비와 물류 업무의 자가용화를 들 수 있다.

Ⅲ. 한국 물류 발전의 동향에서는

1. 정부의 물류 개선동향으로 경제기획원을 중심으로 하여 상공부, 농림수산부, 교통부 등이 물류 정책을 추진하고 있다. (1) 일관 파렛트화를 촉진하기 위한 표준 파렛트에 의한 유니트 로드 시스템의 도입방안이 강구되고 있으며 (2) 복합 화물 터미널, 철도 화물기지, 컨테이너야드, 유통단지 등의 물류 시설들이 건설되고 있으며 (3) 바코드 보급 등에 의한 물류 정보 네트워크가 구축되고 있다.

2. 산업계의 물류 관련 동향으로는 화주 기업들에서는 물류 부서들이 설치되고 있으며 각 기업의 물류비를 산출하고 있다. 또한 1,100㎜×1,100㎜ 표준 파렛트에 의한 일관 파렛트화의 추진으로 유니트 로드 시스템을 도입하고 있다. 지게차에 의한 운반 하역 작업의 기계화가 급속히 추진되고 있다. 공장에는 자동창고가 건설되어 가동하고 있으며 소비지의 외곽에 물류 센터가 설치되고 있다.

그러나 수송 시에 아직도 자가용 트럭 이용률이 높으며, 그 결과로 공차율이 40%에 달하는 문제점이 남아 있다. 물류사업계의 동향을 보면 영업창고의 발달이 늦어지고 있다. 또한 택배사업이 시도되고 있으나 그 서비스 수준이 초보적인 단계에 머물러 있다. 1987년도 당시의 한국 물류 사정은 30여 년이 지난 지금과 비교하여 물류 발전을 위한 준비 단계인 태동기였다고 판단된다. 두 번째로 발표한 해외 논문은 1988년 9월 일본물류관리협의회가 개최하는 동경국제물류심포지엄에서였다. 나와 미국의 컨설팅회사인 A.T. Kearney회사의 William J. Best 부사장 두 사람이 초청 강연자로 발표하였다.

일본과 세계 각국의 물류 전문가들이 약 600여 명 모인 회의장에서 평생 처음으로 영어로 발표하였다. 논문제목은 '한국의 물류 자동화'였다. 내가 그동안 실시한 물류 컨설팅 결과들을 분석하고 물류 분야에 있어 포장, 운반, 하역, 창고, 수송 등의 자동화추진 현황을 설명하면서 한국의 물류 자동화의 가능성을 제시하였다. 물류 자동화를 본격적으로 추진하기 위한 선결과제는 물류 표준화임을 주장하자, 세계 각국의 물류 전문가들이 이에 동의하였다. 특히 일본의 물류 전문가들은 물류 표준화에 관한 한 일본도 뒤져 있다는 현실을 인정하고 그런 상황에서도 다른 어느 나라보다도 물류 자동화 설비를 많이 보유하고 있는 일본 물류의 딜레마를 걱정하는 분위기였다.

나는 그 기회를 통하여 물류 표준화가 진행되지 않은 상태에서 물류 자동화가 본격적으로 추진되어 간다면 장차 커다란 문제가 야기되리라는 것을 배우게 되었다. 그리하여 그 후 지금까지 한국의 물류를 위하여 물류 표준화를 추진해야 한다는 남다른 신념을 갖게 되었다.

우리나라에서도 급격한 임금 상승으로 물류 자동화가 본격적으로 추진되어 왔다. 그러나 물류 표준화가 진전되지 않은 답보상태에서 비표준 규격의 물류자동 설비들이 각 기업의 곳곳에 설치되고 있다. 이를 계속 방치한다면

| 1988년 9월 동경국제물류 심포지움 발표기념으로
받은 감사패

신속한 물자의 흐름이 생명인 물류의 장애물을 설치하고 있는 꼴이 될 것이며 이렇게 되면 앞에서 언급한 바와 같은 일본이 실패한 전철을 밟는 결과가 되고 말 것이다. 물류 자동화가 가장 앞서 있는 일본이 물류 표준화를 추진하지 못하고 있는 고민을 우리 한국은 닮지 말아야 한다고 생각한다.

물류 표준화가 이 지구상에서 가장 잘 되어 있는 곳은 바로 유럽이다. 유럽에서는 포장 규격이 600㎜×400㎜로 완벽하게 표준화되어 있고 파렛트 규격도 1,200㎜×800㎜로 90% 수준으로 표준화되어 있다. 한 마디로 물자의 흐름이 아무런 장애 없이 물 흐르듯 이루어지게 되어 있는 훌륭한 물류 체계를 구축하여 놓고 있는 것이다. 그런데 우리의 사정은 어떠한가? 우리는 아직도 물류 모듈시스템에 관하여 많은 관심과 변화가 요구되는 실정이다. 물론 정부차원에서 물류 표준화 정책은 수립되어 있으나 민간기업들은 좁은 시야로 자기회사 입장만을 고수하고 있는, 참으로 딱한 처지이다. 이렇게 국가차원의 물류를 고려하지 않고 개별 기업단위의 물류 시스템만을 계속해서 만들어 간다면, 그 대가는 많은 비용이 드는 물류 체제가 될 수밖에 없을 것이며 결국은 우리 한국의 물류 경쟁력이 약화될 수밖에 없다는 것이 나의 견해이다. 물류 표준화를 전제로 한 물류 시스템의 구축이 우리 물류인들의 사명임을 다시 한번 강조하고 싶다.

15

사단법인
'한국물류협회' 창립

한국물류연구원은 내가 대우중공업을 사직하고 물류의 앞날을 위하여 만들었지만 당시 뜻을 같이 해 준 선배와 동지가 11명 있었음은 앞에서 밝힌 바 있다.

　　그런데 한국물류연구원이 활동을 시작하고 그에 즈음하여 우리나라 산업 계에도 물류에 관한 관심이 고조되자 각 기업체에서도 물류 조직들을 앞 다 투어 설치하였다. 그러자 갑자기 유사한 활동을 하고자 하는 경쟁자들이 등 장하기 시작했다. 특히 한국물류연구원이 일본물류관리협의회와 제휴를 하 여 전국 규모의 물류 대회를 개최하고 일본에 물류 연수단과 대표단을 파견 하게 되자 이와 유사한 사업을 추진하는 단체들 또한 출현하였다. 문제의 발단은 일본의 물류 협회가 두 단체로 양분되어 있었기 때문으로 풀이된다.

　　1980년대 당시 일본에는 물류 단체가 2개 있었는데 그 중 하나는 일본 물류관리협의회로서 일본 생산성본부와 일본포장협회가 공동으로 설립한 독립단체로 우리나라의 한국물류연구원과 제휴하고 있었다. 또 다른 하나 는 일본물적유통협회로서 일본능률협회의 산하단체였다.

나중에 알게 된 사실이지만 두 물류 단체는 회원모집에서부터 물류 전시회, 물류 교육프로그램, 물류 대회, 물류 조직결성, 물류 시상제도, 물류 관리사제도 등 여러 물류 활동에 있어 필요 이상의 경쟁관계였고 각자의 입지를 확보하려는 입장에 놓여 있었다. 심지어 국제 활동에 있어서도 아시아, 태평양 지역의 물류 협의체도 양분하기에 이르렀다.

결국 1990년대에 들어와 일본 정부 통산성과 운수성이 중재에 나서 사단법인체로 인가하는 조건으로 하나의 협회로 통합되어 현재의 일본 로지스틱스시스템협회가 되었다.

그런데 이러한 일본의 사정은 한국 내에도 그 영향을 미치고 있었다. 1984년 12월 한국물류연구원과 일본물류관리협의회가 제휴하여 물류 활동을 전개하여 나가자 한국능률협회는 일본능률협회와 연계하여 물류 세미나를 개최하고 일본 물류 시찰단을 파견하기 시작하였고, 한국공업표준협회는 일본물적유통협회와 제휴를 하여 유사한 물류 사업들을 추진하기 시작하였다. 더구나 한국생산성본부에서는 일본생산성본부를 통하여 이미 한국물류연구원과 제휴되어 있는 일본물류관리협의회에 제휴를 요청하고 있는 실정이었다.

일본과 같이 물류가 도입된 지 20년이나 되고 경제 규모가 큰 나라에서도 물류 협회가 2개로 나뉘어 어려움이 따랐는데, 하물며 물류 도입 초창기인데다가 경제규모가 일본의 1/10도 안되는 한국에서 물류 단체가 3~4개 출현할 움직임이 나타난 것이다. 그리고 그 중에서도 내가 설립한 한국물류연구원은 가장 어려운 처지에 놓여 있었다.

1989년 1월, 나는 이와 같은 문제를 해결하기 위한 방안으로 사단법인체로서 정부의 인가를 받는 물류협회를 창립하기로 하였다. 물론 앞에서 언급한 단체들을 포함하고 전경련, 대한상공회의소, 교통개발연구원과 대한통운, 한진 등의 물류업체, 그리고 일반 기업의 물류 관리자들과 학계의 교수들이 총망라된 명실상부한 국가 차원의 물류 단체를 만들어야 한다는 사명감을 갖고 시작한 일이었다.

먼저 우리나라 산업계의 물류 발전을 목적으로 사업 내용에 있어 물류 대회, 물류 전시회, 물류 시상제도, 물류 관리사제도, 물류 교육프로그램, 물류 국제활동의 추진 방안을 준비하고 그 취지를 설명하였다.

3개월 동안 발로 뛰어다니며 설득한 결과 많은 뜻있는 기관과 인사들이 기본취지에 동의하였다. 그러나 역시 최대 걸림돌은 남아 있었다. 앞에서 언급한 물류 사업을 하고자 하는 단체들의 이해관계 및 조정이었다. 장충동에 위치한 엠베서더호텔 식당에 관계자들이 모인 가운데 몇 차례 협의가 계속되었다. 한국의 물류를 대표할 수 있는 사단법인 한국물류협회를 창립하자는 데에는 별 이견이 없었으나 구체적인 방법과 생각은 서로 달랐다. 이

| 1989년 7월 8일 개최된 한국물류관리협의회 창립총회

른바 총론總論은 찬성, 각론各論은 반대인 셈이었다. 마지막 순간까지 합의를 이끌어내려고 최선을 다하였으나 역부족이었다. 결국 단체기관으로서는 한국물류연구원 측과 한국생산성본부 측만 참여하기로 합의가 되었다.

마침내 1989년 7월 8일, 한국물류관리협의회 창립총회가 개최되었다.

한국생산성본부 회의실에서 물류 관련 인사 50여 명이 참석한 가운데 사단법인 한국물류관리협의회가 탄생한 것이다.

비록 처음 구상한 대로 국가 차원의 물류 역량이 총망라된 성대한 출발은 아니었으나 학계의 교수들, 연구기관의 연구원들, 물류 업계의 임원들, 각 기업의 물류 관리자들이 우리나라의 물류 중심 단체가 될 물류협회의 창립을 결의하여 주었고 앞날을 축하하였다.

초대회장에는 인하대 안태호安台鎬교수가 추대되었고 물류인 20명의 임원진이 선출되었으며 감사에는 제2대 물류협회의 회장을 맡았던 김여환金麗煥. 전 대한통운 사장 사장이 선출되었다. 나는 초대 사무국장에 선임되어 당시 경제

| 창립총회 기념파티 장면

기획원 유통소비과의 송태준 과장을 통해 사단법인 인가 절차를 밟았다. 사단법인 한국물류관리협의회는 그 후 사단법인 한국물류협회로 명칭을 바꾸고 주관 부처가 국토교통부로 이관되었고 현재의 한국통합물류협회가 사단법인 한국물류협회의 역사를 이어 받았다. 이렇게 하여 1980년 12월에 구상하였던 한국물류협회의 창립이란 목표를 드디어 실현할 수 있게 되었다.

16

'物流표준화'를 위한
간절한 소망

물류에서 가장 중요한 점은 물자의 흐름을 어떻게 잘 관리할 것인가이다.

나는 1970년대 말부터 지게차에 의한 하역작업의 기계화를 연구하여 왔으며, 1980년대 초반부터는 파렛트시스템을 구축하여 일관된 파렛트화로 물류의 흐름을 혁신시킬 수 있다는 방법을 알게 되었다.

특히 1973년 3월, 일본정부 통상산업성의 유통정책국에서 발간한 「流通 SYSTEM化 基本計劃」을 통하여 일본의 물류 표준화가 물류의 흐름을 신속하고 원활하게 한다고 판단, 이를 국가 차원의 중요한 정책 과제로 다루고 있다는 사실을 발견하였다.

나는 1985년 당시에 우리나라 물류 정책을 담당하고 있던 경제기획원 유통소비과의 신철식 사무관에게 이를 설명하였고 신 사무관은 정부의 유통정책_{그 당시에는 물류와 유통이 분리되어 있지 않은 상황이었음}에 이를 반영하였다.

본격적으로 물류 표준화가 물류 정책 과제로 등장한 것은 1989년에 교통부에서 물류 업무를 담당하기 시작하면서부터이다. 수송정책국의 김한영 사무관과 심재홍 주임이 물류연구원을 방문하여 우리나라의 물류 발전을 위한 대화를 나누던 중에 기업 차원에서는 잘 추진이 되지 않으니 정부 차원에서 물류 표준화를 주요 정책과제로 만들어 달라는 나의 제안에 적극적인 관심을 가져준 것이 현재의 물류 표준화 정책의 출발점이 되었던 것이다.

그 후 교통부에서 제정한 화물유통촉진법에 물류 표준화 부문이 반영되면서 여러 가지 물류 표준화 정책들이 구체화되기 시작하였다.

이후 사단법인 한국물류협회와 대한상공회의소를 중심으로 하여 물류 표준화에 대한 실태조사 보고서와 추진방안 등이 마련되었다. 또한 대통령비서실의 국가 경쟁력 강화 기획단에 물류개선반이 설치되면서 드디어 물류 표준화 정책이 범정부적인 주요과제로 등장하였다.

1994년 12월에는 대한상공회의소 이름으로 본인이 집필한 '물류표준화物流標準化 가이드'를 작성하였다. 1997년에는 물류 표준화 촉진을 위한 홍보용 비디오테이프까지 만들어 건설교통부와 대한상공회의소가 홍보활동을 시작하였다. 이밖에도 정부차원의 여러 가지 물류 표준화 촉진정책들이 추진되었다.

1990년대 초반에 실시된 실태조사에 의하면 우리나라의 물류 표준화율은 3~4년 동안 10.8%에서 17.8%로 향상되어 연간 2%정도씩 발전해 가고 있었던 것으로 분석되고 있다.

이런 속도로 발전할 것을 가정한다면 유럽처럼 물류 표준화율이 90%수준에 도달하기 위해서는 앞으로도 30~40년이라는 장구한 세월이 걸릴 것으로 보인다. 그렇다면 이는 우리나라의 물류 발전에 대단히 불행한 일이 될 것이라는 생각이 들었다. 그런데 우리나라는 왜 물류 표준화가 진전이 되지 않는 것일까? 그 원인으로는 여러 가지가 있지만 손꼽히는 것은 다음과 같다.

첫째로, 물류를 흐름이나 시스템으로 접근하지 않는다는 점이다. 국가차원의 정책을 다루는 입장에서도 그렇고 특히 기업의 물류 관리자들은 개별 회사 차원으로 폐쇄되어 있는 물류 관리만 고집하고 있을 뿐, 다른 회사와의 연계 물류시스템을 만드는 데 관심을 두고 있지 않다. 그러나 물류는 반드시 생산자와 사용자간에 연결 체인을 구성해야 함을 알아야 한다.

둘째로, 현재 사용 중인 비표준 거래 단위 즉 포장 규격, 물류 시설이나 장비들을 국가 차원의 표준 규격으로 전환하려고 하면 개별기업 입장에서는 비용 손실이 불가피하게 발생된다. 이미 설치되어 있는 자동창고나 파렛타이저, 포장설비, 컨베이어, 포장용기 등을 개조하는 것이 부담이 되고 경우에 따라서는 기존 설비나 시설을 폐기해야 하는 불리함도 감수해야 하는데, 이런 이유로 물류 표준화의 추진을 망설이게 되는 것이다.

셋째로, 포장방법이 잘못되어 있기 때문이다. 우리나라는 포장상자의 규격을 결정할 때 제품에 따라 결정하는 방식이 일반적이다. 그러한 결과로 국내에서 유통되고 있는 포장상자들의 치수는 천차만별, 각양각색이라고 해도 과언이 아니다.

| 대한상공회의소에서 발간한 물류 표준화가이드(제2판)

그런데 내가 지금까지 연구해 온 유럽의 포장상자의 규격은 60㎝×40㎝로 놀라울 만큼 단일치수로 표준화되어 있다. 농산물을 담는 용기도, 공산품인 생활용품 용기도 모두가 동일치수로 예외가 없다. 또 자동차부품 상자의 경우 독일의 벤츠나 BMW, 프랑스의 르노, 영국의 포드는 모두 60㎝×40㎝만 쓰고 있었다. 그러나 한국의 자동차 회사들의 부품상자들은 모두가 제각각인 실정이다. 이런 실정이니 어떻게 국제 경쟁력을 키울 수 있을 것인가?

이번 기회에 우리나라의 물류 표준화를 획기적으로 촉진하기 위한 방안을 제시하고자 한다.

첫째로, 물류 모듈 체계MODULE SYSTEM를 전면적으로 도입해야 한다. 국가표준 파렛트인 T11형1,100㎜×1,100㎜을 기본치수로 하여 포장 규격은 분할 모듈 치수를, 창고 설비나 수송 장비의 적재함 등 물류시설이나 장비들은 배수 모듈 치수를 반드시 채택해야 한다. 특히 포장 모듈 치수KS A 1002를 현재의 69종류에서 5종류 이내로 최소화하는 것이 선결 과제라고 생각한다. 또한 유니트 로드 시스템통칙KS A 1638도 전면 개정하여 물류 관련 시설이나 장비들을 1,100㎜의 배수 체재로 확실하게 규정해야 한다.

둘째로, 현재 설치되어 가동되고 있는 각 기업의 비표준 자동창고와 포장설비, 파렛타이저, 컨베이어, 중형트럭은 T11형 표준 파렛트에 맞는 규격으로 전환할 수 있도록 개조비용을 지원하고 세금감면혜택을 주는 정부차원의 제도를 도입하도록 하여야 한다.

셋째로, 각 기업의 물류 관리자들은 물류 표준화의 비용절감 효과와 물류효율 향상 결과가 결국은 각 기업의 물류 혁신과 직결된다는 사실을 인식해야 한다. 즉 나무만 보고 숲을 보지 못하고 있지는 않은지 다시 한 번 검토해야 할 것이다.

최근 2000년대에 들어와 물류표준화 실태를 조사해 본 결과, 그동안 물류표준화가 상당히 진행되어왔고, 현재는 50%를 넘어 60%에 가까운 표준화율을 보이고 있음을 알 수 있다. 따라서 이러한 속도로 계속 발전해 나간다면 앞으로 물류표준화가 80~90%에 달할 날도 머지않아 올 것이라 생각된다.

17

物流共同化는
'윈윈(Win-Win) 戰略'

물류를 관리하는 데 있어 중요한 점은 바로 '흐름'의 관리이며 이는 앞에서 언급한 바 있다.

그런데 이 물동량의 흐름을 관리하는 것을 어렵게 만드는 몇 가지 주된 요인이 있는데, 그것은 다음과 같다.

첫째로, 생산지와 소비지는 일반적으로 멀리 떨어져 있다. 이들 장소간의 흐름을 연결하기 위해서는 운송이라는 기능이 불가피하게 요구된다. 그리고 이 운송 구간이 장거리일 경우 자가용 트럭을 이용하게 되면 돌아오는 편이 공차가 될 가능성이 높으므로 보편적으로 영업용 트럭을 이용하고 있다. 왜냐하면 영업용 트럭은 돌아오는 편의 물동량을 확보하는 것이 수월하기 때문이다.

둘째로, 물동량은 항상 변동하기 마련이다. 수확기가 있는 농산물은 물론이고 공산품에 있어서도 성수기와 비수기가 있어 물동량의 계절적인 변동이 있기 마련이다. 더구나 경기 변동에 따라 그 물동량의 기복이 대단히 심하게 되고 예측도 불가능하게 된다. 따라서 수송량이나 보관량이 급격히 늘어나기도 하고 반대로 줄어들기도 한다. 이러한 상황에서 자가용 트럭이나 자가 창고 시설에 의존하게 되면 물류효율이 낮아지므로 각 기업들은 수송 시에는 운송회사의 트럭을 이용하고 보관시에는 영업 창고를 활용하게 되는 것이다.

또 다른 해결 대책으로, 물동량의 변동 시기가 서로 맞는 기업 상호간에 트럭이나 창고 등 물류 시설을 공동으로 이용하는 방안이 있다.

셋째로, 물동량이 다품종, 소량화되어 가고 있다. 그 결과 고객으로부터의 주문은 소량화되고 다빈도화 되어가게 마련이다. 특히 유통업체들이 급속하게 성장하고 있으며 이들은 재고 부담을 가능한 제조업체들에게 떠넘기려 하기 때문에 필요한 물품만을 꼭 필요한 점포로 공급하여 달라는 요구가 점점 더 거세어 갈 것이다.

또한 소비자들도 반드시 필요한 물품량만을 구매하는 패턴으로 바뀌고 있다. 이에 따라 각 판매 점포에 배송되는 물품량의 소량화가 더욱 진행되어 질 것이고, 그런 상황이 되면 지금까지 우리나라의 일반적인 물류 방식이었던 자가 판매 차량에 의한 배달체계는 고비용 저효율의 물류 체계가 되고 말 것이다. 어쩌면 자가 트럭에 의한 배송이 불가능한 상황을 맞게 될지도 모를 일이다. 앞에서 언급한 몇 가지 이유로 인하여 이제부터 물류 공동화가 절실히 요청되는 시대에 돌입하게 될 것이라고 예상된다.

내가 물류 공동화라는 분야를 맨 처음 발견한 것은 지금으로부터 40여 년 전인 1979년이었다. 일본 운수성에서 발간하고 있는 「일본물류연감日本物流年鑑(1977년도판)」을 구입하여 읽던 중, 특집 내용이었던 '共同輸送의 現狀과 今後의 方向'이라는 글이 내 시선을 끌었다. 그 책에는 당시 일본 전국에 걸쳐 실시되고 있던 물류 공동화 46개의 사례가 상세하게 소개되어 있었다.

| 물류 공동화를 특집으로 다루고 있는 1997년도 일본물류연감

다행스럽게도 나는 이 글에서 물류 공동화에 관한 귀중한 지식을 얻게 되었다.

그 동안 여러 가지 훌륭한 물류 공동화 사례연구가 있었지만 그 중 특히 기억에 남는 것은 동경의 영세 구두제조업체 150여 개가 공동으로 구두를 집하하여 일본 전역에 공동공급하고 있는 관본운송(주)關本運送(株)의 공동집배송共同集配送에서 물류 공동화는 참여자 모두에게 도움이 되는 윈윈전략임을 배우게 되었다.

그 뒤 나는 파렛트 공동이용 제도를 우리나라에 도입하기 위하여 1985년 10월 2일 한국파렛트풀(주)를 설립하였다. 파렛트 풀 시스템이란 표준 파렛트를 공동으로 이용하는 제도인데, 나는 늘 물류 표준화와 물류 공동화에 남다른 관심을 가지고 있었다. 물류 표준화에 관한 부분은 앞에서 언급하였으므로 이번에는 물류 공동화에 관한 뒷이야기를 하고자 한다.

물류 표준화는 정부에서도 주요 물류 정책으로 채택하고 있었지만 물류 공동화는 1990년대 초반에 들어와서도 국내 물류 분야에서 전혀 도입이 되지 못하고 있는 딱한 실정이었다. 그러던 중 1970년대 대우중공업 근무시절부터 물류관계로 알게 된 대한상공회의소 민중기閔仲基 이사를 만난 좌석에서 물류 공동화의 추진이 필요하다는 점을 설명하였고, 대한상공회의소에서 추진하여 줄 것을 요청하였다.

드디어 1994년 9월 17일, 대한상공회의소에 물류 공동화 추진위원회가 결성되었다. 이 날은 우리나라의 물류 중 가장 뒤처져 있는 물류 공동화가 발전하게 될 계기가 마련된 의미 있는 날이었다. 지금까지의 개별기업 차원의 물류 체계로부터 서로의 지혜와 힘을 모아 물류 공동체를 실현시켜 우리나라의 물류 수준을 한 차원 높일 수 있었다. 그 뒤 대한상공회의소와 물류 공동화추진위원회는 몇 차례의 회의와 세미나, 그리고 일본물류공동화 사례연구 시찰단 파견, 물류공동화 실천매뉴얼 발간, 기업의 물류공동화 실태 및 수요조사보고서 발간 등 대한상공회의소 유통부를 중심으로 한 여러 활동들을 추진하였다.

최근에는 물류 선진화기업들을 중심으로 물류 공동화가 본격적으로 진행되고 있으며, 다소 진전속도는 느리지만 출판물업계, 의약품업계, 음반업계 등에서도 업계공동의 물류 시스템을 구축하려는 움직임이 나타나고 있다.

개별기업차원의 물류 시스템에서는 고비용 저효율일 수밖에 없다는 한계를 인식한 물류 선도기업들이 '판매는 경쟁, 물류는 공동'이라는 캐치프레이즈를 내세우고 물류 공동화를 전개하고 있다. 결론적으로 물류 공동화는 저비용 고효율의 물류 시스템을 창출하여 참여자 모두에게 도움을 주는 효과적인 윈윈전략이 될 것이다.

18

ISO 파렛트위원회의
고뇌

"21세기를 눈앞에 두고 지금 인류는 바야흐로 글로벌시대를 전개하고 있습니다.

많은 분야의 국제교류에 있어 눈부신 발전을 하고 있으며 특히 물류에 있어 국제화된 시스템이 구축되어 가고 있습니다. 또한 ISO(국제표준화기구)의 여러 분야에서 국제 표준규격이 제정되거나 개선되어 인류의 다음 세기를 준비하고 있습니다. 그런데 파렛트에 관해서는 절망적인 딜레마에 빠져 있습니다. 1970년대부터 20년 넘게 논의하여 온 국제 파렛트의 표준화는 전혀 진전이 불가능한 상황에 놓여 있습니다. 우리 세대가 실현시키지 못한 이 인류의 과제는 21세기, 혹은 다음 세대에도 더욱 어려울 것 같다는 판단에 나는 절망감을 느낍니다."

미국의 파렛트 분야 선구자인 MR. SARDO가 1995년 5월 15일 개최된 ISO TC51파렛트위원회의 워싱턴회의 개회 인사에서 한 발언이었다. 당시 선진 각국의 파렛트 전문가들이 모두 모인 회의장의 분위기는 너무나 숙연하였다. 왜냐하면 글로벌시대의 국제간 물자교류에 있어 필수적 물류 장비인 파렛트의 규격을 한 가지로 통일해야 한다는 이상은 알고 있었지만 현실적인 어려움 때문에 이를 실현한다는 것이 불가능하다는 사실을 모두가 안타깝게 느끼고 있었기 때문이었다.

물류의 목표가 물자의 흐름을 신속하고 효율적으로 하고자 하는 것이므로 글로벌시대에 국제적으로 물동량을 효율적이고 신속하게 이동하게 하기 위해서는 국제 물류 표준화가 선결 과제이고, 그에 따른 가장 기본수단은 바로 파렛트이다. 따라서 파렛트 규격을 단일 치수로 표준화시키는 일은 무엇보다도 중요하다. 그럼에도 불구하고 국제표준화기구인 ISO의 파렛트전문위원회에서 이를 합의할 수 없다는 사실은 어떻게 보면 인류의 불행이라고도 볼 수 있다.

이렇게 파렛트가 국제적으로 표준화되지 못한 데에는 오랜 역사적인 배

| 미국의 파렛트분야의 개척자인 MR. SARDO와 ISO 파렛트위원회 회의장에서의 기념사진 (1995년 5월 15일, 제14차 워싱턴회의)

경이 있다. 그 이유는 ISO 파렛트위원회가 국제 표준 파렛트의 규격을 논의하기 훨씬 이전에 선진국들이 파렛트 표준화의 중요성을 인식하고 국가 차원이나 지역 차원의 서로 다른 규격의 파렛트로 이미 표준화를 완료했기 때문이다.

2차대전이 끝난 1940년대 후반부터 1950년대, 1960년대 초반까지 유럽대륙은 1,200mm×800mm, 영국은 1,200mm×1,000mm, 호주는 1,165mm×1,165mm, 미국은 48″1,219mm×40″1,016mm로 파렛트 표준화가 상당한 수준으로 진행이 되어 있었다. 물론 각 국가의 표준 파렛트의 치수는 해당 국가의 주된 수송장비인 철도 화차나 대형 트럭의 적재함 규격과 정합성을 갖고 있으며, 단순히 파렛트 규격만이 아니라 자동창고나 파렛타이저, 컨베이어, 보관용 랙, 포장용기 등 관련 물류 설비들까지도 모두 정합성을 갖고 있다. 이러한 상황에서 1960년대 후반부터 국제 교역 수송에 중심 역할을 하고 있는 해상용 컨테이너가 출현하게 되었다.

그러나 앞에서 언급한 바와 같은 인류 물류사의 불행은 선진각국들의 표준 파렛트들이 해상용 컨테이너에 정합성이 낮다는 사실에 있다. ISO 해상용 컨테이너의 적재함 내부 폭의 치수는 2,330mm로, 선진각국의 표준 파렛트들을 어느 방향으로 적재하더라도 2열 적재가 불가능하거나 비효율적이다. 다행스럽게도 일본과 한국은 다소 뒤늦은 감은 있으나 1970년대 초반에 국가 표준 파렛트의 규격을 채택하게 되었고, 또한 대형트럭과 ISO 해상용 컨테이너의 적재함 폭의 내부치수가 2,330mm로 동일하므로 표준 파렛트 치수를 1,100mm×1,100mm로 결정하게 되었다.

1979년 1월, 영국의 런던에서 개최된 제7회 ISO 파렛트위원회에서 공식적인 ISO 파렛트 규격을 제정하기로 합의하였다. 이 때까지는 ISO의 파렛트 규격은 정식규격이 아니었으며, 유럽의 표준 파렛트를 채택하기 위하여 유럽 국가 대표들이 모여 1961년 5월에 결정한 R198이란 권장규격만 있었다.

ISO규격을 제정하는 방식은 해당위원회의 정식회원 국가들이 다수결로 기본 안을 만들고 전체 회원국의 75% 이상의 찬성을 얻어내야만 정식 규격으로 채택될 수 있다. ISO의 파렛트위원회는 정식 회원국이 21개국이었으나 대부분의 회원 국가들은 유럽지역의 국가들이었다. 이에 따라 제8회 81년 2월 영국의 런던회의, 제9회83년 9월 캐나다의 오타와회의, 제10회85년 10월 독일의 함부르크회의, 제11회88년 영국의 런던회의 등 10여 년간의 오랜 논쟁 끝에 현재의 ISO 6780이라는 규격이 탄생되었으나, 그 규격은 유럽의 표준 파렛트에는 유리한 반면 상대적으로 미국의 표준 파렛트나 일본, 호주 등의 표준 파렛트에는 불리한 조건이었다. 그 규격은 ① 유럽규격 1,200mm×800mm, ② 영국규격 1,200mm×1,000mm, ③ 미국규격 48″×40″1,219mm×1,016mm, ④ 아시아 태평양규격 1,140mm×1,140mm 등 4가지였다. 그 중 미국규격은 미국산업계가 Metric System을 도입하면 1,200mm×1,000mm로 바꾼다는 한시적인 조건이었고, 일본의 1,100mm×1,100mm와 호주의 1,165mm×1,165mm의 중간 절충 규격으로 채택된 아시아 태평양규격은 −40mm 공차를 허용하여 1,100 mm×1,100mm까지 간접 규격으로 인정하고 있으나 ISO 해상용 컨테이너가 광폭으로 전환하게 되면 1,200mm×1,200mm로 바꾼다는 조건까지 달고 있었다.

나는 1980년 2월, ISO의 파렛트 규격의 논쟁에 관하여 물류 스승인 히라하라 선생님을 통해 알게 되었고, 일본 파렛트협회를 통하여 ISO 파렛트위원회의 진행 상황을 전달받아 왔다. 그 당시까지 한국은 정식 회원국이 아닌 상태였으므로 나는 물류를 담당하고 있던 건설교통부의 물류 심의관실과 ISO업무를 주관하고 있던 공업진흥청에 한국도 정식회원국으로 가입하여 줄 것을 요청하였고 드디어 1994년 10월 14일자로 한국도 정회원이 되었다.

다음해인 1995년 5월, 미국 워싱턴에서 개최된 제14회 ISO 파렛트위원회에 내가 한국대표로서 최초로 참가하게 되었다. 나는 현재의 ISO 6780 인 파렛트 규격에 대한 한국의 입장을 당당히 설명하고 일반적인 파렛트공차 5㎜에 비교하여 1,140㎜×1,140㎜규격의 -40㎜ 공차는 모순이며 ISO 해상용 컨테이너의 광폭화는 실현될 가능성이 없으므로 이의 개정안을 마련하기 위한 실무위원회를 결성할 것을 제안하였다.

나는 미국, 일본, 캐나다 등의 대표와 공동으로 이에 반대하려는 유럽대표들을 설득하여 결국 이를 관철시켰다. 그 후 ISO 6780 파렛트 규격을 개정하기 위한 실무위원회에도 적극적으로 참여하여, 1,100㎜×1,100㎜ 한국의 표준 파렛트를 정식 규격으로 개정안에 포함시키도록 만장일치 동의를 얻어냈다.

뿐만 아니라 지난 2003년 8월 26일에는 T-11형이 태평양지역 단일 국제표준규격으로 확정되었다. 이에 따라 한국물류 표준화 및 아시아 파렛트 표준화에 새 역사를 열게 되었다.

그렇지만 진정으로 국제 파렛트 표준화를 위해서는 지금과 같이 각 기업의 표준규격이 ISO 6780 여섯 가지 규격으로 되어 있는 것을, 한 가지 또

■국제표준 파렛트, ISO 6780규격

개정전		① 1,200mm×800mm ② 1,200mm×1,000mm ③ 1,140mm×1,140mm ④ 48″×40″
현재	정사각형	① 1,140mm×1,140mm ② 1,100mm×1,100mm ③ 1,067mm×1,067mm
	직사각형	① 1,200mm×800mm ② 48″×40″(1,016mm×1,219mm) ③ 1,200mm×1,000mm

는 두 가지 규격으로 축소할 필요가 있다.

이를 위하여 유럽은 유럽대로 북미지역은 북미지역대로 또 아시아지역은 아시아지역대로 인류의 지혜를 총동원하여야 한다. 물론 규격을 축소화 시키는 일은 각 기업 간의 이해관계가 얽혀있기 때문에 현실적으로 대단히 어려울 것으로 예상된다. 그러나 물류의 현주소를 진정으로 발전시켜 나가려면 국제 표준화를 실현시키도록 끊임없이 노력하여야 한다.

19

'한국파렛트컨테이너협회' 창립과 아시아파렛트시스템연맹 (APSF)의 출발

화물의 받침대 역할을 하는 파렛트는 물자를 보관하고 하역하며 수송하는 물류의 가장 중요한 수단이다.

초기의 산업시대에는 원자재나 상품의 물동량이 그다지 많지 않았다. 따라서 이들을 보관, 하역, 수송하는 일이 별로 어렵지 않았으며 보통 인력을 동원하거나 간단한 도구로 처리할 수 있었다.

그러나 1910년대에 들어와 선진 산업사회에서 대단위 공장이 가동되기 시작하면서부터는 이들 물자들을 취급하는 것이 중요하게 대두되었다. 그리하여 이를 효율적으로 작업하기 위한 방안으로 지게차와 파렛트가 창안되었던 것이다.

지게차는 1920년대에 미국의 Towmotor회사와 Clark회사에서 개발하여 산업현장의 운반, 하역장비로서 보급되기 시작하였으며 이 지게차를 더욱 효과적으로 잘 사용하기 위하여 1930년대에 미국의 벽돌업계와 식품업계에서 파렛트를 사용하기 시작하였다. 그리고 지게차와 파렛트의 시스템이 본격적으로 발달하게 된 것은 2차대전 중에 미군이 병참술로써 채택한 것이 계기가 되었다.

전쟁이 끝나고 1940년대 후반에 미국과 유럽, 호주 등에서 미군의 병참술이었던 지게차와 파렛트시스템이 산업계에 도입되게 되었다. 그리고 1950년대와 1960년대를 거치며 일관 수송용 파렛트의 용도로 전환되었다.

파렛트가 한 기업의 내부에서 공장 구내용으로 보관하거나 하역작업을 할 때 깔판용도로만 쓰이는 것이 아니라 물자가 오고가는 관련기업들 간에 연계 사용되어지는 일관 파렛트화를 추진하기 위해서는 파렛트 규격의 표준화가 불가피하였으므로 선진국에서는 1960년대에 이미 파렛트 표준화가 상당히 진전이 되어 있었다.

파렛트 규격을 표준화시키는 일은 한두 기업이나 제한된 범위의 이해 당사자들의 노력만으로는 불가능하다. 왜냐하면 전체 산업계가 망라된 국가차원의 파렛트 규격통일이 필요하기 때문이다. 여기에서 우리가 주의해야 할 점은 파렛트 표준화의 진정한 의미는 치수뿐만 아니라 형태도 동일하게 통일되어야 한다는 사실이다.

따라서 선진국에서는 1950년대부터 ① 파렛트 표준화의 추진 ② 일관 파렛트화 촉진 ③ 파렛트 관련 기술개발 등을 담당하는 중심단체인 파렛트협회가 설립되어 활동하기 시작하였다. 그리하여 각 국가차원의 파렛트 규격 통일과 기술 개발에 많은 진전이 있었으며, 앞에서 언급한 바와 같이 1970년대 후반부터는 ISO TC51파렛트전문위원회의 본격적인 활동으로 국제 표준의 파렛트 규격에 관한 논의를 하는 회의의 각 국가대표들은 해당국의 파렛트협회측에서 파견되어 왔다.

나는 1980년도부터 일본파렛트협회가 일본국내의 파렛트분야 발전을 위해 하고 있는 업무내용과 ISO국제활동을 통하여 일본의 국가 이익을 위해 노력하고 있다는 사실을 잘 알고 있었다. 또한 미국 파렛트협회와도 오랫동안 교류를 해오고 있었다.

물론 개인적으로는 한국파렛트풀(주)나 한국물류연구원, 사단법인 한국물류협회의 활동을 통하여 물류 표준화의 일환으로 파렛트 분야의 발전을 위하여 노력을 해왔다. 그러나 이러한 방법으로는 한계가 있었다.

1980년대 후반에 들어와 임금의 급격한 상승으로 물류 작업의 기계화가 촉진되기 시작하였고, 그 결과 지게차와 파렛트타이저 등이 곳곳에 도입되어 일관 파렛트화가 본격적으로 착수되었다. 그러나 불행하게도 파렛트 표준화에 대해서는 모두가 관심이 없었다. 대부분 물류 관리자들은 자기회사의 입장만 생각했고 기존 보유설비에만 맞추어 자사규격의 파렛트만을 고집하는 현상이 일반적이었다. 간혹 1,100㎜×1,100㎜ 국가표준 파렛트를 채택하는 선진기업이 있었으나 치수만 표준이었지 형태에 있어서는 역시 비표준이었다. 1973년에 제정된 KS A 2155 일관수송용 파렛트의 T11형 표준 파렛트 보급율은 10%에 머물러 있었고 모양도 그야말로 천차만별, 각양각색이었다.

국제적으로는 자기 국가의 표준 파렛트를 ISO 파렛트 규격에 포함시키려고 선진국들의 각축전이 벌어지고 있는 심각한 상황인데도 불구하고 이러한 사정을 알지 못하는 현장에서는 다른 나라의 표준 파렛트 규격을 우리 한국의 표준 파렛트로 채택해야 한다는, 참으로 어처구니없는 발언을 하기도 했다. 또 물류 표준화에 관한한 후진국으로 뒤처져 있는 일본을 기준으로 삼으려고 하는 경우도 있었다.

한국이 ISO 파렛트위원회의 정회원국이 된 후 최초로 1995년 5월 미국 워싱턴회의의 한국대표로 참가한 나는 우리나라에도 파렛트협회가 필요하다는 사실을 깨닫게 되었다. 그리하여 곧 건설교통부 물류 심의관실의 관계자들과 상의하였으며 그 결과 사단법인 한국파렛트협회 설립을 추진하기로 하였다. 나는 기왕이면 파렛트 제조업계와 파렛트 사용업계 모두가 참여하는 협회를 탄생시키고 싶었다.

역시 협회를 운영하는 데 필요한 자금을 확보하는 것이 가장 어려운 과제였다. 우리나라 파렛트 분야의 발전을 위한다는 뜻에는 동참할 분들이 많겠지만 매년 1~2억 원의 비용을 선뜻 내놓을 회원들은 드물 것이라는 생각에 걱정이 앞섰다. 그러나 다행스럽게도 한국파렛트풀(주)의 주주회사 사장들께서 협회운영의 상당 부분을 지원하여 주기로 약속을 하였다.

그 후 약 3개월의 준비과정을 거쳐 1996년 5월 3일, 서울가든호텔현 베스트 웨스턴 프리미어 서울 가든의 행사장에서 한국파렛트협회의 창립총회를 개최하였다. 총회에는 약 50여 명의 파렛트 관계 인사들이 참석하였으며 건교부 이은식 물류 심의관이 축사를 해 주었다. 그리고 초대회장으로 이건산업(주)의 장문영張文英 사장이 취임하였고, 상근 전무이사로는 용마유통(주)의 전무를 역임한 박은규朴殷圭 씨가 선출되었다.

| 사단법인 한국파렛트협회 창립총회 기념사진(1996년 5월 3일)

이렇게 출발한 한국파렛트협회는 그 후 건설교통부의 사단법인 인가 절차를 받아 명실상부하게 한국의 파렛트 중심 기관으로 활동을 해 왔다.

2005년 3월 3일 한국파렛트협회는 파렛트 분야 이외에 컨테이너 분야를 추가하여 한국파렛트컨테이너협회KPCA로 이름을 바꾸고 새롭게 출발하였으며 여러 가지 활동을 하여 국내의 파렛트 표준화율이 60%를 넘는 쾌거를 이루었다. 또 국내에서의 이러한 물류표준화의 평가 외에도 국제적인 활동도 개시하였다.

한편 아시아파렛트시스템연맹APSF은 한국파렛트컨테이너협회와 일본의 파렛트협회, 중국물류구매연합회의 파렛트 전문위원회 등 3개 단체가 주관하여 지난 2003년부터 여러 차례 회합을 갖고 말레이시아, 필리핀, 인도네시아, 태국, 베트남 등 정부당국자들의 모임을 거쳐서 발족을 준비하여 2006년 6월 8일 일본 도쿄에서 창립총회를 갖고 설립되었다.

그동안 아시아파렛트시스템연맹은 아시아 일관수송용 평 파렛트 규격 제정, 아시아 TC/51 소위원회 구성, 아세안 국가의 표준품질 담당 기관의 핵심이사들에 대한 1, 2차2007~2008 아시아 유니트 로드 스쿨 교육 프로그램을 통하여 80여 명의 연수교육 수료생을 배출하였다. 앞으로 이 수료생들은 아시아 파렛트 표준화의 중추적 역할을 수행할 핵심세력으로 자리매김할 것으로 예상된다.

특히 2008년 3월 1일, 중국 정부가 아시아파렛트 규격을 중국 국가규격으로 채택하기에 이르는 커다란 성과를 거두었다. 또 국가간의 파렛트 표준화, 물류표준화에서 가장 중요한 각 국가의 표준 파렛트의 기준을 제시하기 위해서 아시아의 파렛트 규격을 수년간의 노력 끝에 합의에 도달하였다. 그 결과 2008년 5월 17일 일본의 오까야마에서 개최된 한·중·일 3개국 물류장관 회의에서 '동북아 물류협력을 위한 오까야마 선언' 공동 성명이 채택되었다. 즉 한국, 중국, 일본을 포함한 회원국은 1,100×1,100㎜ 규격과

1,200×1,000㎜의 두 가지 파렛트를 아시아 지역 기준 표준 파렛트 규격으로 합의하기에 이른 것이다.

한편 2008년 7월 4일, 베트남 하노이에서 개최된 제3회 아시아파렛트시스템연맹 정기총회가 있었다. 그때 본인이 아시아파렛트시스템연맹의 회장으로 선출이 되었다. 아시아파렛트 표준화 추진을 본 궤도에 진입하게 하는 등 아시아의 발전을 위하여 할 일이 많아 두 어깨가 매우 무겁지만 책임감을 가지고 최선을 다할 것이다.

앞으로 우리나라 산업계의 물류 발전을 위하여 꼭 필요한 파렛트 표준화와 관련기술 개발의 견인차로서 또한 파렛트 국제활동의 한국 대표기관으로서 사단법인 한국파렛트컨테이너협회의 활약을 기대하여 본다.

| 제3회 아시아파렛트시스템연맹(APSF) 정기총회

20

한국물류협회 회장으로서의
활동

한국물류협회는 12명의 선배들과 뜻을 모아 전신인 '한국물류관리연구원'으로 간판을 내걸고 지난 1984년 9월 1일 출발하였다.

우리나라 산업계에 물류분야를 도입하여 물류선진화를 실현하겠다는 뜻을 세우고 출발하였으나 당시는 우리나라에 물류라는 용어조차 생소하던 시절이었고 정부는 물론 기업조차 관심 밖의 분야라 일하기가 쉽지 않았다. 더군다나 처음 시작은 법인체도 아닌 임의단체였다.

우여곡절 끝에 1989년 7월 8일 한국물류관리협의회로 체재를 개편하여 1990년 2월 14일 경제기획원으로부터 사단법인 인가를 받게 되었고 1995년 사단법인 한국물류협회로 명칭을 변경하고 경제기획원으로부터 국토교통부로 인가 기관을 이전하였다.

초대 사무국장은 본인이 맡았고 인하대학교 경상대 대학장이었던 안태호 교수를 초대 회장으로 모셨다. 안태호 회장은 1995년까지 임기를 맡았고

2대 회장은 대한통운의 김여환 회장이 맡았다. 그런데 김여환 회장의 임기 시절, IMF가 터지고 말았다. 당시 어렵지 않은 기업이 없었지만 대한통운도 부도를 맞게 되자 김여환 회장은 사표를 제출하였다.

당시 재정 사정이 어려웠던 한국물류협회는 회장이 1년에 1~2억 원 정도를 지원하고 있는 실정이었다. 당장 회사의 운영이 힘든 상황에서 협회가 필요하다고 무작정 붙잡을 수도 없는 현실이었다.

할 수 없이 수석부회장으로 본인이 직무대행을 맡고 있으면서 새로운 회장을 물색했으나 모두가 어려운 상황에서 후임 회장을 선임하기가 쉽지 않았다. 그러나 언제까지 공석으로 둘 수도 없는 노릇이었다. 그런 상황에서 당시 물류협회의 임원을 담당하고 있던 물류업계의 사장님들께서 본인에게 차기 회장을 맡으라고 종용하였다.

"물류협회는 처음부터 서병륜 사장이 만든 협회이고 물류에 그만큼 열정을 가지고 있는 사람도 없으니 아무래도 서 사장이 맡는 것이 좋겠습니다."

| 제15회 한국물류혁신컨퍼런스에서 개막식 인사를 하고 있는 필자

당시 나는 한국파렛트풀(주)와 한국컨테이너풀(주)를 경영하고 있었지만 규모도 작았고 1년에 1~2억 원 정도를 내놓을 재정도 물론 없었다. 그래서 극구 사양하였다.

"만약 서병륜 사장이 하지 않겠다면 우리도 사퇴하겠습니다. 재정 때문이라면 우리가 십시일반으로 도울 테니 맡아 주시지요."

그렇게까지 말하자 나는 더 이상 거절할 명분이 없었다. 결국 2000년 3월 물류협회 총회에서 추대를 받고 2000년 6월 1일 정식으로 회장에 취임하여 2009년 6월까지 10년간 회장으로서 활동하였다.

돌이켜 생각해보니 한국물류협회의 규모도 세월이 흐르면서 외형적으로 많은 발전이 있었다.

1984년 9월 1일 한국물류연구원으로 출발하여 한국물류협회가 창립한 지 40년이 되었다. 우리나라의 물류 초창기에 물류 도입과 발전을 위해 견인차 역할을 했던 사단법인 한국물류협회는 2009년 6월 출발한 한국통합물류협회에 그 25년 활동의 역사를 승계하여 주었다. 그동안 나름대로 협회가 추진하여 온 활동들은 적지 않다.

초창기에는 계몽활동기로 매스컴을 활용하여 물류의 중요성을 널리 알렸고, 기업들이 물류관리 조직을 구성하도록 하였으며 정부차원의 물류정책이 수립되도록 활동하였다.

또 물류전문가들과 기업의 물류관리자들을 위한 물류연구회 세미나 등을 정기적으로 개최하였으며 국제 활동을 추진하기 위하여 일본물류관리협의회와 업무제휴를 하여 물류연수단을 지속적으로 파견하여 선진물류 사례를 연구하였다.

그리고 30여 대기업의 물류컨설팅을 실시하여 물류혁신 사례들을 발굴하였으며 물류전문인력 양성을 위한 물류관리사제도 도입, 우수물류관리기업에 대한 정부차원의 물류대상 시상제도 도입, 물류전시회 개최와 정부의 물류표준화정책 도입, 해외물류 시찰단을 일본은 물론 미국, 유럽 등지에 파견하였다.

2000년대에는 매년 개최되던 물류대회를 대규모 물류혁신컨퍼런스로 확대 개최하고, 물류분야의 중요 테마를 다루는 물류정책토론회, 한·중·일 물류교류회 연례 개최,

| 한국물류협회 창립20주년 기념 국제물류심포지엄에서(2004년 10월 5일, 전경련 회관)

APLF(아시아·태평양물류연맹)를 통한 국제물류활동도 담당하였다.

21

아시아태평양물류연맹(APLF)
회장에 취임하다

- 아시아의 물류발전을 위하여 -

2003년 10월 3일, 서울에서 아시아태평양물류연맹 총회가 열렸다.

그런데 총회 첫날, 일본물류협회JILS 대표 이나쓰카 모도키稻束 原樹 전무
가 말했다.

"곧 아시아태평양물류연맹 회장을 뽑아야 합니다. 현재는 중국물류구매
연합회 루지앙陸江회장이 맡고 있는데 차기 회장은 한국물류협회의 서병륜
회장이 맡아서 하면 좋겠습니다."

그 자리에 있던 본인은 이렇게 대답했다.

"아무래도 중국에서 하는 게 더 낫겠습니다. 저는 아직 나이도 어리고 연
륜도 적으니 중국에서 하든지 일본에서 하든지 상의해서 하는 것이 좋겠습
니다."

나는 아직 때가 아니라는 생각에 사양을 했다. 그런데 그 다음 날 중국의

루지앙 회장이 나를 보고 대뜸 말하는 것이었다.

"아시아태평양물류연맹 차기 회장은 서병륜 회장이 맡았으면 좋겠습니다."

공식적인 자리에서 다시 그런 발언이 나오자 나는 다시 한번 겸손하게 사양하였다.

"저는 아무래도 다음 기회에 하기로 하고 중국에서 한 번 더 했으면 좋겠습니다."

그러자 루지앙 회장이 나에게 말했다.

"나는 이제 나이도 많고 서병륜 회장은 아무래도 젊고 에너지도 넘치고 하니 회장 자리를 맡아도 손색이 없을 것 같습니다."

나는 또 다시 극구 사양하였다.

"아직은 제가 물류에 대해 더 공부해야 할 것이 많고 부족한 점이 많아서, 실력을 더 기른 다음에 훗날 한 번 맡아 보겠습니다."

그러자 루지앙 회장이 뜻밖의 말을 하였다.

| 제4회 APLF 총회에서 회장에 선임된 후 인사하고 있는 필자

"저는 서병륜 회장이 쓴「물류의 길」중국어판을 다 읽어 보았습니다. 책을 읽고 나서 서 회장은 진정한 물류의 프로라고 생각했습니다. 그래서 이제는 아시아의 발전을 위해서라도 서 회장이 맡아야 한다고 봅니다. 나는 그저 중국의 나이 많은 정치인에 불과합니다. 솔직히 물류에 대해서 깊이 있게 잘 모르고, 당신 같은 열정도 없습니다. 그리고 무엇보다 젊은 사람이 담당해야 한다고 생각합니다."

당시 내가 쓴「물류의 길」이 중국어로 번역되어 읽히기는 했으나 그 책을 루지앙 회장이 읽었다는 사실이 놀랍기도 하였다. 그러나 나는 여전히 때가 아니라는 생각으로 회장 자리를 고사하였다. 그러자 루지앙 회장이 갑자기 화를 벌컥 내는 것이었다.

"나는 솔직히 서병륜 회장의 열정을 높이 샀는데, 서 회장은 아시아를 위해서 봉사하고 희생할 자세가 안 되어있다는 말입니까?"

루지앙 회장은 계속해서 말했다.

"인생의 선배로서 아시아를 위해서 당신 같은 사람이 뛰어야 한다고 생각합니다. 젊어서 활력이 넘치고, 물류 프로의 세계를 열고 있는 당신이 리더를 해야지, 그렇지 않다면 도대체 누가 한단 말입니까?"

얼굴을 보니 상당히 섭섭한 표정이었다. 그 말을 듣는 순간 나는 정신이 번쩍 들었다.

"아, 저에게 아시아의 리더가 되라는 말씀이시군요. 무슨 말씀이신지 잘 알아들었습니다. 그렇다면 부족하지만 제가 한 번 맡아서 해 보겠습니다."

나는 더 이상 거절할 명분을 찾지 못했다. 그렇게 해서 아시아태평양물류연맹 회장을 맡게 되었다. 중국의 루지앙 회장이 나를 높이 사 준 것은 참으로 감사한 일이었다. 그리고 아시아를 위해서 봉사하고 이끌어 갈 사람이 필요하다면 한번 잘 이끌어 보겠다는 생각도 들었다.

아시아태평양물류연맹 회장의 임기는 2년으로 나는 그 뒤 한 번 더 연임을 하여 총 4년간 아시아의 물류발전을 위하여 일했다.

아시아는 일본, 중국, 한국, 뉴질랜드, 싱가포르, 말레이시아 등 상당히 광범위하고 물류선진화 수준도 제각각이다. 나는 임기 동안 이들 각 나라의 물류협회를 서로 연결하여 각국의 물류 발전을 위하여 다각도로 노력하였다.

아시아태평양물류연맹이 추진하고 있는 첫 번째 과제는 물류인 육성이다.

물류전문인력을 양성하는 교육프로그램을 개발하는데 각국의 물류협회들이 정보를 교류하고 지식과 경험을 교환하고 있으며 머지않은 장래에는 아시아태평양물류연맹APLF의 이름으로 물류전문가 자격증을 주는 날이 오게 될 것이라 믿는다.

아시아태평양물류연맹의 두 번째로 중요한 추진과제는 물류표준화와 물류공동화이다.

| 제3회 APLF 총회에서 회장에 취임한 후 단체사진

아시아태평양 지역의 각 국가간에 교역물자가 급속하게 늘어나고 있으므로 원활한 물류체계가 필수적으로 필요하다. 따라서 물류용기, 파렛트, 수송장비 적재함 규격 등의 국간 물류표준화가 실현되어야 한다. 아울러 물류비용이 저렴하고 물류효율이 높은 공동물류시스템이 도입되어야 한다.

아시아태평양 지역의 원활한 국제물류시스템을 구축하기 위하여 국가간의 물류표준화와 물류공동화를 아시아태평양물류연맹이 주도적으로 추진하여야 한다고 생각한다.

아시아태평양지역은 물류 측면에서 볼 때 아주 중요한 위치에 있다. 특히 대륙으로 연결된 유럽과 달리 아시아는 바다로 연결되어 있기 때문에 바다를 잘 이용할 수 있다면 훨씬 큰 경제적인 이익을 볼 수가 있다. 바다를 이용한 네트워크로 물자를 실어 나른다면 비용면에서 훨씬 경제적이기 때문이다. 앞으로도 뛰어난 물류 인재, 열정적인 후배들이 많이 나와서 아시아태평양 지역의 물류선진화가 조속히 실현되는 데 크게 기여하기를 바란다.

22

21세기
한국 物流의 길

　지금까지 우리나라에 물류가 도입되어 발전해 온 과정을 40여 년에 걸친 나의 물류 활동을 중심으로 하여 정리해 보았다.

　'제1장 물류 개척의 길'을 마무리하면서 한국의 물류가 나아가야 할 길을 제시하여 보고자 한다.

　21세기는 지나간 인류 문명사에서 경험하였던 것과는 비교가 되지 않을 정도로 대변혁의 시대이다. 지금까지 인류가 개발하여 온 기술에 정보시스템이 결합되어 새로운 형태의 지식산업이 출현한 것이다. 물류는 이러한 지식산업의 중심 역할을 하고 있는 분야이므로 향후 물류 산업은 더욱 중요한 분야로 다뤄질 것이다.

　따라서 한국물류의 선진화는 한국 경제의 발전을 위한 선결 조건이다. 22세기 한국물류의 선진화 추진 방안으로는 다음과 같은 과제들이 있다고 생각한다.

첫째로, 물류인프라의 구축이다. 남북한이 통일된다고 가정하면 한반도는 물류적인 측면에서 보면 유럽의 네덜란드와 같은 위치가 된다. 유라시아 대륙의 서쪽에서 유럽의 물류 거점을 담당하고 있는 네덜란드와 동일한 역할을 동쪽인 아시아에서 한반도가 할 수 있는 유리한 입장에 놓이게 된다.

물론 도로망, 철도망, 항만, 공항 등 우리의 물류인프라를 잘 구축해야 한다는 전제조건이 있다. 트럭이나 철도 화차, 선박, 항공기 등이 신속하고 효율적으로 움직일 수 있도록 시설이나 장비들을 잘 갖추어야 하며 물류 단지나 창고 등이 연계되어 물류 시스템이 경쟁력을 확보하여야 한다.

둘째로, 물류 표준화와 물류 공동화이다. 21세기에는 다양화, 개성화가 더욱 진행될 것이고 이에 대처하는 물류 표준화가 빠른 기간 내에 실현되어야 한다. 나는 이에 대한 확신을 갖고 있다.

이것을 가능하게 하는 비결은 물류 모듈Module 체계를 만드는 것이다. 파렛트와 컨테이너를 중심으로 한 관련 물류 설비들에 물류 모듈시스템을 도입하여야 한다.

물류 표준화의 다음 단계는 물류 공동화이다. 표준화된 물류 설비나 장비

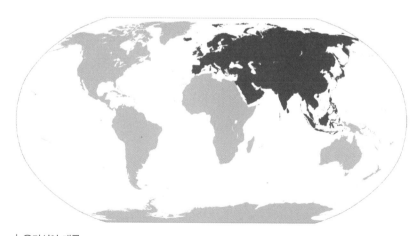

| 유라시아 대륙

등을 공동으로 이용하여 고효율 저비용의 물류 시스템을 만들어야 한다.

셋째로, 공해가 적은 자원 절약형 물류 시스템의 구축이다. 20세기 중반에 출현한 환경과 에너지문제는 21세기에는 더욱 중요한 인류의 과제가 되었으며 국가간 경쟁력의 지표가 되었다. 따라서 물류 분야에서도 환경 친화적이며 자원 절약적인 시스템을 만들려는 노력을 다해야 한다.

공해 문제를 해결하기 위하여 자동차의 배기가스나 물류 설비들의 소음이나 진동을 줄이고 포장 폐기물을 감축해야 한다. 또 자원을 절약하기 위하여 40%에 달하는 화물자동차의 공차 운행율을 줄이고 에너지가 적게 드는 철도 화차나 선박들의 이용율을 높이도록 하며 1회용 포장용기의 사용을 억제하고 회수하여 반복 사용하는 방식을 촉진해야 한다.

넷째로, 물류의 자동화이다. 물류 작업은 인력으로 감당하기에는 힘든 것이 대부분이다. 인간의 육체로 하역 작업이나 보관 작업을 한다는 것은 인간 존중의 차원에서나 생산성 및 효율 측면에서도 바람직하지 못하다. 또한 기대수명이 100살 정도로 전망되는 21세기 고령화 사회에서 노령층의 근로자나 여성인력을 활용하기 위해서도 힘든 물류 작업의 자동화는 반드시 추진되어야 할 것이다.

대표적인 물류 자동화의 과제들로는 자동창고, 파렛타이저, 무인운반차, 자동 컨베이어, 피킹 시스템, 소팅 시스템 등이 있으며, 이 자동화설비들은 인력 절감이라는 단순한 효과뿐만 아니라 물류의 효율을 제고시키는 생산성 향상의 효과가 더욱 크게 나타난다.

다섯째로, 정보 기술을 활용하는 물류 시스템의 개발이다. 물류 기술이 눈부시게 발전하고 있는 배경에는 정보 기술이 급속하게 진보하고 있기 때문을 들 수 있다. 물류 분야에서 활용하고 있는 정보 관련 기술들로서는 바코드나 문자OCR코드 등을 인식하는 센서 기술과 재고량이나 비용 파악을 용이하게 하는 컴퓨터 관련 기술, 그리고 수송장비나 물자의 이동과 소재

| 동북아 물류정책 토론회(2003년)

확인을 가능하게 하는 통신 기술, 인공위성과 더불어 최근에는 무엇이든, 어디서나 네트워크를 가능하게 하는 유비쿼터스Ubiquitous 네트워크Network의 센서로서 RFID 기술까지 동원되고 있다.

다른 산업분야도 마찬가지겠지만 특히 물류 분야에서는 정보 기술Information Technology을 어떻게 잘 활용하느냐에 따라 물류 시스템의 성패가 달려 있다고 해도 과언이 아닐 것이다. 고객으로부터 주문을 받고, 공장의 생산을 관리하고, 창고의 재고량을 파악하고 조절하며, 수·배송을 하여 고객에게 납품하는 것은 물론 판매한 후 수금을 관리하며, 지불하는 비용을 관리하는 등 가히 물류의 전 과정이 정보시스템과 연결되어 움직이고 있는 것이다.

21세기에는 인터넷과 전자 상거래의 기술이 물류 정보 체계에 있어 중심이 되고 있다. 따라서 이에 발맞추어 물류 시스템 개발에 더욱 전력을 기울여야 할 것이다.

여섯째로, 국제화된 물류 시스템의 구축이다. 20세기 후반부터 본격적으로 전개된 국제화시대에 글로벌 시스템을 갖추지 못한 기업은 생존할 수 없게 되었고, 모든 기업들의 활동 영역을 국내와 국외로 구분하는 것은 불가능하게 되었다. 규모가 큰 대기업이든 영세한 중소기업이든 관계없이 전 세계의 동향에 영향을 받게 되었고 경제활동에 관한한 국경선이 무의미하게 된 지금, 모든 기업은 무한 경쟁의 상황에 처해 있다.

따라서 물류 시스템도 어떻게 하면 경쟁력을 갖도록 할 것인가에 초점을 맞추어야 한다. 원자재나 부품을 조달할 때에도, 제품을 생산할 때에도, 판매를 할 때에도, 고효율 저비용을 가능하게 하는 물류 시스템을 가져야 하는 것이다.

마지막으로 물류 인력의 양성과 행정제도의 개선이다. 앞에서도 언급한 바와 같이 지식산업이 중심인 21세기에는 인간의 두뇌로 경쟁하는 시대이다. 따라서 물류 분야에서도 우수한 물류 전문가들이 절실하게 요구된다.

일반 국민들에게도 물류의 중요성을 인식시키기 위하여 초등학교, 중학교, 고등학교 과정의 경제 관련 과목의 교과서에서 물류를 다룰 수 있게 하는 것이 바람직하다. 대학에서도 물류 과정을 설치하여 물류 전문가를 배출하고 산업계에서 활동하고 있는 물류 관리자들에게도 지속적인 교육 프로그램이 제공되어야 할 것이다.

한편, 행정 분야에 있어서는 불합리한 물류 제도는 개선하고, 불필요한 정부나 지방자치단체의 물류 관련 규제는 과감하게 완화시켜 국가 차원의 물류 경쟁력을 가질 수 있도록 대비해야 할 필요가 있다.

23

남이 가지 않는 길

포브스코리아 2023년 11월호에 인터뷰한 내용이 게재되어 이를 소개한다.

| 포브스에 소개된 필자

물류物流는 말 그대로 물자의 흐름이다. 산업 현장의 원료 투입, 생산 제품의 출하와 이송을 위한 하역, 무역용 컨테이너 운송 등 물류의 범위는 상상을 초월할 정도로 넓다. 하지만 현장 하나하나의 물류는 지게차 포크에 얹힌 파렛트 위에서 시작된다. 서병륜 로지스올그룹 회장은 '물류'라는 용어조차 생소했던 1970년대부터 국내에 파렛트풀 시스템을 도입한 선구자다. 한국 물류의 모세혈관을 이어온 45년의 노력이다.

− 장진원 기자

미국 워싱턴 D.C.에 자리 잡은 스미스소니언 국립 자연사박물관은 세계 최대 규모를 자랑한다. 1억 4,800만 개에 달하는 표본과 유물 컬렉션은 자연과 인류 문명의 유구한 여정을 생생히 보여준다. 그런데 이곳 '인류문명발달관' 입구에는 무심코 지나치기 쉬운, 그러나 쉬이 지나쳐서는 안 되는 그림 한 점이 있다. 한국의 '지게'다. 우리네 농촌에서 등짐 나르는 데 쓰던 지게가 한국도 아닌 미국 자연사박물관에 소개된 이유가 뭘까?

"인류문명발달관 입구에 들어서니 세계 전도가 펼쳐져 있더군요. 물류 운반사를 빛낸 기술 개발을 그린 지도였죠. 그 순간 '우리 한민족이 물류 발달에 공헌한 게 있을까?' 싶었습니다. 설레는 맘에 한반도 쪽으로 눈길을 돌리니 놀랍게도 지게가 그려져 있지 뭡니까? 동력 기계가 발명되기 전, 인력을 활용한 도구 중 지게만 한 발명품이 없다는 의미였어요. 선조들의 지혜에 감탄하다가, '지게차'에서 시작된 제 물류 인생이 겹쳐 가슴이 뜨거워졌습니다."

서병륜 로지스올그룹 회장에게 물류物流와 맺은 첫 인연을 물으니 뜬금없는 지게 이야기가 쏟아졌다. 1980년부터 45년간 물류 외길을 걸어온 서 회장은 한국 물류산업의 태동과 개척, 성장을 이끌어온 정통 '물류맨'이다. 그가 국내 최초로 도입한 파렛트풀, 컨테이너풀 시스템은 현재 국내외 30만여 고객사가 이용하는 글로벌 물류 플랫폼으로 안착하는 데 성공했다.

파렛트Pallet는 공장이나 물류창고 등에서 물자를 쌓아 올릴 수 있게 만든 받침대를 말한다. 단순히 물건을 올려놓은 받침대라 지나치기 쉽지만, 파렛트는 오늘날의 물류산업을 일으킨 모세혈관 같은 존재다. 수백kg에서 1톤에 달하는 물자를 파렛트 위에 얹어야 지게차가 실어 나를 수 있기 때문이다. 파렛트 시스템이 고안된 덕에, 등과 어깨에 무거운 짐을 지고 나르던 인류의 노동 혹사가 사라지게 된 셈이다. 파렛트풀(표준 규격 파렛트를 기업이 공동으로 이용하는 시스템)은 그 자체로 '물류 혁명'이었다. 마찬가지로 컨테이너풀은 산업·유통 현장에서 쓰는 다양한 용기(컨테이너)를 기업 간 공동으로 이용하는 시스템을 말한다.

40여 년 전 한국 최초로 파렛트풀·컨테이너풀을 도입한 로지스올은 2022년, 매출 2조 원을 기록했다. 창립 50주년인 2034년에는 매출 10조 원을 달성해 풀링Pooling 기반 글로벌 톱 티어 종합물류기업으로 성장한다는 목표다.

서 회장과 파렛트의 인연은 1977년으로 거슬러 올라간다. 서울대 농대에서 농기계를 전공한 서 회장은 당시 국내 최대 중공업사인 대우중공업에 입사했다. 기계 전공 엔지니어가 처음 발령받은 곳이 바로 '지게차' 생산 공장이었다. 인터뷰 초반에 지게 이야기부터 꺼낸 뜻이 그제야 이해된다.

"전남 광양이 고향입니다. 농촌 지역이라 어릴 때부터 탈곡기, 발동기 같은 기계가 뭣 모르고 좋았어요. 대학 졸업 후 대우그룹 공채 12기로 사회생활을 시작했죠. 기계 분야 시험을 봐 엔지니어로 입사했습니다. 처음 발령받은 곳이 지게차 생산 공장이었어요. 시골 촌놈이 월급 많이 주는 대기업, 그것도 엔지니어에게 제격인 기계 공장에 들어갔으니 그저 좋았죠. 열심히 일했습니다."

운명을 바꾼 지게차와의 만남

서 회장은 "지게차와의 만남이 운명을 바꿔놓으리라고는 그때는 짐작도 못 했다."고 회고했다. 산업차량생산본부 기술개발부에서 일하던 엔지니어에게 예상치 못한 인사 발령이 떨어진 건 입사 후 2년이 지난 1979년이었다.

"갑자기 세일즈엔지니어링 팀장으로 발령이 났어요. 기계 만지는 사람이 영업이 뭔 줄 알았겠습니까. 서울 대우빌딩 20층 사무실에 나와 하릴없이 담배 피우는 시간만 늘어갔죠."

공장에서 일 잘하던 엔지니어들을 특공대처럼 뽑아 영업부서를 신설한 건 그만큼 회사 사정이 급했던 터였다. 대우 마크가 붙은 지게차는 첫 제품 출시 후 1년에 1,000대씩 팔려나갔다. 생산이 수요를 못 따라갔을 정도였다. 하지만 어찌 된 일인지 사업 3년 차 들어 연 500대 판매 수준으로 급감하더니 결국 판매 부진의 늪에 빠지고 말았다. 지게차는 당시 김우중 회장의 최대 관심 사업 중 하나였다. 그룹 전체에 비상이 걸렸고, 급기야 기계를 잘 아는 엔지니어들까지 영업 전선에 소방수로 투입하며 안간힘을 썼다.

옛이야기에 젖은 서 회장은 당시 섬유 사업이 주류였던 대우가 중공업 분야로 사업을 다각화할 수 있었던 비사도 꺼내 놓았다. 대우중공업의 전신인 한국기계공업은 일제강점기부터 잠수함을 건조할 만큼 우수한 기계 전문기업이었다. 당시 산업화에 힘쓴 박정희 정부는 국영기업인 한국기계공업의 민영화에 나섰고, 당시 대우가 무역왕으로 정부의 수출입 포상을 받은 인연으로 신생 대기업인 대우에 기회가 찾아왔다.

"섬유나 팔다가 중공업 해보라 하니 얼마나 좋았겠습니까? 김우중 회장이 워낙 공격적인 스타일이기도 했고요. 인수 초기에는 인천공장에 야전침대를 가져다놓고 숙식을 해결했다고 해요. 그때 김 회장 눈에 들어온 게 바로 지게차였습니다. 선진국을 다녀보니 물류 현장 사방팔방이 온통 지게차 천지였다는 거예요. 지게차 사업부가 1년에 200대 팔겠다고 보고했더니 '웃기지 마라, 1,000대는 팔아야 한다'고 했답니다. 그날로 일본 중장비 제조사인 고마츠를 찾아가 1,000대 분량의 부품을 계약하고 돌아왔다고 합니다."

사업 개시 2년 차만 해도 김 회장의 예상과 희망은 적중한 듯 보였다. 하지만 3년 차에 드니 사정이 달라져 애를 먹었다. 애꿎은 불똥을 맞기는 서 회장, 당시 서 대리도 마찬가지였다. 난데없이 영업을 뛰라 하니 사람만 만나도 가슴이 뛰고 식은땀이 나기 일쑤였다. 사표 생각이 굴뚝같다가도 6개월 파견 약속을 믿고 버텼다. 그러다 시간이 지날수록 알 수 없는 오기가 발동했다.

"선진국은 대체 어떻길래 지게차 천국인지 궁금했습니다. 직접 가서 보자 결심했죠. 미국, 일본, 유럽을 차례로 찾았습니다. 가보니 실제로 물류 현장에 지게차들이 바글바글하더군요. 그런데 쓰임새가 우리와 다르다는 걸 발견했습니다. 돌이켜보면 관찰력이 좀 남달랐던 것 같아요."

1970년대 국내에서 운용되던 지게차는 대부분 3.5톤 이상의 대형 차량이 주를 이뤘다. 사람의 힘으로 들지못하는 쇳덩어리나 원목, 암석 같은 중량물을 들어 옮기는 데 지게차를 활용했다. 하지만 선진국은 달랐다. 서 회장은 특히 일본의 지게차 운용에서 큰 인상을 받았다. 그들은 사람이 못 드는 물자가 아니라, 정반대로 사람이 들 수 있는 물자를 실어 나르는 데 지게차를 쓰고 있었다. 우리와는 개념 자체가 달랐다.

"20kg 박스 50개를 쌓으면 1톤이 됩니다. 그걸 파렛트에 적재해 2톤 이하 소형 지게차로 작업하는 게 일반적이었어요. 지게차 포크에는 여지없이 물자를 쌓아놓은 파렛트가 끼워져 있더군요. 물건을 쌓을 때도, 선적 때도, 하역할 때도 지게차를 쓰려면 반드시 파렛트가 있어야 했어요. 지게차와 파렛트가 바늘과 실의 관계라는 사실을 깨달은 겁니다."

기계 엔지니어에서 파렛트풀 전도사로

서 회장이 예리한 관찰력으로 발견한 건 지게차가 아닌 파렛트의 가치였다. 단순한 화물 깔판이나 받침대가 아니라, 파렛트를 물류 이동의 모세혈관으로 인식한 혜안이다. 회사로 돌아와 쓴 출장 보고서 제목은 '지게차 시장 확대를 위한 파렛트 시스템화의 추진 계획'이었다. 1980년 그가 처음 쓴 물류 전문 논문은 그렇게 세상에 나왔다. 보고서에는 파렛트 시스템화, 즉 파렛트풀 시스템 조성, 이를 통한 지게차 판매 전략과 전망, 파렛트풀 산업을 조성하기 위한 정부·기관·기업의 역할, 전문 물류협회 설립을 통한 계몽 활동 등이 망라돼 있었다.

"보고서가 회사에서도 큰 반향을 일으켰습니다. 지금처럼 대형이 아니라 소형 장비로 바꿔야 한다. 우리 혼자 쓰는 게 아니라 선진국처럼 파렛트풀 시스템을 조성해 보급해야 한다. 국가적 SOC로 추진해 파렛트풀이 정착되기만 하면, 1년 1,000대가 아니라 1만 대, 2만 대도 팔 수 있다고 했어요. 사장님 이하 영업담당 임원들이 저를 영웅 대접하더군요. 대리밖에 안 된 저를 임원들 앞에 세우고 '사업은 저렇게 하는 거다.', '서병륜이 하라는 대로 해라.'라며 난리가 났습니다. 500대 판매도 끙끙대다가 2만 대 판매를 자신하니 그럴 만도 했죠."

사내에서 영웅 대접을 받으며 이리저리 뛰기를 3~4년. 하지만 사업 진척은 기대만큼 속도를 내지 못했다. 기존에 없던 산업을 새로 일으키는 수준이었던 데다, 물자를 내고 받는 이가 모두 동참해야 하는 생태계를 조성하는 일이 결코 녹록지 않았다. 그사이 지지와 성원을 보냈던 사장과 임원들도 자리를 떴다. 어느새 "돈만 까먹고 해외나 돌아다닌다."는 비아냥까지 들려왔다. 1984년, 처음 영업직 발령 때처럼 느닷없이 공장으로 원대 복귀 명령이 떨어졌다. 하지만 그사이 공장과 기계를 사랑했던 엔지니어는 파렛트풀과 물류 혁신에 빠진 물류맨으로 정체성이 바뀌어 있었다.

"공장에 가도 파렛트풀만 아른거리더군요. 품에 사표 넣고 다니기를 몇 달, 결국 하고 싶은 일, 가슴 뛰는 일을 하며 살자고 결심했습니다. 사직서 낸 지 닷새 만인 1984년 9월 1일 한국물류연구원을 세웠어요. 로지스올의 창립기념일입니다. 내년(2024년)이면 창립 40주년을 맞습니다."

부푼 꿈을 안고 호기롭게 뛰어들었지만, 힘들고 괴롭기는 대우 근무 시절과 매한가지였다. 퇴직금으로 받은 800만 원은 사무실 얻고 집기 몇 개 들이니 이내 바닥났다.

연구원 설립 초기를 돌아보던 서 회장은 "정말 죽기 살기로 뛰었다."며 "물류 거지가 따로 없었다."며 웃었다. 파렛트풀은커녕 물류라는 개념조차 희미했던 시절, 서 회장은 〈물류뉴스〉를 제작해 기업 물류 담당자들과 언론에 배포하고, 물류대회 개최, 해외연수단 파견 등 '물류 계몽가'로서의 활동에 집중했다. 혼을 쏟은 노력 덕에 당시에는 생소했던 물류 분야 전문가로 이름을 알리기 시작했다. 신문과 방송 등 매스컴도 물류 관련 뉴스를 기획하기 시작했고, 서 회장이 단골로 등장했다. 하지만 연구원의 여러 성과에도 불구하고 어려움은 여전했다. 제대로 된 사업 실적이 없으니 수익을 내는 건 언감생심이었다.

뜻하지 않은 기회가 찾아온 건 연구원 설립 2년 후인 1986년 들어서다. 당시 동양제과 담철곤 부사장이 면담을 청했는데, 2시간여의 논의 끝에 서 회장에게 동양제과의 물류 컨설팅을 의뢰했다. 당시 동양제과는 서울과 대구, 익산 등 3곳에 5개 공장을 가동 중이었다. 전국 20여 개 지점과 물류센터, 50여 개 대리점과 창고를 배치한 물류체계를 운영했다. 서 회장은 표준 파렛트에 의한 유닛 로드 시스템Unit road System을 구축해 상하차 등 하역 작업의 기계화를 추진했다. 이를 위해 공장 구내용으로만 사용하던 파렛트를 공장과 물류센터 간에 공유해 활용하는 일관 시스템를 실현했다. 동양제과의 성공적인 컨설팅 이후 오뚜기, 삼성전자, 해태제과, 빙그레, 고려합섬, 부산파이프, 롯데칠성음료, 코오롱상사, 미원그룹 등 30여 개 기업이 서 회장을 찾았다.

"5년간 쟁쟁한 기업 30곳의 물류 컨설팅을 전담했습니다. 보통 한 기업 컨설팅에 3~6개월이 걸리는데, 1년에 5~6곳을 맡았으니 정말 초인적인 스케줄이었습니다. 일주일에 3시간밖에 잠을 자지 못한 적도 있었지만 '물류 컨설팅은 서병륜이 최고'라는 칭찬 덕에 힘든 줄도 몰랐습니다."

세계 최대 플라스틱 파렛트풀 전문기업

기업 물류 컨설팅이라는 새 영역을 개척했지만, 파렛트풀을 국내 물류 전반에 안착시키는 꿈은 여전히 요원했다. 1985년 한국파렛트풀 설립 후로도 1990년까지 5년여간 이렇다 할 계약을 한 건도 체결하지 못했기 때문이다. 1990년대 후반까지도 국내에선 맥주, 음료, 설탕(제당) 등 물동량이 큰 규모의 일부 대기업만 파렛트 수송 시스템을 도입했을 뿐, 대부분의 기업이 여전히 하역 작업을 인력에 의존하고 있었다. 서 회장은 열악한 사업 환경을 돌파하기 위해 석유화학업계부터 뚫기로 결심했다.

"1990년부터 3년간 국내 대표 석유화학 업체 12곳과 파렛트풀 공동 이용제도 계약을 추진했습니다. 3년여간 지난한 설득 끝에 11개 회사 대표이사의 인감이 찍힌 계약서를 받아냈습니다. 그런데 막상 규모가 제일 큰 회사가 참여를 거부했어요. 수많은 회의와 설득 끝에 대형사 12곳, 원료 사용 도착 업체 1만 5,000곳과 계약을 맺기 직전이었어요. 결국 모두 허사가 되고 말았죠. 충격과 허탈함이 이만저만이 아니었습니다."

파렛트풀 시스템 참여를 거절한 기업의 이유는 명확했다. 분실이나 파손시 고객사에 변상을 요구할 수 없다는 주장이었다. 3년간 쏟아부은 노력이 물거품이 될 절체절명의 순간, 서 회장은 마지막 결단을 내렸다. 이른바 '계약서 없는 사업'이다. 서 회장은 석유화학업계 실수요업체 1만 5,000개 사에 파렛트 분실 책임을 묻지 않겠다고 선언했다. 모든 회수 책임은 한국파렛트풀이 부담할 테니, 대신 12개 업체 모두가 나서 고객사에 파렛트 회수 협조 문서를 보내달라고 요청했다. 법적인 책임 소재가 사라지니 마지막까지 버렸던 대형사도 흔쾌히 참여를 결정했다. 서 회장은 당시 12개사 대표 이사의 날인이 찍힌 '석유화학업계 파렛트 공동이용제도 안내문'을 꺼내 보여주며 회상에 잠겼다.

"그때부터 지금까지 파렛트 회수를 위한 처절한 생존경쟁이 이어지고 있습니다. 초기엔 파렛트 이동 경로가 확인되지도 않았고, 회수에 협조하지 않는 거래처도 많았어요. 그야말로 악전고투였죠."

회수되지 않거나 분실, 파손된 파렛트는 온전히 한국파렛트풀의 손실이 됐다. 하지만 파렛트가 없으면 인력밖에 답이 없다는 부담은 기업들 스스로 파렛트 회수 관리에 참여하는 문화로 바뀌어 갔다. 현재 로지스올은 전국에 구축한 150여 개 수배송망 덕분에 파렛트 회수율이 99%를 넘어섰다. 국내는 물론 세계 어디서도 볼 수 없는 수준이다. 로봇 자동 선별 및 자동 세척·건조 시스템도 도입해 최적의 파렛트 품질을 유지하고 있다.

무모해 보였던 '계약서 없는 사업'은 석유화학업계를 기점으로 점차 거의 모든 산업 영역으로 퍼져나갔다. 30여 년이 흐른 지금, 로지스올은 플라스

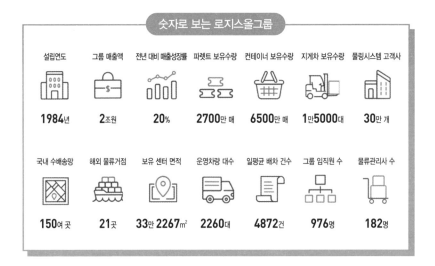

숫자로 보는 로지스올그룹

설립연도	그룹 매출액	전년 대비 매출성장률	파렛트 보유수량	컨테이너 보유수량	지게차 보유수량	풀링시스템 고객사
1984년	2조원	20%	2700만 매	6500만 매	1만5000대	30만 개

국내 수배송망	해외 물류거점	보유 센터 면적	운영차량 대수	일평균 배차 건수	그룹 임직원 수	물류관리사 수
150여 곳	21곳	33만 2267㎡	2260대	4872건	976명	182명

틱 파렛트풀 기준 글로벌 톱 기업으로 성장했다. 표준 파렛트 2,700만 매와 표준 컨테이너 6,500만 매, 보유 지게차 1만 5,000대, 풀링 시스템 고객사 30만 개가 서 회장이 일궈낸 로지스올의 현재다.

"계약서 없이 사업에 나설 만큼 절실한 순간이었어요. 선진국이라면 아예 불가능한 도전이었을 겁니다. 뭐든 법적 테두리를 벗어나면 안 되니까요. 중국 같은 곳에서도 어려운 모델이에요. 회수는커녕 도난되는 경우가 대부분일 테니까요. 돌이켜보면 정으로 통하는 따뜻한 민족성이 사업 안착의 바탕이 됐다고 봅니다. 지금은 고객사들이 알아서 변상도 해줍니다. 파렛트풀이 없으면 모든 물류가 멈춰 선다는 데 공감하기 때문이죠."

책 속에 물류가, 창조가 있다

서 회장은 서울 마포구 로지스올 사옥에 물류 전문 도서관을 구축해 운영 중이다. 그가 평생 동안 읽은 물류 전문 서적 6,000권과 기타 경제·경영 서적 2,000여 권을 모아놓았다. 물류 서적은 대부분 구미 지역과 일본에서 사들인 책들이다. 농기계 전공 엔지니어가 물류 전문가로 거듭난 45년의 노력이 오롯이 그의 책들에 담겨 있다.

"사업을 해보니 제일 중요한 게 창조입니다. 남의 것을 베끼면 성공한 기업가가 될 수 없어요. 애플이 왜 스마트폰 시장을 압도합니까. 없던 생태계를 만들었기 때문입니다. 저도 물류 생태계를 만들어야겠다고 생각했습니다. 새로운 산업 생태계를 만드는 길은 독서밖에 없었어요. 필요한 자료는 지구 끝까지라도 찾아가 읽어야 합니다. 내게는 그게 물류 책이었어요."

서 회장은 "물류의 길을 알려준 일생의 스승을 만난 것도 책을 통해서였다"고 돌아봤다.

"1979년 대우에 근무할 때였어요. 엔지니어가 지게차 마케팅을 뭘 알았겠습니까. 변변한 물류 책 한 권 없던 시절이라, 을지로 일대 헌책방을 돌며 외국 서적과 자료들을 닥치는대로 뒤졌어요. 그때 만난 『하역과 기계荷役と機械』라는 일본 물류 전문지가 오늘날의 저를 만들었습니다."

일본하역연구소 히라하라 스나오 소장이 펴낸 잡지였다. 서 회장은 히라하라 소장을 "일본의 하역 기계화를 부르짖은 물류 혁명가"라고 소개했다. 태평양전쟁 당시 병참 하역 현장에서 수많은 인부가 고통받는 모습을 지켜본 히라하라 소장은 전쟁이 끝난 후 '인간을 중노동에서 해방시키겠다.'는 신념으로 하역 기계화를 주창했다. 그 핵심이 바로 지게차와 파렛트 시스템이었다. 서 회장이 일본과 구미에서 눈으로 확인한 파렛트풀 시스템이 잡지 안에 고스란히 담겨 있었다.

"히라하라 소장을 직접 만나러 일본에 갔습니다. 한국에서 찾아온 연유를 밝히니 눈물을 흘리며 반겨주시더군요. 알고 보니 일제강점기에 4살 때 한국에 건너와 고등학교 졸업 때까지 평양에서 사신 분이었습니다. 평소 '내 뼈는 일본이지만 살은 어머니의 나라, 조선'이라고 하시며 조총련계를 알게 모르게 돕기도 하셨죠. 당시 이미 구순이 넘으셨는데, 자택에서 저를 앉혀놓고 3~4시간씩 글로벌 물류 현황을 가르치셨습니다. 저를 위해 따로 만들어주신 교재를 지금도 잘 간직하고 있습니다."

히라하라 소장의 주장을 받아들여 일본상공회의소가 1976년 펴낸 『물류시스템화 입문物流システム化の手引』은 서 회장이 꼽은 두 번째 인생작이다. 이 책은 당시 일본 정부가 산업계의 물류 시스템을 개선하기 위해 국가 차원에서 추진할 방안을 제시하고 있다. 서 회장은 "이 책 두 권이 오늘날 로지스올의 파렛트풀 시스템을 있게 한 주춧돌"이라며 "현재 한국파렛트풀(KPP)

은 일본 JPR의 규모를 넘어섰다."고 말했다. 스승인 히라하라 소장의 평생 꿈이 일본이 아닌 한국에서 완벽히 실현된 셈이다.

　책을 통해 남이 가지 않은 길을 창조한다는 생각은 창업 때나 지금이나 변함없는 서 회장의 철칙이다. 한국에서 성공한 사업 모델을 글로벌로 확대하는 것은 그 시작이다. 현재 로지스올은 16개 나라에서 19개 해외 사업장을 운영 중이다. 지난 2005년 중국 정부의 간곡한 요청으로 시작한 '차이나 파렛트풀(CPP)'이 시작이었다. 이후 미국과 멕시코 등 북미, 베트남, 체코, 헝가리, 폴란드 등의 물류 혁신에 앞장서고 있다.

모두가 잘 사는 공존공영을 향해

　서 회장은 해외시장 진출을 위해 글로벌 파렛트풀인 RRPP_{Recycled Reusable Plastic Pallet}를 새로 도입하는 승부수를 던졌다. 수출입 물류에 사용하는 친환경 재생 플라스틱 파렛트로, RFID_{Radio-Frequency IDentification} 태그를 장착해 화물의 이동 이력 추적이 가능한 첨단 제품이다. 자원순환이 가능한 친환경 소재를 사용한 것도 특징이다. 글로벌 파렛트풀 1위인 호주 CHEP 사가 여전히 목재 파렛트 중심인 데 비해, RRPP로 한국의 성공 모델을 글로벌로 이식하겠다는 비전이다.

　접이식 컨테이너인 '폴드콘_{FOLDCON}' 개발도 글로벌 시장 확대를 위한 독창적 사업 모델이다. 폴드콘은 세계 유일의 접이식 컨테이너다. 일반 컨테이너와 규격은 동일하지만 접으면 부피가 4분의 1로 줄어드는 설계를 적용했다. 현재 기술적 설계와 제작이 마무리됐고, 포스코와 협업해 2024년부터 본격적으로 양산할 예정이다. 서 회장은 "해상용 컨테이너의 가장 큰 문제가 돌아올 때 60% 이상 빈 컨테이너라는 점"이라고 지적했다. 컨테이너를 접어 부피를 25% 줄이면 운임과 배송 속도 역시 그만큼 획기적으로 단축된다는 설명이 이어졌다.

"전 세계 항만에 빈 컨테이너가 꽉꽉 들어차 있습니다. 폴드콘을 쓰면 항만 캐파가 4배로 늘어납니다. 전 세계 해상 물류에 또 한 번의 혁명을 기대해도 좋습니다."

서 회장은 물류 불모지에서 시작해 오늘날 한국 물류의 혈관을 그려내기까지 45년 세월을 '공존공영共存共榮'이라는 네 글자로 압축했다. 그의 집무실과 사내 곳곳에서 공존공영을 내건 액자를 흔히 볼 수 있다.

"40년 전 물류연구원을 세울 때부터 지금에 이르기까지, 내 힘만으로 할 수 있는 일은 없었습니다. 협회에 함께해준 초기 멤버들, 회원사들, 파렛트풀 시스템을 받아준 고객사들이 모두 뜻을 공감하고 함께했기에 이뤄낸 성과들이죠. 현장에서 신경 써주지 않으면 돌아갈 수 없는 시스템이 바로 파렛트풀입니다. 로지스올의 ALL도 얼라이언스Alliance를 뜻합니다. 직원, 회사, 고객, 사회 구성원 모두가 함께 잘 사는 공동체를 만드는 게 기업가로서 마지막 꿈입니다."

Chapter 2

物流컨설팅의 길

01

물류컨설팅의
추진방안

이 장에서는 '물류컨설팅의 길'이라는 주제 아래 내가 맡았던 약 30여 건의 물류컨설팅 경험을 바탕으로 물류 관리자들에게 도움이 되는 내용을 정리해 보고자 한다.

구체적인 내용에 들어가기 전에 먼저 물류컨설팅을 어떠한 방식으로 추진할 것인가에 대하여 생각해야 한다. 우선 물류컨설팅의 대상으로는 제조 · 판매를 하는 기업으로 하며 그 범위는 조달, 생산, 판매의 전 과정을 포함한다고 가정한다.

컨설턴트마다 자기 나름대로의 독특한 컨설팅 방식을 가지고 있겠지만, 이 장에서는 지금까지 내가 개발해 온 모델을 기준으로 하여 서술하고자 한다. 물론 내가 해왔던 방식이 최선이고 유일한 방법이라고는 생각하지 않는다.

나는 매번 컨설팅을 시작할 때마다 어떤 방식으로 추진할 것인가에 대하여 수없이 고민하였으며 그 결과 다음과 같은 모델을 창안하였다.

첫째, 물동량의 흐름Material Flow을 추적하고 분석한다. 원자재를 조달하여 생산 과정에 투입하고, 결과물인 제품을 만들어 이들을 상품으로서 고객에게 제공할 때까지의 모든 물류 흐름의 과정들을 파악해낸다. 또한 이들 흐름에 연결되어 있는 상관관계를 분석하고 물자 흐름의 거리나 소요시간, 속도 등을 산출한다.

이렇게 물자의 흐름을 분석해 보면 물류가 흐르는 것은 마치 우리 인체의 혈관처럼 복잡하게 연결되어 흐르며 혈관 이상으로 중요하다는 사실을 알 수 있다. 따라서 이들을 효율적인 시스템으로 바꾸는 것이 필요하다.

둘째, 물동량의 데이터를 분석한다. 물동량이란 재고량이나 생산량, 판매량 등을 말한다. 재고량에는 원자재 재고량과 공장내 제품재고량, 판매 과정 중의 재고량 등이 있다. 이들 재고량, 생산량, 판매량 등의 데이터들은 월별 변화, 일별 변화의 분석이 대단히 중요하다. 그 이유는 대부분 기업들의 경우 물동량이 성수기일 때 여러 가지 물류의 어려움이 발생하기 때문이다. 또한 모든 물동량의 데이터 기준은 일정한 크기의 유니트 로드인 파렛트 단위로 산출하는 것이 바람직하다. 그렇게 해야만 수송할 트럭의 소요 대수, 하역 작업량 계산, 보관할 창고의 규모를 정확하고 효율적으로 산출할 수 있다.

또 이 모든 물동량 데이터에 대하여 ABC분석 기법을 적용하여 A품목, B품목, C품목별로 품목 이름과 각 품목의 구성비율을 산출한다. 일반적으로 A품목은 각 회사의 사업 주력 품목으로서 품목 수는 많지 않으나 물동량 구성비는 대부분을 차지한다. C품목은 반대로 품목 수는 대단히 많으나 물동량의 구성 비율은 얼마 되지 않는다. B품목은 품목 수와 물동량의 크기가 A품목과 C품목의 중간 입장에 있는 것이다. 이 물동량에 대한 ABC분석을 통하여 여러 가지 물류개선에 적용할 품목을 알아내고 그 효과를 산출할 수 있다.

셋째, 물류비를 산출해야 한다. 물류에 관련하여 소요되는 비용을 활동

영역별, 지불 형태별, 물류 기능별로 구분하여 집계하도록 한다. 일반적으로 국내기업들은 대부분 재무 회계 방식만을 채택하고 있으므로 관리 회계의 한 방식인 물류비 관리는 제대로 하고 있지 않는 실정이다. 따라서 이들 물류비를 정확한 물류비 산출 기준에 따라 계산한다는 것이 쉽지 않다. 특히 운임과 같이 사외에 지불되는 비용은 쉽게 드러나고 있으나 자가 설비 비용 등은 일부만 나타나든가 혹은 다른 항목에 묻혀버리는 경우가 많다. 이와 같은 현상을 '물류비의 빙산설'로 설명하기도 한다.

또한 물류 비용이 어느 특정된 한 항목만이 아니라 다른 항목과 겹쳐져 사용되는 경우도 많다. 이 때에는 해당 물류 활동에 있어 업무내용의 구성 비율에 입각하여 물류 비용도 분할, 산출하여야 한다. 가령 토지 가격이나 감가상각이 된 설비들의 가격을 장부 가격으로 할 것인지, 실제 가격으로 할 것인지 기준을 잡기가 쉽지 않으나 비용 관리의 목적에 따라서 결정해야 한다.

물류비를 제대로 산출하여 잘 관리한다면 물류활동을 효율적으로 운영할 수 있다. 물류비를 매출액의 구성비로 환산해 보면 10% 이하에서 30% 이상까지 업종의 특성에 따라 변화의 폭이 크지만 일반적으로 매출액의 15% 정도를 차지하고 있다. 이러한 이유로 물류비가 비용절감의 중심과제가 되고 있다. 물류비를 산출하여 분석해 보면 동업종 경쟁회사와 비교할 수도 있으며 각 분야별, 항목별 물류 개선 효과 금액을 예측할 수 있을 뿐 아니라 물류 설비 도입이나 적정 물류 투자규모를 설정하거나 물류 예산제도를 도입하는 데 도움을 받을 수도 있다.

넷째, 각 부문별, 기능별 실태를 분석한다. 먼저 부문별로는 구매·자재 등 조달물류 부문과 공장의 생산물류 부문, 판매를 포함한 유통부문의 판매 물류 등을 각 조직 단위별로 정밀 분석한다. 또한 조달-생산-판매 등 관련 부문간의 이해관계 조정에 유의해야 한다. 이 때 관리자들로부터는 관리지침 등만을 듣고, 주로 실무자들과 현장 작업자들에게는 실무적인 현장 이야기에 귀를 기울여야 한다.

그 다음 물류의 기능별로 포장, 하역, 수송, 보관, 정보 등 각 기능상의 문제를 파악하도록 해야 한다. 이 때 물류 설비 등의 보유나 사용 등 하드웨어 측면에서도 파악이 필요하겠지만 물류체계 운영의 소프트웨어 측면의 조사와 분석도 대단히 중요하다. 이렇게 하여 회사의 부문별, 물류기능별 문제점을 분석하고 정리한다.

다섯째, 물류 개선 방안을 작성한다. 앞장에서 작성한 물류의 문제점들을 기준으로 삼아 해당 항목의 물류비와 물동량 데이터, 물류 흐름과정 등을 종합적으로 잘 활용하여 물류 개선 목표를 수립하고 그 추진 방안을 마련한다. 그러면 당장 개선할 수 있는 항목들도 있고 장기적으로 해결해야 할 과제들도 있기 마련이다.

따라서 물류 개선 방안은 1년 이내의 단기 계획과 3~4년의 중기 계획, 그리고 5년 이상의 장기 계획으로 구분하여 추진해야 한다. 그러나 물류의 각 부문별, 기능별 문제를 개선하려 할 때 불가피하게 각 부문간, 각 기능간 이해 충돌현상trade off 관계이 여기저기서 나타나게 된다. 이 때에는 각 부문이나 기능보다는 전사적인 입장에서 해결하는 방법이 현명하다.

즉 세부 항목별로 개선 방안, 효과 금액 산출, 투자소요 금액 등을 작성한 다음 이들을 종합하여 전사적인 물류 개선 계획을 수립한다. 이에 따른 물류 조직 개편과 함께 물류비 절감 효과를 고려한 물류에 관련한 투자 계획도 마련한다.

기업이 외부 컨설턴트에 의존할 경우, 반드시 사내의 물류 전담팀을 구성하여 외부 컨설턴트와 긴밀히 협력하여 진행하고 컨설팅 종료 후에 이를 인계받아 물류 개선 작업을 계속 추진할 수 있는 능력을 갖추는 것이 가장 중요하다.

02

물자 흐름(Material Flow)의 추적

물류는 물동량의 흐름을 의미한다. 따라서 물류 관리란 이 흐름을 관리하는 것이므로 물자의 흐름을 종합적이고 체계적으로 찾아내는 것이 물류 관리를 잘 하기 위한 선결 과제이다.

내가 물류 컨설팅을 시작할 때 가장 먼저 고심했던 점은 바로 '물자의 흐름을 얼마나 정확하고 구체적으로 알아내는 것인가?'였다. 이 물자의 흐름(Material Flow)을 파악하는 이유는 물동량의 분석과 물류비의 산출 등 결과 수치들을 활용하면 기업에 있어 현재 당면하고 있는 물류의 문제점들을 찾아내기가 쉽고 이에 대한 물류 개선 방안들을 제시할 수 있기 때문이다. 기업에 있어 물자의 흐름은 크게 세 가지 영역으로 구분할 수 있다.

첫 번째 영역은 조달 물류 과정이다.

생산 공장에서 필요로 하는 원자재나 부품들은 외부 공급선으로부터 조달하는 것이다. 이 과정은 국내에 있는 수많은 공급선들이 연결되어 있으며 또 많은 경우에 해외의 공급자들로부터 수입하고 있는데 이 조달 물류의 관리가 결코 용이하지 않다. 대부분의 경우에 구입 단가는 그 수량에 연동되어 있으며 어떤 경우에는 최소 구매량으로 제약을 받기도 한다. 또한 해외에서 수입하는 경우에는 납기도 길고 당장 필요로 하는 적정량의 범위를 벗어나도 다량의 구매가 불가피한 경우도 발생한다. 특히 생산 스케줄에 의한 상황 변화에 어려움이 야기되기도 한다.

두 번째 영역은 생산 물류 과정이다.

공장에서는 수많은 생산 공정들이 연결되어 원자재나 부품들을 공급받아 이들을 가공하여 제품들을 만들고 있다. 그런데 복잡한 구조를 가진 제품들일수록 생산 물류의 흐름 관리는 어려우며 더구나 판매 상황에 따라 생산 스케줄 또한 수시로 변동될 수 밖에 없는 것이 현실이다. 따라서 경제적인 생산량이나 효율만을 위주로 한 생산 일정을 고집할 수 없는 상황이 발생하기 마련이다.

세 번째 영역으로 판매 물류의 과정이 있다.

판매란 기본적으로 고객으로부터 지배를 받을 수밖에 없다. 어떤 때는 갑자기 주문량이 밀려와서 물량이 부족하여 애를 먹기도 하고, 또 어떤 때는 반대로 판매가 부진하여 재고가 쌓여 고민하기도 한다.

이와 같이 조달 물류, 생산 물류, 판매 물류는 서로 연결되어 기업의 물자 흐름을 형성하고 있다. 이 물류 흐름의 관리는 공급 과정에서 조달 → 생산 → 판매라는 흐름과 수요 과정에서 판매 → 생산 → 조달이라는 이율배반적인 관계를 가지고 있다. 즉 기업에서 물류 관리는 이렇게 서로 반대 방향의 물류 흐름이란 모순을 짊어지고 있는 것이다.

이 물자 흐름의 모순 관계로 기업의 물류 관리는 항상 흐름 관리에 그 성패가 달려있게 마련인데 그 이유는 다음과 같다.

계절성이 강한 농산물, 패션성이 높은 의류, 라이프 사이클이 짧은 전자 제품, 신선도가 생명인 식품이나 수산물 등 대부분의 물자들은 그 운명이

고객들의 욕구에 달려 있다. 어떤 때는 고객이 원하는 상품을 제 때에 공급하지 못하여 손실을 감수하기도 하고 또 어떤 때에는 고객의 수요가 감소하는 데도 불구하고 생산을 계속하여 악성 재고를 만들기도 한다. 이와 같이 물류 흐름을 관리하지 못하는 기업은 실패하는 길을 걸을 수밖에 없다.

반대로 물류 흐름을 잘 관리하는 기업은 어떻게 대응하는가? 잘 팔리지 않는 상품이 나타나면 즉시 생산량을 축소하고 동시에 조달 물자를 줄인다. 또 갑자기 잘 팔리게 되면 생산량을 즉시 증가시키고 조달 물자도 동시에 증가시킨다.

이처럼 물류 흐름 관리에 있어 성공과 실패의 기준은 물류 흐름조달 → 생산 → 판매, 또는 판매 → 생산 → 조달의 기간인 물류 리드 타임에 달려 있다. 즉 물류 리드 타임이 짧은 기업은 물류 경쟁력이 강한 기업이며 이 기간이 긴 기업은 약한 기업이라고 볼 수 있다.

그렇다면 기업의 물류 관리에 있어 물류 리드 타임을 단축하기 위하여 물류 흐름Material Flow관리를 어떻게 할 것인가?

이 문제를 가장 잘 해결해 낸 위대한 물류인이 있는데 그는 바로 일본의 도요타 자동차의 창업자인 도요타 씨이다.

그는 1930년대 미국의 포드자동차 생산 공장을 견학하여 그 해답을 찾아냈다. 당시 포드 자동차의 생산 현장은 도요타 자동차의 규모와는 비교가 되지 않을 정도로 어마어마한 물동량이 움직이고 있었다. 그는 포드자동차의 생산 현장을 보고 간판방식을 창안하여 자동차 조립 라인에서, 뒷공정은 앞 공정의 고객이라는 진리를 터득하였다. 이 도요타의 간판방식은 수십 년 후 도요타 자동차의 신화를 창출하게 하였다.

오늘날 물류의 눈부신 발전은 수많은 물류 기술을 개발해 왔다.

특히 컴퓨터와 통신 기술의 발전으로 물류 흐름의 관리는 온라인 리얼 타임의 시대에 접어들었다. 물자에 직접 부착된 코드들은 물자 흐름을 획기적으로 관리할 수 있게 한다. 또 앞서가는 기업들은 생산 데이터, 재고 데이터, 판매 데이터들을 온라인 리얼타임으로 관리하고 있으며 최첨단 물류 자동화 설비들을 가동시켜 물자의 흐름을 한 눈에 파악하여 물류 전략을 강화시키고 있다. 공장과 물류 센터, 심지어는 매장의 물동량에 관한 정보를 전 기업의 물류 관리자들이 공유하여 조달→생산→판매의 물류 리드타임을 획기적으로 단축하고 있다. 최근에는 물류 흐름을 관리하기 위한 가장 효과적인 방안인 Supply Chain ManagementSCM 기법이 도입되고 있는 실정이다.

이 SCM이야말로 물자의 흐름을 재화의 흐름으로 인식하고 조달 물류, 생산 물류, 판매 물류를 종합적으로 관리하려고 하는 훌륭한 방안이라고 판단된다.

다시 한 번 물류 관리는 물자의 흐름을 관리하는 것이라는 원칙에 입각하여 '어떻게 하면 효율적인 물류시스템을 구축할 것인가?'에 온갖 지혜를 동원해야 할 때라고 생각한다.

03

물동량 분석

나는 물류 컨설팅을 맡게 되면 먼저 그 회사의 물자의 흐름을 추적하고 그 다음에 물동량을 분석하고는 했다.

여기서 물동량이란 물자의 규모나 수량을 말하는데 이는 해당 회사의 유 니트 로드인 파렛트 물량으로 환산한 수치를 기본으로 한다.

물동량의 종류로는 첫째, 움직이는 이동량을 나타내는 것으로 공장의 생 산량, 출하량, 운송량, 판매 점포에서의 판매량 등이 있으며, 둘째 움직이지 않는 재고량으로 공장의 재고량, 물류센터의 재고량, 유통과정의 재고량, 판매점포의 재고량 등이 있다. 이러한 물동량은 기업에 있어 물류활동의 주 된 대상이면서 중요한 재화들이다.

그러나 대부분의 회사들은 불행하게도 중요한 물동량 데이터들을 제대로 보존, 관리하고 있지 않았다. 막상 물류 컨설팅계약을 체결한 후 작업에 착 수하여 보면, 판매금액이나 생산금액은 철저하게 관리하고 있었으나 물동량데이터들은 자료도 미흡했고 대부분 허술하게 관리되고 있었다. 간혹 전산자료나 장부로 물동량 데이터를 유지하고 있는 기업들도 기준 단위가 포장 단위이거나 단위 제품 낱개수치에 불과한 자료들을 보관하고 있을 뿐이었다. 그래서 막상 일을 시작하게 되면 예정에 없던 많은 인원을 투입하여 수개월에 걸쳐 물동량데이터를 복구하거나 필요로 하는 기준수치로 환산하는데 시간을 보내야만 했다. 그러다보니 물류 컨설팅 계약서 상 '을乙'이라는 불리한 입장에서 많은 손해를 감수하면서 물동량데이터 확보에 괴로워했던 경우도 의외로 많았다. 이러한 사실들은 우리 기업들이 물류 관리를 얼마나 등한시 하는지를 잘 말해주고 있다.

물류 관리에 있어 물동량을 분석하는 것이 중요한 이유는 물량의 규모를 산출하고 물자흐름의 속도를 파악하는 것이 반드시 필요하기 때문이다. 이 결과들을 활용하여 물류비를 산출하고 물류시스템의 효율성을 평가한다. 또한 물류 설비나 시설을 개선하고 물류부문의 투자비 규모를 설정하는 한편 효과를 분석하고 비용 절감 금액을 산출하는 등 물류 관리를 하기 위한 방안을 마련하려고 하는 것이다.

먼저 물동량을 분석하는 방법에는 변동분석, ABC분석, 단위분석 등 3가지가 있다.

첫 번째, 물동량의 변화와 변동을 분석하는 방법이다.

(1) 연도별 변화 추세를 파악하여야 한다. 물동량의 규모가 증가하여 왔는지 감소했는지를 3년 정도 추적하여 향후 매년 어떤 추세로 변화할 것인가를 예측하여야 한다.

(2) 월별 변동 경향을 파악하여야 한다.

어느 기업이나 연중 내내 고정된 물동량으로 생산하거나 판매하는 경우는 거의 없을 것이다. 특히 계절적인 특성을 갖고 있는 의류나 음료 등의 경우에는 그 변화의 폭이 대단히 크다.

(3) 일자별 변동량을 파악하여야 한다.

우리나라 기업들의 거래 관행이 대개 월말 기준으로 마감하여 결재하고 있어 자연발생적으로 물동량 또한 일자별 변동이 심하다. 이들을 집계하면 주간별 물동량의 변화도 파악할 수 있다.

(4) 시간대별 변화도 파악해야 한다.

생산 일정이나 판매량 또는 출하량 등을 1일 24시간 내에서 시간대별로 어떻게 변동하는가를 분석한다.

이상에서와 같이 연도별, 월별계절별, 일자별주간별, 시간대별 물동량을 제대로 분석하게 되면 물자의 흐름을 정확하게 진단할 수 있게 된다. 따라서 물동량은 경기가 좋고 나쁨에 따라 발생하는 결품과 악성 재고를 방지하고, 계절적인 물량 변화에 대응력을 갖고 성수기·비수기에 적절한 물류 대책을 마련할 수 있다. 또 판매량에 연동한 생산일정을 수립하여 최소의 재고량으로 축소 운영하고, 피크타임에 출하 작업 능력을 강화하는 것은 물론 배차 계획을 수립하는 등 물류 변동에 효과적으로 대응할 수 있다. 그러나 물동량이 일정하다면 문제가 없지만 항상 변동이 심하므로 물류 관리의 어려움이 따르는 것이 기업현실이다.

두 번째, 물동량에 대하여 ABC 분석을 한다.

어느 기업이나 물동량을 구성하고 있는 각 품목들을 종류별로 분석하여 보면 많은 차이가 있게 마련이다.

내가 여러 기업들의 ABC분석을 해 온 경험을 살펴보면 A품목은 종류 수에서 5%, 물량 수에서 70%이며, B품목은 종류 수에서 25%, 물량 수에서 25%이다 또 C품목은 종류 수에서 70%, 물량 수에서 5%를 차지하고 있다. 이러한 ABC분석 방법을 통하여 나타난 데이터들을 활용하여 물류 관리 방안들을 마련하는 것이 바람직하다.

예를 들면 재고 배치 전략에서 C품목은 공장이나 중앙 물류센터에 집중적으로 보관하고, B품목은 지역 물류센터에 배치 보관하고, A품목은 말단 배송 센터에까지 분산, 보관하는 방법을 생각할 수 있다. 창고설비인 랙을 선정할 때에도 A품목은 파렛트 랙, B품목은 드라이브인 랙, C품목은 피킹 랙 등 서로 다른 물류 설비를 이용하는 기준을 만들 수 있다.

세 번째, 물동량의 단위에 의하여 분석할 수 있다.

보관하거나 운반·하역을 할 때 어떤 단위로 취급하고 있는가에 따라 물동량을 분석하는 것이다. 이 때의 취급 단위로는 파렛트 단위, 상자 단위, 낱개 단위 등 3가지로 구분한다.

물자의 흐름인 물류 과정이 파렛트 단위에서 상자 단위로, 또 상자 단위에서 낱개 단위로 바뀌든가 아니면 반대로 낱개 단위에서 상자 단위로, 상자 단위에서 파렛트 단위로 전환되기도 한다. 이 과정의 물동량을 분석하여 적합한 물류장비를 선정하고 그 작업량을 산출하여 소요대수를 결정한다. 특히 하역장비, 운반장비, 포장기계 등이 그 주요대상이 된다.

지금까지 물동량에 관한 분석 방법을 설명하였다. 이들은 변동분석, ABC분석, 단위분석 등 3가지 방식으로 접근하였으나 별개의 데이터들이 아니라 상호 연관된 자료들로서 분석되어야 한다는 것이 중요하다. 특히 앞에서 설명한 물자흐름과 연계하여 분석되어야 유용하게 활용될 수 있다.

이러한 물자흐름과 물동량 데이터들을 다각도로 결합하고 분석하게 되면 회사의 전반적인 물동량현황을 파악하는 것이 훨씬 간편할 수 있다.

이 물동량에 관한 현황은 다음에 산출될 물류비용과 각 분야별 실태 조사 자료들과 함께 물류진단의 기준 데이터들이 된다. 이러한 물류기준데이터들을 활용하여 단위 물동량당 비용을 산출하고 각 공정별로 작업능력의 과부족을 파악할 수 있으며 물류 설비의 적정 여부도 판정할 수 있다.

04

물류비 관리는
제3의 이익 창출

기업에 있어 물류는 '제3의 이익원'이라고 한다.

　그 이유는 '매출 확대', '원가 인하'에 이어 '물류비 절감'을 통해 기업의 이익을 극대화할 수 있기 때문이다.

　많은 기업을 물류 컨설팅 한 결과 판매 물류비가 매출액의 10%, 조달·생산 물류비가 매출액의 5%, 이를 합하여 물류비가 매출액의 15% 정도를 차지한다는 사실을 발견하였다. 또한 이 물류비를 매년 10%씩 절감시킨다면 매출액의 1.5%에 해당하는 이익을 창출, 우리나라 상장 기업의 평균 이익률인 매출액 3%의 절반 규모에 해당하는 이익을 물류에서 창출할 수 있다는 사실도 발견하였다.

　당시 IMF 상황에서 기업의 매출 규모를 매년 50%씩 확대시켜 성장하는 것은 불가능하였고 기업의 원가를 계속 인하한다는 것도 어려운 현실임을 감안할 때, 물류 관리를 통한 물류비 절감이야말로 기업들이 위기를 탈출할 수 있는 최선의 전략이라는 확신이 들었다.

그러나 그때나 지금이나 안타깝게도 우리 산업계에서는 물류가 그렇게 중요한 분야로 인식되지 못하고 있다고 생각한다. 그 원인으로는 기업의 최고경영자들이나 고위 정책 당국자들이 물류에 대해 잘 모르거나 많은 투자가 있어야만 하는 분야로 오해하고 있기 때문이다. 물론 물류센터나 자동창고, 최신 물류 설비 등 대규모 하드웨어가 있으면 더욱 좋겠으나 요즘과 같은 어려운 경제 여건에서는 물류 관리 시스템의 소프트웨어 개선만으로도 물류는 우리 산업계의 이익 창출원으로서 훌륭한 역할을 할 수 있다.

이 어려운 경제 난국에 대단위 하드웨어적인 신규 물류 설비 투자는 가급적 보류하고 소프트웨어적인 물류 관리 체제의 개선이나 물류 정보시스템을 혁신시켜 물류 경비 절감에 초점을 맞춰 노력할 것을 제안하고자 한다.

물류비를 절감하기 위해서는 먼저 현재의 물류비용을 정확하게, 구체적으로 산출해야 한다. 그리고 각 회사의 물류비를 산출하기 위해서는 선행 조건으로 국가 차원의 표준화된 기업물류비 산출 기준이 제정되어야 한다.

우리나라에서 최초로 기업의 물류비 산출 기준이 제정된 것은 1989년 10월이었다. 당시 물류정책을 주관하고 있던 경제기획원의 요청으로 한국생산성본부에 전문위원회가 설치되어 기업물류비 계산 준칙이 제정되었다. 그러나 홍보 부족과 기업의 인식 부족으로 보급이 확산되지 못했다.

企業物流費 計算準則

1989. 10.

kpc 韓國生産性本部

| 최초로 제정된 『기업물류비 계산준칙』
(한국생산성본부 발간)

두 번째로 시도된 것은 1996년 9월, 건설교통부 물류심의관실의 주관으로 한국공인회계사회에서 기업의 물류비 계산 기준을 마련했을 때이다. 그러나 그때 역시 물류전문가들이 배제된 채 공인회계사들만 참여하여 만들었으며 관리 회계 제도 도입이 보편화되지 않고 있다는 이유로 인하여 본격적으로 활용되지 못해 안타까움을 금할 수 없었다.

따라서 지금이라도 정부나 관련기관들은 이 물류비 산출기준을 많은 기업에서 사용할 수 있도록 제도적인 절차를 마련해야 하고 기업들 또한 이를 활용하기 위한 노력을 하여야 할 것이다. 그런데 기업의 물류비 산출기준을 낼 때 기업의 형태가 다양하므로 이들을 포괄적으로 수용할 수 있는 기준이 먼저 마련되어야만 한다고 생각한다.

물류 선진국인 일본에서도 운수성, 중소기업청, 통산성 등이 서로 다른 기준을 마련하여 어려움을 야기하고 있다. 따라서 우리나라에서도 표준화된 국가 차원의 단일안으로 추진되어야 하며 기업들이 이를 반드시 채택하도록 의무제도나 인센티브제도를 도입하는 것도 필요하다.

기업의 물류비 산출기준에서 분류하는 물류비 항목은 물류 영역별, 발생 형태별, 물류 기능별 등 3가지로 구분한다.

첫째, 물류 영역별로 분류하여 산출하여야 한다.

물류 영역별 분류항목에는 물자흐름의 과정에 따른 분류 항목들로서 조달물류비, 생산물류비, 사내물류비, 판매물류비, 회수물류비, 반품물류비, 폐기물류비 등이 있다.

둘째, 발생 형태별로 분류하여 산출하여야 한다.

발생 형태별 분류항목에는 재무회계에 있어 비용으로 표시하는 항목들로서 자사불 물류비와 타사불 물류비가 있고 자사불 물류비에는 자가 물류비와 발생 물류비가 있다. 자가 물류비는 재료비, 인건비, 용역비, 유지비, 일반경비, 특별경비 등으로 구분한다.

셋째, 물류 기능별로 분류하여 산출하여야 한다.

물류기능별 분류로는 발생 형태별로 파악된 비용들을 물류기능인 포장, 하역, 보관, 수송, 유통 가공, 정보 등으로 구분한다. 기타 물류기획, 조정, 통제 등의 물류 관리비 항목도 구분하여 분류한다.

이와 같이 산출 기준에 의거하여 기업의 물류비를 계산한 다음에 이들을 분석하고 관리해야 한다.

먼저 분석을 하는 효과적인 방법으로는 물류 영역별, 발생 형태별, 물류 기능별 등의 각 항목들을 매트릭스 도표로 작성한다. 즉 발생 형태별과 물류 영역간의 매트릭스 표나, 발생 형태별과 물류 기능간의 매트릭스 표, 또는 물류 영역별과 물류 기능별간의 매트릭스 표를 작성하여 분석하는 것이다. 이렇게 작성한 도표들과 앞에서 준비한 물동량 분석 자료들을 활용하면 물류비 원가관리와 물류관련 의사결정시 지침이 된다.

물류비 원가 관리 분야에서는 물류 표준 원가를 설정하고 물류 예산제도를 도입할 수 있으며 각 부문들간의 물류비를 관리할 수 있게 된다. 이는 1년 단위를 기본으로 하여 필요한 기간 단위로 물류비 원가관리가 가능하다. 특히 물류 예산제도를 도입하게 되면 회사의 각 부문별, 기능별로 과거의 물류 비용과 현재에 집행되고 있는 물류 비용의 비교 분석은 물론이고 장래에 집행될 물류 비용의 예측과 절감효과도 산출할 수 있다.

물류비 관련 의사결정 분야에서는 여러 가지 판단 자료로 활용할 수 있다. 즉 자가 물류시스템으로 운영할 것인가, 아웃소싱으로 전환하는 것이 유리한가를 결정할 수 있다.

또한 운임이나 보관료, 하역요금을 어느 정도 수준으로 계약할 것인가에 대한 의사결정을 할 수도 있다. 더욱 중요한 분야는 물류센터를 건립하거나, 자동창고를 건축하거나, 새로운 물류 설비를 도입할 때에 타당성이나 경제성을 판단할 수도 있다.

이렇게 물류비를 산출하여 분석한 자료들을 물동량의 데이터들과 조합하면 회사 전반적인 물류 관리를 효율적으로 할 수 있고 물류 비용 절감은 물론 물류 경영의 의사결정도 할 수 있다.

05

유니트 로드 시스템
(Unit Load System)의 구축

    내가 물류의 길을 걸어오게 된 동기는 앞 장의 '물류 개척 부분'에서 언급한 바와 같이 1979년, 당시 근무하고 있던 대우중공업에서 지게차 마케팅의 전략으로 '운반연구'를 담당하면서였다.

    그 당시에는 대부분의 하역 작업이 인력에 의존하고 있었다.

    첫 번째로 착안한 과제는 연탄공장의 하역 작업 기계화였다. 지금은 난방이나 취사가 거의 가스로 대체되고 연탄 사용량이 급격히 줄었으나 그 당시는 대부분의 가정이나 업소에서 연탄을 사용하고 있었다. 그래서 날씨가 추워지는 겨울이면 연탄의 물동량이 급격히 늘었다.

    겨울에는 대단위 연탄공장들이 가동하고 있었고 이 공장들의 생산 설비들은 비교적 컨베이어를 중심으로 한 자동화 시설을 이용하였다. 그러나 생산라인의 마지막 공정인 출하 과정은 인력에 의한 상차 작업에 의존하고 있는 실정이었다. 수십 명의 인부들이 땀을 뻘뻘 흘리며 낱개 단위로 상차 작업을 하고 있어 혹한의 추운 날씨에도 등에서 김이 모락모락 피어오를 정도였다. 이 처참한 인력작업을 기계화 작업으로 전환하기 위하여 시도한 것이 바로 연탄 파렛트화 프로젝트였다.

생산라인에서 대량으로 쏟아져 나오는 연탄들을 자동으로 파렛트에 적재하여 1톤 단위로 지게차에 의한 기계화 작업을 한다면 낱개단위의 인력작업보다 훨씬 효율적이고 비용이 절감될 것이라는 착상이었다. 나는 6개월 동안 전력투구하여 연탄회사들의 관심을 끌어내었고, 연탄 파렛타이저도 개발하였다. 또 시범작업도 성공적으로 마쳤다.

그러나 성공했다고 안도의 한숨을 내쉴 무렵 장애물이 기다리고 있었다. 문제는 연탄공장 내부가 아닌 트럭의 하차 작업에서 생겼다. 영세한 연탄대리점의 창고가 협소하여 지게차 작업이 불가능하였던 것이다. 더구나 연탄의 유통과정이 공장에서 가정으로 직송되는 물동량도 많았다.

이렇게 하여 내가 첫 번째로 도전하였던 '연탄의 하역 기계화'는 참담한 실패로 돌아가고 말았다. 단순히 공장 내의 하역 작업만을 기계화하여서는

| 1970~1980년대 인력에 의해 힘들게 작업하는 모습

별 효과가 없었고 이를 실현시키려면 공장 밖 거래처의 창고와 그 곳에서의 하역문제도 연계시켜 검토해야 한다는 사실을 배우게 되었다.

나는 그 후에도 양곡 창고와 도정 공장의 하역 기계화에 도전하였으나 또다시 실패를 거듭하였다. 거듭되는 실패로 나는 단순한 하역 연구만으로는 하역의 기계화는 불가능하므로 하역 이외의 물류연구를 하여야 한다는 사실을 깨달았다.

그 이후 나는 40여 년간에 걸쳐 '하역 작업의 기계화'라는 운명적인 과제와 씨름해 왔다. 특히 30여 개 대규모 회사들의 물류 컨설팅을 담당하는 과정을 통하여 나는 우리나라 산업계에 있어 인력을 이용한 하역을 기계화하는 방안에 관하여 남다른 고민을 하고 이에 관한 연구를 끊임없이 해왔다.

내가 물류 컨설팅을 해온 대부분 회사들의 생산 설비들은 비교적 자동화된 공장들이었다. 그런데 문제는 제품이 생산 완료된 마지막 공정에서 발생되었다. 따라서 정성을 다하여 만들어진 제품이 포장되고 하역되는 과정을 관찰해 보면 우리 물류의 현주소를 파악할 수 있다.

물류는 곧 물자의 흐름이므로 이 물자 흐름의 속도를 신속하게 하는 것이 물류 관리의 생명이라고 할 수 있다. 그런데 물류의 속도를 높이는 방법은 수송 향상만으로 개선되지 않는다. 가장 중요한 것은 역시 하역 작업의 개선이다. 그 이유는 일반적으로 한 회사의 물류 과정에 7~8회의 하역 공정이 발생되기 때문이다. 그런데 대부분의 회사에서는 하역 작업을 사람의 힘에 의존하고 있었다. 사람의 능력은 20~30kg단위가 한계이므로 곳곳에서 부딪치는 하역 공정이 물류흐름의 속도를 떨어뜨리고 있는 것이다.

다행히 오늘날 근대화된 물류현장에서는 파렛트와 지게차가 그 중심수단이 되고 있다. 파렛트는 평균적으로 1톤 단위의 물자를 적재하여 지게차로 하역 작업을 기계화하는 물류수단이다. 따라서 사람이 25kg단위로 작업할 수 있는 것과 비교하면 파렛트와 지게차의 1톤1,000kg단위 시스템이란 인력의 40배의 효율을 가지고 있는 것이다.

물론 1980년대 후반 이후 임금이 급격히 상승하자 대부분의 하역 현장에서 인력작업이 사라지고 점차 기계화 작업으로 전환되었다. 특히 대량의 물동량이 움직이고 있는 공장 등에는 파렛타이저가 설치되어 선진화된 하역 시스템을 갖추고 있는 것도 사실이다.

그러나 나의 견해로는 아직도 많은 하역 작업이 좀 더 개선되어야 한다고 생각한다. 그 이유는 단위 작업 공정들에 있어 기계화만 추진되는 것이 최선이 아니고 전체 물류시스템으로서 하역 작업체계를 갖추어야 하기 때문이다. 즉 단순히 공장 내부만이 아닌 물류센터와 거래처간의 물류 과정을 고려하여야 한다. 따라서 진정한 물류 선진기업이 되려면 물류 단위 유니트 로드, Unit Load 시스템이 완벽하게 구축되어야 한다.

불행하게도 아직까지 이 유니트 로드 시스템에 관한 우리 기업들의 연구와 관심은 많이 부족한 형편이다. 유니트 로드 시스템이란 개별기업 차원으로는 한계가 있고 물자가 오고 가는 회사들이 모두 연결되어 있다. 더구나 제조업체와 유통업계까지 모두 망라된 산업계 전체가 하나의 커다란 물류시스템을

| 최근 유니트로드 시스템(Unit Load System)이 구축된 작업 현장

결성하고 있음을 고려한다면 '우리나라의 유니트 로드 시스템이 어떻게 구축되어야 하는가?'에 대한 해답은 간단명료하다.

아직도 많은 기업의 물류 관리자들에게 있어 관심의 범위는 자기회사 차원일 뿐이다. 모든 기업이 고객을 중심으로 한 생존 전략을 모색하고 있으나 물류 관리자들의 주된 관심은 자기회사의 물류시스템에 국한되어 있어 고객은 물론 거래기업의 물류시스템까지에는 관심이 미치지 못하고 있는 실정이다.

진정으로 훌륭한 물류시스템을 만들기 위해서는 완벽한 유니트 로드 시스템을 구축하여야 한다. 이를 위해서는 자사의 물류 체계뿐만 아니라 거래 기업의 물류 체제까지도 고려해야 할 것이다.

한 단계 더 넓은 시야를 갖고 살펴보면 이들 거래 기업들이 광범위하게 연결되어 있다는 사실을 발견하게 될 것이며 이는 궁극적으로 국가차원의 유니트 로드 시스템이 최선의 방안이라는 결론에 도달하게 될 것이다.

내가 진심으로 물류발전을 위하여 제안하고자 하는 바는 개별기업 차원이나 업종단위 차원이 아닌, 국가차원의 유니트 로드 시스템 도입이야말로 최선의 물류시스템을 창출하는 지름길이라는 것이다.

06

물류 모듈(Module) 체계의 채택

인류의 문명이 발달하게 된 배경에는 시간과 거리, 중량, 온도, 부피, 밀도 등 수많은 기준 척도와 도량 치수들을 표준화시켰기에 가능하였다.

그리고 오늘날 경제활동이 가능한 것도 화폐 단위가 일정한 기준으로 표준화되었기 때문이다. 그리고 이들 기준수치들 사이에 일정한 숫자적인 모듈 체계가 있다는 사실 역시 매우 중요하다고 생각한다.

이와 같이 문명이 발달하고 경제가 성장해 온 과정에 모듈 체계가 있었던 것과 마찬가지로 물류가 발전하기 위해서는 물류흐름을 원활하게 하는 유니트 로드 시스템이 구축되어야 하며 이를 실현시켜 줄 유일한 수단으로 물류 모듈 체계가 채택되어야 한다.

지난 48년 동안 나는 수많은 물류 강연회나 물류 컨설팅을 통하여 이런 내용을 주장하여 왔다. 그러나 대부분의 물류 관리자들과 물류전문가들까지도 이에 대하여 반대하는 입장을 표명하고 있다.

"제품마다 포장 규격이 다르고, 회사마다 파렛트 규격이 다를 뿐 아니라 자동차 제조업체마다 트럭적재함 규격이 다르고, 물류 설비업체마다 창고 시설과 하역장비의 규격이 다른데 어떻게 T-11형 표준 파렛트에 맞춘 유니트 로드 시스템을 도입할 수 있겠는가?"

이와 같은 말로 현실을 외면하고 무시해 온 것도 잘 알고 있다.

나는 이번 기회에 다시 한 번 다음과 같은 논리로 질문을 던지고자 한다.

"그렇다면 물류가 앞선 유럽에서 물류 표준화율이 90%에 도달하여 있는데 그들의 물동량은 우리보다 다품종 소량화되어 있지 않고 물류 여건들이 단순하다고 볼 수 있는가?"

지금까지 조사 · 분석해 본 유럽의 물류는 우리보다 훨씬 복잡하고 다양했다. 그런데도 유니트 로드 시스템이 잘 구축되어 있는 이유는 이미 1950년대에 이를 위한 고민을 하고 노력을 하여 유럽공동체로서 철저한 물류대책을 마련하였기 때문이다.

그 첫 번째가 바로 유럽포장연맹European Packaging Federation의 포장 · 파렛트에 관한 규격표준화이고, 두 번째가 각국의 철도청이 주관하여 착수된 유럽 국제 파렛트 풀 제도다. 이 두 가지 때문에 유럽의 유니트 로드 시스템이 지구상에서 가장 앞선 완벽한 물류시스템으로 도입될 수 있었던 것이다.

이와 같은 유럽물류의 성공은 결론적으로 물류 모듈 체계를 채택하였기 때문이라는 사실에 주목하여야 한다.

현재 우리나라의 물류 표준화율이 60% 수준에 머물고 있는 안타까운 사정은 알고 보면 물류 모듈 체계가 채택되어 있지 않기 때문이라고 생각된다. 그러면 물류 모듈 체계는 어떤 내용이고 어떻게 추진되어야 하는가에 대하여 설명하고자 한다.

물류 모듈 체계란 물류시스템을 구성하고 있는 물류 요소들인 포장용기, 하역장비, 운송장비, 창고설비들의 규격에 있어 일정한 숫자적 정합 규칙을 가지고 있는 것을 말한다.

　유니트 로드 규격을 기준으로 하여 포장 단위 치수들은 이 유니트 로드 규격을 정수로 분할한 치수로 조합을 이루고, 다른 물류 설비들은 이 유니트 로드 규격의 배수들로서 조합을 구성하도록 한다. 즉, 물류 모듈 체계란 포장 단위 규격의 분할 치수들과 물류 설비 규격들의 배수치수들이 결합된 물류 규격들의 시스템이다.

　여기서 유의해야 할 점은 유니트 로드 규격에는 이론 유니트 로드 치수 NULS, Net Unit Load Size와 실제 유니트 로드 치수PVS, Plan View Size 2종류가 있다는 것이다.

　NULS 유니트 로드 규격이란 우리나라 표준 파렛트 규격인 1,100㎜×1,100㎜를 말하며, 이 가로, 세로의 1,100㎜치수를 1, 2, 3, 4… 등 정수로 분할하여 포장 단위의 치수로 채택하여 KS A 1002에서 포장 치수 규격으로 제정하고 있다.

　PVS 유니트 로드 규격이란 실제로 화물을 1톤 단위로 적재하여 포장상자들이 튀어나오거나 변형되거나 돌출하여 밑면과 수직인 4개 면의 입체면

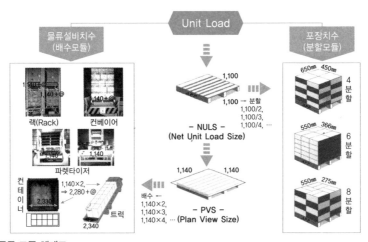

| 물류 모듈 체계도

으로 형성되는 밑면의 치수로서, NULS 유니트 로드 치수보다는 더 넓어진 바닥면의 가로와 세로의 치수이다. 최대 허용공차가 40㎜이므로 최대 PVS 유니트 로드 치수는 1,140×1,140㎜가 된다. 이 PVS 유니트 로드 치수를 기준으로 배수가 되는 치수들을 모든 물류 설비들의 치수로 채택하도록 하여야 한다.

그러나 물류 컨설팅을 하는 과정에서 알게 된 사실은 이러한 물류 모듈 체계에 대하여 필요를 느끼고 채택하고 있는 기업이 없었다는 점이다.

포장치수들은 만들어진 제품에 맞추어지기 때문에 포장상자들을 파렛트에 적재하면 파렛트 면적의 적재율이 95% 이상 확보되기는 고사하고, 70% 이하인 경우도 많았다. 파렛트치수 역시 표준 파렛트가 아닌 포장치수에 맞추어 정하고 있었다. 이렇게 하다보니 파렛타이저나 파렛트 단위 컨베이어 등의 규격들도 제각각 치수들이 될 수밖에 없고, 창고설비들인 랙 치수나, 기둥 간격이나, 천정 높이 등 어떤 치수들도 정합성이 없었다. 이런 비규격의 유니트 로드인 파렛트 단위 물동량이 트럭이나 컨테이너 등의 적재함에 맞을 리도 없었다. 즉 포장상자들의 파렛트 적재효율이 떨어지고 파렛트 단위 물동량의 창고 공간 적재효율 역시 떨어졌으며 수송장비의 적재효율이 떨어질 수밖에 없었다.

이에 따라 물류비는 증가할 수밖에 없고 물류흐름은 지체될 수밖에 없으며 물류 표준화는 제자리걸음을 하고 있다. 따라서 물류공동화가 더욱 어렵게 진행되는 것이 어떻게 보면 당연하다고 할 수 있다.

물류 설비 제조업체들은 모두 주문생산, 특수제작을 하고 있기 때문에 생산성이 낮아 공급가격을 높게 받을 수밖에 없다. 말하자면 우리나라 물류체제는 주문체재이고 맞춤물류체재인 셈이다. 결국 포장부터 첫 단추를 잘못 끼운 셈이 된 것이다.

그러나 물류 모듈 체계는 간단하여 우리들 생활에서 답을 찾는 경우도 종종 있다. 최근에는 와이셔츠는 물론 양복, 양말, 구두까지 기성품을 많이 애용하고 있다. 그런데 이 물건들이 맞춤이 아니라 잘 맞지 않아서 불편함을 느끼고 있는 사람이 과연 얼마나 될까? 바로 이 점이 치수나 규격에 있어 모듈 체계가 되어 있다는 사실이다.

물류분야에서도 마찬가지 방법으로 접근할 수 있다. 국가표준 파렛트인 T11 파렛트치수 1,100㎜를 유니트 로드 규격으로 설정하여 물류 모듈 체계를 채택하는 길만이 물류 혁신을 실현할 수 있는 단 하나의 해결책이다. 지금까지의 주문방식의 맞춤 물류 체계를 기성방식의 표준 물류 체계로 전환하는 길만이 물류 선진화로의 탈출구이다.

07

포장 모듈 치수의 채택이
물류의 출발점

앞에서 설명한 바와 같이 물류에 있어 흐름의 속도를 향상시키기 위해서는 유니트 로드 시스템이 도입되어야 한다.

그리고 이를 실현시키기 위한 방안이 바로 물류 모듈 체계를 채택하는 것이다.

물류 모듈 체계는 유니트 로드 치수를 정수로 나눈 분할모듈 치수들을 포장 치수들로 곱한 배수 모듈 치수들을 여러 물류 설비들의 치수로 채택해야 한다. 여기서는 물류의 첫 단계인 포장모듈 체계의 채택에 관하여 설명하고자 한다.

우리나라의 포장 모듈 치수는 KS A 1002 규격으로 제정되어 있다. 국가 표준 파렛트인 KS A 2155의 일관 수송용 파렛트치수 1,100㎜×1,100㎜를 정수로 분할한 수치들을 조합하여 포장단위의 가로와 세로 규격을 설정하였으며 69종류를 채택하고 있다.

■ 포장 모듈 치수 일람표(1,100×1,100㎜)

번호	길이×폭(㎜)	1단 적재수	적재효율(%)	번호	길이×폭(㎜)	1단 적재수	적재효율(%)
1	1100×1100	1	100	36	458×213	3×4	96.7
2	1100×550	2	100	37	450×325	2×4	96.7
3	1100×366	3	99.8	38	450×216	3×4	96.4
4	1100×275	4	100	39	440×330	2×4	96.0
5	1100×220	5	100	40	440×220	3×4,2×5+2	96.0
6	733×366	4	88.7	41	412×343	2×4	93.4
7	711×388	4	91.2	42	412×275	2×4 + 0	93.6
8	687×412	4	93.6	43	412×229	3×4	93.6
9	687×206	2×4	93.6	44	388×355	2×4	91.1
10	660×440	4	96.0	45	388×237	3×4	91.2
11	660×220	2×4	96.0	46	366×366	3×3	99.6
12	650×450	4	96.7	47	366×275	3×4	99.8
13	650×225	2×4	96.7	48	366×244	3×3	95.9
14	641×458	4	97.1	49	366×220	3×5	99.8
15	641×229	2×4	97.1	50	343×206	2×2×4	93.8
16	628×471	4	97.8	51	330×220	2×2×4	96.0
17	628×235	2×4	97.6	52	325×225	2×2×4	96.7
18	611×488	4	98.6	53	320×229	2×2×4	96.9
19	611×244	2×4	98.6	54	314×235	2×2×4	97.6
20	600×500	4	99.2	55	305×244	2×2×4	98.4
21	600×250	2×4	99.2	56	300×250	2×2×4	99.2
22	576×523	4	99.6	57	300×200	(2+3)×4	99.2
23	576×261	2×4	99.4	58	298×220	3×5×3	95.2
24	550×550	2×2	100	59	288×261	2×2×4	99.4
25	550×366	2×3	99.8	60	275×275	4×4	100
26	550×275	2×4	100	61	275×220	4×5	100
27	550×220	2×5	100	62	275×206	4×4 +5	98.3
28	523×288	2×4	99.6	63	250×200	2×3×4	99.2
29	500×300	2×4	99.2	64	244×203	2×3×4	98.2
30	500×200	3×4	99.2	65	235×209	2×3×4	97.4
31	488×305	2×4	98.4	66	229×213	2×3×4	96.7
32	488×203	3×4	98.2	67	229×206	2×3×4+1	97.4
33	471×314	2×4	97.8	68	225×216	2×3×4	96.4
34	471×209	2×4	97.6	69	220×220	5×5	100
35	458×320	2×4	97.9				

그러나 이 규격은 너무 많은 치수들로 구성되어 있어 현실적으로 물류 표준화를 추진하기에 어려운 문제를 안고 있다.

면적 적재효율이 95% 이하인 치수들은 삭제해야 하며, 각 적재단의 포장 상자 수량을 4개, 6개, 8개, 10개 등, 4~5개 정도로 단순화할 수 있도록 포장치수들을 대폭 축소하여야 한다.

지금까지 수많은 기업들의 물류와 포장 분야 실태를 조사해 왔으나 이 포장 모듈 치수 규격을 활용하고 있는 회사는 그다지 눈에 띄지 않았다.

그 이유는 물류 모듈 체계에 대한 이해 부족과 함께 이 포장치수들이 너무 많아 물류 표준화의 필요성을 느끼지 못하고 있기 때문이다. 따라서 이에 대한 본격적인 계몽운동과 정책개발이 절실하게 필요한 상황이다.

포장모듈 체계를 모범적으로 잘 채택하고 있는 사례들을 몇 가지 소개하고자 한다. 먼저 최초로 추진한 사례는 1981년에 채택한 태평양화학(주)이었다. 당시 상품유통본부를 맡고 있던 김정환 본부장은 T11형 표준 파렛트를 채택하고, 이 파렛트 규격에 정합성이 있는 포장 모듈 체계로 전면적인 개선작업을 추진하여 포장비용 절감은 물론 물류 합리화에 앞장을 섰다.

두 번째로 추진한 사례는 동양제과(주)이다. 1986년 5월에 물류 컨설팅을 실시하면서 발견한 내용이지만 당시에 동양제과에는 한국디자인포장센터 포장개발부의 연구원 출신들이 포장과를 구성하고 있었으며 이들이 노력한 결과로 T11형 표준 파렛트와 정합성이 있는 포장모듈 체계를 채택하고 있었다. 이 경우도 물론 선진 물류 업적으로 평가되어야 한다고 생각한다.

세 번째로 포장 모듈 체계를 채택한 회사는 (주)럭키의 생활용품 부문으로, 1988년으로 기억하고 있다. 당시 물류기획부서와 나는 참으로 고뇌에 찬 회의를 많이 했었다. 그렇다면 '왜 그토록 고민을 하였는가?'와 '그 때 그 일들이 얼마나 의미 있는 일이었는가?'를 밝혀둘 만한 가치가 있다고 생각한다.

당시만 해도 대부분의 국내기업들이 포장 모듈 치수나 T11형 표준 파렛트를 일관수송용으로 사용하고 있는 경우가 대단히 드물었다. 그 당시 럭키에서도 파렛트를 구내용으로 사용하고 있었으나 이는 어디까지나 파렛트표준화 이전의 단계였다.

수송시에 파렛트 없이 박스 단위로 적재중량을 초과하고 있었는데, 이를 파렛트 단위로 유니트 로드 시스템을 도입하려고 하니 트럭당 적재 효율이 20~30% 떨어지게 되었다. 이는 그만큼 추가운임 부담으로 나타났고, T11형 표준 파렛트에 맞는 포장 규격으로 전면적인 변경을 하는 데도 많은 포장비의 부담이 발생하게 되었던 것이다. 이렇게 어려운 문제가 발생되자 쉽게 결론을 내지 못한 채 고민에 찬 협의를 계속하였다. 단기적으로는 포장 개조 비용과 유니트 로드 시스템 도입 비용이 발생하여 불리하다고 볼 수 있으나 장기적으로는 물류 모듈 체계와 유니트 로드 시스템의 착수가 불가피하다는 판단으로 결론이 나서 오늘과 같이 완벽한 포장모듈시스템을 구축하게 되었다.

네 번째의 포장모듈 체계 개선 사례는 1992년에 착수된 경기화학(주)이다. 그 때까지 비료업계의 포장단위는 25~30kg이었고, T11 표준 파렛트와 정합성이 없었다. 이를 20kg단위 포장모듈 체계로 개선하고 T11 표준 파렛트에 의한 유니트 로드 시스템을 도입하였다.

1998년도부터는 농협중앙회가 중심이 되어 전체 비료업계에 확산이 되었으며 비료를 사용한 후 농촌지역에서 발생되는 연간 200여 만 매의 공 파렛트를 연계 사용하여 농산물의 파렛트화도 촉진할 수 있게 되었다.

다섯 번째 포장개선 사례는 1993년에 착수된 섬유업계의 (주)코오롱이다.

당시 한국파렛트풀(주)의 마케팅팀 직원들과 섬유업계의 물류 관리자들이 물류 표준화를 추진하기 위한 합동 협의를 진행하고 있었다. 그러나 섬유공장의 설비들이 걸림돌이 되어 표준 파렛트가 채택되기 어려운 상황에 놓여 있었다. 다행스럽게도 물류 표준화에 남달리 신념이 강했던 코오롱의 물류 관리자 이동광 과장이 포장모듈 체계를 획기적으로 개선하여 T11 표준 파렛트에 정합성이 있는 포장시스템을 착수하였고 뒤이어 제일합섬, 삼양사, SK케미칼, 성안합섬 등 전체 섬유업계로 확산되는 과정에 있다.

여섯 번째의 포장모듈 체계의 개선 사례는 1994년에 착수된 미원그룹이다. 당시 한국포장시스템연구소의 이명훈 소장과 나는 미원그룹의 물류 컨설팅을 담당하고 있었다.

미원그룹 계열회사의 물류 관리자들과 각 지역의 물류센터 책임자들과 여러 차례 물류 표준화에 관한 협의를 하였으나 역시 기존의 물류 설비들을 개조하여야 한다는 문제가 발생하여 실무적으로 합의를 끌어내지 못하고 있었다. 최종적으로 미원그룹의 임창욱 회장에게 보고하는 자리에서 임 회장이 결론을 내려 주었다.

'장기적으로 언젠가는 추진되어야 할 일이고 또 우리나라 물류 표준화를 위하여 T11 표준 파렛트와 이에 맞는 포장체계가 필요한 일이라면 단기적으로 다소간의 비용부담이 있고 어려움이 있더라도 적극적으로 검토하여 주기를 바란다.'는 내용이었다.

미원그룹은 그 후 포장모듈 체계와 T11 표준 파렛트가 본격적으로 채택되어 물류 표준화의 선진기업이 되었다.

| 미원 포장 표준화 컨설팅 자료

지금까지 포장모듈 체계가 채택된 몇 가지 사례를 소개하였으나 이와 유사한 성공사례들이 수없이 많았고 현재에도 계속 추진되고 있다. 그러나 아직도 포장치수 문제가 물류의 걸림돌이 되고 있다. 앞으로 물류 모듈 체계에 대한 보다 깊은 연구가 진행되어 포장모듈 치수가 보다 단순화되어야만 우리나라의 물류 표준화가 더욱 빠른 속도로 추진될 것이라고 생각한다.

08

판매 포장과
물류 포장

포장이란 물품을 수송, 보관, 하역할 때, 그 가치나 상태를 보호하기 위하여 적절한 재료나 용기 등에 물품을 담는 기술이나 취급하는 상태를 말한다.

포장에는 낱포장, 속포장, 겉포장 등의 3종류가 있다.

낱포장이란 물품을 낱개 단위로 포장하는 것을 말하며, 물품의 상품가치를 높이거나 낱개물품을 보호하기 위하여 적절한 재료나 용기에 낱개단위로 포장하는 것이다.

속포장이란 포장된 화물의 내부포장을 말하며 중간단계의 포장이라고도 볼 수 있다. 속포장은 물품이 수분이나 습기, 빛이나 열, 충격으로부터 손상이나 피해가 발생하지 않도록 하기 위한 포장이다.

겉포장이란 포장된 화물을 조합하여 보다 대형화된 단위로 포장하는 것을 말하며, 이는 낱포장이나 속포장 등의 단위 포장을 구성요소로 하여 이루어진다.

포장이란 물건이 생산자로부터 최종 소비자에게 도달할 때까지 전체의 유통과정을 거치는 동안 물품의 품질이나 상태가 나빠지지 않도록 유지하여 무사히 전달되도록 하는 보호 수단일 뿐이며 포장 그 자체가 목적은 아니다. 그러므로 물건이 잘 보호될 수만 있다면 복잡한 과정을 거치지 않은 무無포장이 최선의 방책인 것이다. 그러나 최근의 복잡한 유통과정에 있어서는 수송, 보관, 하역 등 물류과정의 여러 단계들이 수반되므로 최소한의 포장이 불가피하다.

따라서 나는 판매를 목적으로 하는 상류商流에서의 포장인 판매 포장과 물류를 목적으로 하는 물류 포장으로 구분을 하고, 이 두 분야의 역할과 차이점, 그리고 대책 등에 관하여 서술해 보고자 한다.

먼저 상업포장이라고 표현하여 온 판매 포장은 '물품의 얼굴'을 만드는 일이다. 잘된 포장은 소비자들의 구매 욕구를 일으켜 많은 판매를 촉진시키는 것이 목적이며, 이를 위해서는 다소 비용이 들더라도 좋은 시각 효과가 나타날 수 있도록 디자인을 하고 있다.

다음으로 과거 전통적으로 공업 포장이라고 일컬어 온 분야로서, 여기서는 물류 포장이라는 용어로 표현하고 있는 분야다. 물류포장은 수송, 보관, 하역 등에 물품을 보호하기 위한 목적을 가지고 최소한의 포장만을 하여 비용을 최소화하려고 하는 포장분야다. 따라서 판매 포장과 물류 포장은 포장이라는 측면에서는 같으나 목적이나 기능은 서로 다른 상반관계trade off에 있다고 볼 수 있다.

판매 포장은 낱포장이나 속포장이 중심 기능이며, 물류 포장은 겉포장이 주된 기능이 되고 있다. 내가 물류 컨설팅을 해 오는 과정에 발생했던 문제들은 바로 이 판매 포장과 물류 포장의 마찰이었다.

대부분의 기업에서 제품의 디자인을 담당하고 있는 포장전문가들은 물류 컨설턴트와 커다란 견해의 차이를 보였다. 즉 물류 측면에서 물류 비용과 물류 효율을 다루는 포장의 적재효율, 포장재를 회수하여 반복 사용하는 방안을 제시하면 포장부서에서는 판매 감소가 우려된다며 한사코 반대하고 나섰다. 이는 판매 포장과 물류 포장의 이해관계의 충돌이라고 볼 수 있다.

어느 식품회사에서는 낱개단위 포장용기의 치수를 일부 변경하면 적재효율이 10% 향상되어 결국 물류 비용이 10% 절감되는 데도 물류 포장의 측면을 이해하지 못하는 판매 포장 중심의 입장이 강하여 물류개선의 걸림돌이 되는 경우도 있었다. 물론 처음에는 반대하다가 나중에는 물류를 이해하고 물류 포장을 판매 포장보다 중요하게 다루는 사례도 있었다.

또 어떤 회사에서는 겉포장 용기인 골판지 상자를 회수하여 반복 사용하자는 방안을 제시했으나 역시 포장부서의 반대에 부딪혔다. 포장부서의 주장은 매출 부진이 염려된다는 것이었다. 그러나 내가 조사한 바로는 최종단계의 구매 결정권자인 소비자들은 낱포장이나 속포장의 디자인은 영향을 미치지만 겉포장을 보고 물건을 사는 경우는 거의 없다는 사실이었다. 따라서 판매 포장에서는 낱포장과 속포장은 밀접하게 관련되어 있지만 겉포장은 그다지 관련되어 있지 않으며 오히려 이 겉포장에 관하여는 물류 포장이 주된 기능으로서 물류 측면에서 고려되어야 한다고 생각한다.

이후 겉포장에서 다루어야 할 과제는 물류 비용을 줄인다는 목표 아래 포장모듈치수를 채택, 적재효율을 95% 이상 유지하도록 하고, 포장 간이화로 포장재료를 감축하도록 하는 한편 포장용기를 회수하여 반복 사용함으로써 포장폐기물의 발생을 막으려 노력했다.

이와 같이 판매 포장과 물류 포장 간에는 목적과 역할이 분명히 다르고 어떤 면에서는 반대적인 입장도 있다. 그런데도 국내에서는 판매 포장과 물류 포장을 구분하지 않고 있어 많은 문제가 야기되고 있음을 지적하고 싶다.

1960년대 후반 우리나라 포장업계의 개척자인 고故 하진필河鎭弼 선생님은 한국디자인포장센터를 발족하였으며 판매 포장 분야인 디자인 개발 부문과 물류 포장 분야인 포장 개발 부문을 나누어 30여 년에 걸쳐 많은 연구와 활동을 해 왔다.

그러나 지난 문민정부시절, 이 한국디자인포장센터의 경영책임자였던 모씨가 물류 포장에 대한 중요성을 모른 채 디자인의 중요성에만 치우친 나머지 물류 포장 부문을 없애버리고 디자인 개발만을 담당하는 산업디자인개발원으로 개편한 사건은 한국의 물류발전을 위해서는 돌이킬 수 없는 과오를 저지른 셈이었다. 이렇게 된 이유는 판매 포장과 물류 포장을 구분할 줄 몰랐던 우리나라 포장업계의 총체적인 불행이자 정책당국의 실수였다고 생각한다.

우리나라에서 물류 포장에 관하여 이렇게 역사의 수레바퀴가 거꾸로 돌아가고 있는 동안 구미 선진국에서는 어떻게 발전하고 있었는가를 소개하고자 한다.

물론 포장폐기물을 감축하여 환경문제를 해결하고자 하는 독일정부의 선견지명도 유효하였으나 유럽에서 물류 포장이 이렇게 괄목할만한 성과를 이루어낸 배경에는 3년마다 독일의 뒤셀도르프에서 개최되는 포장박람회 INTERPACK의 공헌도가 크다. 이 전시회에서는 포장산업계의 앞서가는 선두 기업들이 물류 포장의 신제품들을 열심히 개발하여 발표하고 있다.

반복 사용할 수 있는 포장용기, 공간을 절약할 수 있는 접철식 컨테이너, 저렴한 신소재의 컨테이너 개발, 환경친화적인 컨테이너 개발, 롤Roll 컨테이너, 쿼터Quarter 파렛트 등 시스템적인 물류기기개발, 컴퓨터 신기술을 접목하는 용기개발, 모듈시스템 컨테이너 개발 등 참으로 물류 포장분야에서 눈부신 발전을 하고 있다. 그런데 안타깝게도 우리의 사정은 판매 포장과 물류 포장에 대한 개념 도입도 되지 못하고 있는 실정이다.

판매 포장은 판매촉진을 위하여 디자인 효과나 진열 효과를 얻을 수 있는 연구개발이 필요하지만 물류 포장은 물류 비용을 절감할 수 있고 물류효

| 독일 뒤셀도르프 포장박람회(interpack 2008) 전시장에서

율을 제고시킬 수 있는 물류기술의 개발에 초점이 맞추어져야 한다. 물류 포장 분야를 판매 포장과 분류하여 독립적인 분야로 발전시켜야 하며, 이를 위하여 포장 전문가들과 물류 전문가들의 깊은 연구가 필요하다고 생각된다.

09

운반, 하역의
활성화 원칙

인류 역사에 있어 가장 큰 규모의 구축물이라면 중국의 만리장성과 이집트의 피라미드를 손꼽을 수 있을 것이다.

이처럼 거대한 공사를 하기 위해서는 엄청난 양의 벽돌을 만들어야 했고, 커다란 암석들을 가공해야 했으며, 이들을 필요한 장소와 위치로 옮기고 쌓아야 했다. 따라서 헤아릴 수 없을 정도로 많은 사람들이 동원되었고, 오랜 기간 동안 공사가 진행되었으므로 이를 위한 운반 · 하역 작업이야말로 엄청난 고통이었음은 짐작이 가고도 남는 대목이다.

그렇다면 그 당시에 이미 많은 물류기술이 개발되어 이용되었을 것이며 특히 운반 · 하역 작업을 보다 용이하게 하기 위한 활성화의 수단들이 활용되었을 것이다.

여기에 비추어 21세기를 눈앞에 두고 있는 현대 문명 산업사회에서 운반 · 하역 작업을 어떻게 하고 있는가 생각해 보고자 한다. 다행스럽게도 제

2차 세계대전 도중 병참술로 개발된 유니트 로드 시스템이 산업계에 도입되어 인간을 중노동으로부터 해방시켰다. 그러나 아직도 많은 물류작업현장에서는 인류의 지혜인 운반·하역의 활성화가 제대로 활용되지 못하고 있다고 생각한다. 물류 컨설팅을 하면서 여러 기업의 물류 현장을 자세히 들여다 볼 수 있는 기회가 잦았었는데 참으로 안타깝고 놀라운 일들이 많았었다.

대단위 공장의 생산 설비들은 대부분 자동화된 최첨단 장비들이었으나 물류 설비, 그 중에도 특히 운반·하역장비들은 대부분 낙후되어 있었다. 심지어 어떤 경우에는 생산 공정은 컴퓨터로 관리하고 있으면서도 제품 창고의 출하 작업장에서는 인간의 힘에 의존하는 등짐 작업을 하고 있어 생산은 첨단시대를 걸으면서 물류는 원시시대에 머물고 있는 회사도 더러 있었다.

가장 잊을 수 없는 기업은 30여년 전에 물류컨설팅을 한 국내 굴지의 'H 제과'였다. 나는 물류 컨설팅을 하던 중 영등포공장의 제품창고에서 출하작업시 수십 대의 지게를 사용하고 있는 현장을 발견하고는 아연실색하였다. 지게가 이미 농촌지역에서도 사라진지 오래인데 어떻게 이렇게 큰 대규모 공장에서 아직까지도 지게가 사용되고 있는지 의문스러울 정도였다.

현장 부서에서는 창고의 건물구조와 하역 비용 측면에서 지게가 현실적으로 유용하다는 답변을 했다. 이 답변을 무마시키고 지게를 없애기 위해서는 아이디어가 필요했다. 나는 궁리 끝에 미국의 운반하역학회가 정리한 운반하역 작업의 원칙들 중에서 '활성화의 원칙'을 응용하여 설득하기로 마음먹었다.

다행히 물류연구원 소장자료 중에 미국의 물류전문가인 Mr. James, M. Apple의 「Material Handling System Design」과 일본의 물류전문가인 아끼바 마사오의 「운반관리運搬管理」라는 책을 찾아내었고, 그 내용을 깊이 연구하였다.

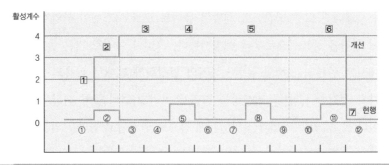

현행	활성계수	0.2	1.0	0.2	0.2	1.0	0.2	0.2	0.1	0.2	0.2	1.0	0.2
	장비명	사람	대차	사람	사람	간이컨베이어	사람	사람	간이컨베이어	사람	사람	간이컨베이어	사람
	공정	①	②	③	④	⑤	⑥	⑦	⑧	⑨	⑩	⑪	⑫
개선	공정	1	2	3	4				5			6	7
	장비명	사람	견인차	지게차	지게차				지게차			지게차	사람
	활성계수	1	3.0	4.0	4.0				4.0			4.0	0.2

| 운반 활성계수의 비교 그래프

이 내용들을 기초 자료로 만들어 창고의 벽에 질서정연하게 걸려 있는 수십 대의 지게들을 제거하기 위한 방안을 마련하였다. 현장의 운반·하역 공정들을 조사하고 물동량의 데이터들을 분석하였으며 작업시간과 작업공수를 측정하고 비용을 산출하였다. 특히 '운반활성계수'를 채택하였다. 운반·하역 작업을 용이하게 하는 조건에 따라 등급을 설정하고 그 수치들을 〈0~1〉: 인력작업, 〈1~2〉: 간이도구사용, 〈2~3〉: 기계화=장비 사용, 〈3~4〉: 자동화 설비 사용 등으로 설정하였다. 그리고는 현재의 작업방식과 개선안의 작업방식을 비교 분석하는 자료들을 제시하였다.

결론적으로 현재 작업방식의 활성계수가 '1' 이하이므로 이 개선방안에서는 활성계수 '4' 수준으로 끌어올려 낱개로 운반하고 하역하는 인력작업에서 유니트 로드 시스템을 도입하는 기계화·자동화작업으로 전환해야 한다는 개선방안이 마련되었다.

전사적으로 당시에 작업 공정이 12개, 작업인원 370명에 연간 인건비

20여억 원이 소요되고 있으나, 개선안대로 할 경우 작업 공정이 5개가 단축되어 7개 작업 공정이 되고, 인원도 170명이 감축되어 200명으로 운영이 가능하며 연간 인건비도 12억 원으로 줄어 매년 8억 원 가량의 비용절감이 실현될 수 있었다.

또한 여기서 제시하고 있는 개선안은 파렛타이저나 소팅·피킹 등의 자동화는 채택하고 있지 않으므로 다음 단계에 이 분야의 자동화까지 추진하게 되면 더 많은 인원 감축과 인건비 절감의 효과가 크게 나타날 수 있었다.

다행히 H제과에서 내가 제안한 개선방안을 수용하여 많은 비용을 줄였다. 그러나 내가 가장 보람을 느꼈던 것은 바로 지게를 없앴다는 사실이었다.

10

물류 공간을
찾아내자

현대는 바야흐로 인터넷(Internet)의 시대이다.

인터넷의 세계란 바로 사이버 공간Cyber Space을 무대로 삼고 있으며, 이를 누가 장악하는가에 따라 사업의 성패가 달려있다고 해도 과언이 아닐 것이다.

창업한 지 그다지 오래되지 않은 구글GOOGLE이라든가 아마존AMAZON이라는 신생기업들이 전 세계에서 가장 가치가 큰 규모의 회사로 등장하고 있으며, 그 이유도 이 기업들이 사업무대인 사이버 공간을 남보다 먼저 장악하고 있었기 때문임을 부인할 수 없다. 따라서 좁은 영토인 한반도에 많은 인구가 밀집하여 살고 있는 우리로서는 새로운 천년의 삶의 터전으로 이 사이버 공간을 어떻게 장악할 것인가에 전력을 기울여야 한다고 생각한다.

물류분야에서도 마찬가지로 물류 공간들을 찾아내어 이들을 잘 활용하는 것이 중요하다. 내가 물류 컨설팅을 하는 과정에서 중요하게 다루었던 과제 중 하나는 바로 물류현장에서 제대로 활용하지 못하는 물류공간을 찾아내어 이들을 효율적으로 이용하는 방안을 제시하는 일이었다. 여기서 말하는 물류공간이란 물동량을 포장하는 용기의 체적이나 파렛트 위의 적재 체적, 그리고 운반·하역장비들의 적재 체적, 창고에서의 보관 체적, 운송장비들의 적재함의 체적들을 말한다.

이들 물류 공간들은 공장건물이나 물류센터의 작업 체적 등과 같이 일정한 장소에 고정되어 있는 것과 운송장비의 적재함이나 포장용기, 운반·하역장비의 적재 체적 등과 같이 이동하는 것도 있다.

이러한 물류 공간들은 건물의 건축비, 장비의 구입비, 운영에 소요되는 비용 등을 필요로 하며, 또한 이 비용들은 물류비를 정확하게 산출하여 해당 항목별로 금액을 계산하고 단위체적당 금액도 산출해야 한다. 여기서 물류 공간의 활용정도를 판정하는 기준지표는 적재효율과 입체효율 두 가지로 나눌 수 있다.

먼저 적재효율은 포장할 때 포장용기의 내부 공간 이용율이 몇 퍼센트인가, 이들 포장용기들을 파렛트에 쌓았을 때 적재 공간 이용률이 몇 퍼센트인가, 이들 파렛트 적재 물동량들을 창고에 보관할 때 랙 공간이나 보관체적의 공간이용율과 트럭이나 컨테이너 등 운송장비의 적재함의 적재 공간 이용률이 얼마인가를 산출하는 것이다.

다음으로 입체효율이란 공장건물이나 물류센터들의 구조적인 수치인 높이와 바닥 면적을 곱한 체적 중에서 실제적으로 사용 중인 체적이 어느 정도인가를 산출하는 지표이다.

즉, 적재효율이란 실체인 물동량이 점유하는 체적 안에서 빈공간이 어느 정도 발생하고 있는가를 측정하는 지표이며, 입체효율이란 전체 사용가능한 물류 공간 중에서 물류작업의 공간을 측정하는 지표인 점에서 구분된다.

| 입체적으로 공간을 활용한 물류 창고

 이러한 적재효율과 입체효율을 100%에 가깝도록 끌어올리게 되면 이는 바로 물류비의 절감으로 연결된다.

 본인이 지금까지 조사를 해 온 바에 의하면, 많은 기업의 적재효율은 70~80% 수준에 머물고 있었으며 입체효율은 50%를 넘어서지 못하고 있었다. 이렇게 된 원인을 찾아보면 적재효율이 낮은 것은 앞에서도 언급한 바와 같이 물류 모듈 체계가 도입되고 있지 않기 때문이다.

 포장용기의 치수들은 포장분야의 입장에서 결정한다. 또한 파렛트는 포장용기의 규격에 맞추어 치수를 결정하고, 하역장비는 제조업체에서 규격을 정하고, 창고의 건물구조는 건축 설계사가 자기 판단만으로 선정한다. 자동창고의 랙 규격은 물류 설비 엔지니어가 결정한다. 게다가 운송장비인 트럭의 적재함의 치수는 자동차 디자이너가 결정하며, 컨테이너는 ISO규격이다. 이러한 사정으로 우리나라 기업들의 물류적재 효율이 엉망으로 낙후되어 있는 것이다.

이렇게 각 부분 부분의 물류치수들이 각양각색의 규격으로 운영되고 있기 때문에 물류효율이 떨어져 천문학적인 금액의 물류 비용이 낭비되고 있는데도 이의 심각성을 인식하지 못하는 우리 물류분야의 현실을 생각하면 안타깝기 그지없다.

이는 좁게 보면 단위기업의 물류비를 제대로 관리하지 못하는 해당기업의 물류 관리자들의 책임이지만 넓게 보면 우리나라 물류비가 낭비되고 경쟁력이 약화되게 한 모든 물류전문가들과 물류정책을 담당하고 있는 정부의 책임이다. 언제쯤 물류 모듈 체계가 본격적으로 도입될 수 있을 것인지 참으로 안타까운 마음이다.

다음으로 물류 입체효율에 대하여 언급하고자 한다. 나에게 물류 컨설팅을 의뢰한 회사들의 물류 관리자들은 한결같이 창고 공간이 협소하고 물류센터가 부족하다는 점을 호소했다. 그러나 정작 내가 현장에 나가 실태조사를 하면서 분석한 결론은 그렇지 않다는 점이었다.

물론 물류부문에 대한 투자가 선진국의 기업들에 비교하면 아쉽기는 하지만 기존 물류시설의 활용도가 그보다 더 큰 문제점이었다. 왜냐하면 국내기업들의 창고나 물류센터의 작업공간이 평면적으로만 사용되고 있는 현장을 많이 발견하였기 때문이다.

동일한 사업규모를 유지하는 데 있어서 물류흐름의 속도를 증가시켜서 재고감축을 실현하여 창고나 물류센터의 소요규모를 축소시키는 것이 바로 최선의 근본적인 개선방안이다. 그리고 그 다음 대책이라면 물동량의 변동량에 맞춰 아웃소싱의 일환으로 외부의 영업창고나 물류센터 또는 물류공동화를 추진하는 것이 효과적이다. 그러나 여기서는 물류입체효율을 향상시키는 방안을 찾아보고자 한다.

먼저 보유하고 있는 물류시설들의 전체 공간 체적을 수치적으로 산출한다. 이 때 유의하여야 할 점은 반드시 입체적인 검토가 필요하다는 것이다.

여기저기 분산되어 있는 공장의 창고들과 각 지방의 물류센터들의 '체적가로×세로×높이'을 분석하도록 한다.

다음에는 물동량에 대한 ABC분석을 하여 효율적인 보관위치location를 설정한 후 이에 필요한 보관체적을 산출한다. 출하작업이나 피킹·소팅작업장도 반드시 필요한 공간이므로 별도로 산출하되, 이 때에도 면적으로가 아니라 체적으로 계산하여야 한다.

사용가능한 공간(체적)과 필요한 공간(체적)을 비교 검토하여 부족한 경우 다음과 같은 착안점을 갖고 대책을 마련하도록 한다.

① 기존의 작업장 위에 빈 공간은 없는가?
② 입체 랙을 설치할 수 있는가?
③ 입출하 장비를 고양정으로 개체할 수는 없는가?
④ 운반 이동작업을 천정에서 할 수는 없는가?
⑤ 층고가 높은 경우에 메자닌mezzanin을 설치하여 2층화, 3층화 할 수는 없는가?
⑥ 건물을 개조하여 높일 수는 없는가?

이처럼 여러 가지 방안을 모색할 수 있다.

내가 제안하고자 하는 것은 단순히 평면적인 방법으로가 아닌 입체적인 방법으로 접근해야 한다는 점이다. 아울러 물동량이 움직이는 레이아웃 또한 평면이 아닌 입체적인 검토가 필요하다.

11

물류 레이아웃(Lay Out)의
Re-Engineering

물류는 물자의 흐름이며 이 흐름을 잘 관리하는 것이 물류 관리자들의 사명이다.

따라서 물류 관리자들은 물류의 작업 공정과 이동 경로에 대하여 깊은 연구를 해야 한다. 여기서는 물류 레이아웃의 중요성을 설명하고 리엔지니어링 방안을 제시하고자 한다.

사실 물류의 개념은 먼 곳에서 찾기보다 삶의 보금자리인 가정에서도 쉽게 찾아볼 수가 있다. 먼저 주부가 가족들을 위하여 식사를 준비하는 과정을 살펴보자. 주부는 부엌과 식당, 혹은 거실을 왔다 갔다 하면서 분주히 일한다. 또 시장에서 반찬거리를 구입해서 씻고 가공하는가 하면, 밥과 국거리, 찌개 등을 끓인다.

그런데 이 과정들을 물류 측면에서 분석하여 보자. 싱크대에서 반찬거리를 씻고, 찬장에서 그릇을 꺼내고, 냉장고에서 재료들을 꺼내고, 조리대에서 가공을 하며, 가스레인지에서 끓이고, 이들을 식탁에 옮기는 등 한 끼의 식사를 준비하는 데에는 수많은 작업 공정들이 연결되어 있다.

이 때 중요한 점은 어떻게 하면 작업 공정 수를 줄이고, 이동거리를 짧게 하며, 허리를 굽히거나 일어났다 앉았다 하는 동작을 최소화시킬 수 있을 것인가를 연구하여 가능한 편안하게 작업할 수 있는 레이아웃을 설계하는 것이다. 또한 식탁에서도 가족들의 좌석배치와 밥그릇, 국그릇, 찌개그릇, 반찬그릇들과 수저를 놓는 위치도 정하여야 한다. 이렇게 가족 모두가 편안하게 식사할 수 있도록 고려하는 것도 일종의 물류 레이아웃이다.

이와 같이 가정에서도 물류 레이아웃이 중요한데, 많은 물동량을 다루고 있는 기업에서의 물류 레이아웃의 중요성은 두말할 필요가 없다.

일반적으로 기업의 물류 특징이라면 물동량이 대단히 많고, 중량이 무거우며, 부피가 커서 이들을 처리하는 데 수많은 인력과 장비와 작업공간이 불가피하게 필요하고, 그에 따른 많은 물류 비용이 발생하는 것이다.

그러나 대부분의 기업에서는 물류 레이아웃을 제대로 관리하고 있지 않는 실정이다. 공장이나 물류센터를 건립하는 단계부터 이에 대한 고려를 하지 않는 것은 물론이고 물동량이 늘어나 확장하는 과정에서도 임기응변식으로 대처하고 있어 결과적으로 물류의 생산성이나 효율이 떨어져 물류 비용이 증가되는 나쁜 상황이 발생되고 있다.

따라서 각 기업에서는 원자재가 투입되어 각 생산 공정을 거쳐 반제품으로 이동되거나, 공정 재고로서 일시 보관되거나 최종 제품으로 만들어져 제품창고에 보관되다가 출하되는 물류 과정을 분석하여 볼 필요가 있다.

원자재 창고는 생산 공정의 원자재 투입공정에 설치되어 있어야 하며 제품창고는 생산이 완료되는 마지막 공정과 가까운 곳에 있어야 한다는 것이 물류의 원칙이다.

그러나 공장이나 설비들을 증설하는 과정에 이 물류원칙을 지키지 못하는 현장이 의외로 많았다. 그렇게 된 이유는 어느 회사나 생산 공정만을 중요시하고 물류공정은 소홀하게 취급하기 때문이다.

따라서 현재의 물류 레이아웃을 분석하여 불합리하거나 비효율적이라고 판단되는 부분은 재배치하는 리엔지니어링이 필요하다. 물류 레이아웃의 리엔지니어링에는 첫째로 물자흐름의 경로를 분석하고, 둘째로 물류작업 공정을 분석하고, 셋째로 작업 물동량을 분석하는 과정이 필요하다.

첫 번째, 물자 흐름의 경로 형태는 'I'형, 'L'형, 'U'형의 세 가지로 분류할 수 있다.

'I'형은 다른 형보다 거리가 짧다는 장점은 있으나 여러 라인이 동시에 운영되어야 한다는 단점도 있다. 소품종 다량의 물동량에는 단일경로가 유리하고 다품종 소량의 물동량에는 복수 경로가 유리하다.

'L'형은 'I'형보다는 경로가 길지만 'U'형보다는 짧다. 'I'형보다는 작업 공정이 많은 경우에 적용하는 것이 바람직하나 반대의 대각선 지역에 제2의 라인을 설치하여 이원화 경로를 운영하여야 한다는 문제가 있다.

'U'형은 경로가 가장 길어 물류작업의 공정이 복잡한 경우에는 유리하나 일반적인 작업 경로로서는 부적합하다. 또한 이 'U'형은 입구와 출구가 겹치게 되어 이 지역의 혼잡이 염려가 되므로 주의를 요한다.

이와 같이 'I', 'L', 'U'의 각 형별로 장점과 단점이 있다면 입지조건이나 작업의 특성에 따라 최선의 형태를 선택하도록 하여야 할 것이다.

두 번째로 물류작업 공정을 분석하여야 한다.

물류 작업 공정의 내용으로는 포장작업, 운반작업, 하역작업, 파렛타이징작업, 피킹작업, 보관작업, 소팅작업, 대기작업, 검사작업, 반품작업 등이 있다. 물류작업 공정을 유형별로 분류하고 소요시간과 소요거리, 그리고 소요면적이나 공간을 산출하도록 한다.

세 번째로 작업의 물동량을 분석한다.

물동량의 형태가 낱개 단위인가, 포장 단위인가, 유니트 로드_{파렛트} 단위인가를 조사하고 작업단위의 수량, 중량, 체적 등을 산출하도록 한다. 앞에서 분석하고 산출한 흐름의 경로 형태와 물류작업 공정, 물동량에 관한 자료들을 활용하여 이를 종합평가하게 되면 현재의 물류 레이아웃에 대한 진단이 가능하게 된다. 그렇게 한 후 진단 결과에 의해 나타난 문제점들을 해결하기 위한 리엔지니어링을 추진하도록 한다.

이 물류 레이아웃에 대한 리엔지니어링의 방안으로서는 다음과 같은 내용들이 검토될 수 있을 것이다.

첫째, 물류 레이아웃 측면에서 과부하가 걸리거나 정체나 병목_{Bottle Neck} 현상이 발생하고 있는 현장이 있는가? 또한 있다면 어느 곳인가? 이와는 반대로 유휴 공정이나 공운전 공정은 없는가?

이와 같은 사항을 꼼꼼히 체크하고 전체 레이아웃 균형을 유지하기 위한 대책을 강구한다.

둘째, 물류작업의 공정별로 투입 인원이나 사용 장비에 대한 가동 효율을 평가한다.

인력에 의존하고 있는 작업 중에서 기계화·자동화가 가능한 방안은 없는가? 또한 상근·전임 인력을 파트타임 작업자로 대체할 수는 없는가? 현재 사용하고 있는 작업설비의 능력을 향상시킬 수는 없는가? 전반적인 작업능력의 효율화에 관한 대책을 검토한다.

셋째, 물류작업에 대한 경제성을 평가하여야 한다.

각각의 공정별로 단위 물동량 대 소요되는 물류 비용을 산출하여 경제적으로 운영되고 있는가를 체크하도록 한다. 또한 전체의 시스템에 대한 경제성도 평가한다. 각 단위공정 중에서 개별공정의 비용이 증가되더라도 전체 시스템의 비용절감 효과가 있다면 이는 과감하게 개선하여야 한다.

지금까지 여러 차례 경험한 바로는 전체 시스템의 물류비절감을 위하여 불가피하게 필요한데도 불구하고 해당부서의 이해관계 마찰로 인하여 물류 레이아웃을 변경하는 데 대하여 반대하는 사례가 많았다. 그러나 이는 어디까지나 손실을 최소화 하자는 데 의의가 있다. 즉 나무만 보지 말고 숲을 보았으면 하는 마음 간절하다.

12

물동량 변동의
대응전략

'한강'은 우리 서울의 젖줄이다.

한국경제가 선진국으로 막 도약하던 시절 한국은 '한강의 기적'이라는 타이틀로 전 세계에 알려지기도 했다. 그러나 성수대교의 붕괴가 있고난 뒤로는 마치 우리 경제가 추락한 듯 좋지 않은 이미지로 매스컴에 오르내리기도 했다.

나는 파리의 세느 강, 런던의 테임즈 강, 독일의 라인 강 등 선진국의 그 어느 강 보다 우리 한강이 더 훌륭하고 쓰임새가 많다고 생각한다.

인구 1천만의 서울 한복판을 흐르고 있는 한강은 분명 우리의 자랑거리이다. 한강은 삶의 원천인 물을 공급하고 산업을 발전시키며 환경을 정화하는 기능과 함께 휴식의 공간까지 제공하고 있으니 더욱 가꾸고 다듬어야 하는, 창조주로부터 받은 커다란 은혜의 선물임에 틀림없다.

한강물의 흐름에 대하여 생각하여 보자. 겨울철에는 물의 양이 줄어들어 바닥이 드러날 정도이나 봄이나 가을에는 유유히 흐르는 물이 평화롭기만 하다. 그러나 장마철에는 시뻘겋게 성난 물결들이 모든 것을 다 삼켜버릴 듯 무섭게 흘러간다. 즉 한강물은 계절에 따라 전혀 다른 모습이 되며 흐르는 양도 엄청나게 변하고 있는 것이다. 따라서 안전하게 대처하기 위하여 상류지역에는 수많은 다목적댐들이 건설되어 있고 하류지역에는 튼튼한 제방을 쌓아놓고 있다. 그리하여 비가 많이 오는 장마철에는 이 다목적댐에 많은 양의 물을 저장하여 하류지역의 홍수를 방지하고, 반대로 비가 오지 않는 가뭄이나 평상시에는 적정량을 방류하여 물의 양을 잘 조절하고 있는 것이다.

이렇게 한강물의 양이 계절에 따라 변동하는 것과 마찬가지로 기업의 물동량도 항상 다르다. 기업에 있어 물동량의 변동은 계절적인 변동패턴을 갖고 있는 한강의 흐름보다 훨씬 더 복잡하고 심각하다. 고객의 수요가 폭발적으로 늘어나 물량부족 현상도 나타나며 판매부진으로 과다한 재고가 쌓이기도 한다. 계절적인 변동으로 성수기와 비수기가 반복된다면 어느 정도 예상이라도 할 수 있으나 경기부침에 따른 물동량의 변동을 정확하게 예측한다는 것은 참으로 어려운 일이다. 더구나 대부분의 기업들이 경쟁사와 치열한 판매경쟁을 하기 마련이어서 물량의 수급조절이 더욱 중요한 과제로 남는다.

일반적으로 물류의 중요성은 알고 있으나 '물동량의 변동'이 물류 관리의 핵심과제라는 사실을 알고 있는 기업의 물류 관리자는 그다지 많지 않다. 또한 수많은 물류서적들도 물류에 관한 일반론만 언급할 뿐이고 물동량의 변동을 심층적으로 다루고 있는 경우는 별로 없다.

그러나 어느 회사든 이 물동량의 변동을 늘 체크하고 중요하게 취급하여야 한다. 그 이유는 물동량의 변동 없이 일정한 규모의 물동량으로 고정되어 있다면 물류 관리가 그다지 어렵지 않을 것이기 때문이다.

물류 관리를 하는 데 있어 가장 해결하기 어려운 문제들은 대부분 물동량이 변동하기 때문에 발생된다. 따라서 여기서는 기업의 물류 관리자들이 물동량의 변동에 어떻게 대처할 것인가에 대하여 논하고자 한다.

무엇보다도 중요한 것은 변동하고 있는 물동량에 관한 현황을 정확하게 분석해야 한다는 점이다. 이 점을 알지 못하고는 진정한 의미의 물류 관리를 할 수 없다고 생각한다. 성수기와 비수기에 따른 계절적인 변동과 1개월 단위 자금결제 방식에 따른 월간 변동, 판매경향에 따른 주간변동, 그에 따른 일별 변동, 주문패턴과 물류작업 방식에 따른 시간대별 변동 등, 참으로 여러 가지 이유로 물동량은 항상 변동하면서 이동하고 있다.

다음으로는 물동량의 변동을 파악하였다면 여러 가지 물류능력을 변동량에 맞출 수 있을 것인가에 대하여 고심해야 할 것이다. 평균물동량을 '100'이라고 가정하고 물동량이 2배로 늘어나 '200'이 되었을 때는 어떻게 대응하고, 반대로 물동량이 절반으로 줄어들어 '50'이 되었을 때에는 어떻게 대처할 것인가? 상황에 따라서는 이보다도 훨씬 큰 변동이 있을 수도 있다.

이렇게 물동량이 변동하는 상황에서는 가장 효과적인 대응방안이 자가 自家 물류 체계만을 집착하지 말아야 한다는 것이다. 자사인력이나 자가설비에 의존하여 온 자체 물류 체계를 고집하지 않고 하루빨리 포기하는 것이 중요하다. 특히 규모가 큰 기업일수록 물동량이 많아 물류 관리자 입장에서 자만하기 쉬우나 이는 착각일 뿐이며 이와는 반대로 물동량이 클수록 변동량이 커서 자가 물류만으로 해결한다는 것이 상대적으로 불리한 입장이다.

물론 여기서 내가 제안하는 것은 전면적인 자사 물류 체계를 포기하여야 한다는 의미는 아니다. 물동량이 변동하는 부분만큼 대응방안을 찾아보자는 말이다. 자사 물류체계로서도 물류 효율면이나 물류 비용면에서 유리하거나 전략적인 핵심역량은 그대로 자사물류체계로 유지하되, 상대적으로 불리한 분야에 대해서는 자사 물류체계에서 벗어나자는 얘기다. 자사물류 체계를 탈피하는 방법으로서 다음과 같은 세 가지의 방안이 있다.

첫째, 아웃소싱 방안이다.

물류 과정 중 전사적인 물류시스템으로부터 분리가 가능한 범위를 설정 하여 이를 아웃소싱 하는 것이다. 최근 대기업의 물류 부서들은 별도 법인 으로 독립하기도 하고 일부 물류작업 공정들을 아웃소싱하고 있는데, 이는 바람직한 현상이라고 생각한다.

둘째, 물류 전문 업체를 활용하는 방안이다.

대표적으로 운송회사나 창고회사가 있다. 영업용 차량이나 영업 창고는 불특정 다수의 화주가 이용을 하기 때문에 물동량의 변동에 가장 효율적인 대응 방법이 될 수 있다. 또 물류 설비나 장비를 임대하는 것도 좋은 방안이 다. 최근에는 종합적인 물류 서비스업체가 많이 출현하고 있으므로 과거 물 류 서비스가 열악하여 자사 물류 체계로 운영하여 온 많은 화주 기업들에게 는 좋은 전환의 기회가 주어지고 있다고 생각한다.

셋째, 물류공동화 방안이다.

물동량의 변동에 따라 단일 기업 차원의 물류체계의 운영이 불가피하다 고 판단되는 경우에 시기적으로 짝을 맞출 수 있는 기업들간에 공동으로 물 류시스템을 구축하는 방법이다. 물론 지역적인 차원에서 전략적으로 물류 제휴를 하는 방법도 있다. 이와 같이 단일기업으로 물류시스템을 구축하기 어려운 기업들이 공동으로 물류시스템을 구축하여 운영하는 것이야말로 서 로가 승리하는 윈윈 전략이 될 수 있다.

결론적으로 변동하는 물동량에 대응하기 위한 전략으로는 지금까지의 자 사 물류 체계를 외부 물류 체계와 전략적으로 제휴시켜야 한다고 생각한다. 물류는 물자의 흐름이라고 표현할 수 있으며 이 흐름이란 기업 내부 흐름이 아니라 기업활동을 중심으로 하여 내부와 외부간에 연결되는 흐름이라는 점이 중요하다. 더구나 변동이 심한 흐름인 것이다.

따라서 물류 관리자는 물류가 변동이 심한 기업의 내부와 외부간에 긴밀하게 연결되어 있는 물자의 흐름을 착안하여 물류시스템을 구축한다면 반드시 성공할 것이라고 믿는다.

13

다품종 소량화의
대응

오늘날은 경쟁의 시대이다. 개인은 개인과 삶의 경쟁을 하며 국가는 각 국가들과 국제적인 경쟁을 가속화 하고 있다.

그러나 수많은 경쟁 형태 중에서 가장 치열한 것이 있다면 그것은 기업간의 경쟁이 아닐까 싶다.

특히 같은 업종, 동일한 사업을 하고 있는 경쟁기업 간에는 사활을 건, 전면적인 전쟁을 하고 있다고 표현해도 지나친 말이 아닐 것이다.

어느 기업이 특정한 상품이나 서비스를 창출하여 사업에 성공하게 되면 이를 따라잡기 위한 후발 기업들이 속속 등장하게 마련이다. 경쟁 기업들은 초기에 한정된 품목으로 가격을 낮추고 품질을 향상시키기 위한 노력을 경주하게 되고, 소비자는 가격이 저렴하고 품질이 좋은 상품을 선택할 수 있는 권리를 누린다.

경쟁의 다음 단계는 새로운 상품의 개발이다. 기업은 언제나 소비자의 욕구에 충족되는 다품종 시대에 돌입하게 된다. 이렇게 다양한 종류의 상품이 공급되면 단위 품목당 수량의 소량화가 불가피하다. 결국 공급자 측면의 경쟁 전략과 소비자 측면의 선택 권한 강화의 상승효과로 다품종 소량화의 시대를 맞이하게 되는 것이다.

이와 같이 사업초기의 소품종 다량 체제가 경쟁이 치열해 지면서 소비자 우위시대의 다품종 소량 체제로 전환하게 된다. 이렇게 되면 공급자인 기업의 입장에서는 소품종 다량 체제의 생산 측면, 유통 측면에서 누릴 수 있었던 저비용 · 고효율이라는 효과를 잃고 다품종 소량 체제의 고비용 · 저효율이라는 어려운 상황을 맞게 되는 것이다.

이러한 다품종 소량이라는 상황에서 가장 어려운 문제에 직면하게 되는 것은 기업의 물류 관리자들이다. 왜냐하면 다품종 소량화가 진전되어 갈수록 상품의 종류가 다양하게 되고 단위 품목당 수량이 적어지게 되어 결품이 발생하고 악성 재고가 쌓일 가능성이 더욱 커지기 때문이다. 또한 조달물류 측면에서 보면 원자재나 부품을 공급하고 관리하는 것도 더욱 어려운 입장에 놓일 수밖에 없을 것이다.

지금까지 각 기업의 물류 컨설팅을 하면서 물류현장에서 부딪쳤던 여러 물류 문제들 가운데 다품종 소량화로 인하여 발생되었던 경우를 정리하여 보면 다음과 같다.

첫째, 생산설비의 가동 효율이 낮아진다.

판매경쟁에서 이기기 위하여 영업부문에서 요청하는 다양한 물동량을 생산하자니 생산 공장의 비용부담이 늘어나고 가동 효율이 떨어지기 마련이다. 그러나 다양한 품목을 생산하여 공급하기에는 공장설비의 탄력성에 한계가 있을 수밖에 없다. 그런 이유로 많은 회사에서 생산부서와 판매부서간에 입장차이가 발생하고 있었다.

둘째, 재고 확보가 어렵다.

고객이 원하는 수요에 맞추어 판매가 가능하도록 다양한 상품에 대하여 언제든지 재고를 적정하게 유지하는 것이 어려웠다. 또한 재고를 생산 공장의 제품창고에 보관하고 있을 것인가, 각 지역의 물류 센터에 배치할 것인가 등 재고배치에 대한 전략도 어려운 과제였다.

셋째, 납기 단축이 불가능하다.

고객이나 거래처로부터 주문을 받아 납품을 하기까지 소요되는 기간을 단축하여야 하는 데도 다품종 소량화의 결과로 생산스케줄상의 문제, 창고나 배송 센터에서의 입고·출하, 작업 시간의 지연 등으로 납기 단축이 점점 어려워지고 있었다.

넷째, 배달이 어렵다.

주문량의 단위 품목당 물동량 규모가 소량화 되면서 고객이나 거래처로부터 자주 납품하여 줄 것을 요청받게 된다. 이에 따라 배송 차량의 증차가 불가피하나, 자가 단독의 배송시스템에 의한 납품 방식은 경제성이나 효율 측면에서 불리하기 때문에 그 유지가 어려운 실정이었다.

다섯째, 판매점포에 상품의 구색을 갖추기가 어렵다.

제한된 점포의 면적에 늘어나는 품목의 상품들을 골고루 진열하여 언제든지 고객이 선택, 구매할 수 있도록 대비한다는 것이 불가능하였다. 이러한 현상은 판매기회를 잃어 그대로 매출 감소를 가져오는 치명적인 결과를 야기하고 있었다.

이와 같이 다품종 소량화라는 물류시대에 효과적으로 대처하지 못하고 있는 물류현장을 많이 발견하였으며, 어떻게 하면 이런 문제들을 해결할 수 있을 것인가에 대하여 고민하여 왔다. 특히 의류업계, 식품업계, 생활용품업계, 가전업계, 자동차 정비업계 등은 전형적인 다품종 소량이라는 물류문제를 어려운 과제로 안고 있는 분야였다.

이러한 다품종 소량화의 문제점에 대해 다음과 같은 해결 방안들을 제시하고자 한다.

첫째, 생산설비의 가동효율을 높이기 위해서는 주력 품목인 A품목은 연속적으로 생산을 하고, B품목은 병행생산이 가능하도록 설비를 갖추고 생산일정을 교대로 잡아 수요에 대응, 주기적으로 생산을 한다. 또한 C품목은 OEM방식으로 중소 생산 회사에 위탁생산을 의뢰하도록 한다.

둘째, 다품종 소량 물류체제에 적합한 물류 설비를 도입한다.

소품종 다량에 맞춰 설치하였던 물류 설비들을 다품종 소량에 적합한 물류 설비로 전환하도록 한다. 예를 들면 운반설비인 고정식 컨베이어를 무인 운반차AGVS로 전환하고, 파렛트 적재 장비인 파렛타이저도 기계식에서 로봇식으로 바꾸도록 한다.

또 창고 설비는 저장형에서 유통형으로 기능을 개편하고, 보관 랙들은 유동 랙이나 회전 랙으로 대폭 교체하는 것이 바람직하다. 특히 피킹시스템은 디지털 피킹시스템을 도입한다.

셋째, 온라인 리얼 타임On line Real Time 정보체제를 구축한다.

물류 전 과정의 재고현황, 입 · 출하 작업내용, 수 · 배송 정보, 생산 공정의 생산현황, 판매장의 진열재고와 판매현황 등 회사 전반의 물류 정보를 동시에 입력하여 통합 관리하여야 한다. 이 때 중요한 점은 물동량 현품에 코드를 부착하여 자동인식센서를 통하여 데이터가 컴퓨터에 입력되어야 한다는 것이다.

넷째, 소요량 수급 계획과 재고 배치 전략을 수립하여야 한다.

즉, 각 품목별 수급 계획을 세워 적정 재고량과 조달 납기를 설정하여야 한다. ABC분석을 통하여 각 품목별 재고 배치 전략을 세워 A품목은 말단 거점에 배치하고, C품목은 집중 통합적으로 배치하고, B품목은 중간 절충 방식으로 배치한다. 그리하여 결품은 방지하면서도 악성 과다 재고가 발생하지 않는 방안을 마련하도록 한다.

다섯째, 배송 체계의 전문화나 공동화를 추진한다.

현재와 같이 각사가 자가 배송 트럭에 의하여 판매점포나 거래처에 직접 납품하는 배송체계는 다품종·소량화·다빈도의 물류시대에는 적합하지 않다. 그러므로 전문적인 배송회사에 위탁하거나 공동 배송체계를 만들어 비용이 적게 들고 납품효율은 높일 수 있는 배송체계를 구축하여야 한다.

여섯째, 판매 점포 간에 상품재고 이동이 가능하도록 한다.

전국의 판매망에 산재해 있는 점포의 상품재고를 통합 관리하여 필요한 상황이 발생하면 가까운 점포 간에 상품의 재고 이동이 신속하게 이루어질 수 있도록 한다. 특히 자사 영업망이 아닌 대리점 방식의 점포 간에도 상품 교환이 가능하도록 한다.

위와 같이 언급한 몇 가지 방안들은 다품종 소량화의 물류 문제들을 해결하는 데 물류 관리자들에게 도움을 줄 수 있을 것으로 생각한다.

14

물류 설비의
선정 기준

물류란 물자를 생산하는 장소로부터 이들을 소비하는 장소까지 상품으로서의 흐름을 효율적으로 연결하는 분야이다.

이러한 물류 과정의 흐름을 연결하는 데는 서로 독립적이고 상반되는 관계가 발생되기 마련이다. 이들 수많은 물류관계들이 하나의 목표를 실현할 수 있도록 개별 공정들을 연계시키고 시간적인 요소와 공간적인 요소를 결합시켜 이들이 균형과 조화를 이루는 종합시스템을 만드는 것이 물류 관리의 주된 활동이다.

이를 실현시키기 위해서는 다음과 같은 세 가지 방법이 있다.

첫째, 정합화co-ordination이다.

정합화란 물류의 각 단계가 개별적으로 되지 않도록 조정하여 보조를 맞추도록 하는 것이다. 마차 경주에서 각 말들이 서로 보폭을 조정하여 속도를 맞추는 것, 혹은 오케스트라 연주에서 현악기, 관악기, 타악기들이 음계

조정을 하는 것과 같다.

둘째, 통합화integration이다.

물류에 있어 개개의 단계들이 연결된 전체로 움직이도록 하는 것이다. 마차 경주에서 각 말들이 동서남북 각자의 방향이 아닌 한 방향으로 달리도록 하는 것과 같고 오케스트라 연주에서 현악기, 관악기, 타악기들 간에 역할 분담을 하여 조화를 이루도록 하는 것과 같다.

셋째, 시스템화systematization이다.

물류의 각 단계들을 개별적으로 단순하게 연결하는 것은 'a, b, c, d'와 '가, 나, 다, 라' 등과 같이 아무런 의미가 없다.

마차의 기사가 말들로 구성된 마차를 운영하여 경주를 하듯이 오케스트라의 지휘자가 연주자와 악기들로 구성된 전체 오케스트라 악단을 통솔하여 생동감 넘치는 음악을 창출해 내듯이 물류에서도 시스템을 만들어야 하는 것이다.

앞에서 언급한 세 가지 방법은 물류 시스템을 구축하는데 필요한 기준들이라고 생각한다. 특히 수송 · 배송, 저장 · 보관, 운반 · 하역, 포장과 정보 등의 작업은 대단히 범위가 넓고 다양한 설비들이 연결되어 사용되고 있다.

하드웨어hardware 물류에서는 이러한 물류 설비들을 정합화하고 통합화하며 시스템화하는 것을 원칙으로 삼아야 한다. 물동량의 규모에 맞춰 물류 설비들을 정합화하고, 서로 다른 역할을 담당하는 물류 설비들을 통합화하고, 이들 물류 설비들 간에 동일한 수준의 흐름을 유지할 수 있는 시스템화가 반드시 필요하다.

더구나 이러한 물류 설비들은 끊임없이 진보 발전하고 있으며 신제품도 계속 개발되고 있다. 따라서 물류 관리자들은 항상 물류 설비의 발전 동향을 파악하여 가장 적절한 물류 설비들을 선정하고 물류 시스템을 발전시키도록 노력하지 않으면 안 된다.

이번에는 물류 설비를 유니트 로드unit load형 설비와 다품종 소량형 설비로 구분하여 검토하여 보고자 한다.

먼저 유니트 로드형 물류 설비로는 파렛트 단위로 처리하는 장비가 있다. 이 유니트 로드형 물류 설비들은 공장에서 물류 센터까지의 물류 과정과 주력 상품이 되는 A품목에 주로 사용된다.

생산라인에서 단위 제품을 만들어 포장을 한 다음에 파렛트에 자동으로 적재를 하는 파렛타이저와 이 유니트 로드를 붕괴되지 않고 핸들링하기 용이한 하나의 집합 단위로 묶는 포장기계도 유니트 로드형 물류 설비이다. 이들을 공장 내의 제품창고로 이동하는 운반 장비나 창고에 입·출고하는 하역장비도 유니트 로드형 물류 설비에 해당된다.

보관할 때 물자를 적재하는 자동창고 랙이나 일반창고의 파렛트 랙도 이에 분류된다. 또 장거리 물류 거점 간에 운송할 때 이용하는 수송장비의 적재함이나 수송용 컨테이너도 유니트 로드형 물류 설비이다. 이러한 유니트 로드형 물류 설비들은 주로 대단위 크기1톤 단위의 물동량 처리에 이용되는데, 물자의 흐름을 신속하게 하면서도 인력이 적게 투입된다는 것이 장점이다.

따라서 유니트 로드형 물류 설비들은 자연스럽게 자동화가 앞서 추진되어 온 분야가 되어 왔고, 자동 제어가 가능한 파렛타이저, 무인운반차, 자동창고의 스태커 크레인, 무인 지게차, 원격 제어 크레인 등이 개발되어 많은 물류 현장에 투입되어 있다.

다음으로 다품종 소량형 물류 설비가 있다. 이들은 앞에서 검토한 유니트 로드형 물류 설비들과는 달리 품목이 다양하고 처리하는 물량이 적은 규모에 사용된다. 이들이 주로 사용되는 물류 작업장은 물자의 집하, 배달, 분류, 입출고, 보관 및 피킹하는 공정이다.

과거에는 자동화가 어려워 인력작업이 일반적이었으나 최근에는 정보기술의 발전으로 지능형 설비로 급속히 전환되고 있다. 컴퓨터에 의한 기억 기술이나 자동 인식 기술, 자동 제어 기술이 활용되어 머지않아 인간의 기능을 가진 인공지능형 물류 설비들이 이 분야의 혁신을 주도하여 나갈 것이다.

다품종 소량형 물류 설비들은 물류 센터나 배송 센터에 많이 설치되는 피킹 설비와 소팅 설비가 중심이 된다.

또한 저장시 사용하는 다양한 형태의 랙들도 보관기능 이외에 입출고 작업을 용이하게 하기 위한 기능도 고려해 볼 필요가 있다. 배송 차량도 다품종 소량의 상품들을 혼재하면서도 어떻게 신속하고 능률적으로 싣고 내릴 수 있게 할 것인가에 초점을 맞추어 사양을 개발하고 작업방식을 연구하여야 한다.

우리나라에서 그다지 도입이 되고 있지 않은 롤 컨테이너roll container 시스템과 배송 차량의 테일 리프터tale lifter 장치는 다품종 소량화의 물류과제를 해결해 줄 유일한 대안이라고 생각된다.

15

물류 센터의
중요성

상품을 생산하는 제조업체나, 이 상품을 판매하는 유통업체나, 물동량을 사업의 수단으로 삼고 있는 모든 개별기업에 있어서 물류는 중요한 분야이다.

기업의 물류 활동은 수송, 보관, 하역, 포장, 유통가공, 정보처리 등의 기능들로 구성되어 있고 이들 기능들을 종합하여 물류 시스템을 만들어 효율이 가장 높도록 하는 것이 물류 관리의 목적이다.

물류 기능들 중에서도 물류 관리에 있어 보다 중요한 분야는 수송과 보관으로서, 이 두 가지 물류 기능이 기업의 물류 시스템에 있어 중심이 되고 있다. 즉 수송경로인 link와 물류거점인 node가 결합하여 물류 network를 형성하고 있다.

물류거점 중에서 고객에게 가장 가까이 설치된 제1선의 거점을 물류 센터또는 배송 센터라고 한다. 해외 선진국으로 물류 견학을 다니면서 발견했던 것은 고속도로의 인터체인지나 항만, 철도역 등의 교통 요충지 부근에 반드시 물류 센터들이 밀집해 있다는 사실이다.

나의 관심사 때문일지는 모르겠으나 선진국의 주요 공항에 항공기가 착륙할 때 아래를 내려다보면 예외 없이 대형 창고건물과 배송 트럭들이 줄지어 선 물류 센터들이 눈에 들어왔다. 또한 공항에서 도심으로 들어갈 때에도 좌우의 도로 주변에는 수많은 물류 센터들이 군대 사열하듯이 도열하고 있었다. 그런 장면을 볼 때마다 왜 저토록 물류 센터들이 많을까 하는 의문을 가져보기도 하였고 물류를 연구하는 입장에서 부러움을 느끼기도 하였다.

그런데 우리나라의 사정은 어떠한가? 최근 수년간 다소 변하였다고는 하지만 몇 년 전까지만 해도 물류 센터가 그다지 눈에 띄지 않았다. 그렇다면 물류 센터가 많은 나라와 적은 나라의 차이는 무엇일까?

물류 센터가 많고 적음은 그 나라의 물류 관리 수준의 지표가 될 수 있다고 생각한다. 곳곳에 물류 센터가 있는 나라는 물류 관리를 잘하고 있는 물류 선진국이고, 그와 반대로 물류 센터가 적은 나라는 물류 후진국이다. 기업의 차원에서도 마찬가지이다. 물류 센터를 잘 운영하고 있으면 물류 선진 기업이고, 그렇지 못한 기업은 물류 후진 기업이다. 어느 기업에서나 물류 센터를 운영하는 수준을 보면 그 기업의 물류 관리 수준을 알 수 있기 때문이다.

물류는 물자의 흐름이다. 즉 생산공장에서 제품을 만들어 이들을 고객에게 상품으로 이동시키고 있다. 물류 센터를 중심으로 하여 공장에서 물류 센터까지 이동하는 경로는 상류上流이고, 물

| 한강 상류의 물의 양을 조절하는 소양강댐

류 센터에서 소비자에게 이동하는 경로는 하류下流이다. 그리고 상류와 하류 사이에는 언제나 물동량이 서로 다르며 흐름의 현상도 서로 다르다.

그런데 상류의 흐름은 공장의 생산일정에 영향을 받으며, 하류의 흐름은 고객으로부터 수요의 영향을 받고 있다. 이처럼 공장의 생산량과 소비자의 수요량은 언제나 일치하기 어려운 법이다. 또한 상류는 소품종 다량의 물류이고, 하류는 다품종 소량의 물류이다.

따라서 물류 센터의 역할은 상류와 하류의 물동량 차이를 극복하는 기능을 가져야 하며, 상류의 소품종 다량의 물류를 하류의 다품종 소량의 물류로 전환시키는 기능을 가져야 한다. 앞의 기능은 창고의 보관이고 뒤의 기능은 피킹picking과 소팅sorting 작업이다.

그런데 물류 센터의 운영형태는 나라마다 다르고, 업종에 따라 다르고, 기업의 입장에 따라 다르다. 예를 들면 광대한 면적을 가지고 있는 미국의 기업이 채택하고 있는 물류 센터의 운영방식과 좁은 면적인 한국의 기업이 채택하고 있는 물류 센터의 운영방식은 서로 다를 수밖에 없다.

한국 내의 기업들 간에도 사업의 업종 특성에 따라 물류 센터의 운영형태가 다르기 마련이다. 즉 생산재를 공급하는 회사와 소비재를 공급하는 회사는 물류 센터의 입지가 서로 반대의 지역일 가능성이 많다. 또한 같은 소비재를 공급하는 회사 간에도 물동량이 무거운 음료·맥주회사들이나 부피가 큰 라면·스낵회사들은 70~80개 지역에 물류 센터들을 설치하여 운영하고 있으며 일반 식품·생활용품 회사들은 10여 개의 물류 센터를 배치하고 있다. 더욱이 동일 업종의 기업들인 경우에도 공장의 위치에 따라 물류 센터의 위치와 설치수량이 동일하지는 않을 것이다.

그렇지만 일반적으로 기업에서 공통적으로 고려해야 할 물류 센터의 원칙에 관하여 몇 가지 제시하고자 한다.

내가 물류 컨설팅을 담당할 때 적용한 원칙들은 다음과 같다.

첫째, 물류 센터는 그 기능에 있어 저장형 창고가 아닌 유통형 배송 센터가 되어야 한다는 점이다.

물동량의 수급에 대비하기 위한 비축 기능을 우선하기 쉬우나 물류 센터의 가장 중요한 역할은 고객의 주문에 따라 납품 서비스를 신속하게 하는 것이므로 설비나 작업체계를 납기 단축에 초점을 맞추어야 한다.

둘째, 하드웨어 설비보다는 소프트웨어 운영 시스템이 중요하다.

기업의 물류 여건이 계속 변화되어 가기 때문에 고정설비를 최소화하여 상황에 탄력적인 대처를 할 수 있도록 하는 것이 바람직하다.

셋째, 물류 정보 체계에 있어서 온라인 리얼타임 시스템의 도입이 필요하다.

고객으로부터 주문이 오면 정보통신 시스템을 활용, 이를 신속히 정리하여 재고를 분석한 후 즉시 출하 작업을 지시하여 피킹picking · 소팅sorting 작업을 하도록 한다.

재고가 부족한 경우에는 즉시 발주를 한다. 이러한 모든 물류 과정에 코드와 자동인식 장치를 통한 물동량 데이터를 실시간 차원으로 유지 · 관리하여야 한다.

넷째, 물동량의 배치 전략을 수립한다.

필요한 모든 품목에 있어서 결품이 발생하지 않도록 물류 센터에 충분한 재고를 확보하기가 어려우므로 품목별 ABC분석을 통하여 공장의 제품창고와 외부 공급업체의 재고량, 그리고 물류 센터 재고량 등을 A품목, B품목, C품목별로 구분하여 배치하도록 한다. 회전기관과 재고수량을 설정하여 최소 재고량만으로도 결품이 발생하지 않아야 한다.

다섯째, 물류 센터 내의 레이아웃을 단순화시킨다.

입고 → 보관 → 출고라는 전체의 레이아웃과 각 부문별 작업공정 레이아웃을 효율적인 흐름이 되도록 한다. 물동량의 규모와 작업속도를 고려하여 물류의 흐름상 병목 현상이 발생하지 않도록 하여 주문에서부터 납품까지의 작업 시간을 단축하고 작업 비용이 최소화 되도록 한다.

여섯째, 피킹작업과 소팅작업을 자동화할 수 있는 설비를 갖추도록 한다.

물류 센터에서의 피킹과 소팅작업을 인력에 의존하여 왔으나, 이에 따른 임금상승, 작업인력의 과다 투입, 작업시간의 지연, 작업오류 발생 등을 방지하기 위한 방안이 마련되어야 한다.

최근에는 전산시스템과 자동 제어 기술의 발전으로 짧은 시간 내에 많은 물동량을 처리할 수 있는 피킹 · 소팅의 설비들이 개발되어 있으므로 이 자동설비들을 도입하여야 할 것이다.

일곱째, 배송 차량의 시스템을 개선한다.

물류 센터에서 출하한 다음 신속한 납품을 하기 위해서는 배송 트럭의 장비개선과 배송 차량 운행시스템이 개선되어야 한다. 배송 트럭을 탑차형으로 채택하고 상하차가 용이한 작업장치를 장착한다. 또한 납품처의 위치나 물동량을 분석하여 차량 운행 스케줄과 배송 일정을 관리하는 프로그램을 갖추도록 한다.

16

피킹(Picking)과
소팅(Sorting)

물류가 물동량의 흐름이므로 물류 관리는 물동량의 흐름을 관리하는 것이다.

그런데 물동량의 흐름은 포장, 하역, 수송, 보관, 유통가공, 정보 등 물류의 6가지 기능들과 연결되어 있으며 이 과정에 물동량은 유니트 로드Unit load라는 형태를 가지고 움직이고 있다.

이러한 유니트 로드의 형태에는 2종류가 있다. 첫 번째는 1품목만으로 구성된 유니트 로드, 즉 단품목형 유니트 로드이고, 두 번째는 여러 품목으로 구성된 유니트 로드, 즉 다품목형 유니트 로드이다. 단품목형 유니트 로드와 다품목형 유니트 로드는 그 유통되는 물류 과정이 서로 다르다. 일반적인 유통 형태를 설명하자면 다음과 같다.

먼저 단품목형 유니트 로드는 공장에서 제품을 생산하여 일정한 단위로 포장을 하고, 이들을 모아서 파렛트에 적재하여 창고에 일시적으로 보관을 하다가 필요한 상황이 발생하면 장거리 수송을 하여 소비지 외곽에 배치되어 있는 물류 센터에 보관하는 과정이다.

생산공장의 효율을 높이기 위하여 소품종 다량으로 생산하거나 동일 품목을 연속적으로 생산하는 것이 유리하기 때문에 공장에서 물류 센터까지의 물류 과정에는 유니트 로드를 단품목형으로 운영하게 된다.

다음으로 다품목형 유니트 로드는 거래처로부터 주문을 받아 물류 센터의 재고들을 출고하여 배송 차량에 실어 납품하는 과정의 형태이다. 이렇게 하는 이유는 고객으로부터 다품종 소량의 방식으로 주문이 오기 때문에 납품하기 위한 유니트 로드를 만들기 위해서는 여러 가지 품목들을 혼합할 수밖에 없다.

이 경우 품목은 여러 종류이나 거래처는 동일한 물량을 묶어서 유니트 로드로 짐짜기를 하게 된다. 이 과정에 아직 우리나라에서는 보편적으로 사용되지 않고 있으나 구미 선진국에서는 바퀴 달린 컨테이너를 사용하고 있다.

이렇게 물류 센터를 중심으로 하여 공장과 물류 센터간의 유통 과정에는 평 파렛트에 의한 단품목형 유니트 로드 시스템을 운영하고, 물류 센터로부터 거래처에 납품하는 유통 과정에는 바퀴달린 컨테이너에 의한 다품목형 유니트 로드 시스템을 운영하는 것이 가장 이상적인 형태이다. 따라서 유니트 로드 측면에서 분석하여 보면 이들 두 가지 물류 과정이 서로 반대인 현상으로 구성되어 있음을 알 수 있을 것이다.

나는 이 점이 대단히 중요한 내용이라고 생각한다. 앞에서도 언급한 바가 있지만 생산 입장에서는 소품종 다량화가 유리하다고 볼 수 있으나 소비자의 입장에서는 다품종 소량화를 요구하고 있어 물류 흐름상 상류의 물류 과정은 단품목 유니트 로드로, 하류의 물류 과정은 다품목 유니트 로드로 운영되는 전형적인 물류의 상반trade off관계가 나타나고 있는 것이다. 물류에서 흔히 발생하는 상반 관계를 충분히 이해하고 이를 잘 해결하는 것이 최선의 방안이다. 따라서 물류 센터의 역할 중에서 가장 중요한 것은 단품목 유니트 로드를 다품목 유니트 로드로 전환하는 작업이다. 이 유니트 로드의 전환 작업이 바로 피킹Picking과 소팅Sorting이다. 여기서는 피킹작업과 소팅 작업에 대하여 설명하고자 한다.

먼저 피킹작업이란, 거래처로부터의 주문정보를 정리하여 작성한 출하지 시에 따라 보관하고 있는 재고 중에서 필요한 품목의 필요한 수량을 선별해 내는 일이다. 이러한 피킹작업은 지금까지도 사람에 의존하고 있는 전형적 인 인력작업의 방식이다.

그러나 다품종 소량화가 급속하게 진행되고 있어 피킹작업에 많은 시간 이 소요되고 있으며 사람에 의한 피킹은 작업 오류도 자주 발생하기 마련이 다. 더구나 피킹작업은 단순 동작인데도 불구하고 재고 배치내용이나 상품 을 알아내는 능력을 가진 작업자를 필요로 하므로 일용직이나 시간 작업자 를 투입하기도 어려운 처지이다.

수년 전까지 피킹작업을 기계화 하고 피킹 장비의 개발을 위하여 많은 연 구를 하여 왔으나 복잡, 다양한 작업 특성 때문에 획기적인 성과를 얻어내 지 못하였다. 그러나 다행스럽게도 최근에 컴퓨터와 통신 분야의 기술 발전 으로 정보 시스템과 물품 관리를 연결한 디지털 피킹시스템이 개발되어 피 킹작업의 어려움을 해결할 수 있게 되었다. 더구나 회전랙이나 유동랙, 무 인반송차 등이 피킹시스템과 결합된 입체 물류 시스템으로 개발되고 있다.

다음으로 소팅작업이란 물품들을 거래처에 납품하기 위해 짐짜기 하는 일이다. 분류 방법으로는 거래처별, 방면별 짐짜기가 있다. 이러한 소팅작 업도 초기에는 인력에 의존하여 왔으나, 거래처가 급격히 늘어나고 다품종 소량화가 추진되면서 소팅작업에 많은 인력이 필요하게 되고 작업기간이 길어지게 되어 소팅작업도 자동화가 불가피하게 요구되었다. 특히 많은 배 송 차량이 운영되고 있는 물류 센터에서는 짧은 시간 내에 소팅작업을 완료하여야 차량의 운행효율을 높일 수 있기 때문에 소팅작업시간을 단축하기 위한 방안이 마련되어야 한다.

아직까지도 국내에서는 소팅에 대한 중요성을 인식하지 못하여 대부분 인력으로 작업을 하고 있으나 성력화, 시간 단축, 작업 오류 방지를 통한 생산성의 향상과 고객서비스를 강화하기 위한 효과적인 대책으로 소팅작업방식을 개선하려는 노력이 필요하다고 생각한다.

최근 선진국에서는 자동으로 소팅하는 컨베이어 시스템이 개발되어,

① 소팅 물품의 인식
② 소팅 정보의 지시
③ 기억
④ 조회
⑤ 소팅기기의 작동지시

등이 자동적으로 고속 처리되고 있다. 또한 피킹 자동화와 소팅 자동화가 결합되어 초고속 최첨단 물류 시스템을 갖추어 앞서가고 있다.

이와 같은 피킹작업과 소팅작업은 유니트 로드 시스템을 구축하는 데 있어 가장 어려운 과제다. 단품목 유니트 로드를 다품목 유니트 로드로 효과적이고 신속하게 전환할 수 있는 물류 시스템을 추진하여야 한다. 물류에서 중요한 흐름의 속도를 떨어뜨리는 병목현상이 나타나기 쉬운 피킹작업과 소팅작업에 대한 집중적인 연구가 필요하다.

그리하여 물류분야 중에서 인해전술人海戰術 밖에 없다고 인식되어 온 피킹작업과 소팅작업을 최첨단 시스템으로 전환시키게 된다면 우리 물류인들의 자긍심도 한 차원 높아질 것이라고 믿어 의심치 않는다.

17

상품의 유통기간 단축과
신선도 유지

내가 물류 컨설팅을 하면서 중요하게 다루었던 내용 중의 하나는 바로 상품의 유통 기간을 단축하는 것과 신선도를 유지하는 것이었다.

판매 전에 최전방에 해당하는 점포에 진열되어 있는 상품들이 제조한 날 로부터 평균적으로 며칠 정도 경과했는지를 조사하고 그에 따라 이 상품들 의 신선도가 유지되고 있는가를 분석하는 것이다.

우유나 요구르트를 생산, 공급하는 회사의 물류 컨설팅을 하게 되면 새 벽 3~4시에 배송 센터를 방문하여 배송 차량으로 납품하는 현장을 따라 다 니며 상품의 신선도를 유지하기 위한 방안을 모색하기도 하였다. 의류회사 인 경우에는 계절 상품인 관계로 고객이 많이 찾는 시기에 적합한 상품들이 진열되어 있는지 실태조사를 하였다. 아이스크림이나 냉동식품을 공급하 는 회사인 경우에는 공장에서 생산된 제품을 보관하는 창고 내부의 온도가 −20℃를 유지하고 있는가, 출하 작업장의 온도와 수송트럭의 내부 온도가 몇 도인가, 물류 센터나 배송 차량의 온도는 몇 도인가, 점포의 진열대 내부 온도가 몇 도로 유지되고 있는가하는 점들을 조사하였다.

공교롭게도 해태제과와 빙그레의 물류 컨설팅을 한여름에 담당하게 된 적이 있었다. 냉동실에서 일한 관계로 여름 내내 감기로 고생은 하였으나 덕분에 콜드체인cold chain의 중요성을 알게 되었다.

마찬가지로 가전제품을 공급하는 전자회사나 생활용품을 공급하는 회사의 경우에도 상품의 유통기간 단축이나 신선도 유지는 중요하기 마련이다. 그 이유는 이들 업계도 경쟁이 치열하여 신제품이 계속 쏟아져 나오기 때문이다. 특히 백화점이나 슈퍼마켓, 편의점, 대형할인 매장 등 여러 경쟁상품들이 동일 장소에 진열되어 판매되는 경우에는 이 문제가 더욱 중요한 과제로 부각된다.

내 생각에 소위 잘나가는 회사와 그렇지 못한 회사를 비교할 때 판매장에 진열되어 있는 상품의 유통기간과 신선도를 보면 승패가 판가름 났다. 가령 동일 업종의 경쟁사 간에는 동일 상품에 대한 점포 재고의 제조 경과 기간, 또는 신선도와 판매수량이 서로 깊은 상관관계가 있다고 본다. 따라서 상품의 유통 기간을 단축하여 신선도를 높이는 과제가 물류를 관리하는 데 있어 중요하게 다루어져야 한다고 생각한다.

그렇다면 상품의 유통 기간을 어떻게 단축하고 신선도를 유지할 것인가? 먼저 상품의 유통 기간을 단축하는 방법을 제시하고자 한다.

한 때 전 세계적으로 베스트셀러가 되었던 마이크로소프트사의 빌 게이츠Bill Gates 회장이 저술한 책 「생각의 속도」를 보면 '디지털 신경망 시스템'이 나오는데 바로 이 시스템을 적용하는 것이다. 즉 앞 편에서 서술한 바 있지만 물자의 흐름인 유통 과정에 온라인 리얼타임On Line Real Time방식을 채택하여 물류의 전 과정에 있어서 실시간으로 데이터베이스를 구축하자는 방안이다.

| 농산물 유통의 개선. LOGISALL의 표준파렛트와 컨테이너에 의해 대형 할인점의 매장까지 일
관수송되어 소비자들을 기다리고 있는 신선 농산물

　특히 현물에 바코드또는 OCR 문자코드를 부착하여 이들이 움직일 때마다 코드를 자동으로 감지해서 컴퓨터에 자동 입력시키고, 전체 물류 공정들을 통신망으로 연결해 물류 관리 활동을 하는 것이 바람직하다. 이렇게 하면 생산 → 물류 → 판매라는 물류 흐름의 속도가 신속하게 되어 기업의 판매전쟁에 있어 최전방인 점포의 재고가 생산된 지 얼마 경과되지 않은 신선한 상품으로 채워지게 될 것이다. 주의할 점은 법적으로 설정된 상품 유효 기간 이내에 유통한다는 관리 수준이 아니라, 가능한 빨리 제조일자로부터 가장 짧은 기간내의 상품만을 고객에게 공급하려고 하는 노력이 판매 경쟁력을 강하게 한다는 개념을 도입한 물류 전략을 가져야 할 것이다.

　오늘날과 같은 치열한 판매경쟁 시대에 상품의 유통기간을 단축시켜 고객이 우선 선택하도록 하는 물류 시스템을 만드는 것이야 말로 기업의 물류 관리자들에게 주어진 사명이 아니겠는가!

다음으로 상품의 신선도를 유지하는 방안을 제시하고자 한다. 수많은 상품들 중에서도 신선도의 유지가 특별한 품목으로서는 농수산물이나 축산물, 가공식품 등 우리의 식생활을 가능하게 해주는 물자들이다. 이들은 일정한 온도를 유지하는 물류 시스템을 구축해야 하며 이것이 바로 콜드체인 시스템cold chain stystem이다.

콜드체인 시스템은

① 생산지 창고에 입하 작업 및 보관, 출하 작업
② 수송차량에 의한 운송과정
③ 물류 센터나 배송 센터의 입하 작업 및 보관, 출하 작업
④ 배송 차량에 의한 납품 과정
⑤ 판매장에서의 진열대 저장 등 여러 물류 공정들이 일정한 온도를 유지하면서 일관된 물류체계로 연계되는 시스템을 말한다.

콜드체인의 가장 마지막 단계는 가정마다 설치되어 있는 냉장고이다. 가정의 냉장고는 일반적으로 기능 측면에서 보면 냉동실과 냉장실로 구성되어 있다.

냉동실은 영하 20℃ 정도의 온도를 유지하면서 육류, 아이스크림 등 빙결을 요하는 식품들을 보관할 수 있으며 냉장실은 영상 5℃정도의 온도를 유지하면서 농산물이나 가공식품 등 빙결되지 않은 식품들을 보관할 수 있다. 따라서 콜드체인 시스템에는 냉동 시스템과 냉장 시스템의 2가지 분야가 있다.

이러한 콜드체인 시스템을 구축하기 위해서는 엄청난 설비 투자가 요구된다. 먼저 냉장(냉동)창고와 냉장(냉동)차량, 점포의 냉장(냉동)고 등 수많

은 콜드체인 설비들이 필요하다. 또 이와 같은 설비 확보를 하더라도 온도 유지를 위한 비용도 수반된다. 그래서 설비투자와 유지비용이 많이 소요되는 콜드체인 시스템을 구축하려는 노력이 기업차원에서나 정부차원에서도 그다지 많지 않은 실정이다. 그러나 우리 삶의 수단인 식생활을 개선하여 국민 건강을 향상시키기 위한 목적에서라도 정부차원의 적극적인 지원이 필요하고, 식품을 공급하는 기업에서도 이에 대한 본격적인 연구와 투자가 요청된다.

결론적으로 물류혁신을 하기 위해서는 앞에서 제시한 상품의 유통기간을 단축하고 신선도를 유지하는 방안이 추진되어야 한다고 생각한다. 특히 소비자의 요구가 점점 더 강해지고 있으며 라이벌 기업간에 판매경쟁이 치열하게 전개되고 있으므로 고객에 대한 서비스를 강화하고 품질을 향상시킬 수 있도록 판매점포에 배치되어 있는 상품의 유통기간을 단축하고 신선도를 유지하는 것을 기업의 생존을 위한 물류 전략으로 삼아야 할 것이다.

18

온라인 리얼타임
(On Line Real Time)의 실현

물류에 있어 중요한 점은 물자의 흐름을 어떻게 효율적으로 관리하느냐에 있다.

어느 기업에 있어서나 물자가 이동하는 데는 거래하는 당사자가 수없이 많고, 주고받는 관계가 대단히 복잡하게 연결되어 있다. 또한 물동량의 규모도 수시로 불규칙적으로 변동하고 있다. 게다가 생산자 입장에서는 소품종 다량화가 유리하지만 소비자나 판매자의 입장은 다품종 소량화를 요구하고 있다.

그 결과 다빈도 소량의 배송이 불가피하고 상품의 생존 주기life cycle도 점점 짧아지고 있다. 이러한 이유들로 인해, 기업의 물류 관리는 더욱 어려운 상황에 직면하고 있는 것이다.

즉 기업의 원자재를 공급하는 조달 물류 과정, 각 생산 공정간의 생산물류 과정, 그리고 생산, 완료되어 소비되기까지의 판매 물류 과정 등 전체 물류 흐름을 거치는 각각의 물류 공정에는 곳곳에 많은 재고가 불가피하게 발생한다. 이에 따라 물류의 수급 상황이 계속 바뀌게 되어 때로는 과잉 재고가 쌓이고 또 때로는 물량부족으로 결품이 발생하게 되는 것이다.

그러므로 물류를 관리한다는 것은 바로 물자의 흐름을 관리하는 것이라고 할 수 있다. 즉 수요와 공급 사이에 수시로 나타날 수밖에 없는 물자수급의 차이를 극복하려는 노력이 바로 물류 관리에 있어서의 지름길이다.

물자의 흐름을 유체 역학이라는 공학적인 측면에서 보면, 유량 공식, $Q_{유량}=A_{단위 면적} \times V_{흐름속도}$를 적용할 수 있다. 흐르는 유체의 양은 단위 면적과 흐름의 속도와 관계가 있어 단위 면적을 넓히든가 흐름 속도를 높이면 흐르는 양을 증가시킬 수 있다.

물류에 있어 단위 면적을 넓힌다는 것은 각 물류 공정의 능력을 증가시키는 것이고, 이를 위해서는 물류 설비 투자를 확대하는 결과를 초래하게 되므로 물류가 수시로 변동하는 물동량임을 고려한다면 이는 비효율적이라는 점을 쉽게 알 수 있게 된다.

따라서 물자의 흐름속도를 높이는 방안을 모색하는 것이 적은 설비투자로 효율을 높이게 된다는 사실을 발견할 수 있게 된다.

물론 우리 산업계가 성장하던 외형 확장 시절에는 각 기업의 물동량이 급격히 늘어나고 있었으므로 대대적인 물류 설비 투자도 어느 정도 필요하였으나 현재와 같이 내실 위주의 경영전략이 절실히 요구되는 상황에서는 물자흐름의 속도를 끌어올리는 방안이 보다 효과적인 물류 전략이라고 판단된다. 더구나 물류의 특성상 수많은 거래 단계와 작업 공정들로 연결되어있고, 물동량이 불확실하고 변동이 심하다는 점과 중량이 무겁고 부피가 커많은 작업현장에서 원활히 흐르는 물류 시스템을 구축하지 못하고 있음을감안한다면 물자흐름의 신속화가 모든 기업에 있어 물류개선을 위한 최선의 대책이라고 생각한다.

여기서 나는 물자의 흐름을 관리하기 위한 가장 효율적인 방안으로 물류의 정보시스템화를 제안하고자 한다. 기업이 원자재를 공급받아 이들을 생산 공정에 투입하여 제품을 만들고 이 상품을 소비자에게 판매하여 공급하는 전 물류 과정의 정보 체계를 훌륭하게 구축하여야 물류 흐름을 제대로 관리할 수 있기 때문이다.

내가 물류 컨설팅을 하면서 느낀 점은 대부분의 기업에 있어 물류의 전산 시스템이 생산량이나 공장창고의 재고량, 물류 센터의 재고량 등의 데이터들은 관리하고 있으나, 입·출고작업 과정이나 수송·배송과정, 그리고 판매점에서의 판매과정 등의 물동량 데이터들을 관리하지 못하고 있다는 것이다. 이러한 결과로 전사적인 물동량 데이터를 관리하지 못한 채 부분적인 반신불수형의 물류 전산 시스템을 운영하고 있음을 발견하여 왔다.

이와 같이 완벽한 물류 전산 시스템을 갖추지 못하고 있는 이유는 현재의 물류 전산 체계가 수많은 물류 공정에서 발생되고 있는 물동량 데이터들을 전표에 기록하여 이를 하나하나 눈으로 읽어 손가락으로 키보드를 눌러서 컴퓨터에 입력시키고 있는 체계이기 때문이다. 이렇게 인간에 의한 입력작업을 하다보니, 수십 내지 수천 곳에서 끊임없이 발생되고 있는 물류 데이터를 종합적으로 분석하여 필요로 하는 자료들을 산출하기까지 오랜 시간이 소요되기 때문에 결과적으로 데이터 발생 기준으로 보면 익일24시간 후, 빨라야 한나절6시간~12시간 뒤에나 대응방안을 강구할 수 있게 된다. 그러나 이런 수준의 물류 정보 속도로서는 물류 흐름을 관리할 수 없다.

물류 관리는 과거의 물동량 데이터로 지나가 버린 물류 상황을 관리하는 것이 결코 아니다. 물류에 있어 흐름의 관리는 현재의 물동량 데이터들을 분석하여 앞으로의 물류 상황에 대처하려는 것이 목적이다. 따라서 모든 물류 데이터들은 실시간 발생하고 있는, 살아 움직이는 상황으로 유지·관리하는 것이 생명이다.

이러한 실제 상황에서 물류 데이터들을 관리하기 위한 방법은 온라인 리얼타임on line real time을 실현하는 것이다. 물동량이 재고로서 정지되어 있는 상태가 아니라 움직이거나 이동하는 데이터로서 관리되어, 하역되거나, 입출고되거나, 수배송되거나, 점포에 납품·진열되거나, 심지어는 고객에게 판매되는 전 물류 과정에 걸쳐 실제 발생하고 있는 데이터들로서 하나의 시스템, 동시의 시스템, 공유의 시스템, 통일된 시스템으로 관리되어야 한다. 이렇게 하자면 원자재든 상품이든 모든 물동량, 즉 현물에 코드code가 부착되어야 하고, 모든 물류 작업 공정에서 이 코드들이 자동으로 인식되어 컴퓨터에 직접 입력되어야 한다. 물론 이 때의 코드 시스템은 바코드bar code나 문자코드이며, 물류 작업현장의 곳곳에 설치된 센서나 코드 판독기scanner에 의하여 자동 인식되어 실시간으로 입력하는 방식을 말한다.

내가 제안하는 물류 데이터의 온라인 리얼타임 시스템이란 위와 같이 실시간으로 모든 물류 과정에서 동시 입력, 통합 분석하여 즉시 대응할 수 있는 물류 정보 체계를 말하는 것이다. 이렇게 물류 정보 체계가 온라인 리얼타임 시스템으로 구축되어야만 모든 물류 관리자들이 회사 전체의 물동량 데이터들을 실시간으로 확인·분석하면서 물류 상황에 즉시 대응할 수 있

| 1981년에 스위스에서 가져와 국내 최
 초로 소개된 바코드

| RFID 칩이 장착된 Smart Container(접철식)

는 물류 시스템을 만들 수 있게 된다. 그리하여 최고 경영자로부터 현장의 물류 작업자들에까지 모두가 전 회사의 물류 상황에 따라 동시에 필요한 대응을 할 수 있도록 하는 물류 시스템을 갖추어야 진정한 물류 흐름을 관리할 수 있는 것이다.

이렇게만 된다면 물류 시스템을 매개로 생산과 판매를 연결함으로써 잘 팔리는 제품은 생산량을 늘리고 잘 안 팔리는 제품은 생산량을 줄일 수 있어 유통 과정의 재고를 최소화하여 재고비용을 절감할 수 있으며 악성재고나 결품의 발생을 방지할 수 있게 된다.

이런 수준으로 물류 흐름을 관리한다면 가장 강한 경쟁력을 가진 기업으로 등장하게 될 것이다.

19

상류(商流)와
물류(物流)의 분리

물자를 수단으로 하는 경제활동인 유통은 소유권이 이전되는 거래 기능인 상적 유통(商流)과 물자가 이동하는 거래 기능인 물적 유통(物流)으로 구성된다.

유통 경로를 살펴보면 일반적으로 생산자와 소비자 사이에 여러 단계의 유통 과정이 있게 마련이다.

초기 유통 수준에서는 거래 단계가 단순하고 물동량의 규모가 작아 상류와 물류가 동일한 경로를 거쳐도 그다지 어려움이 발생하지 않는다. 그러나 유통이 점점 발전하게 되면 거래 단계가 복잡하고 물동량의 규모도 커지게 된다. 이렇게 되면 상류는 손쉽게 관리될 수 있으나 물류는 비용 측면에서나 효율 측면에서 관리 한계에 부딪치게 마련이다. 따라서 선진 유통산업계에서는 상류의 경로와 물류의 경로를 분리시켜 관리하고 있다.

우리나라는 보편적으로 유통업이 발달하지 못한 낙후된 상류 · 물류 일체형의 유통형태가 일반적인 현상이 되고 있다. 이러한 상물 일체형의 유통에서는 제조업자 → 유통업자도 · 소매업자 → 소비자간 상거래의 상류 과정과 물자 이동의 물류 과정이 동일한 경로를 이용하는 흐름이 된다. 이렇게 되면 상류에서는 별로 비용이 발생하지 않으나 물류에서는 많은 비용이 발생하게 될 수밖에 없다. 따라서 상류와는 다른 흐름인 물류 센터나 직송 방식, 배달 체계 등이 불가피하게 필요하게 되는 것이 물류의 입장이다.

상류와 물류의 분리는 유통 산업의 선진화를 실현하기 위하여 반드시 채택되어야 하는 과제이다. 그러나 아직도 대부분의 기업은 상물일체형의 유통 형태를 운영하고 조직면에서나 인력면, 그리고 설비면에서 상물일체인 것이 현실이다. 즉 판매를 담당하는 영업조직이 물류를 담당하고 있고 영업부서의 직원들이 물류를 관리하고 있으며 영업사무실과 물류창고가 공존하고 있는 경우가 허다했다. 이러한 상황에서는 물류 관리 본연의 전략이 갖추어질 수가 없는 것이다. 따라서 재고를 축소하기 위한 노력도, 물류비용을 절감할 수단이나 납품기간을 단축할 방법도 찾을 수 없다.

여기서 지적하고 싶은 상물일체형의 대표적인 문제점은 '판매차량제도'이다. 특히 식품업계나 음료업계에서 운영하고 있는 루트세일Route Sale방식은 물류 측면에서 매우 낙후되어 있는 방식이다. 웬만한 규모의 식품회사나 음료회사는 배달 트럭을 1,000대~2,000대 정도 운행하고 있다. 이 정도의 트럭 수라면 대규모의 운수업체와 맞먹는다. 어느 회사나 수천 대의 트럭에 산더미 같은 상품을 싣고 매일 매일 전국 방방곡곡에 판매하러 다닌다. 이 방식의 문제점은 다음과 같다.

첫째, 판매력이 떨어진다.

과거에는 구멍가게 판매 점포가 많아 밀어내기 식으로 판매하던 시대에는 효과적이었는지 모르겠으나 유통망이 선진화된 오늘날 상품을 싣고 다니면서 보따리 장사와 같은 방법으로 얼마나 판매할 수 있을 것인가 의문이 생긴다.

둘째, 배달 속도가 느리다.

판매 행위와 배달 역할을 겸하고 있으므로 판매 상담을 하고 있는 시간 동안은 트럭에 싣고 있는 상품들이 낮잠을 자고 있는 것과 같다.

셋째, 반품 물량이 많다.

내가 조사한 바로는 당일 판매가 되지 않아 반품되는 물량이 평일에 15~30%, 비가 오는 날이나 판매가 부진한 날에는 50%를 넘었다. 이것이 바로 운임의 낭비가 아니겠는가?

위의 사례는 상류와 물류가 일체형으로 운영되고 있는 전형적인 경우이다. 급격히 변화하고 있는 유통업계의 선진화에 대응하여 상류와 물류를 분리하는 것만이 물류를 효율적으로 관리할 수 있는 유일한 대책이다. 해외 선진 유통업체들의 각축장이 되고 있는 한국의 유통 분야는 앞으로 수년 이내에 선진화될 것이라고 판단된다. 그에 따라 루트 세일 방식의 판매 차량 제도는 사전에 주문을 받고 그 다음에 납품을 하는 배송 차량 제도로 하루 빨리 전환되어야 할 것이다.

그 외에도 지금까지 존립하고 있는 상물일체형의 유통 방식들도 상물 분리형으로 바꾸어야만 할 것이다. 이와 같은 메시지는 놀라운 속도로 발전하고 있는 인터넷 전자상 거래 제도로부터 오고 있다. 인터넷 전자상거래 방식이 정착되면 상류는 광속도로 해결될 것이며, 남아 있을 미해결의 과제는 물류가 될 것이다. 따라서 상물일체형의 유통 방식은 설 땅을 잃고 사라져 버릴 것이다.

다가오는 21세기에는 이러한 이유로 물류가 더욱 중요한 분야로 등장할 것으로 보인다. 상거래가 광속도가 되면 물류 흐름의 속도가 기업 경쟁력의 척도가 되기 때문이다. 따라서 모든 기업이 살아남기 위하여 물류 시스템을 효율적이면서 저비용으로 만드는데 총력을 다할 것이라 예상된다. 그런 날이 오면 우리 물류 관리자들의 역할이 더욱 빛나게 될 것이라 믿는다.

20

걸프전에서의
물류 교훈

1990년 8월 2일, 이라크가 쿠웨이트를 침공하여 발발하였던 걸프전쟁은 역사상 가장 위대한 물류 전략의 승리였다.

물류기술은 세계 2차대전 중 미군의 병참술로 개발되었다가 전후 50년대부터 산업계에 응용되어 기업의 병참술로 눈부신 발전을 하여 왔으며, 1980년대에 들어와 미군의 병참술로 새로운 차원에서 개발되어 왔다.

전쟁에서는 승리와 패배가 곧 삶과 죽음으로 직결되기 마련이고, 기업경영에서는 성공과 실패가 흑자와 적자에 직결되어 있으므로 생존의 원칙은 마찬가지이다.

전쟁터에서 군수물자를 보급하는 병참술이 중요하듯이 기업 경쟁에서도 물류가 생존의 관건이 되고 있다. 걸프전에서 물류가 전략적으로 어떻게 활용되었는지를 분석하여 이를 기업의 물류 전략으로 삼을 수 있도록 소개하고자 한다.

걸프전쟁을 승리로 이끄는 데 공헌한 3인의 사령관이 있었는데, 그 중에서도 물류를 이끌었던 병참사령관인 파고니스William Gus Pagonis 장군의 활약이 돋보였다. 파고니스 장군은 걸프전 도중에 미국 수뇌부와 미국 정부, 그리고 미국의회의 승인으로, 본인의 사양에도 불구하고 소장에서 중장으로 진급하는 영광을 얻었다. 이는 당시 미군의 전략상 병참 역할이 중요하다는 판단을 했기 때문이었다.

미국이 지루한 베트남전쟁에서 승리를 끌어내지 못한 채 철수를 하고 난 후 1980년대 미국정부는 국제적인 군사정책상 윈윈Win & Win 전략을 수립하고 있었다. 이는 지구상 두 곳 이상에서 전쟁이 발발하더라도 군대를 신속하게 이동시켜 동시에 모든 전쟁을 승리하도록 한다는 방침이었다. 따라서 윈윈 전략의 가장 핵심수단인 군대와 무기, 병참물자들을 단기간에 신속히 이동할 수 있도록 해야 했는데 이 방안으로 물류기술 개발에 많은 준비를 해왔다. 그런데 그동안 준비해 온 이 물류 전략의 성과를 바로 걸프전에서 확인할 수 있게 된 것이다.

당시 미군의 물류 성공에 대해서는 1991년도 7월호의 미국 물류 잡지 Modern Material Handling에 특집으로 수록이 되었으며 걸프전의 병참사령관이었던 파고니스 장군은 '올해의 위대한 물류인'으로 선정되기도 하였다.

걸프전에서 물류 전략이 전개되는 과정을 살펴보면 바로 글로벌 시스템이었음을 알 수 있다.

미군 본토와 유럽지역, 태평양지역에 주둔하고 있던 부대와 병참물자들

| 걸프전의 물류특집을 게재한 Modern Materials Handling 월간지

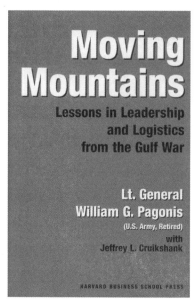

Moving Mountains
Lessons in Leadership
and Logistics
from the Gulf War

Lt. General
William G. Pagonis
(U.S. Army, Retired)
with
Jeffrey L. Cruikshank

HARVARD BUSINESS SCHOOL PRESS

| 파고니스 걸프전 병참사령관이 저술한
Moving Mountains

이 사전에 수립되어 있던 계획대로 신속하고도 정확하게 중동지역으로 이동하기 시작하였다. 모든 물류작전은 컴퓨터 프로그램에 의거하여 움직였으며 불과 6개월이라는 짧은 기간 동안에 2차대전, 베를린 공수작전, 한국 전쟁, 베트남 전쟁 기간에 사용된 것보다도 훨씬 대규모의 물동량을 이동할 수 있었다.

당시의 물동량 데이터를 분석한 자료에 의하면 항공 물동량이 15,072편의 항공기에 의해 52만 톤, 해상물동량이 496척의 선박에 의해 950만 톤이 이동하였다. 이는 모두 합쳐 1천만 톤에 이르는 어마어마한 물동량 규모였다. 또한 이들이 지구 곳곳에 산재하고 있었으므로 항공편이나 선박편으로 이동시키기 위한 트럭이나 철도화차 등의 중간 이동과정까지 계산한다면 참으로 엄청난 규모의 물동량이었다.

더욱 놀라운 사실은 단순한 화물의 이동뿐만 아니라 50만 명이 넘는 부대와 이들이 사용하는 장비와 무기, 탄약, 식량, 의료품, 물식수와 목욕물, 연료, 통신장비, 우편물 등 1백만 품목이 넘는 수많은 물자들로 구성된 물동량이 이동했다는 점이다. 그런데 여기서 중요한 것은 각 품목별 수량은 상황에 따라 그 소요량을 컴퓨터가 정확하게 산출하였다는 사실이다. 그리고 물류 정보시스템을 구축하기 위하여 바코드를 활용하였으며, 물류 작업을 자동화 · 기계화하기 위하여 유니트 로드 시스템을 구축하였다.

다음은 이러한 물류 작전이 얼마나 치밀하게 진행이 되었는가를 보여주는 대목들이다. 걸프전의 특성이 사막전이었으므로 지금까지 산악전에 대비하여 초록 색깔로 준비된 위장 무늬들을 갈색 무늬로 모두 바꾸었고 병사들이 야전에 사용할 수 있는 식당차량이라든가 목욕을 하기 위한 인공 수영장이나 샤워시설도 모두 준비하였으며, 가족들과 연락할 수 있는 전화시설이나 우편 서비스 등 모든 면에서 완벽한 물류 시스템을 창출하였음을 알 수 있다.(보다 구체적인 내용이 궁금한 독자들은 하버드대학 출판부가 발간한 파고니스 병참 사령관 저술의 'Moving Mountains'-lessons in leadership and logistics from the Gulf War'와 미국의 물류잡지 'Modern Material Handling' 1991년 7월호의 책자를 참고하기 바란다.)

여기서 내가 제안하고 싶은 것은 기업의 물류 전략을 담당하고 있는 물류 관리자들이 걸프전쟁에서 활용된 물류 전략을 연구해 볼 만한 가치가 있다고 하는 점이다.

1천여 명의 물류 관리자들이 투입되어 걸프전의 물류 전략을 훌륭하게 수행하여 인류역사상 가장 완벽한 물류전에서의 승리를 쟁취하였음을 본보기로 삼아도 좋을 것이라고 생각한다. 언제든지 간추릴 것은 간추리고 배울 것은 배워서 우리 물류 관리자들 모두가 끊임없이 계속되고 있는 기업 경쟁에서 완벽한 물류의 승리자가 되기를 바란다.

나는 2008년 11월, 1억 원의 비용을 들여 파고니스 사령관을 한국에 특별 강연자로 초청하였고, 그의 저서를 한국어로 번역하여 교재를 만들었다. 또한 한국물류협회 컨퍼런스대회 강연, 국방부 병참 군수 관련 500여 명의 장교단 강연, 계룡대 육군 군수사령부 강연 등 3회에 걸쳐 물류 강연회를 개최하였다. 그리고 파고니스 사령관은 한국에서의 물류 일정을 아름다운 여행이었다고 기뻐하였다.

21

못다 이룬 꿈,
산업단지 물류공동화

우리나라의 산업단지는 전국에 27개가 산재해 있다.

산업단지는 물건을 만드는 공장들이 집단으로 밀집해 있는 곳으로 물류의 흐름이 아주 빈번한 곳이다. 즉 물건을 만들려면 원자재가 들어가야 하고 제품이 완성되면 또 실어 나와야 하는데 바로 이런 곳에서 물류 공동화를 실현할 수 있다면 서로 원-윈 할 수 있는 좋은 모델이 될 수 있지 않을까 하는 생각을 하게 되었다.

가령 경기도 시화공단이나 안산공단, 인천시 남동공단을 가 보면 공단마다 수많은 공장들이 밀집해 있다. 그런데 이곳에는 제조업체만 있을 뿐 물류 서비스 회사는 입주가 불가능한 실정이다. 즉 어느 제조업체의 트럭은 모자랄 지경으로 바쁜데 또 다른 제조업체는 트럭을 마냥 세워두고 있기도 하고, 이곳 업체의 창고는 꽉 차서 넘치는데 저곳 업체의 창고는 텅 비어 있기도 하다. 따라서 개별 기업들이 물류에 드는 비용 낭비가 크고 그에 따라 여러 모로 손실이 크게 발생하고 있다.

이런 손실을 줄이기 위해 회사들이 서로 물류시설이나 시스템을 함께 협동하여 이용할 수만 있다면 얼마나 좋을까? 창고가 필요할 때 비어 있는 다른 회사의 창고를 빌려 쓸 수도 있고, 한 회사의 물건이 나가는데 반 트럭밖에 차지 않았다면 같은 지역으로 가는 다른 회사의 제품을 함께 실어 나르기도 하는 등 서로 필요할 때 돕는다면 비용 손실을 얼마든지 줄일 수 있고 그 비용을 다른 경제활동 자금으로 활용할 수도 있다.

나는 산업단지야 말로 공동물류 시스템이 가장 절실한 곳이라고 생

2003년 11월 13일 목요일 매일경제

인터뷰 / 서병륜 亞·太물류연맹 회장(한국물류협회 회장)

"산업단지 물류공동화 시급"

"앞으로 한국물류협회가 아시아·태평양지역의 물류발전을 선도하게 됩니다. 동북아 물류중심국가 실현을 위한 범국가적 노력이 경주되고 있는 시기에 중책을 맡게 돼 막중한 책임감을 느낍니다."

최근 아·태물류연맹(APLF) 회장에 선임된 서병륜 한국물류협회 회장은 한국의 동북아 물류중심국가 실현을 강조했다.

서 회장은 "한국·중국·일본·홍콩·싱가포르 등 아·태지역의 물동량이 현재는 전세계 물동량의 17%를 차지하지만 2030년에는 30%까지 올라갈 것"이라고 전망하면서 "한국이 아시아의 관문역할을 해야 한다"고 밝혔다.

한국은 반도라는 지정학적인 입지 조건과 중국 경제발전, 일본 경제회복이라는 주변 여건 등을 감안할 때 물류 전진기지로서 최적의 조건을 갖췄다는 게 서 회장 설명이다.

그는 또 물류중심국가가 실현되면 자연스럽게 금융허브도 실현될 수 있다고 덧붙였다.

서 회장은 동북아 물류중심국가 실현 조건으로 우선 물류에 대한 국민의 인식제고를 강조했다. 글로벌 경제체제에 접어든 오늘날의 물류가 기업과 국가의 경쟁력을 좌우하는 요소임을 감안해 초·중·고교 교과서에 물류관련 내용을 수록, 생활 속에서 물류의 중요성을 깨우쳐야 한다고 밝혔다.

물류관련 업무를 전담할 독립부처 설립의 필요성도 지적했다. 물류부문 담당부서가 산업자원부·건설교통부·해양수산부 등 여러 정부부처기관들에 분산돼 있어 효율적인 정책기능 구현이 어려운 만큼 '물류청' 등 물류전담 기관 설립을 통해 물류의 환경변화에 능동적으로 대처할 수 있어야 한다고

물류업체 중국 진출 협회차원 지원 모색 주무부처 일원화 필요

말했다.

그는 또 비용은 고려하지 않고 자가물류를 고집하는 기업경영자들의 의식이 전환돼야 하고 물류정책도 육상에서 연안해운 중심으로 바뀌어야 한다고 주장했다.

물류산업은 수배송만이 아닌 유통·가공을 포함한 부가가치를 높이는 산업이라는 게 서 회장 생각이다. 서 회장은 "최근 중소기업들이 중국으로 공장을 옮기는 것과 관련해 이를 기업물류를 지원하기 위해 국내 물류업체들의 중국 이전도 협회 차원에서 검토하고 있다"고 밝혔다. 그는 또 27개 국가산업단지에 있는 1만5000여 기업의 물류 공동화 필요성을 역설했다. 서 회장은 국내적으로는 물류 전문인력 양성을, 대외적으로는 아·태물류에서 한국의 역할을 찾기 위해 노력할 예정이다.

서 회장은 "APLF는 물류혁신을 위한 제반 정보의 상호교류 등을 통해 아·태지역의 물류발전에 기여할 목적으로 창립됐다"며 "회원국을 확대하고 물류 표준화와 공동화 등을 통해 유럽·미주지역 연합체 등과 연계해 나갈 예정"이라고 밝혔다.

한편 서 회장은 국내서 물류라는 개념이 도입되기 전인 1984년 현 한국물류협회의 모태인 물류관리연구회를 창설한 주역이자 한국파렛트풀(주)의 설립자로 한국물류산업 발전을 위해 헌신적 외길을 걸어왔다. 김성회기자

| 매일경제(2003년 11월 13일자) 인터뷰 게재

각하고 있다. 그런데 각 기업체들이 회사의 비밀을 지킨다는 이유로 서로 협력 하는 것을 꺼리고, 혹은 서로간의 이해관계가 엇갈려 공동시스템을 만들기가 매우 어려운 실정이다. 또 어느 회사는 참여를 하려고 하는데 다른 회사는 참여를 하지 않으려고 한다. 전체를 보면 분명 이익인데 개개인의 사정과 이해가 다르다는 이유로 많은 물류가 낭비되는 것을 지켜보면 참 안타깝다는 생각이 든다.

그러나 결국에는 비용절감이라는 과제를 해결할 수 있으므로 정부가 적극적으로 개입하여 물류공동화를 이루기를 간절히 바라고 있다.

내가 생각하는 산업단지 물류공동화의 추진 방향은 다음과 같다.

첫째, 산업단지 내 중소기업들의 공동보관장을 확보하고 재고 감축 등 신개념 도입을 위해 물류센터를 활성화하여 기업의 보관물류를 개선한다.

둘째, 산업단지 내 중소기업간 공동수 · 배송 비즈니스 모델을 구축하여 기업 물류비의 67%에 달하는 수 · 배송비용을 절감한다.

셋째, 이와 연계하여 제3자형 종합물류지원시스템을 구축하여 산업단지 내 중소기업의 다양한 물류업무를 대행하고 고객만족의 물류서비스를 제공하여 산업단지 내 중소기업의 경쟁력 향상과 산업단지공단의 공기업으로서의 역할을 수행한다.

산업단지 물류공동화의 필요성은 여러 가지가 있겠지만 그 중 몇 가지만 언급한다면 다음과 같다.

1. 각 공단 내 자가 차량의 이용 비중을 줄이고 물류비용 절감을 위한 외부 아웃소싱의 활성화가 필요하다.

2. 물류서비스 제공은 수 · 배송에 있어서는 비효율적인 자가 차량 확보, 복잡한 다단계 구조로 인한 운임부담 증가의 개선과 공동물류센터 활용을 통하여 자가 창고 운영으로 인한 고정비 부담을 감소하고, 유가상승, 임금상승 등으로 물류코스트 상승요인에 대한 효과적, 탄력적인 대응으로 물류비 절감과 물류서비스를 개선한다.

3. 산업단지 물류시스템 구축 등 물류효율화를 추진하여 특히 중소기업에 대한 물류공동화 성공모델을 도출한다.

4. 중소기업 밀집지역인 산업단지를 중심으로 한 물류공동화 시스템을 구축하여 중소기업의 물류비를 절감하고 물류서비스 향상을 추구하며 나아가 디지털 환경에 부합하는 물류혁신기반을 확충해 나갈 필요가 있다.

현재 미국, 일본 등 선진국의 기업들은 핵심역량Core Competence에 집중하고 물류기능은 아웃소싱하여 경쟁력을 강화하고 있는 추세이며 특히 미국의 경우 제3자 물류 비중은 전체 물류시장의 70%에 이르고 있다. 또 3자 물류산업도 기존 물류 기능별 사업체제에서 배송, 창고관리, 혼재/복화, 물류 정보시스템 등의 물류 기능을 통합 위탁 처리하는 종합물류total logistics 사업체제로 변모하고 있는 실정이다.

산업단지 물류공동화에 관한 잊을 수 없는 일이 한 가지 있다. 동북아의 물류중심국가를 만들겠다고 나섰던 참여정부 당시 대통령비서실의 물류관련 회의에 초청되어 산업단지 물류공동화를 제안했다가 관계자들과 한바탕 언쟁을 했던 일화이다.

여러 물류인들과 대통령 비서실의 물류회의에 초청된 나는 지금이 기회다 싶어 산업단지 물류공동화에 대해 이야기를 꺼냈다. 그런데 내가 계속 산업단지 물류공동화 이야기를 하자 당시 대통령 경제보좌관이던 분이 나를 향해 말했다.

"물류공동화에 대해서는 이제 좀 그만 이야기 하시지요."

나는 이 기회가 아니면 언제 또 이런 이야기를 할까 싶어서 계속 이야기를 했다. 그러자 나중에는 나를 아예 정신이 이상한 사람으로 취급을 하는 것이었다. 내가 이야기를 멈추지 않자 대통령 경제보좌관이던 분이 답답하다는 듯 말했다.

"이 위원장님, 서병륜 회장이 도대체 지금 무슨 이야기를 하는 겁니까?"

그러자 동북아시아 물류 좌장으로 그 자리에 함께 참석했던 이모 위원장이 대답했다.

"서병륜 물류협회 회장은 실현이 불가능한 이야기를 자꾸 합니다. 우리나라 실정에 산업단지 물류공동화는 실현 불가능한 것으로 알고 있는데, 아마 서병룐 회장의 열정이 지나쳐서 그런 듯 합니다."

함께 물류를 위하여 일하는 정부의 책임자까지 그렇게 말하자 나는 온몸에서 맥이 빠지는 것을 느꼈다.

"알겠습니다. 아마도 이번 정권에서는 채택하기 어려운 것으로 생각하고 다음 정권에 다시 제안하기로 하겠습니다."

나는 마음이 상했지만 물류공동화의 중요성을 알아주지 않는 정권담당자들 앞에서 뜻을 접을 수밖에 없었다.

그러나 그때나 지금이나 산업단지 물류공동화는 우리나라가 반드시 실현해야만 하는 과제임을 나는 의심하지 않는다. 산업단지 물류공동화를 실현하지 못하는 것은 우리나라 물류의 미래가 없다는 것이다. 아마 우리나라가 산업단지의 물류공동화를 실현할 수만 있다면 물류분야의 선진국이 될 것이다. 따라서 이 같은 일은 정부가 나서서 해야 할 일이고 나와 같은 물류 리더들이 추진해야만 하는 일이다. 만약 산업단지 물류공동화를 구축할 수 있다면 얼마 지나지 않아 투자한 이상으로 상당히 많은 효과를 거두어들일 수 있다. 왜냐하면 산업단지 내의 수많은 중소기업들이 반 이상 빈 트럭을 굴리고 있는 실정이기 때문이다. 요즈음 기름값이 천정부지로 치솟고 있고 앞으로는 더욱 심각할 텐데 빈 트럭이 굴러다닌다면 얼마나 비효율적인가?

결국 물류공동화의 꿈은 아직도 이루지 못한 꿈으로 남아 있다. 그러나 꿈은 반드시 이루어진다고 하였다. 나는 머지않은 시간에 우리나라의 산업단지 물류공동화가 반드시 이루어질 것이라고 굳게 믿고 있고 앞으로도 내 힘이 닿는 순간까지 꿈을 이루기 위해 노력할 것이다.

22

프로 물류 컨설턴트로서의
출발

돌이켜보니 지난 1986~1991년에 걸쳐 약 5년 동안 기업의 물류컨설팅을 30여 건 진행하였다.

1년에 평균 5~6건을 진행한 것이다. 그러나 1990년대에 들어 한국파렛 트풀이 본격적으로 성장을 하였기 때문에 회사 경영에 충실하기 위하여 물 류컨설팅 사업을 중지할 수밖에 없었다. 그 동안 물류컨설팅 일을 추진하면 서 안면으로, 혹은 실력이 있다는 소문으로 여러 기업에서 계속 일이 들어 왔지만 안타깝게도 일을 접을 수밖에 없었다.

그러나 30여 건의 물류컨설팅을 하면서 물류전문인으로 크게 성장하였 고 물류의 실상도 많이 알게 되었다. 특히 국내 대기업의 물류 현장의 현 주소도 알게 되었고 문제점을 해결하기 위해 밤을 세워가며 연구를 하기도 했다.

그 5년 동안의 국내 물류 현장 경험을 바탕으로 한국파렛트풀, 한국컨테이너풀, 한국로지스풀, 그리고 LOGISALL을 이끌어 가는 데 큰 도움을 받았다. 특히 새로운 물류 비즈니스 모델을 찾는데 남다른 성과를 올릴 수 있었다.

물류컨설턴트는 프로의 세계이다. 물류에 대해서 그 누구보다도 깊이 현장을 들여다보면서 고민하고 또 방법을 찾아내야 하기에 아무나 할 수 있는 일이 아니다.

나는 우리 직원들에게 늘 "모두가 물류 전문 컨설턴트가 되어야 합니다. 물류 전문 인력이 되어야 합니다. 물류 전문인이 되어 기업의 물류컨설팅을 할 능력을 갖추어야 합니다. 따라서 물류에 대해 공부도 많이 하고, 고민도 하며 물류 현장도 잘 알아야 합니다"라고 당부하고 있다.

LOGISALL의 사업은 제안형 사업으로 대단히 창의적인 사업이다. 즉 남이 생각하지 못하는 것을 고객 기업에 설명을 하고, 이러 이러한 효과가 있으니 개선, 혁신을 해야 한다고 설득해야 한다. 따라서 사업을 하기 위해서는 전 직원이 물류컨설턴트가 되어야 한다는 바람은 결코 지나치지 않은 것이다.

고민 끝에 지난 2006년 7월 11일 로지스올컨설팅앤엔지니어링_{현재의 로지스올컨설팅(주), 로지스올엔지니어링(주)}을 출범시켰다. 이 회사는 LOGISALL 그룹이 '고객의 물류경쟁력을 제고하는 통합적 물류컨설팅과 엔지니어링 서비스를 제공하는 진정한 물류전문가 그룹'이 되겠다는 의지를 함축시켜 만든 법인이다.

물류컨설팅은 그간 LOGISALL 그룹의 근본이 되어 온 우리 고객기업의 물류시스템을 선진화하여 고객기업이 그들의 산업에서 물류가치를 창출하여 자신과 고객의 물류비를 절감하고 물류서비스를 제공할 수 있도록 우리의 물류 지식과 지혜를 활용하고자 한다.

파렛트풀 사업, 컨테이너풀 사업을 통해 우리 직원들이 체득한 물류공동화에 대한 지혜는 여러 산업에서 보다 다양하고 세밀한 형태로 적용될 수 있다. 그 일례가 우리가 삼성전자에서 인정받은 LCD 조달물류 공동화사례이고, 우리 고객기업들도 이러한 비즈니스모델을 통하여 물류시스템을 획기적으로 개선할 수 있다.

| LCE 사업실적(연구결과물)

로지스올컨설팅앤엔지니어링(주)LCE은 물류전략 컨설팅과 물류혁신 컨설팅, 물류솔루션컨설팅 등 물류컨설팅 서비스를 제공한다. 여기에는 물류기업의 물류사업 전략수립 지원, 화주기업의 물류아웃소싱 전략 수립 지원, 물류센터와 물류단지 사업 기획은 물론 SCM 구현 컨설팅, IT활용 컨설팅 및 U-Logistics, RFID 등 첨단 물류기술의 도입 자문이 포함된다.

또한 나는 엔지니어링의 중요성에 대해서도 간과하고 싶지 않았다. 그간 산업공학에서 발전된 여러 가지 모델들이 우리 물류 현장에는 도입되고 있지 않는 사실에서 물류 컨설팅의 연장선상에서 물류 엔지니어링을 발전시켜야 물류 시스템이 현대화되고 자동화될 수 있으며 이것을 최신의 정보기술과 반드시 결합되어야 한다고 생각한다.

로지스올컨설팅앤엔지니어링(주)LCE의 사업영역에 물류엔지니어링 서비스를 포함시켰고 물류센터·물류단지 개발 설계, 물류프로세스·동선분석, 공장·창고 레이아웃 개선 지원뿐 아니라 기업물류 글로벌화와 국가 물류인프라 개발까지도 지원하는 역량과 시스템을 갖추도록 하였다.

로지스올컨설팅앤엔지니어링(주)의 설립은 LOGISALL이 '제안형 종합물류서비스 전문기업'으로 성장하기 위한 발판이 될 것으로 기대한다.

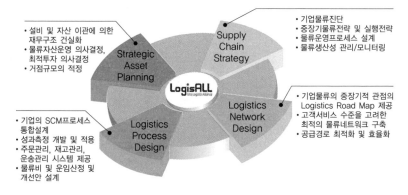

| LCE 컨설팅 분야 및 사업내용

　　앞으로 우리 LOGISALL은 LCE를 키워서 인재를 많이 양성하여 국내외적으로 물류 전문 컨설턴트 집단으로 키우고 싶은 꿈을 가지고 있다. 또한 우리 직원들, 혹은 수많은 물류인들을 교육하여 국내는 물론 아시아 각국으로 확산시켜서 해외에서도 물류컨설팅을 중심으로 하는 기업으로 키워 나가고 싶다.

　　내 물류인생의 제1장은 물류개척의 길이고 제2장은 물류컨설턴트의 길이었다. 그리고 그것을 바탕으로 물류사업을 하였고 물류전문인으로서 내 인생을 마감하는 날까지 열심히 살아가는 것이 내 소망이다. 결국 나 개인적으로 인생의 종점은 물류컨설턴트로 삼고 있다.

　　이제 남은 내 임무는 물류컨설팅 회사를 양성하여 후배들에게 바통을 넘겨주고 내가 하지 못한 것을 대신하도록 하는 것이다.

Chapter 3

物流사업화의 길

01

한국경제신문의 톱기사
'한국파렛트풀(주)'의 설립

1985년 6월 25일자 한국경제신문의 1면 톱기사로 장식한 것은 바로 '한국파렛트풀 주식회사의 설립'에 관한 내용이었다.

한국경제신문은 우리 회사를 단순히 민간회사로의 출범으로 보지 않고, 우리나라 산업계의 물류 발전을 실현시킬 수 있다는 지대한 관심과 기대를 가지고 뉴스를 다루었다.

파렛트 풀 시스템pallet pool system이란 화물의 받침대인 파렛트를 표준규격으로 통일하여 기업들 간에 공동으로 이용하는 제도이다. 유럽에서는 이미 1950년대에 유럽경제공동체EEC를 결성하면서 유럽 각국간에 무역을 원활하게 하기 위한 방안으로 파렛트 규격을 1,200㎜×800㎜로 표준화하였고 각국의 철도청이 주관하여 교환 방식의 파렛트 풀 제도를 도입하였다. 그후 이 제도는 1970년대에 서유럽과 동유럽이 망라된 18개국으로 확대되어 운영되었다.

또한 호주에서는 2차 대전 중 미군이 병참 수단으로 사용하던 파렛트 풀을 활용, 정부가 CHEP_{Commonwealth Handling Equipment Pool}을 설립하여 1,165㎜×1,165㎜ 규격의 표준 파렛트에 의한 렌탈 방식의 파렛트 풀 제도를 국영기업으로 운영하여 오다가 1958년에 민영화하였다. 호주에서 성공한 CHEP은 1973년에 영국에 진출하여 1,200㎜×1,000㎜규격의 영국 표준 파렛트로 파렛트 풀 사업을 착수하였다.

이웃나라 일본에서는 통상산업성의 주관으로 일본상공회의소에 '파렛트 풀 추진회의'를 설치하였다. '파렛트 풀 추진회의'는 1966년부터 1970년까지 5년간의 연구를 통해 유통 근대화와 물류 합리화를 위한 파렛트 풀 제도를 중점과제로 채택하였다. 이러한 정부육성방침이 결정되자 1971년 12월

| 한국파렛트풀(주)의 설립을 1면 톱기사로 게재한 한국경제신문(1985년 6월 25일)

일본파렛트업계의 공동출자로 JPR(Japan Pallet Rental)이 동경을 중심으로 설립되었고, 1972년 6월에는 일본상공회의소가 산파역을 한 NPP(Nippon Pallet Pool)가 오사카 지역을 중심으로 설립되었다. 당시 일본에서는 2개의 파렛트 풀 회사가 동시에 출현하여 1국가 1파렛트 풀 회사의 기본원칙이 무시된 바람직하지 못한 상황이 발생하기도 하였다. 일본정부에서는 이들의 통합을 요청하였으나 끝내 실현되지 않았다. 그러나 일본의 파렛트 풀에서는 1,100㎜×1,100㎜규격을 표준 파렛트로 채택하여 운영하였다.

나는 지금으로부터 40여 년 전인 1979년에 당시 근무하고 있던 대우중공업의 지게차 마케팅을 담당하고 있으면서 이러한 선진국들의 파렛트 풀 시스템을 연구 조사하여 한국의 파렛트 풀 제도를 도입하기 위한 방안을 수립하였다. 선진 각국의 파렛트 풀에 관한 사례연구를 통하여 파렛트 풀 시스템은 공공성이 중요하기 때문에 정부차원의 역할이 필요하고, 물류관련 기관들과 많은 기업들이 컨소시움을 결성하여 공동화 사업으로 추진되어야 한다는 결론을 내렸다.

1980년 12월, 한국파렛트풀 주식회사를 설립하기 위한 방안을 마련하였다. 나는 당시 유통근대화의 업무를 담당하고 있던 경제기획원을 방문하여 설명을 하였고 정부의 지원을 요청하였다. 대한상공회의소의 유통부와 한국디자인포장센터, 그리고 한국산업개발연구원 등 관련단체나 연구기관들의 참여도 요청하였으며 대한통운 등 물류업계, 물류기계 업계, 파렛트업계 등에도 공동으로 참여할 것을 요청하였다.

그러나 그 당시에는 우리나라 산업계의 물류 분야가 워낙 낙후되어 있었고 특히 물류 공동화나 파렛트 표준화에 관한 필요성이 인식되지 못한 상태였기에 일부 음료회사나 맥주회사를 제외하고는 일관된 파렛트화가 착수되지 않고 있었다. 이러한 사정으로 인하여 내가 설립을 추진하려던 한국파렛트풀주식회사는 결국 탄생되지 못하고 말았다.

제1장 '물류개척의 길'에서 언급한 바와 같이 나는 1980년도에 사단법인 한국물류협회와 한국파렛트풀주식회사를 설립한다는 계획을 세웠으나 두 가지 모두 수포로 돌아가고 말았다. 나는 깊은 좌절과 고뇌의 나날을 보내면서 이대로 직장생활에 만족하는 샐러리맨으로 인생을 마칠 것인가 아니면 젊음과 용기를 앞세운 도전 정신으로 새로운 물류의 길을 걸어 갈 것인가에 대해 고민하고 또 고민하였다. 그리고 삶의 현실과 인생의 꿈 사이를 오가며 3년여를 망설이던 끝에 결국 직장에 사표를 내고 '물류의 길'을 선택하기로 결심하였다.

　마침내 오랜 산고 끝에 1984년 9월 1일, 한국물류연구원을 설립하였다. 물론 물류에 관심이 많았던 11명의 물류 동지들의 도움을 받아 우리나라 물류 발전을 위한 본격적인 물류 활동에 착수하게 된 것이다. 한국물류연구원은 그뒤에 사단법인 한국물류협회로 계승되었다.

　1984년 11월, 일본의 파렛트 풀 회사인 JPR_{Japan Pallet Rental}의 사카이 겐지坂井 健二 전무로부터 편지가 왔다. 그는 내가 한국에 파렛트 풀 제도를 도입하기 위하여 수년간 노력하여 왔다는 사실을 알고 있었던 터라 '한국 내에서 독자적인 파렛트 풀 사업의 착수가 어렵다면 교역 물동량이 많은 한국과 일본간의 한일국제 파렛트 풀 사업을 먼저 착수하여 운영하다가 이를 토대로 하여 다음 단계인 한국 내에서의 파렛트 풀 사업으로 확대하여 보자.'고 제안해 왔다. 참으로 반가운 일이 아닐 수 없었다.

　나는 즉시 한국과 일본간의 수출입 물동량을 조사하고 파렛트 이용이 가능한 물동량을 분석하였으며 한일간 국제 파렛트 풀의 사업 타당성을 검토하였다. 1984년 자료에 의하면 일본은 미국에 이어 한국의 제2위 교역국으로서, 우리나라와의 교역물량은 우리나라 전체 물동량의 10%에 해당하는 1,500만 톤 규모였으며 교역량 연평균 증가율이 50%에 달하고 있었다. 무엇보다도 중요한 점은 국가표준 파렛트가 한국규격_{KS A 2115}과 일본규격_{JIS Z}

0601 모두 1,100㎜×1,100㎜로 동일한 치수를 채택하고 있다는 것이었다.

따라서 1,100㎜×1,100㎜를 양국의 표준 파렛트로 한일 국제파렛트 풀 시스템을 결성하여 사업을 착수한다면 사용자는 물류비를 절감할 수 있게 되고, 파렛트 풀의 운영사업자는 국제 파렛트 풀 시스템을 구축할 수 있게 된다는 결론을 얻었다.

한일 국제 파렛트 풀 사업의 타당성 검토 자료를 가지고 1985년 5월 동경에 있는 일본파렛트렌탈(주)를 방문하여 사카이 전무를 만났다. 회의의 결론은 한일간의 파렛트 풀 사업을 착수하기로 하고 한국파렛트풀주식회사를 설립하기로 하였다.

그 후 일본파렛트렌탈(주)과 한국물류업계가 공동으로 한국파렛트풀주식회사 설립 준비위원회를 결성하기로 하였다.

이렇게 하여 내가 대우중공업에서 근무하던 1980년도에 수립한 한국파렛트풀주식회사 설립계획은 수많은 우여곡절을 거쳐 5년여 만에 결실을 보게 되었다.

02

파렛트 풀 시대의
개막

'파렛트 풀 시대의 개막'

이는 1985년 10월 2일 출발한 한국파렛트풀(주)가 내건 슬로건이다. 당시 국내 산업계에서는 파렛트를 공장이나 창고 등의 구내에서 단순한 깔판용으로서만 사용하는 것이 보편적이었다. 그러나 하역, 보관, 수송 등의 물류 과정들을 연결하는 일관 파렛트화가 되어야만 비로소 물류 시스템화가 가능하게 되는 것이다.

물동량을 파렛트에 적재하여, 외부로 출하시켜 일관 파렛트화를 착수하게 되면 불가피하게 발생하는 문제가 바로 파렛트를 회수하는 일이었다.

이 파렛트 회수가 매우 어려운 과제였으므로 물류 선진국에서는 표준 파렛트를 기업들이 공동으로 이용하는 파렛트 풀 제도가 발전하여 왔다.

한국파렛트풀(주)는 우리나라의 물류 선진화를 이룩하기 위하여 국가단

| 1985년 10월 2일 한국파렛트풀(주) 창립총회
(파렛트 풀 시대의 개막이라는 슬로건을 내세웠다)

위의 파렛트 풀 시스템을 구축하는 것을 기업의 사명으로 탄생한 회사이다. 그러나 출발 당시에는 겨우 파렛트 500매로 시작하였으니 지금 생각하면 참으로 초라한 모습이었다. 실제로 당시 나의 심정은 홀로 뗏목을 타고 망망대해를 떠다니는 심정이었다. 도대체 무슨 방법으로, 어떻게 파렛트 풀 사업을 추진하여 나갈 것인가를 고뇌했던 나날이었다.

파렛트를 더 구입할 자금도 없었고, 인력이나 조직도 갖추지 못하였으며, 파렛트 풀을 이용할 고객 기업도 찾아내지 못한 암담한 상황이었다.

물론 39년이 지난 현재 한국파렛트풀(주)는 파렛트 보유 매수가 3,000만 매에 달하고, 파렛트 풀을 이용하고 있는 고객도 식품업계, 석유화학업계, 섬유업계, 유통업계, 농산물업계 등 전산업 분야에 걸쳐 35만여 개 회사에 달한다. 지금까지 투자규모도 3조 원에 이르고 아산물류센터를 비롯한 전국 88개의 물류센터를 중심으로 하루 3,000여 대의 차량이 움직이고 있다.

지금은 전국 어느 지역에 있는 고객회사가 파렛트를 요청해도 공급할 수 있고, 고객이 물동량을 적재하여 내보낸 단 1매의 파렛트라도 어느 곳에서든지 회수할 수 있는 네트워크를 갖춘 국가 단위의 파렛트 풀 시스템으로 성장하였다. 그러나 사업초기에 내가 가진 것이라고는 '젊음' 뿐이었다.

나는 어려운 상황에 처하게 되면 대학시절부터 가슴속에 간직하고 있던 모교 유달영 교수님의 '젊은 하루'라는 시 한편을 암송하곤 하였다.

> 그대! 아끼게나 청춘을!
> 이름 없는 들풀로 사라져 버림도
> 영원에 빛날 삶의 광영도
> 젊은 시간의 쓰임새에 달렸거니
> 오늘도 가슴에 큰 뜻을 품고
> 젊은 하루를 뉘우침 없이 살게나!

돌이켜 보건대 감수성이 예민한 20대 초반에 소중하게 간직한 이 시 한편은 물류의 길을 묵묵히 걸어 온 나에게 '인생의 등대'가 되어 주었다.

1980년 1월, 대우에서 근무하던 시절에 세웠던 계획 즉, 물류협회를 설립하고 파렛트 풀을 추진한다는 목표는 1984년 9월 한국물류연구원을 설립하고 1985년 10월 한국파렛트풀(주)의 사업을 착수하면서 결실을 맺기는 하였지만 만사가 순조롭지 않았다. 그리고 그 이후에도 젊음과 도전정신으로 헤쳐 나가야 할 수많은 난관들이 기다리고 있었다.

뒤돌아 생각해보면 1980년대 후반기는 나 개인적으로도 30대 후반이면서 어둡고 긴 인생터널과도 같은 시간이었다. 그러나 그 시련의 세월이 있었기에 나는 사업 기반을 마련할 수 있었다는 생각이 든다.

30여 건의 물류 컨설팅을 하여 한편으로는 생존의 길을 걸으면서 또 한 편으로는 파렛트 풀 사업의 마케팅연구를 계속해 나갔고 일본파렛트렌탈 (주)과 함께 한일 국제 파렛트 풀 사업을 조금씩 착수하여 갔다.

1988년 서울 올림픽을 전후로 하여 임금이 급격하게 상승하자 많은 기업에서 하역작업을 인력으로부터 기계화로 전환하기 시작하였고 그 결과 일관 파렛트화가 본격적으로 추진되었다. 일관 파렛트화로 물류자동화는 해결하였으나 파렛트 회수라는 또 다른 어려움을 기업의 물류 관리자들에게 안겨주었다.

1990년대에 들어와 그 동안 준비해 온 파렛트 풀 시스템을 착수하기 시작하였다. 그 후 지금까지 자사 파렛트로 일관 파렛트화를 시행해 온 기업들이 빈 파렛트를 회수한다는 것이 얼마나 어렵다는 사실을 알게 되었고 비용이나 효율면에서 많은 한계가 있다는 것을 느끼게 되었다.

이 문제를 해결하는 효과적인 방안이 파렛트 풀 시스템임을 물류 관리자들에게 인식시켜 급속하게 사업을 확대시켜 나갔다.

한국파렛트풀(주)가 보유한 파렛트 수량을 보면 1985년부터 1990년에 걸친 5년간에는 5만 매에 불과하였으나 1991년도에 20만 매, 1992년도에 50만 매, 1993년도에 75만 매, 1994년도에 100만 매, 1995년도에 130만 매, 1996년도에 200만 매, 1997년도에 250만 매를 돌파하였다. 1998년도에는 IMF상황을 맞아 급격한 물동량의 감소로 경영에 어려움이 발생하였으나 1999년부터는 여러 경영 지표들이 안정을 찾아 가기 시작했고 이어 파렛트 보유수량이 현재 3,000만 매에 육박하고 있다.

한국파렛트풀(주)가 현재 보유하고 있는 파렛트를 연결하면 길이가 33,000km로 서울과 부산간의 80차선 화물 고속도를 만들 수 있는 규모를 갖추고 있는데, 이는 한국파렛트풀(주)가 35만여 개 기업 간에 일관 파렛트화를 실현시키고 있음을 의미한다.

업종별로는 식품업계, 석유화학업계, 섬유업계, 생활용품업계, 비료업계, 건축자재업계, 농산물업계, 제지업계, 유통업계 등 우리나라 전체 산업계를 수평·수직적으로 연결하여 파렛트를 중심으로 한 국가적인 물류 시스템을 구축하고 있다.

이렇게 지난 39년 동안 성장하여 발전한 한국파렛트풀(주)는 전세계에서 플라스틱 파렛트풀 회사로서는 파렛트 보유매수와 이용하는 고객 수, 매출 규모에 있어 가장 큰 Global Champion이 되었다.

물론 한국파렛트풀(주)는 아직도 해결하여야 할 많은 과제들을 안고 있다. 그러나 고객회사들이 이용하는 데 보다 좋은 서비스와 저렴한 비용으로 만족할 수 있는 파렛트 풀 시스템을 완성해 가는 것이 나와 전 임직원들의 염원이다.

그렇지만 훌륭한 파렛트 풀 시스템을 구축하기 위해서는 파렛트 풀 회사의 노력만으로는 한계가 있으므로 이 기회를 빌어 고객 기업의 물류 관리자 여러분의 애정 어린 관심과 파렛트 관리에 협력을 부탁드린다.

다시 한 번 파렛트 풀 시스템은 우리나라 물류업계에 꼭 필요한 존재이고 우리 물류인들의 공유 자산인 물류 공동체라고 호소하는 바이다.

03

동업과
주식회사

파렛트 풀이란 표준 파렛트를 공동으로 이용하는 제도이다. 따라서 파렛트 풀 사업자는 다량의 파렛트를 보유하여야 하므로 이를 구입하는 데 많은 자금을 필요로 한다.

내가 한국파렛트풀(주)를 창업하면서 가장 고심한 것은 바로 '사업주체를 어떤 방식으로 추진할 것인가?'하는 문제였다. 물론 초기인 1979년~1981년의 3년간은 정부 주도형인 공공 사업체로서 설립을 시도하였다. 그 이유는 파렛트 풀의 공익성을 중요하게 생각하였기 때문이다. 그래서 정부의 해당 부처와 국책 연구기관들, 경제 단체들을 찾아다니며 설득을 하였으나 역부족이었다.

1980년도 전후는 국가 정치면에서 혼란기였으며 또한 그 당시에는 국내 산업계에 물류와 파렛트의 중요성이 인식되지 못하고 있던 시절이었다. 이런 상황에서 물류 측면의 SOC 사업을 실현한다는 것은 도저히 불가능하였다.

뜻은 좋았지만 수천억 원의 자금을 마련할 방법이 없었으므로 깊은 좌절감만 느끼고 포기할 수밖에 없었다.

수년간을 고민하던 끝에 앞에서 언급한 바와 같이 직장생활을 그만두고 나의 인생을 걸고 물류의 길에 나섰고 물류 계몽활동을 시작하였다.

그리고 1985년 5월 일본파렛트렌탈(주)의 사카이 겐지坂井 健二사장과 한국파렛트풀 사업을 함께 추진하기로 합의하고 민간 사업체인 한국파렛트풀(주)를 설립하기 위한 방안을 모색하였다. 그러나 아이디어만 있었지 아무런 자금도 없는, 내가 이런 국가적 사업인 파렛트 풀 사업을 착수한다는 것 자체가 참으로 꿈같은 일이었다.

어차피 혼자 힘으로 할 수 없는 사업이므로 여러 사람들의 힘을 모아 공동사업을 모색하기로 하였고 그 결과 동업자들과 주식회사를 설립하기로 하였다. 우선 자본금 1억 원 규모의 회사를 만들기 위하여 동업할 의사가 있는 주주들을 찾아 나섰다.

파렛트 풀의 사업 계획서를 작성하여 6개월간 가능성이 있을 만한 회사들을 방문하여 사업 구상을 설명하고 동참을 호소하였다. 다행히 그 당시에는 한국물류연구원을 운영하고 있었으므로 물류에 관심이 많았던 회사의 사장들에게 도움을 요청하였다.

물류로 뜻을 같이 한 분들은 참여하기로 하였으나 사업 규모가 작은 중소기업들이었기에 투자능력이 1천만 원에 불과하였고 그것도 현물출자를 하겠다는 조건이었다. 규모가 큰 회사들은 사업 규모가 너무 작다고 무시하기도 하였고 사업 전망이 불투명하다고 참여를 거절하기도 하였다.

또 자금력이 있는 투자가들은 공동사업이 아닌 자신의 개인사업으로 하기를 원했다. 그러나 처음부터 파렛트 풀 사업의 공공성을 잘 알고 있었고, 정부주도의 공공사업으로 구상을 하기도 했던 터라 나는 개인 사업 조건에는 선뜻 동의할 수 없었다. 그래서 다소 어려운 과정을 거치더라도 공동사업 쪽으로 일을 추진하였다.

그러나 한국에서 동업은 금기사항이었다. 동업을 한다면 보따리를 싸서 따라다니면서라도 말려야 한다는 것이 한국인의 정서였다. 이미 너무 많은 사람들이 동업으로 실패를 하였고 더군다나 여러 사람이 함께 어울려 회사를 꾸려나가는 것은 어렵다는 인식이 일반적이었다.

게다가 우리나라의 그럴듯한 사업체들은 형태는 주식회사지만 실질적인 지배 주주가 있고 이들이 직접 경영을 하고 있는 오너 체제가 일반적이었다. 그런 현실에서 파렛트 풀 사업을 공동사업으로 하려는 나의 구상은 어쩌면 실현이 불가능한, '이상론'에 불과할지도 모른다는 생각이 들었다.

그러나 결과적으로 창업 39년이 된 한국파렛트풀(주)는 훌륭한 공동 사업체가 되었고 진정한 의미의 주식회사 형태로 성장하여 왔다.

물론 이런 성공담을 서술하는 것이 결코 나의 개인적인 자랑을 하려는 것은 아니다. 다만 지금까지 3조 원을 투자하여 파렛트를 3,000만 매나 보유하여 35만여 회사가 공동으로 이용하고 있는 파렛트 풀 시스템을 구축한 한국파렛트풀(주)가 얼마만큼 힘들게 시작되었고 그 뒤 얼마나 땀 흘려 일구어왔는지를 말하고 싶었다. 그 결과 현재 한국파렛트풀(주)는 한국 물류 업계의 성공 모델로 평가받고 있다.

한국파렛트풀(주)의 성공 배경은 동업 형태의 진정한 주식회사라는 점을 들고 싶다. 창업자인 나도 처음부터 혼자 힘으로는 불가능하다고 판단하여 동업자들을 찾아 나섰고, 참여한 동업자들도 서로 힘을 모아 뜻을 같이 하였으며 직원들도 회사에 자긍심을 가지고 분발하여 왔다. 무엇보다 중요한 점은 고객회사의 물류 관리자들이 파렛트 풀 시스템의 필요성을 인식하고 적극적으로 이용하고 있기 때문에 오늘의 한국파렛트풀(주)가 존재할 수 있었다고 생각한다.

물론 현재의 위치에 만족하지 않고 더욱더 발전하고 성장하기 위해서는 함께 해준 동업 정신을 살리고 주식회사의 원칙에 따라야 할 것이라는 생각에는 변함이 없다.

나의 경영 방침은 바로 'WIN WIN'전략이다. 이는 종자돈을 마련하여 준 주주들과, 사업자금을 제공하여 준 투자가들, 또 직접 일을 하고 있는 직원이나 파렛트 풀을 이용하고 있는 고객기업들 모두가 승리자가 되는 것이다. 그리고 이는 파렛트 풀 사업

| 공동사업체로서 이미지를 부각시키기 위한 KPP 첫 광고

이 물류 공동화라는 시스템이기 때문에 가능한 것이다.

나는 지금까지 40여 년간 물류연구를 하여 오면서 물류의 특성과 문제를 간파하였고 그 결론으로 물류 공동화 사업을 하고 있다.

또한 농촌에서 태어나 자라면서 농부들이 서로 번갈아 가면서 봄에는 모내기, 여름에는 김매기, 가을에는 벼베기를 공동으로 하는 이치를 보고 터득하였다. 명절에는 집집마다 돌아가면서 농악놀이를 즐기며 마을 공터에 모여 윷놀이, 씨름대회를 하고, 밤에는 동네아이들이 쥐불놀이를 하면서 마을 단위로 전쟁놀이를 했던 기억이 난다. 이 모두 수천 년 전부터 선조들에게 전래되어 온 한민족의 삶의 흔적이며 어울려 사는 지혜라고 생각된다.

오늘의 각박한 현대사회는 개인주의가 팽배해 지고 있으며 경제활동에 있어서는 지나친 이기주의로 치닫고 있다. 그러나 참된 삶과 성공이란 개인주의도 이기주의도 아닌 공동체의 회복이라고 믿고 싶다.

나는 자라오면서 터득한 공동체의 지혜를 살려 우리나라 물류 문제를 해결하여 주는 물류사업화의 길을 가고 있다.

한국파렛트풀(주)와 한국컨테이너풀(주), 그리고 한국로지스풀(주)가 주축이 되고 있는 공동물류사업체 LOGISALL은 한민족의 뿌리인 공동체의 정신을 살려 동업 사업체로서 발전하고, 주식회사의 원칙에 가장 충실한 물류 사업체로서 성장할 수 있도록 최선을 다한다는 신념을 갖고 있다.

04

부가가치를
창출하는 사업

기업이란 재화나 서비스를 통하여 부가가치를 만들어 내는 사업의 주체이다.

또한 기업이 생존하기 위해서는 보다 큰 부가가치를 창출하여 강한 경쟁력을 가져야 한다.

따라서 표준 파렛트를 공동으로 이용하는 제도인 파렛트 풀 시스템을 사업으로 하고 있는 한국파렛트풀(주)의 생존과 발전을 위한 전략도 당연히 부가가치를 창출하는 데서 찾아야 할 것이다.

그렇다면 파렛트 풀 사업에서는 어떻게 부가가치를 만들어 낼 것인가? 이것이 한국파렛트풀(주)의 창업자인 나에게 부여된 사명이었다.

앞에서 언급한 바 있지만 대우중공업의 지게차 사업분야에서 근무하던 시절인 1979년 9월, 판매가 극히 부진한 지게차의 마케팅을 하라는 임무를 맡고 내가 발견한 '파렛트 시스템'이 그 출발점이 되었다. 지게차를 많이 팔려면 우리나라의 산업계에 파렛트 시스템이 도입되어야 한다는 것을 제안하였고, 이를 회사 차원에서 지게차의 마케팅 전략으로 채택하였다. 이러한 인연으로 국내외 산업현장에서 사용하고 있는 '파렛트'에 대하여 집중적으로 연구할 수 있는 행운을 잡았고, 결론으로 파렛트 풀 시스템Pallet pool system이 우리나라의 물류 분야에 있어 중심 과제라는 사실도 알게 되었던 것이다.

내가 1985년 10월 한국파렛트풀(주)를 설립하면서 착안한 파렛트 풀 사업이 창출할 수 있는 '부가 가치'는 다음과 같은 것들이라고 판단하였다.

첫째, 구내용 파렛트의 부가 가치이다.

'파렛트'가 탄생한 것은 1920년대 말 미국에서 지게차가 개발되고 나서 지게차의 작업수단으로서 1930년대에 내화 벽돌업계에서 최초로 사용되기 시작하였다.

그러나 그 당시에는 공장 구내에서 단순한 하역 작업시나 보관시에 받침대로서의 역할이 전부였다. 우리나라의 산업계에서는 1970년대에 지게차가 보급되기 시작하였고 파렛트는 1980년 초반까지 구내용으로만 사용되고 있었다. 이러한 구내용의 파렛트가 창출하는 부가가치란 불과 한두 번의 인력작업을 지게차 작업으로 전환하여 주는 효과에 그치고 말았다.

이때의 파렛트 효용성이란 약 1톤의 화물을 1회 하역하는 인건비 정도일 것이다. 이 정도의 효과를 위하여 3~4만 원 가격의 파렛트를 투입할 수 있는 물류 현장은 중량물이 대량인 조건에 한정될 수밖에 없고, 사용수량도 극히 제한적일 수밖에 없었다.

둘째, 일관 파렛트화의 부가가치이다.

파렛트를 공장 구내용으로만 이용하는 것이 아니라 화물을 파렛트에 적재한 상태 그대로 수송장비에 실어 거래처에 내보내는 것을 '일관 파렛트화'라고 한다. 이렇게 하면 화물을 보내는 측이나 받는 측 모두 하역, 보관, 수

| 일관 파렛트화를 통한 고객 경쟁력 제고

송 등 모든 물류 과정에서 일관된 파렛트 작업이 가능하게 된다.

평균적으로 일관 파렛트화를 도입하게 되면 전체 물류 작업 공정이 7~8회가 연계되어 발생하므로 구내용 파렛트의 부가가치와 비교한다면 당연히 7~8배의 효과가 나타날 것이다. 이는 단순한 인력절감만의 효과이고 이외에도 상하차 작업의 대기시간 단축에 의한 수송장비 가동 효율이 높아지는 것을 고려하거나 물류 속도의 향상에 따른 전체 물류 효율까지 감안한다면 일관 파렛트화의 파렛트 부가가치는 단순 구내용 파렛트 부가 가치의 10배 정도는 될 것이다.

이러한 이유 때문에 일관 파렛트화에 의한 파렛트 보급이 선진국인 유럽이나 미국, 일본, 호주 등에서는 1950년~1960년대에 이미 보편화되어 왔던 것이다.

우리나라에서는 임금이 급격히 상승한 1980년대 후반기부터 일관 파렛트화가 급속히 전 산업계에 확산되었다.

셋째, 파렛트 풀 시스템의 부가가치이다.

앞에서 검토한 바와 같이 구내용 파렛트에 비교하여 일관 파렛트화의 효용성이 10배에 해당된다고 볼 수 있으므로 일관 파렛트화는 물류 시스템을 개선하는 데 있어 획기적인 방안이 되었다.

그러나 일관 파렛트화를 착수하면 파렛트를 계속 밖으로 내보내야 하므로 웬만큼 물동량 규모가 되는 기업의 입장에서는 사용량이 월간 수백 매에서 수천 매가 필요하다. 이를 비용으로 환산하면 매월 수천 만 원에서 수억 원이 필요하게 되는 것이다. 따라서 불가피하게 발생하는 문제가 바로 빈 파렛트를 회수하는 일이다. 즉 내보낸 파렛트는 반드시 되돌아 와야만 한다는 것이다.

그렇지만 현실적으로 규모가 큰 기업에 있어서 출하처가 수백 개에서 수천 개가 되는 경우에 빈 파렛트를 처음 출발한 곳으로 회수를 한다는 것은 그리 쉬운 일이 아니다.

그리하여 일관 파렛트화가 본격적으로 착수된 물류 선진국에서 파렛트의 회수문제를 해결하기 위하여 국가 차원으로 파렛트 공동 이용 제도인 파렛트 풀을 도입하게 되었고 한국에서는 내가 이에 대한 중요성을 남보다 먼저 알게 되었던 관계로 한국파렛트풀(주)를 창업하게 되었던 것이다.

그렇다면 파렛트 풀 시스템이 창출할 수 있는 부가가치는 무엇이고 어느 정도 산출할 수 있을까?

먼저 파렛트를 공동으로 사용하여 얻는 효과는 다음의 세 가지 정도를 들 수 있다.

① 출하지로부터 멀리 떨어져 있는 도착지에서 빈 파렛트들을 장거리 회송하는 일이 불필요하게 된다.
② 물동량 변동에 따른 성수기와 비수기의 수급 파동에 탄력적으로 대처할 수 있다.
③ 전국적인 네트워크를 구축하여 단 1매의 파렛트라도 회수할 수 있다.

다음으로 파렛트 풀 시스템이 창출하는 부가가치의 규모에 있어서 그 정확한 금액을 산출한다는 것은 현실적으로 어렵겠지만 개략적으로 다음과 같은 효과를 얻을 수 있다.

① 회수 비용의 감축
② 가동 효율의 향상
③ 분실과 유출의 방지

위와 같은 사항을 감안하여 자사 파렛트에 의하여 일관 파렛트화된 파렛트 체계를 갖추는 것에 비교하면 약 2배 정도의 효과가 있을 것으로 본다.

지금까지 파렛트의 효용성을 판단하기 위한 기준을 제시하고자 부가가치의 창출이라는 방법을 검토하였다.

물론 나의 경험이나 노하우는 개인적인 주관에 치우칠 우려가 있으나 결론적으로 구내용 파렛트의 효용성을 기준으로 할 때 일관수송용의 파렛트는 10배의 부가가치를 창출할 수 있고, 일관 파렛트화의 도입시에도 자사 파렛트 보다는 파렛트 풀의 공동 사용 파렛트가 2배의 부가가치를 창출한다는 것이 나의 견해이다.

따라서 파렛트 풀 사업을 착수하게 된 배경이라면 부가가치를 창출할 수 있으리라는 확신 때문이었다.

그 동안 물류 분야에 임하면서 너무나 많은 문제점들을 발견하여 왔는데, 그 중에 중요한 과제 중 하나가 바로 파렛트였다. 따라서 이를 개선하기 위한 방안으로 표준 파렛트를 공동으로 이용하는 파렛트 풀 시스템을 사업으로 하는 한국파렛트풀(주)를 설립하였음을 밝히고 싶다.

05

파렛트의
표준화와 공동화

그렇다면 물류 현장에서는 파렛트가 왜 필요하게 되었을까?

물류 공학적인 측면에서 분석해 보면 사람이 물류 작업을 할 때 가장 적정한 단위는 체중의 30~40% 정도인데 이를 중량으로 보자면 20~25kg에 해당된다.

인간 존중의 차원에서 사람이 근육의 힘만으로 작업을 해서도 안 되겠지만, 경제성으로 따져 보아도 인력으로 20~25kg 단위로 물류 작업을 한다면 오늘날 산업화 시대의 물류는 존재 자체가 불가능할 것이다. 따라서 20~25kg단위로 포장된 화물들을 40~50개를 한 덩어리로 하여 1톤 단위로 물류 작업을 하기 위하여 창안된 것이 '파렛트'이다.

말하자면 파렛트는 20~25kg 단위의 인력작업을 1톤 단위의 기계화 작업이 가능하도록 하는 물류에서의 중요한 작업수단이다.

이러한 파렛트에 의한 물류 체계는 작업 속도면에서나 물류 비용면에서 가장 바람직한 방안이라고 생각한다.

나는 이 점에 착안하여 우리나라 산업현장에 파렛트 시스템이 도입되게 하기 위하여 여러 가지 노력을 해 왔으며 이를 계기로 하여 물류 활동을 하게 되었다.

한국파렛트풀(주)를 창업하게 된 배경도 표준 파렛트를 공동으로 이용하는 제도인 파렛트 풀 시스템을 우리나라에 도입하게 된다면 물류 선진화가 가능하다는 판단이 섰기 때문이다.

특히 물류연구를 하는 과정에 물류 표준화와 물류 공동화가 중요하다는 사실을 알게 되었고, 이를 실현하기 위해서는 파렛트의 표준화와 공동화가 핵심적인 과제이며, 이를 위해서는 파렛트 풀 사업을 착수하는 것이 최선의 방안이라고 생각하였다. 그러면 물류 분야에서 물류 표준화와 물류 공동화가 왜 필요한가를 알아볼 필요가 있다.

첫째, 물류 표준화가 필요한 이유는 바로 물자의 흐름을 읽는 데 있다.

물류는 생산자와 소비자에게 연결되어 있으며 끊임없이 이동하고 있다. 이 물자의 흐름을 분석하여 보면 원자재 조달 → 제품 생산 → 상품 유통이라는 세 가지 과정으로 구성되어 있으며 이들 각각의 과정에는 포장, 하역, 보관, 운송 등의 물류 기능들이 발생하고 있다.

또한 이러한 복잡한 물류의 과정과 기능들은 단순히 한 기업 내부만의 흐름이 아니라, 많은 기업들이 수직적, 수평적으로 연결되어 있다.

이와 같이 기업들 간에 수직·수평적으로 연계된 물자의 흐름은 필연적으로 포장기계, 파렛타이저, 컨베이어, 운반장비, 하역장비, 보관 랙, 창고 설비, 운송장비 등 많은 물류 설비나 장비들이 연계되어 활용되도록 하고 있다.

즉, 물류에서 다양한 형태의 물자들이 복잡한 물류 과정을 따라 수많은 물류 설비나 장비들을 통하여 끊임없이 이동하고 있는 것이다.

그리고 이런 물류의 흐름을 원활하게 하기 위해서는 물자의 크기를 일정한 규모로 단위화unit load하여 물류 설비나 장비들 간에 연계사용이 가능하도록 하여야 한다. 이것이 바로 물류 표준화의 주된 목적이며 이는 유니트 로드 시스템의 채택으로서 실현이 된다.

또한 유니트 로드 시스템의 수단은 파렛트이다. 말하자면 물류 표준화를 추진하기 위한 중심 과제가 파렛트 표준화인 것이다. 물자를 보내는 쪽이나 받는 쪽 모두가 같은 규격의 파렛트를 사용하여야만 흐름이 원활한 물류 체계를 갖출 수 있다.

둘째, 물류 공동화가 필요한 이유는 물동량 때문이다. 물자의 흐름이란 생산지에서 소비지로 움직이는 한 방향의 흐름이며, 보다 하위단계로 내려 갈수록 물동량이 소량화되기 마련이다. 또한 이 물동량의 규모가 항상 변동하고 있어 계절적으로 성수기와 비수기에 따라 예측하기가 대단히 어렵다.

아무리 물동량이 큰 기업이라도 단독으로 독자적인 물류 체계를 갖추려고 한다면 비용 측면이나 효율 측면에서 엄청난 낭비를 초래하게 된다. 따라서 편도 방향의 물동량이 변동이 심하고 흐름의 말단으로 갈수록 소량화된다는 것이 물류의 문제점이라고 생각한다. 이러한 물류 문제를 효과적으로 해결하기 위한 방안이 바로 물류 공동화이다.

즉 생산지와 소비지가 서로 반대 입장에 있는 기업들이 수송차량을 공동으로 사용하거나, 성수기와 비수기가 서로 반대인 기업들이 창고를 공동으로 이용하거나, 물동량이 소규모인 중소기업들이 물류 시스템을 공동으로 구축하거나 하는 것으로 이 모든 경우가 훌륭한 물류 공동화 방안들이다.

또한 물류 공동화는 참여자 모두에게 물류 효율을 높여 주고 물류비용을 절감시켜 주는 원윈Win-Win전략이 된다.

나는 이와 같은 물류 표준화의 필요성과 물류 공동화의 효과를 알게 되

| 2018년 11월 1일 국제 26회 물류의 날 한국물류대상에서 글로벌 물류발전과 국가물류 위상 제고에 노력한 공로로 정부로부터 은탑산업훈장을 수상하였다.

었고, 이를 파렛트 표준화와 파렛트 공동화에 적용하는 방안을 모색하여 왔다. 이것이 바로 표준 파렛트를 공동으로 이용하는 제도인 파렛트 풀 시스템이다.

우리 산업계의 파렛트 사용 실태를 파악하던 중 기업들이 서로 다른 규격의 파렛트를 구내용으로 이용하고 있다는 사실을 알게 되었다. 이 문제를 해결하기 위한 방법을 찾고자 표준 파렛트를 일관수송용으로 사용하고 있는 물류 선진국들을 연구하게 되었고, 그 해답이 파렛트 풀 시스템이라는 것을 발견하게 되었던 것이다.

물자를 주고받는 발송회사나 도착회사가 일관된 물류 체계를 구축하기 위해서는 보내는 측에서 물동량이 적재된 파렛트 그대로 출발하고 받는 측에서도 그 상태로 받아줄 수 있어야 한다. 만약 그렇지 못하고 서로 다른 파렛트를 사용한다면 1톤 단위의 파렛트 화물을 20~25kg 단위, 즉 낱개로 해체하는 작업공정과 또 다시 이 낱개 화물들을 1톤 단위로 파렛트에 쌓아야 하는 엄청난 작업 손실과 비용 낭비를 초래할 수 있다.

이것이 표준 파렛트에 의한 일관 파렛트화가 필요한 이유이며, 이 표준 파렛트화가 파렛트시스템의 필요조건이다. 이러한 필요조건을 실현하려고 하면 불가피하게 발생되는 문제들에 부딪히게 되는데 그것은 바로 사용하고 난 빈 파렛트를 회수하는 일이다.

물동량을 적재한 채 출발하여 공장을 떠난 파렛트들을 도착한 거래처로부터 1매, 2매 소량씩 찾아 원래의 출발지로 되돌아오게 한다는 것은 효율면, 비용면에서 불가능한 일이다.

더구나 물동량이 늘어났다, 줄어들었다 하는 상황에 따라 파렛트의 수급을 맞추는 것도 대단히 어려운 일이다.

이렇게 파렛트를 회수하고 수급 파동에 대응하는 것이 파렛트 시스템의 충분조건이다. 앞에서 언급한 바와 같은 파렛트 시스템에서의 필요조건과 충분조건을 모두 만족시키는 것이 파렛트 풀 시스템이라고 생각한다. 파렛트 표준화도 어려운 과제이고 파렛트 공동화는 더욱 어려운 일이다.

따라서 한국의 파렛트 풀 시스템을 운영하는 것을 사업으로 하고 있는 한국파렛트풀(주)의 어려움에 대하여 애정 어린 이해와 협력을 물류인들에게 호소하는 바이다.

06

파렛트 풀의
마케팅전략

사업의 성패는 고객이 있어야만 존재한다.

그러므로 어느 사업가나 고객을 만족시키는 것을 최우선으로 삼는다. 고객이 무엇을 필요로 하고, 어떻게 하여 주기를 원하는가를 정확하게 알아내어 이를 만족시켜 주는 재화나 서비스를 제공하는 것이 모든 사업 주체들의 마케팅 목표이다.

어떤 형태의 사업이든, 또 사업규모의 크기에 관계없이 무릇 사업이라고 한다면 고객의 욕구를 충족시켜 주는 재화나 서비스를 공급하고 그 대가로 사업을 영위할 수 있기 때문이다.

예를 들면 제조업체는 품질이 좋은 상품을 저렴하게 만들어 소비자들에게 공급하려고 노력하고 있으며, 식당주인은 맛있는 요리를 싼 값에 제공하여 손님들이 찾게 한다. 또 요즈음 한창 뜨고 있는 벤처 기업가들은 획기적인 아이디어나 신기술로 남들이 미처 생각하지 못하였던 새로운 상품이나 서비스를 창안하여 사업 인생에 승부를 걸고 있다.

그러나 어느 사업이든 고객을 만족시킨다는 원칙은 동일하나 고객을 만족시키는 방법이나 수단은 사업의 종류, 형태, 규모에 따라 모두 다르다. 그리고 사회가 발전할수록 점점 새로운 사업들이 출현하고 있는 추세이다.

파렛트 풀 사업도 한국에서는 1985년 10월 당시에 처음으로 착수된 새로운 분야였다. 물론 나 개인적으로는 대우에서 지게차의 마케팅을 담당하면서 파렛트 시스템의 중요성을 알게 되었고, 파렛트 풀에 대한 사업을 이미 5년여 기간 동안 구상하여 왔다. 그러나 막상 한국파렛트풀(주)를 창업하고 나자 어떻게 하면 더욱 발전된 사업을 할 수 있을 것인지, 마케팅 방안은 어떻게 하면 되는지 고민이 앞섰다.

이론적으로야 표준 파렛트를 공동으로 사용하게 하는 것이 파렛트 풀 사업이었지만 현실적으로 출발 당시 불과 500매의 파렛트로 어떻게 사업을 착수할 수 있었겠는가? 아마 이런 경우를 두고 '달걀로 바위를 친다.'라는 말을 할 수 있을 것이다.

이런 어려운 사정을 빠져 나올 수 있는 유일한 탈출구는 일본파렛트렌탈(주)의 파렛트가 일본으로부터 수입되는 물동량에 사용되어 들어오도록 하는 방안이었다. 나는 당시 일본으로부터 원자재나 부품을 다량으로 수입하고 있던 현대자동차, 삼성전자, 코오롱, 동양나일론, 고려합섬 등 무역 담당자들을 방문하여 상담하기 시작하였다. 이러한 물자들은 한번 쓰고 버리는 1회용 파렛트를 사용하고 있었으므로 이를 렌탈용으로 전환하게 되면 매당 1,500엔에서 500엔으로 약 1,000엔 정도의 비용 절감이 가능했다.

그런데 불행하게도 제1차 엔고円高상황이 발생하였다. 갑자기 250엔/100$에서 125엔/100$로 환율이 절반 수준으로 낮아지게 되어 원자재나 부품의 수입가격이 2배로 폭등하게 되자 수입 담당자들에게 파렛트 비용 절감의 금액 정도는 관심 밖의 일이 되어버렸다. 참으로 암담한 상황이 벌어진 것이다. 그로부터 약 3년간 나의 파렛트 풀 사업의 길은 캄캄하고 기나긴 터널의 연속이었다. 이 어려웠던 시절에 물류컨설팅을 해 오면서 직원들의 급여와 회사의 운영비를 해결하여 오늘의 한국파렛트풀(주)가 생존할 수 있었다.

이렇게 어려운 고비를 이기고 파렛트 풀 사업에 착수한지 5년 만에 일본으로부터 도입된 일본파렛트렌탈(주)의 파렛트 수량이 5만 매에 도달하였고 이것이 현재 한국파렛트풀(주)가 3,000만 매의 파렛트를 보유할 수 있게 된 교두보 역할을 하게 되었다.

결국 1990년도에 이르러서야 본격적인 파렛트 풀의 마케팅에 착수할 수 있었다. LG화학의 생활 건강 부문과 제일제당, 그리고 삼성종합화학 등 3개 회사는 한국파렛트풀(주)가 파렛트 풀 사업을 전개하는 과정에 있어 결정적인 계기를 마련하여 준 참으로 고마운 고객들이다.

이 기업들의 물류 관리자들은 자사 파렛트 시스템에서는 공장을 출발한

| T-11형 파렛트 보급을 위한 섬유업계 설명회

파렛트가 다시 돌아오기까지 분실이나 파손 등 문제점이 많고 직접 회수하는 데 비용 낭비가 많다는 사실을 발견하여 파렛트 풀 시스템의 필요성을 인식하고 과감하게 이를 채택하였던 것이다. 벌써 40여 년이 되어가는 지금도 변함없이 파렛트 풀을 이용하고 있으며 앞으로도 영원한 파트너일 것이라고 믿는다.

그렇다면 파렛트 풀의 마케팅 전략은 무엇이었을까? 앞에서 언급한 바와 같이 사업이란 고객이 있어야 하며 반드시 고객만족이라는 조건이 충족되어야 한다.

따라서 파렛트 풀 사업에서는 표준 파렛트를 수많은 기업들이 공동으로 이용하게 하여 참여기업 모두에게 비용이나 효율면에서 도움이 되도록 해야만 한다고 생각한다.

한국파렛트풀(주)가 운영하고 있는 파렛트 풀 시스템은 현재 3,000만 매의 파렛트를 전국 도처의 35만여 개 기업들이 공동으로 사용하고 있다. 따라서 완벽한 전국적인 네트워크를 갖추고 있으므로 어느 지역 어떤 공장에서 물동량이 적재되어 출발한 파렛트라 하더라도, 또 어느 곳에서 언제 빈 파렛트가 되더라도 단 1매라도 회수가 가능하다.

또한 물동량이 변동하여 파렛트의 수급에 파동이 발생하더라도 필요할 때 필요한 수량만을 사용할 수 있으므로 비용 측면에서나 가동 효율 측면에서 가장 효과적인 물류 시스템이라고 볼 수 있다.

그런데 자사 파렛트로 물동량을 출하하면 거래처에서 발생한 빈 파렛트를 다시 처음 출발한 장소로 회수를 하여야 하므로 장거리 회송 운임이 발생한다. 이는 말할 것도 없이 비용낭비이며, 각 거래처에 소량으로 분산되어 있는 빈 파렛트를 실어 온다는 것 자체가 현실적으로 불가능한 일이다.

이와 같이 파렛트의 회수가 어렵고 수급에 의한 비용낭비가 많은 일관수송용 파렛트 시스템의 문제점을 해결하는 것이 파렛트 풀 사업의 마케팅전략이다.

또 파렛트 풀의 진정한 존재 이유는 개별기업의 자사 파렛트에 의한 일관 파렛트 시스템의 문제점을 해소시켜주고, 파렛트 풀 회사의 파렛트를 모든 기업들이 공동으로 이용하게 하여 고객기업들의 파렛트 관리상 어려움을 발생하지 않도록 하는 것이다.

인간을 중노동으로부터 해방시켜 주는 하역 기계화의 주역인 파렛트는 일관 파렛트화 시스템이 그 관건이다. 또한 일관 파렛트화를 실현하기 위하여 물동량이 이동하는 여러 물류 과정을 거쳐 최종 도착지로부터 다시 출발지로 되돌아와야 하는 파렛트의 숙명적인 굴레를 풀어 주는 것이 파렛트 풀 시스템이다.

그러나 불행하게도 많은 물류 관리자들이 파렛트 시스템의 효용성만 이용하고 있을 뿐 파렛트를 관리하여야 한다는 의무감을 느끼지 못하고 있는 현실이다. 이 순간에도 한국파렛트풀(주)의 파렛트를 관리해야 하는 인원이 전국적으로 수만 명에 달하고 있으나 이들 중에 얼마나 많은 물류 관리자들이 이를 인식하고 있을지 걱정이 앞선다.

파렛트 위에 적재되어 있는 상품을 귀중하게 관리하듯이 파렛트도 아껴 주고 관리하여 주기를 간절히 바라고 싶다.

파렛트 풀을 이용하고 있는 모든 기업의 물류 관리자들이 진정어린 애정으로 파렛트 관리에 참여하도록 하는 것, 바로 이것이 한국파렛트풀(주)의 최선의 마케팅전략이다.

07

지게차와 파렛트의
공존관계

　지게차와 파렛트는 바늘과 실과 같은 관계이다. 서로 간에 떼려야 뗄 수 없는 상호 필연적인 사이이다. 이것이 1979년 9월 대우에서 지게차 마케팅을 시작하면서 찾아낸 물류의 지혜이다.

　지게차는 원래 미국에서 'Fork Lift Truck'이라는 이름으로 탄생하였다. 1910년대 하역장비 제조업체인 Clark와 Hyster에서 중량물을 작업하기 위하여 개발하였다.

| 벽돌을 쌓고 있는 파렛트

　1920년대에 벽돌업계에서 벽돌들을 한꺼번에 쌓아 하역을 손쉽게 하기 위하여 고안된 화물 받침대가 파렛트이다.

　이렇게 시작된 지게차와 파렛트 하역작업 방식이 세계 2차대전 당시 미군의 병참술로서 본격적으로 채택되었다. 2차 대전 시 태평양 전선의 병참기지였던 호주에 미군이 두고 간 수많은 지게차와 파렛트들을 호주연방정부에서 'CHEPCommonwealth Handling Equipment Pool'라는 국가차원의 공동이용제도를 창안하였고, 민간산업계에서 없어서는 안되는 현대물류시스템인 'Unit Load System'을 탄생시킨 것이다. 이는 오늘날 파렛트 대여방식의 사업모델의 출발이 되었다. 또한 유럽에서도 1950년대 포장용기와 파렛트 표준화와 20여 개국 철도청이 중심이 되어 교환방식 파렛트풀이 탄생하였다. 교환방식 파렛트풀은 화주가 필요로 하는 파렛트를 소유하고 철도역에 운송을 의뢰할 때 사용되는 같은 수량의 공파렛트를 철도역에서 반납 받는 방식으로 운영되는 파렛트 공동이용제도이다.

본인은 1980년 1월 물류스승인 히라하라 스나오平原 直 선생님으로부터 이러한 세계적인 물류역사를 자세히 알게 되었다 이러한 운명적인 만남으로 대우에서 지게차 보급을 위하여 물류계몽활동을 시작하고 파렛트풀 설립을 추진하여 왔다. 결국은 대우라는 직장을 사직하고 1984년 9월 1일 한국물류연구원을 설립, 물류의 길을 출발하였다.

1980년대에는 주로 사단법인 한국물류협회 설립 등 물류계몽운동을 하여 왔고, 1990년대에는 한국파렛트풀을 주축으로 본격적인 파렛트풀 시스템을 국내 산업계에 도입 확산시켜 왔다. 2005년대부터 파렛트와 지게차 간에 시너지 효과를 착안하여 지게차 임대사업을 착수하였다.

본인은 직장생활을 하던 대우중공업에서 지게차 생산 공장에서 엔지니어로서 근무하다가 판매 부진을 타개하기 위하여 지게차 시장을 만들어내라는 회사의 인사 명령에 따라 영업 부서에 특공대로 투입되었고, 지게차 마케팅 전략으로 파렛트풀 제도가 해답이라는 길을 찾아내어 25년 만에 국가차원의 파렛트풀 시스템을 성공하게 되었다.

본인이 험난한 길을 뚫고 창업하고 세계 어느 나라에서도 착수하지 못하였던 전 산업분야에 파렛트풀 시스템을 구축하여 한국파렛트풀(주)가 파렛트 보유 수량 500만 매를 돌파하고, 렌탈 매출 800억 원을 달성한 2005년 4월 4일, 드디어 지게차 임대 사업에 착수하였다. 말하자면 본인의 물류의 길이 지게차에서 출발하였고 파렛트 시스템을 실현한 후 이를 발판으로 삼아 다시 지게차 임대 사업에 착수하게 된 것이다.

수많은 파렛트풀 이용 고객 기업들에게 지게차의 필요성을 설득하고 특히 전동지게차를 보급하는 데 앞장서 왔다.

지게차 임대사업에 착수하여 공급되었던 제1호 임대 지게차는 그 수명을 다하여 회수하여 기념으로 지게차 Hub Center에 보관중이다. 임대지게차 보유대수는 매년 2,000대 수준으로 증가 중에 있으며 사업착수 20주년이 되는 2025년에는 20,000대 달성이 예상되고 있다.

| 전시 중인 제1호 임대 지게차

년도	보유 대수
2005년	사업 착수
2007년	100호차
2011년	500호차
2013년	1,000호차
2018년	5,000호차
2020년	10,000호차
2024년	17,000호차

| 로지스올 연도별 지게차 보유대수

고객이 원하는 지게차 사양과 제품을 국내는 물론 전 세계에 걸쳐 Global 소싱을 통하여 광범위하게 공급하고 있다. 로지스올은 항상 고객 맞춤형 장비를 공급하고 있다. 국산 장비는 물론 해외 유명 업체 장비, 값싼 중고 장비도 고객의 요구에 맞추어 공급하려고 노력하고 있다. 또한 작업현장에 적합한 장비 종류를 선정하고 작업방식에 효율적인 사양과 특수장치들을 고객들에게 추천하고 있다. 그리고 전국적인 After Service망을 구축하

| 로지스올의 지게차 Hub Center

여 150여 명의 전문기술자를 배치하여 예방정비에 중점을 두고 활동하고 있으며 만일에 고장이 나더라도 신속하게 수리할 수 있는 네트워크를 만들어 두고 있다.

2023년에는 세종시에 지게차 Hub Center를 마련하였다. 대지 8,700평에 건평 6,000여 평 건물에 지게차 정비공장의 설비를 마련하여 지게차 수리를 하고 있으며 충분한 지게차 재고를 비축하여 고객들로부터의 공급 요구에 신속하게 대처하는 전국적인 지게차 Hub Center로서 활용하고 있는 중이다.

본인이 꿈꾸고 있는 미래의 물류의 길은 지게차의 무인화이다. 자율 운행 자동차에 앞서가는 사업가들이 도전하고 있는 것과 마찬가지 이유로 물류 선구자로서 본인은 무인 지게차에 도전하고 싶다. 힘들고 어렵고 복잡한 물류현장을 기계화·자동화·무인화하는 'Material Handling Engineering'이야말로 물류인들에게는 꿈의 무대이다.

눈부시게 발전하고 있는 IT 기술을 활용한 Big Data, IoT, Robot, AI라는 미래 세계의 등장으로 물류가 다시 한번 중심 산업이 될 것이라 믿고 싶다.

08

계약서 없는
사업에 도전

인간은 누구나 자기가 하고 싶은 일을 하노라면 도중에 어려움이나 힘든 일이 있어
도 웬만큼 잘 견디어 낼 수 있는 법이다.

1985년 10월 2일에 출발한 한국파렛트풀(주)의 파렛트풀 사업은 설립
이후 1990년도까지 5년여 기간 동안 이렇다 할 계약을 단 1건도 진행하지
못하고 있었다.

원래 파렛트풀 사업은 파렛트에 물자를 적재하여 보내는 발송 화주와 이
들을 받아 원자재로 쓰거나 상품으로 판매하는 도착 화주 사이가 연결되어
사용하는 공동 물류 시스템이다. 파렛트 렌탈 사업자인 한국파렛트풀(주)로
서는 당연히 발송 화주 고객과 도착 화주 고객 등 모두가 파렛트를 분실되
지 않도록 철저하게 관리하도록 하여야 한다. 따라서 파렛트를 임대 사용하
는 발송 화주 고객들은 물론이고, 도착 화주 고객들도 모두 관리 책임을 지
도록 계약을 하는 것이 필수적인 조건이다. 그래서 파렛트를 분실하면 배상

하여야 하고, 계약 기간도 연장하여 사용하는 경우 임대 사용료를 추가로 지불하여야만 하는 것이다.

수많은 파렛트들이 수많은 거래처 고객들 사이에 이동하면서 사용되다 보니 파손과 분실 등 관리 책임 문제가 심각하게 발생하였다. 그런데 1980년대 후반까지만 해도 식품 업종에서 설탕의 제당 업계나, 맥주 업계, 음료 업계 등 물동량이 큰 규모의 대기업 간에만 파렛트 수송 시스템이 실행되고 있을 뿐 대부분의 기업들은 인력에 의한 하역 작업에 의존하고 있었다.

한국파렛트풀(주)는 이러한 열악한 환경에서 여러 산업계를 대상으로 전면적인 파렛트 수송 시스템을 추진하려고 하였으니, 이런 걸 두고 비유컨대 달걀로 바위를 깨트리려고 한다는 표현이 적합하지 않았을까?

우선 나는 석유화학업계의 지대Bag 화물을 대상으로 당시 전체 석유화학 제조 회사 12개 업체와 파렛트풀 공동 이용 제도 계약을 진행하였다. 1990년부터 1992년까지 3년여의 긴 세월 동안 한 회사씩 설득하여 11개 회사는 합의하여 계약서에 대표이사 인감을 날인하였다. 그런데 규모가 제일 큰 1개 회사가 문제였다. 그 회사의 물류 담당 임원까지는 합의를 하였으나 영업 담당 임원이 강력하게 반대하고 있었다. 그 이유는 영업 담당 임원이 자기들 고객 회사에서 분실되는 파렛트를 변상시키는 내용에 동의할 수 없다고 버티는 것이었다. 이 때문에 그동안 공을 들이고 수많은 회의와 설득을 통하여 추진한 석유화학업계(제조 발송 업체 12개 회사, 원료 사용 도착 업체 15,000개 회사) 파렛트 공동 이용 제도가 제일 큰 규모의 1개사가 참여하지 않는 바람에 허사가 되었다.

이런 실망스러운 결과에 나는 집무실 문을 걸어 잠그고 일주일 내내 고민하고 또 고민하였다. 이대로 포기한다면 한국파렛트풀(주)는 한국에서 사업을 시작할 수 없어 문을 닫아야 하는 절체절명의 순간이었다. 돌이켜보면 회사 설립 후 5년여 기간 동안 이와 동일한 이유로 식품 업계, 섬유 업계,

제분 업계, 제당 업계 등 대부분의 산업계에서 본격적인 파렛트풀 시스템을 실현할 수 없었다.

그래서 나는 운명적인 최후의 결단을 내리기로 하였다. 이 난관을 돌파하지 못한다면 이 승부처에서 돌이킬 수 없는 패배자가 되어 도중하차할 수밖에 없었다.

그때 문득 조치훈 기사의 "바둑은 목숨을 걸고 둔다."라는 명언이 떠올랐다. '그렇다! 나도 파렛트풀 사업에 목숨을 걸자!'라고 생각하면서 결단을 내렸다. 그것은 문제의 걸림돌인 석유화학업계의 실수요업체인 15,000개 도착 사용 업체에 파렛트 분실 책임을 부담시키는 법률적인 계약서를 포기하는 것이었다. 물론 이런 조건으로 파렛트풀 사업을 착수한다면 전국 방방곡곡에서 제대로 된 회수 관리가 불가능하여 한국파렛트풀(주)는 엄청난 위험에 노출되어 그야말로 풍전등화의 처지에 놓이게 되는 것이다. 그러나 나는 이 엄청난 위기에서 신의 한 수를 찾아냈음을 밝히고 싶다. 무엇보다도 파렛트풀 시스템의 미래를 내다보고 반드시 고객들이 필요로 할 것이라는 믿음이었다.

당시에는 고객들이 파렛트풀 시스템이 얼마나 효과가 큰지를 모르는 상황이지만 본격적으로 도입되면 많은 기업들이 적극적으로 참여하게 되리라 판단하였다. 그리하여 석유화학 12개 업체의 15,000개 고객 회사가 분실하였을 경우에 배상하는 조건을 없애고 모든 회수 책임을 한국파렛트풀(주)가 부담할 터이니 석유화학 회사 12개 업체가 나서서 고객 기업들에게 회수 협조 문서를 보내달라고 요청하기로 하였다. 이렇게 회수와 분실을 한국파렛트풀(주)가 전적으로 책임지겠다는 조건에 석유화학업계 자신들은 법적 책임을 벗었으니 12개 업체 모두 흔쾌히 참여하기로 하고, 회수 협조 안내문을 공동명의로 발송하기로 합의하였다. 이런 우여곡절 끝에 드디어 석유화학업계에도 파렛트풀 시스템이 착수하게 되었다.

그러나 한편으로 한국파렛트풀(주)는 전국적으로 파렛트를 회수하기 위한 처절한 생존전쟁에 돌입하였다. 이후 지금까지 30여 년에 걸쳐 수많은 가시밭길을 걸어왔다. 파렛트의 이동 경로가 확인되지도 않고, 화물이 도착된 후 빈 파렛트 회수에 협조하지 않는 거래처도 많고, 회수되지 않는 장기 회수 불능 파렛트가 대량으로 발생하는 등 오랜 시간 동안 악전고투하여 왔다.

그러나 파렛트 시스템이 아니면 인력 하역을 하여야 한다는 부담 때문에 회수 관리에 참여하는 고객 업체들이 급속하게 확산되기 시작하였고, 우리 직원들의 눈물겨운 노력으로 현재는 회수율이 99%를 넘어서고 있어 세계에 어디에서도 사례가 없는 성공 모델이 되었다. 석유화학업계의 착수 이후 식품 업계도 동일한 방법으로 진행되었고 뒤이어 섬유 업계, 생활 용품 업계 등 전체 산업계로 확산되어 현재는 성공적으로 운영되고있다.

특히 다른 선진국에서는 대부분이 목재 파렛트를 이용하고 있으나 한국파렛트풀(주)의 파렛트풀 시스템은 플라스틱 파렛트 3,000만 매를 35만여 기업들이 공동으로 사용하고 있어 물자를 움직이는 경제 혈액 순환 시스템으로 오늘도 한국 경제의 핵심 인프라로 자리 잡고 있다.

계약서 없는 사업에 도전한 후 30여 년 만에 한국파렛트풀(주)는 세계에서 제일 큰 규모의 플라스틱 파렛트풀 시스템이 되어 마침내 'Global Champion'으로 등장하였다.

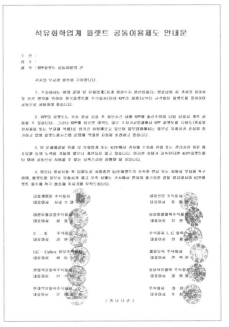

| 석유화학업계의 파렛트 공동 이용 제도 안내문

09

5조 원을
투자하다

사업을 하다보면 부딪치게 되는 어려운 일들이 한두 가지가 아니다.

경쟁사에 이길 수 있는 새로운 상품이나 서비스를 끊임없이 개발해야 하는 일이며, 치열한 판매 전쟁에서 시장을 차지하여야 하는 일이며, 유능한 인력을 육성하고 강한 조직을 갖추어야 하는 일 등 이들 중 어느 것 하나 기업의 경영자에게 손쉬운 과제는 없을 것이다.

그렇지만 그 중에서도 가장 어려운 것은 사업자금을 마련하는 일이라고 생각한다. 서른다섯 살의 젊은 나이에 이렇다할 자금도 없이 파렛트 풀 사업을 착수하면서부터 일흔 나이를 넘어선 지금까지 가장 고심하여 온 것은 투자할 자금을 확보하는 일이었다.

파렛트 풀이란 많은 기업들이 파렛트를 공동으로 사용하게 하는 제도이므로 당연히 파렛트 풀 사업자는 다량의 파렛트를 보유하고 있어야 한다.

따라서 파렛트 풀 회사는 파렛트를 구입하는 데 막대한 자금을 투자하여야 한다.

그러나 물류사업의 특징은 투자 규모는 크지만 매출이 작은 금액의 용역 비용으로 잡히기 때문에 투자 규모에 비교하여 상대적으로 그 규모가 작고 투자비의 회수기간도 길어지게 마련이다.

파렛트 풀 사업도 마찬가지이다.

일반적으로 투자가들은 투자금의 회수기간이 짧고 단기간 내에 높은 이윤이 보장되는 분야에 투자하려고 하기 때문에 파렛트 풀이라는 사업에는 그다지 관심을 갖지 않게 된다. 이러한 사정으로 인하여 한국파렛트풀(주)는 설립 후 수년간 투자할 자금을 확보하지 못하여 경영상 많은 어려움을 겪었다.

앞에서도 언급한 바 있지만 1990년대에 들어와 고임금 시대가 되자 우리나라의 산업계에 하역작업의 기계화가 급속히 추진되면서 물류 과정에 파렛트를 사용하는 일관 파렛트화가 급속하게 도입되기 시작하였다. 그 결과 한국파렛트풀(주)의 마케팅 시장이 빠른 속도로 확대되었다.

즉, 고객업체들로부터 요청받는 파렛트 수량을 공급할 수 없는 상황에 직면하게 되었던 것이다. 말하자면 마케팅에서는 성공하였으나 자금이 사업의 발목을 잡고 있는 처지였다. 이 궁리 저 궁리를 하여 보았으나 자금을 마련할 묘안을 찾아 낼 수가 없었다.

파렛트란 어떻게 보면 작은 거인과 같다. 파렛트 1매만 생각하면 가격이 불과 5만 원 밖에 안되지만 10만 매를 구입하려면 50억 원이란 큰 돈이 필요하게 된다. 연간 400만 매의 신규 파렛트를 매입하려면 대략 2,000억 원의 막대한 자금 규모가 필요하다.

그러니 이제 겨우 걸음마 단계에 있는 한국파렛트풀(주)를 믿고 선뜻 이런 큰 돈을 빌려 줄 금융기관이 있을 리 만무했다.

당시 유행처럼 설립하던 창업 투자회사들에도 제안을 해 보았으나 모두가 투자 규모에 비교하여 수익성이 보이지 않는다면서 거절하였다. 답답한 마음에 자본금을 증자하여 보려고 노력하였으나 사업 초기이었기에 그때에는 자본금 전체가 1억 원에 불과한 상황에서 막대한 자본 증자가 불가능하였다. 또한 어느 규모 정도로 자본 증자에 성공한다 하더라도 불과 수 만매 정도의 파렛트 구입에 그칠 뿐 근본적인 사업자금을 마련하기에는 역부족이었다.

| 일본파렛트렌탈(주)의 사카이 겐지
(坂井 健二)회장님과 함께
(광양항의 요트 위에서)

이렇게 고민하고 있던 나에게 해결할 수 있는 방법을 가르쳐 준 사람이 바로 일본파렛트렌탈(주)의 사카이 겐지坂井 健二 회장당시 사장이다. 사카이 겐지 회장도 나와 똑같은 딜레마에 빠져 고민하다가 일본 파렛트 회사들로부터 파렛트를 장기 할부방식으로 구입하여 자금 문제를 해결하였다는 것이다.

말하자면 파렛트 회사로부터 장기 할부방식으로 파렛트를 구입, 이들은 활용하여 파렛트 풀 사업을 추진하고, 여기서 얻은 수입으로 원금과 이자를 단계적으로 상환하여 나가는 방법이었다.

그러나 이와 같은 방법의 추진이 가능하려면 중요한 것이 파렛트를 공급하는 측에서 한국파렛트풀(주)가 실패하지 않을 것이라는 절대적인 신뢰를 하여야 한다는 사실이다. 우리 한국의 풍토가 형제간에도 빚보증은 서주지 않는데 어느 누가 그런 과감한 용단을 하여 줄 것인가?

그런데 한국파렛트풀(주)의 주주 중에 가장 먼저 어려운 결정을 하여 주신 분이 있었다. 영림목재(주)의 이경호李京鎬 사장이다.

인천 목재업계에서 앞서가는 젊은 사업가로서 한국파렛트풀(주)의 미래를 내다보고, 특히 경영을 하고 있는 나를 신뢰하여 40억 원 규모의 파렛트 할부 공급을 약속하였던 것이다.

이경호 사장은 내가 한국파렛트풀(주)에 모든 운명을 걸고 있다는 사실을 믿고 사업의 동지로서 흔쾌히 참여하여 주었다.

이렇게 하여 한국파렛트풀(주)가 자금 문제를 해결할 수 있는 파렛트 할부 구입제도가 도입되는 결정적인 계기가 마련되었다. 그 후로 뜻을 같이하는 동업자들이 계속 참여하여 현재 파렛트 회사 10개사가 파렛트 할부 공급을 하고 있다.

그리고 지금까지 한국파렛트풀(주)는 할부대금을 지불하기로 약정한 수만 번의 약속을 단 한 번도 어기지 않고 생명처럼 지키고 있음을 밝힌다. 경영자로서 39년이 지난 오늘날 느끼는 것은 '기업의 힘은 신용'이라는 진실이다. 이와 같이 목숨처럼 쌓아 온 신용이 있었기에 한국파렛트풀(주)는 자금문제를 무난히 해결하였다.

또한 이제는 금융기관들도 신뢰하고 있어 큰 규모의 자금을 공급하여 주고 있다. 이렇게 하여 지나간 39년간 3조 원 규모의 파렛트를 구입할 수 있었다. 솔직히 사업초기에 1~2억 원의 자금도 확보하지 못하여 고민하던 시절을 생각하면 한국파렛트풀(주)의 신용력이 커져왔다는 사실에 보람을 느낀다.

현재 한국컨테이너풀(주) 등 관련 LOGISALL의 회사들은 5조 원이 넘는 사업자금을 투자하여 왔다.

10

현해탄을 건넌
우정의 다리

한국과 일본은 가깝고도 먼 나라라는 말이 있다.

이는 역사적으로 수천 년 동안 한일간에 불행한 과거가 많았기 때문이라고 생각한다.

그러나 나는 한국파렛트풀(주)를 설립하고 파렛트 풀 사업을 추진하여 오면서 일본파렛트렌탈(주)와 함께 현해탄을 건너는 튼튼한 우정의 다리를 쌓아 왔음을 알리고 싶다.

지금으로부터 44년 전인 1980년 1월, 나는 일본파렛트렌탈(주)의 사카이 겐지坂井 健二 회장당시 영업부장을 만났다. 그리고 튼튼한 우정의 다리를 쌓게 된 것은 전적으로 사카이 회장이 노력한 결과라는 사실도 밝히고 싶다.

그 당시 겨우 나이 서른의 사회 초년생에 불과한 나는 대우중공업의 지게차 마케팅을 추진하기 위한 목적으로 일본의 파렛트 풀 제도를 알아보려고 일본파렛트렌탈(주)를 방문하게 되었다. 당시 영업부장이었던 사카이 회장은 파렛트 풀 사업의 선배로서 많은 것을 가르쳐 주었다.

이러한 도움으로 그 해에 나는 자신감을 가지고 한국파렛트풀(주)의 사업계획을 수립하게 되었던 것이다. 그 후 3~4년간 다각적인 노력을 하였으나 파렛트 풀 사업의 착수가 어렵게 되었다. 그리하여 1984년 9월, 물류협회의 전신인 한국물류연구원을 먼저 설립하고 물류 활동을 시작하게 되었는데 바로 그 시점에 사카이 회장이 한국파렛트풀(주)를 공동으로 추진하자는 제안을 하였던 것이다.

돌이켜보건대 사카이 회장의 제안이 없었더라면 나는 물류 분야에만 몰두하게 되었을 것이고 아마도 오늘의 한국파렛트풀(주)는 존재하지 않았을지도 모른다.

1985년 5월, 나는 사카이 회장과 한국파렛트풀(주)를 설립하기로 원칙

| 1987년 10월 일본파렛트렌탈(주)의 사원수련회(앞줄 왼쪽에서 세 번째가 본인, 네 번째가 사카이 회장)

적인 합의를 하였다. 그리고 한국파렛트풀(주) 설립준비위원회를 결성하여 회사설립 방법과 사업방안에 관한 협의를 시작하였다.

그러나 한국측 참여자들 간의 미묘한 이해관계로 견해차이가 발생하였다. 특히 일본측에 대한 불신으로 큰 소리가 오가는 등 회의 분위기가 원만하지 못했다. 그때마다 사카이 회장은 진심으로 한국측 대표들을 이해하고 원만한 합의를 위하여 최선을 다하였다고 기억된다.

드디어 1985년 10월 2일, 한국파렛트풀(주)가 창립되었다. 자본금 5천만 원, 직원 3명, 파렛트 500매의 조그마한 규모로의 출발이었다.

사업을 착수하게 되자 첫 번째로 지원을 받은 것은 노하우와 기술제공이었다. 나는 아무런 로열티 없이 사카이 회장에게 모든 마케팅 자료와 운영 시스템의 정보를 제공받았다. 또한 초기 투자가 어렵게 되자 파렛트 10만매를 보내주기도 했다.

사카이 회장은 한국에 올 때마다 나와 함께 신규 주주를 영입하기 위한 노력을 시도하였다. 이러한 물질적인 사업지원 뿐만 아니라 일본파렛트렌탈(주)의 사원들이 한국을 이해하고 한국파렛트풀(주)와 협력하도록 하는 분위기를 만들기 위하여 직원들의 교류 방문에 많은 배려를 하였다. 초창기 수년간 한국파렛트풀(주)가 사업에 부진하여 고뇌하고 있을 때 언제나 나를 격려하여 주었고 사업에 자신감을 잃지 않도록 배려해 주었다.

지금도 잊지 못할 추억으로 기억되는 것은 1987년 10월, 일본 출장 중 후지산 관광지에서 3박 4일간 함께 하였던 휴양이다. 평소 사카이 회장은 사원들 수련회에 나도 참가시켜 같은 일을 하고 있다는 동료의식을 느끼도록 해주었다.

사카이 회장이 나와 한국파렛트풀(주)에 대하여 베풀어 온 따뜻한 애정은 전체 직원들에게도 전파되어 일본파렛트렌탈(주)와 한국파렛트풀(주)의 관계는 단순한 사업 파트너라는 단계를 뛰어 넘어 훌륭한 한일 우호협력의 성

| LOGISALL과 JPR의 인적교류 실시

공사례로 발전하여 왔다.

이와 같은 성원 덕분에 1990년대에 들어와 한국파렛트풀(주)는 본격적으로 성장하기 시작하였고, 최근에는 전 산업계에 걸쳐 명실상부한 국가차원의 파렛트 풀 시스템을 운영하는 사업체로 성공할 수 있게 되었다.

그 후 불행하게도 한국이 IMF 상황에 직면하게 되었고 한국파렛트풀(주)도 자금 부족의 어려움에 빠지게 되자 일본파렛트렌탈(주)는 대규모 자금 지원과 함께 경영관리 지원도 해주었다.

결국 1990년, 한국파렛트풀(주)는 경영 위기를 극복하고 내실 있는 경영 체제를 복구하여 안정을 되찾게 되었고, 더욱 발전할 수 있는 토대를 마련하였다.

이와 같이 지난 30여 년간에 걸쳐 나는 사카이 회장으로부터 인간적으로나 사업적으로 많은 도움을 받아 왔다. 또한 한국파렛트풀(주)도 일본파렛트렌탈(주)로부터 전폭적인 지원을 받아 왔다. 이러한 일방적인 도움을 받아온 것 때문에 혹자는 우리가 종속적인 관계에 놓여 있지 않나 우려의 시선으로 바라보기도 했다. 그러나 사카이 회장과 일본파렛트렌탈(주)는 처음부터 오늘까지 '우정과 협력'에 충실했음을 밝히고 싶다.

그 결과 한국파렛트풀(주)는 한국산업계의 실정에 맞는 한국적인 파렛트풀 시스템을 구축하게 되었다. 돌이켜보면 사카이 회장을 만나 한국파렛트풀(주)를 창립할 수 있었고 또 한국파렛트풀(주)와 일본파렛트렌탈(주)는 협력을 통하여 한일경제협력이라는 좋은 사례를 만들 수 있었다. 이후 수많은 후진들 간의 교류와 주주들의 친선 모임을 통하여 한일간의 우호 증진에 기여하고 있다.

이러한 결과로 일본파렛트렌탈(주) 사카이 겐지 회장은 한일 경제 협력의 모범사례로 한국 정부의 평가를 받아 2011년 9월 28일, 산업부 장관의 감사패를 받았다.

이것이 새 시대를 맞이하는 한국과 일본의 새로운 역사관계를 마련하는 조그마한 계기가 되기를 간절히 바란다.

11

중노동으로부터
해방

본인은 인본주의 물류스승을 만났다. 일본의 물류 개척자이신 히라하라 스나오平原直 선생님은 자택에 불러 여러 차례 물류 개인 강연을 마련해주셨다. 그중에서 가장 기억에 남아 아직도 잊지 못하고 있는 장면이 있다.

히라하라 선생님께서 태평양 전쟁 중 '일본통운日本通運' 회사의 하역작업 책임자로서 근무하던 물류현장을 소개하면서 눈물을 흘리며 울면서 말하셨다.

당시 일본 군대의 전쟁물자를 하역작업하던 인부들의 처참한 모습은 등짐을 지고 나르는 소나 말 같은 짐승과 같이 혹사당하고 있었다는 사실이다. 가혹한 노동으로 어깨나 등에 혹

| 등짐을 지고 있는 여인

이 생겨나고 짐에 깔려 죽는가 하면 인간으로서 대접받지 못하는 지옥 같은 작업현장이었다고 한다.

미군들은 지게차와 파렛트시스템으로 병참작업이 완벽히 기계화되어 있었으나 일본군의 병참술은 낙후되어 있었다. 전쟁이 끝난 후 히라하라 선생님은 일본산업계의 하역기계화를 계몽하기 위하여 '하역연구소荷役研究所'를 설립하고 활동을 시작하였다.

1950년대 해외 선진국에서 발전하고 있던 파렛트시스템을 일본에 도입시키기 위한 노력을 하여 왔으며 일본정부에 파렛트풀제도를 설립할 것을 제안하였다.

1964년에는 사단법인 일본파렛트협회를 설립하였고, 이러한 노력의 결과 1971년 JAPAN PALLET RENTAL, 1972년 NIPPON PALLET POOL 일본 국가차원의 파렛트풀 회사가 탄생하였다.

1979년 9월, 대우그룹 대우중공업에서 지게차 마케팅을 담당하고 있던 본인이 『하역과 기계荷役と機械』라는 물류전문지를 찾아내었고 당시 발행자이셨던 하역연구소의 히라하라 소장을 만나게 되었다. 한국에서 지게차 시장을 개척하기 위해 노력하고 있던 본인에게 물류현장의 인류역사를 가르쳐주는 스승이 되어주셨다.

이집트의 피라미드나 스핑크스, 중국의 만리장성, 인도 갠지스강의 수리관개시설 등 찬란한 문명도 수많은 사람들의 고난의 결과물이라는 것도 알게 되었다. 인간의 지혜로 중노동으로부터 탈출하기 위해 소나 말 등 가축을 길들여 활용하기도 하였으나 본격적인 기계화 작업은 1900년대에 들어와 대량생산을 하는 공장에서 Material Handling Engineering 분야로 연구되기 시작하면서부터였다. 특히 현대적인 물류시스템은 지게차와 파렛트시스템으로 인간이 중노동으로부터 해방될 수 있었다.

1985년 10월 2일 본인은 한국파렛트풀(주)를 설립하게 되었고, 히라하라下原 스승님과 JPRJapan Pallet Rental의 사카이겐지 사장의 도움으로 한국파렛트풀(주)는 훌륭한 성공 모델이 되어 현재 CHEP에 이어 세계적으로 두 번째 규모의 회사가 되었고 파렛트 3,000여 만 매를 보유하여 35만 개 고객기업들이 이용하고 있다.

우리나라 파렛트풀 사업의 성공으로 전국 어디에서나 인력에 의한 하역작업은 완전히 사라졌고 지게차와 파렛트 시스템으로 작업이 모두 기계화되었다.

물류 선진국들인 유럽이나 북미·일본 등과 비교해도 전혀 낙후되지 않고 오히려 앞선 선진적인 물류현장이라고 생각한다. 오히려 최근 일본에서는 '2024년 물류문제'라는 이슈가 등장한 첫 번째 이유가 트럭운송에 있어 파렛트시스템이 낙후되어 트럭 기사에게 상하차 작업의 부담을 지우게 하고 있어 국가적인 과제로 등장하고 있는 실정이다. 이와 반대로 우리나라에서는 제조공장, 유통회사, 물류센터 등 어느 산업현장에서도 완벽한 지게차와 파렛트시스템이 도입되어 있고 심지어 농촌지역의 현장에서도 모두 파렛트시스템이 채택되어 있는 물류선진국이 되었다.

40여 년 전 한국파렛트풀을 창립하던 날 본인의 물류스승인 히라하라 선생님께 단순히 돈을 벌기 위한 사업이 아니라 한민족의 안녕과 번영을 위해 노력하겠다는 약속이 이루어졌다는 사실에 대단히 기쁘게 생각하고 있다.

본인이 지난 40여 년 동안 꿈꾸어온 한국에서의 파렛트와 지게차 시스템은 수백만 명의 사람들에게 중노동으로부터 해방시켜 노동복지를 실현시켰다는 자부심을 갖고 싶다. 또한 본인이 회장을 맡고 있는 APSFAsia Pallet System Federation는 아시아 각국들이 파렛트시스템을 도입하도록 하는 노력을 하고 있다.

APSF를 구성하고 있는 한국, 일본, 중국, 태국, 말레이시아, 인도네시아, 필리핀, 베트남, 인도, 미얀마 10개 국의 전체 경제 · 사회적 규모를 분야별로 살펴보면, 첫째, GDP 규모가 2021년 기준으로 30조 5,417억 달러로, 전 세계 GDP 규모 96조 5,100억 달러의 32%를 차지하고 있다. 둘째, 인구는 2023년 현재 36억 8,357만 명으로, 전 세계 인구 80억 4,531만 명의 절반 수준인 46%에 달하고 있다. 셋째, 무역 규모 역시 2021년 기준 12조 2,049억 달러로, 전 세계 무역 규모인 44조 1,763억 달러의 28% 수준에 해당한다. APSF는 아시아인에게 인간다운 삶을 누릴 수 있도록 모든 공장이나 물류 현장에 현대적인 파렛트시스템을 도입시킨다는 '인본사상人本思想'을 가지고 있다.

아시아 국가들의 경우 경제발전이 늦어져 지금까지는 유럽이나 북미에 비교하면 물류하역현장에서 인력 작업 의존도가 높다. 상대적으로 인건비가 저렴하기 때문에 파렛트 위에 화물을 적재하는 작업을 인력으로 하고 있으며 심지어는 파렛트를 사용하지 않고 낱개 화물을 하나씩 인력으로 작업하는 낙후된 물류현장이 상당히 많은 실정이다. 다행스럽게도 오늘날 아시아 지역도 경제가 급속하게 발전하고 있으며 임금도 빠른 속도로 상승하고 있다. 1인당 소득을 보더라도 한국과 일본은 3만 5천 달러 수준, 중국과 말레이시아는 1만 달러 수준을 넘어섰고, 상대적으로 소득 수준이 낮은 다른 나라들도 경제성장 속도가 빨라 머지않은 장래에 1인당 연

| APSF 회원국

간 소득이 1만 달러를 달성하는 아시아 국가들이 늘어나게 될 것이다. 이렇게 되면 인간으로서 감당하기 어려운 가혹한 물류현장의 하역 작업부터 기계화되어 파렛트와 지게차 사용이 보편화될 것으로 예상된다.

경제발전은 물동량의 증가와 물류 활동의 확대로, 나아가 파렛트 수요 증가로 이어진다. 이러한 과정에서 물류를 효율화하려는 노력이 따르게 될 것인데, 물류시스템 선진화의 출발점은 효율적인 파렛트시스템 구축이다. 이러한 관점에서 본인은 향후 10년 이내에 아시아 물류시스템이 선진화될 수 있을 것으로 기대하고 있으며, 선진화된 일관 파렛트 시스템은 아시아에서의 수많은 물류현장 하역작업의 기계화 · 자동화를 실현시켜줄 것이다.

■ APSF 회원국들의 사회 · 경제 지표

국가명	GDP (10억 달러)	인구 (1,000명)	1인당 GDP (달러)	무역 합계 (100만 달러)
한국	1,810.2	51,558	34,984	1,259,493
일본	4,937.4	123,295	39,285	1,524,892
중국	17,734.1	1,425,671	12,556	6,051,575
태국	506.0	71,801	7,233	538,774
말레이시아	372.7	34,309	11,371	537,007
인도네시아	1,186.1	277,534	4,292	425,892
필리핀	394.1	117,337	3,549	199,157
베트남	362.6	98,859	3,694	667,511
인도	3,173.4	1,428,628	2,277	968,334
미얀마	65.1	54,578	1,187	32,281
APSF 합계 (A)	30,541.7	3,683,570	–	12,204,916
전 세계 합계 (B)	96,510.0	8,045,311	–	44,176,359
비율 (A/B)	32%	46%	–	28%

※GDP, 무역 규모는 2021년, 인구는 2023년 기준

파렛트 선진국에서는 1인당 평균 2.5매의 파렛트를 사용하고 있다. 이를 기준으로 산출하여 보면 미래에 예상되는 APSF 회원국 전체의 파렛트 시장 규모는 100억 매로 예측되는데, 이는 세계에서 가장 큰 파렛트시스템의 등장을 의미한다. APSF 회원국들이 100억 매의 파렛트를 시스템적으로 운용함으로써 아시아 역내 경제발전은 물론, 전 세계 경제성장을 견인하게 될 것이라 확신한다.

현재 한국과 일본은 인력작업을 하는 물류 현장이 사라지고 완벽한 선진국형 파렛트시스템이 실현되고 있다. 뒤이어 중국을 비롯하여 아시아 여러 나라들도 현대 물류의 총아인 일관 파렛트시스템을 도입하게 되는 날이 올 것이라 믿고 있다. 이렇게 되면 아시아인 수억명이 중노동으로부터 해방될 것이고 인간답게 삶을 누릴 수 있는 '물류복지시스템'이 실현될 것이다.

이 꿈은 히라하라 물류 스승이 아시아 물류인 후배들에게 제시한 '아시아 선린물류'라는 물류 철학을 구현하려고 하는 물류의 길이기도 하다.

| 히라하라 스승으로부터 배우고 있는 필자

12

한국의
표준 파렛트

사람이 살아가는데 필요한 세 가지 필수요건은 바로 의 · 식 · 주이다.

사람이 살아가려면 입어야 할 옷과 먹어야 할 식품, 그리고 지내야 할 집이 있어야 한다는 말이다. 그런데 이러한 물자들이 유통되고 이동할 수 있도록 하는 것이 물류이며 물류 과정을 통하여 이 생활물자들은 파렛트에 실려 움직이고 있는 것이다.

즉, 파렛트는 오늘날 우리의 생활을 가능하게 하는 물류에 있어서 없어서는 안 되는 필수장비이다. 그런데도 일반인들은 '파렛트'라는 존재를 잘 모르고 있는 것 같아 안타까움을 금할 수 없다.

물론 물류 현장을 본 적이 없는 보통 사람들이 파렛트가 무엇인지 잘 모르는 것은 어쩌면 당연한 결과이다. 그런데 물류 분야에서 일을 하고 있는 물류인들조차 파렛트가 인간을 중노동의 굴레로부터 해방시키기 위해 1톤씩 무거운 짐을 지고 수고하고 있다는 사실을 망각한 채 파렛트를 함부로 다루는 경우를 보면 안타깝기만 하다.

게다가 물류전문가들조차 파렛트 시스템을 제대로 이해하지 못한 채 파렛트 표준화를 무시하거나 표준 파렛트의 존재 자체를 부정하는 경우를 보면 참으로 답답하다.

한국의 표준 파렛트는 T11형이다. 이것이 탄생한 시기는 1973년이었고 국가 표준 규격으로는 KS A 2155이며 치수로는 1,100㎜(가로)×1,100㎜(세로)×144㎜(높이)이다. 머리글자에 'T'자를 붙인 것은 영어 'THROUGH TRANSIT'의 '일관수송용'이라는 의미이다.

이 T11형 표준 파렛트의 운명은 그다지 순탄하지만은 않았다. 탄생된 초기인 1970년대에는 우리 산업계에 물류가 도입되기 이전이었으므로 파렛트의 보급자체가 지극히 부진하였고, 규격의 표준화에는 관심조차 없었던 시절이었다.

1980년대에 들어와 ISO차원에서 파렛트 국제 규격의 표준화가 논의되기 시작하였고, 파렛트 전문위원회TC51에서 유럽과 미국, 그리고 호주와 일본 등의 대표들 간에 협의가 계속되었으나 각국의 이해관계로 합의를 이루지 못하고 있었다. 그 당시 우리나라에서도 중량물인 업종을 중심으로 일관수송용 파렛트 시스템이 도입되어 가고 있었던 시기이다.

1988 서울올림픽을 기점으로 임금이 급격히 상승하자 일관 파렛트화파렛트에 의한 수송체제는 전체 산업계로 확산되기 시작하여 90년대부터는 유럽, 미국, 호주, 일본 등 선진국 수준과 같은 방식으로 파렛트가 보급되었다.

국제적으로도 1988년도에 ISO의 TC51파렛트 전문위원회에서 국제 파렛트 규격에 관한 합의가 도출되었다.

그러나 유럽, 미국, 호주와 일본 등의 국가간 이해관계로 각각의 표준 파렛트를 모두 채택, 4가지 치수를 국제 규격으로 인정하는 결과를 수용할 수밖에 없었다.

현재의 국제 표준 파렛트 규격ISO 6780에는 유럽의 1,200㎜×800㎜와 미국의 48″×40″1,219㎜×1,016㎜, 그리고 호주규격1,165㎜×1,165㎜과 일본, 한국 규격1,100㎜×1,100㎜의 중간규격인 1,140㎜×1,140㎜와 1,200㎜×1,000 ㎜ 규격 등으로 구성되어 있다.

그리고 1,140㎜×1,140㎜규격에는 −40㎜까지 허용공차를 주어 결국 1,100㎜×1,100㎜규격도 ISO의 규격으로 간접 인증하고 있는 것이다. 그런데 파렛트 공차로 보통 5㎜가 인정되고 있음을 감안할 때 −40㎜까지의 공차허용은 다소 모순이라고 판단된다.

나는 한국도 ISO의 파렛트 전문위원회TC51에 정식회원으로 가입하여 파렛트 규격회의에 참여할 수 있도록 정부에 요청하였다. 1994년 10월에 정식회원이 되었고 1995년 5월 제14차 파렛트 전문위원회미국 워싱턴에 내가 한국대표로 참석하였다. 이 위원회에서 일본대표와 함께 미국, 캐나다, 영국대표들의 도움을 얻어 1,100㎜×1,100㎜ 규격을 정식 ISO규격으로 포함시킬 수 있는 안을 마련할 분과위원회WG 6를 구성하는 데 성공하였다. 그리고 1996년 6월 캐나다의 토론토 분과위원회에서 T−11 표준 파렛트도 포함된 ISO의 표준 파렛트 개정안을 마련하는 성과를 이끌어 내었다.

이후 2003년 8월 26일 실시된 ISO TC/51 FDIS 최종투표에서 T−11 형이 태평양지역 단일 국제표준규격으로 확정됨에 따라 우리나라와 일본을 중심으로 추진되고 있는 아시아 파렛트 표준화 작업이 급물살을 타게 되었다. 특히 T−11형의 국제표준 확정은 LOGISALL과 한국파렛트협회가 8년간의 긴 시간 동안 추진해왔기에 더욱 뜻 깊은 일이었다. 이제 남은 과제는 아시아 파렛트 표준화를 추진하기 위해 아시아 표준 규격 T−11형 파렛트를 어떻게 보급, 확산시킬 것인가를 고민하는 일이다. T−11형이 아시아 태평양 지역의 유일한 대표규격으로 확정되기는 하였지만 우리나라는 물론

| 한국의 표준 파렛트 T-11형 목재 파렛트(좌), T-11형 플라스틱 파렛트(우)

아시아 태평양 지역을 포괄하는 파렛트 풀 시스템과 물류공동화 시스템 구축을 위해서는 중국과 동남아시아 국가들이 T-11형 파렛트를 자국의 표준 규격으로 채택하고 자국의 물류시스템도 T-11형 규격으로 표준화하여 구축하여야만 가능하기 때문이다.

이처럼 표준 파렛트의 문제는 국가간에 이해관계가 서로 다르다. 이런 사정을 잘 모르는 일부 물류 전문가들은 마치 ISO파렛트 규격이 1,000㎜× 1,200㎜의 단일 규격으로 결정되어 있는 것으로 발언하기도 하고 T11형 한 가지 규격으로는 현실적으로 무리이므로 두세 가지 규격이 되어야 한다고 복수안을 제안하는 등 그동안 한국의 표준 파렛트에 관한 반론이 가끔 있어 왔다.

특히 이해할 수 없는 일은 1,200㎜×1,000㎜규격의 파렛트를 사용하고 있는 일부 외국회사들이 이 규격도 한국의 표준 파렛트로 채택할 것을 요구한다는 사실이다. 정확히 말하자면 한국의 표준 파렛트는 한국의 물류 주권이며 수송장비, 물류 설비 등에 가장 정합성을 갖는 규격으로 결정하는 것이 원칙이 되어야 한다.

한국의 T11형 파렛트는 국내의 주된 수송수단인 8톤 이상 트럭 적재함과 국제 해상용 컨테이너에 2열 적재하는데 가장 효율적인 규격이며 ISO의 유럽대표들도 이를 인정하고 있다.

현재 우리나라에서의 T11 표준 파렛트의 보급율은 17% 수준이다. 파렛트 표준화율이 낮기는 하나 다른 규격에 비교하면 가장 많이 사용하고 있는 규격이다.

다행스러운 점은 정부차원에서 물류 표준화를 중요한 물류정책으로 수립하고 T11 표준 파렛트의 보급을 확산하기 위한 정부 관련 부처의 노력이 집중되고 있다는 것이다.

한국에서 국가 차원의 파렛트 공동 이용제도인 한국 파렛트 풀 시스템을 운영하고 있는 한국파렛트풀(주)도 T11 표준 파렛트 보급에 앞장서고 있음을 밝히고 싶다.

한국파렛트풀(주)가 보유하고 있는 파렛트 수량 중에서 T11 표준 파렛트가 초기에는 25% 수준이었으나 현재는 60% 이상을 넘어 서고 있다. 단순한 사업의 목적만을 위한다면 비표준 파렛트의 사업도 확대시켜 나갈 수 있지만 한국물류의 먼 장래를 위해서는 물류 표준화를 외면해서는 안 된다는 것이 한국파렛트풀(주)의 경영자인 나의 생각이다.

아시아 각국이 T-11형 파렛트 규격으로 표준화하여 일관 파렛트 수송시스템을 구축할 수만 있다면 그 가치는 실로 천문학적인 것이 될 것이다. 그렇게만 된다면 물류비용 절감과 서비스 향상은 물론 자원절약과 지구환경 보호차원에서도 그 효과는 막대할 것이다. 우리나라의 입장에서는 국가 물류 경쟁력 제고로 아시아 물류중심국 건설에 중요한 기초가 될 뿐 아니라 물류산업의 아시아 진출에도 크게 기여할 것이다. 이러한 효과는 우리나라뿐 아니라 함께 참여하는 아시아 국가 모두 그 이익을 향유할 수 있다. 그러나 이러한 이상과 목표는 현실적으로 그 추진이 대단히 어려운 것도 사실이다. 때문에 장기간에 걸친 꾸준한 노력이 더욱 절실하다.

13

실패에서 얻은
교훈

사람이 살아가는 인생의 항로에는 언제나 순탄한 길만 있는 것은 아니다.

순풍에 돛을 올리고 출발하지만 도중에 예기치 못한 폭풍우와 거센 파도를 만나기도 한다.

한국파렛트풀(주)도 출범한 후 지금까지 39년이 흐르는 동안 결코 순탄한 항해만을 하지는 못했다. 때로는 준비가 부족하여 앞으로 나갈 수가 없었고, 때로는 외부의 여건이 나빠 방향을 잡기가 어려웠다.

그 중에서 가장 어려웠던 순간은 표준 파렛트의 보급 확산을 무리하게 서둘러 추진하던 때라고 생각된다. 또 결정적으로 좌초하여 전복할 뻔한 위기를 만나게 된 것은 건설·건축 자재업계에 파렛트 풀 시스템을 착수하였던 실수 때문이었다.

한국파렛트풀(주)에서 표준 파렛트를 건설·건축업계에 투입하여 최대의 실패로 끝난 경위는 다음과 같다.

80년대부터 정부에 제안하여 왔던 물류 표준화라는 과제는 90년대에 들어와 정부 차원의 물류 표준화 정책들로 구체화 되었고 그중에서도 표준 파렛트의 보급을 촉진하기 위한 계획이 세워졌다.

1995년도에 건설교통부에서는 한국파렛트풀(주)가 매년 표준 파렛트를 50만 매씩 신규 보급할 수 있도록 구입 자금의 30%를 장기 저리로 융자, 지원하는 방안을 마련하였다. 이는 5개년 계획으로 T11형 표준 파렛트 250만 매를 보급하여 우리나라의 물류 표준화를 촉진시키려는 의욕적인 구상이었다.

나 개인적으로도 물류 표준화에 앞장서고 싶었을 뿐만 아니라 그 당시 한국파렛트풀(주)의 사업자금을 마련하기가 어려웠던 시절이었기에 비록 전체 자금의 30%만을 지원 받는 방법이기는 하였으나 정부의 표준 파렛트 육성자금을 활용하기 위하여 전력을 다했다.

첫 해인 1996년도에는 표준 파렛트 50만 매를 구입하면서 이를 이용할 고객을 확보하기 위한 마케팅 전략을 추진하였다. T11형 표준 파렛트의 확대를 위하여 한국파렛트풀(주) 회사차원의 역량을 모아 최선을 다하였으나 50만 매라는 사업계획의 절반 수준인 25만 매만 투입되고 나머지 25만 매의 T11형 신규 파렛트는 재고로 안고 1996년을 마감하였다.

물류 표준화가 우리나라 물류 선진화를 위하여 반드시 필요한 과제라는 인식과 정부의 표준 파렛트 촉진정책을 달성시켜야 한다는 신념에서 다음 해에도 T11형 표준 파렛트 보급을 위하여 분발하였으나 1997년 6월 말이 되자 상황은 더욱 나빠져 T11형 표준 파렛트의 신규 재고가 수량으로 35만 매, 금액으로 100억 원을 넘어 서고 있었다.

T11형 표준 파렛트의 과잉 재고는 한국파렛트풀(주)의 경영에 부담이 아닐 수 없었다. 보다 고민스러웠던 점은 정부의 표준 파렛트 보급 5개년 계

획을 중도에 포기해야 한다는 것이었다.

전국 집배소에 산더미처럼 쌓여 있는 T11형 신규 파렛트의 재고량을 줄이기 위해 회사 차원에서 갖은 노력을 다하였다. 기존 고객기업들 중에서 비표준 파렛트를 사용하고 있는 회사의 물류 관리자들에게 T11형 표준 파렛트로 전환하도록 설득하였고, 이런 경우에는 풀 요금을 절반 수준으로 대폭 인하하는 조건도 제시하였다.

그러나 기존고객들이 표준 파렛트로 전환하는 데에는 수많은 장애요인이 있어 짧은 기간 내에 T11형 표준 파렛트의 재고를 획기적으로 감축한다는 것은 불가능하였다.

T11형 표준 파렛트의 수요를 창출할 수 있는 새로운 시장을 개척하여야만 하였다. 당시에 한국파렛트풀(주)의 파렛트 풀 시스템이 도입되고 있지 않았던 업종 중에서 T11형 표준 파렛트의 사용이 가능한 분야에 대한 마케팅을 추진하였다.

대상 물동량으로 농산물과 건축·건설 자재의 업종이 선정되었다. 그중에서 농산물은 아직 파렛트화가 착수되지 않은 단계였기에 당장 다량의 파렛트를 투입할 수 없었다.

그러나 건축·건설자재의 물동량들은 중량물이었으므로 이미 자사 파렛트에 의한 일관 파렛트화가 도입되어 있었고 비교적 T11형 표준 파렛트의 채택이 용이한 업종이라고 판단되었다. 그리하여 건축·건설 자재 분야에 당사의 파렛트 풀 시스템을 전면적으로 착수하기로 하였던 것이다. 이후 적벽돌, 시멘트 벽돌, 보도블럭, 타일, 백 시멘트 등 다양한 종류의 건축·건설자재에 당사의 T11형 표준 파렛트가 투입되기 시작하였다. 전국에 걸쳐 100여 개 회사의 공장에 공급하고, 12,000여 공사 현장에서 회수하는 파렛트 풀 시스템으로 확산되어 갔다.

처음에는 T11형 표준 파렛트의 수요가 다량으로 창출되리라고 잔뜩 기

| 벽돌을 싣고 건설현장에 투입된 파렛트

대를 하였으나 이내 예상하지 못했던 파렛트 풀 운영상의 심각한 문제가 발생하고 말았다.

가장 어려운 일은 공사 현장에서 파렛트를 회수하는 것이었다. 파렛트의 최종 도착지인 공사 현장이 한시적인 사업장이므로 빈 파렛트를 회수하는 고정된 네트워크를 구축할 수가 없었으며, 현장 작업자들이 이에 대한 이해부족으로 파렛트 관리에 협력하지 않았다.

또한 중간 유통단계인 판매 대리점이나 도매상들이 파렛트 이동 데이터를 관리하지 않을 뿐만 아니라 유통 자료의 노출을 기피하려 했기 때문에 파렛트의 수량 관리나 이동 추적이 불가능하였다. 이런 결과로 파렛트의 회수율은 지극히 낮고 외부유출이 많아 분실되는 파렛트가 부지기수였다.

또 회수가 된 파렛트도 파손이나 오염이 심하여 수리비용이 많이 들고 세척작업이 필요한 실정이었다. 게다가 계절적인 물동량의 변동으로 공장 등에서 재고 기간이 장기화되어 파렛트 회전율까지 떨어지게 되었다.

이와 같이 심각한 문제들이 발생하여 건축 · 건설 분야의 파렛트 풀 사업은 착수한지 2년을 넘기지 못하고 철수하고 말았다.

당사가 이 분야에서 철수하자 건축 · 건설업계에서는 계속 운영하여 줄 것을 요청하였으나 이해 당사자들이 관리에 참여하지 않는 상황에서 더 이상 지속할 수가 없었다.

당시 표준 파렛트 확대에 너무 집착한 탓에 과대 재고가 발생하였고, 이를 해소하고자 무리하게 건축 · 건설 분야의 파렛트 풀 사업을 착수하였으며 그 결과 재산상 · 금전상으로 커다란 손해를 본 참담한 실패를 하였던 것이다. 이 실패를 통하여 얻은 교훈이라면 파렛트 풀의 원칙에 더욱 충실하여야 한다는 진리이다.

파렛트 풀 시스템이란 파렛트를 공동으로 이용하는 제도이므로 이해 관계자 모두가 운영시스템에 참여하여야 한다. 왜냐하면 파렛트 풀 회사로서는 하나의 사업을 영위하는 수단이겠지만 이용업체들 모두에게 도움이 되는 공동 시스템이기 때문이다. 즉 한국파렛트풀(주) 혼자만의 노력이 아니라 파렛트를 이용하는 물류 관리자들 모두가 공동체의 구성원으로서 파렛트를 관리하는 시스템을 만들어야만 파렛트 풀이 존재할 수 있다고 생각한다. 따라서 우리나라에서 국가 단위의 파렛트 풀 제도를 담당하고 있는 한국파렛트풀(주)의 목표는 '어떻게 하면 파렛트 풀을 이용하고 있는 고객기업의 물류 관리자들이 파렛트 관리에 뜻을 같이 할 수 있게 하는가?'에 있다.

한국파렛트풀(주)는 27년 전에 실패했던 건축 자재업계에 다시 도전하고 있는데, 2020년부터 국내 시멘트 제조업계에 1,100㎜×900㎜의 표준 규격 목재 파렛트로 파렛트풀 시스템을 착수하게 된 것이다. 그동안 한국파렛트풀(주)는 플라스틱 파렛트로 파렛트풀 시스템을 운영해 왔으나, 자원 정책 측면에서 지나친 플라스틱 소재 위주의 비즈니스 모델을 탈피하여 목재 자원을 활용하기 위한 환경자원 전환 전략을 채택한 것이다.

로지스올은 현재의 플라스틱 중심의 사업 모델을 목재, 금속 자원 등을 본격 도입하여 환경친화적인 사업을 전개해 나아갈 것이다.

14

1국가 1파렛트
풀 시스템

물류에서 물자의 흐름이 파렛트를 타고 움직이는 것과 마찬가지로 경제에서 상거래는 화폐를 매개 수단으로 이루어지고 있다.

즉 물류에서 파렛트가 하는 역할과 경제에서 화폐의 역할이 동일하다고 생각한다.

그런데 화폐제도에 있어서는 어느 나라나 1국가, 1시스템으로 운영되는 것이 원칙이다. 우리나라 역시 한국은행이 마련한 화폐만 유통되도록 하는 단일 시스템을 운영하고 있다.

| 한국은행이 발행한 1만 원 지폐

만약 한국은행 외에 다른 은행이 독자적으로 별도의 화폐를 만들어 유통을 한다면 화폐제도의 2원화로 경제활동에 혼란이 발생하게 될 것이다.

더구나 다른 은행들도 모두 각자 화폐를 만들어 다수의 화폐 시스템이 운영된다면 어떻게 될 것인가? 아마 경제 시스템이 얼마가지 않아 마비되어 버릴 것이 뻔하다.

이와 같은 논리로 물류 분야에서 파렛트 풀 제도도 1국가, 1시스템으로 운영되어야 한다는 당위성을 갖고 있음을 설명하고자 한다. 물류는 물자의 흐름으로 구성된 것이고, 이러한 물자 흐름이란 유니트 로드 시스템으로 형성되어야 하며, 그 중심수단이 바로 파렛트이다.

이 파렛트는 평균적으로 1톤 정도의 화물을 적재한 채 물자 흐름을 따라 이동하게 된다. 이를 일관 파렛트화라고 한다. 즉 물자의 발송지로부터 최종 도착지까지 파렛트가 연계되어 사용되는 것이다.

물류에서 파렛트를 이용하는 주된 목적은 이렇게 일관 파렛트화를 실현시키는 것이다. 파렛트를 일관 파렛트화의 방식으로 사용하게 되면 인력으로 작업하는 경우와 비교하여 물류 작업 효율이 10배로 향상된다. 이런 측면에서 파렛트 시스템은 물류 문명국가를 평가하는 기준 척도가 되고 있다.

그러나 일관 파렛트화를 채택하면 물류효율이 향상되지만 동시에 문제점도 발생한다. 일관 파렛트화의 문제로서 다음과 같은 것들이 있다.

일반적으로 물동량이란 한 방향으로만 이동하는 편도 물량이 많고 파렛트를 이용하는 화물들은 물류 거점간 장거리 수송이 대부분이다. 따라서 최종 도착지에서 발생한 빈 파렛트들을 처음 출발지로 회수하여야 하고 이때 불가피하게 많은 운임을 부담하여야 한다.

또한 대단위 출하 공장의 경우에는 발송처가 수백 수천 개소가 되기 때문에 도착지 기준으로는 물량 규모가 적어 파렛트 수량이 소량이기 마련이다.

이런 경우에 파렛트를 내보낸 발송자가 도착지에서 발생한 소량의 빈 파렛트를 회수한다는 것은 비용면에서나 현실적으로 불가능하다. 더구나 물동량은 변동이 심하므로 이 파동에 대처하기 위하여는 최대 물동량에 대비한 다량의 파렛트를 미리 확보하고 있어야 하는데, 이 경우에도 불필요한 파렛트 구입자금의 낭비는 물론이고 물동량이 줄어들 때 파렛트의 가동율이 떨어지게 된다는 문제와 빈 파렛트를 보관해야 할 창고가 필요하게 된다는 문제가 발생한다.

이러한 일관 파렛트화의 문제점들을 해결하기 위한 방안으로 불특정 다수의 기업들이 표준 파렛트를 공동으로 이용하는 제도인 파렛트 풀 시스템이 창안되었다.

파렛트 풀 제도는 개별기업 차원의 물류 한계를 극복하기 위한 물류 공동체이다. 파렛트 풀 시스템이 도입되면 다음과 같은 효과가 있다.

첫째, 장거리 빈 파렛트 이동이 불필요하게 된다.

둘째, 소량의 파렛트도 회수할 수 있다.

셋째, 전체의 파렛트 소요량을 대폭 축소할 수 있다.

위와 같은 파렛트 풀 시스템의 장점은 결국 물류 공동화의 효과라고 볼

| 파렛트 풀 시스템을 이용한 일관 파렛트화 개념도

수 있다. 여기서 물류 공동화의 범위로서 전국을 하나의 네트워크로 구축하는 국가단위의 파렛트 풀 시스템은 지역간, 업종간의 차원을 극복하여야 한다.

가장 이상적인 물류 공동체로서의 국가 단위 파렛트 풀 시스템은 국가의 표준 파렛트를 채택하고, 업종에 관계없이 전체 산업계가 참여하며, 전국을 하나의 네트워크로 운영하는 단일 시스템이어야 한다. 즉 1국가, 1파렛트 풀 시스템의 원칙이다.

이러한 원칙의 당위성은 앞에서 언급한 국가의 화폐제도가 단일 시스템이어야 하는 이유와 같다. 화폐제도가 상거래의 질서를 유지시키기 위하여 단일 시스템이어야 하는 것과 마찬가지로 물류 흐름에 일관 파렛트화가 필요하고, 이를 실현시키는 파렛트 풀 제도도 단일 시스템이어야 한다.

만약 국가단위 파렛트 풀 시스템이 2개 이상 복수로 존재한다면 그 숫자에 반비례하여 파렛트 풀의 효과는 작아지게 될 것이다. 더구나 수많은 물류 현장에서 서로 다른 파렛트를 선별하고 분류하는 작업으로 어려움에 직면하게 될 것이다. 이러한 이유로 국가단위의 파렛트 풀 제도는 1국가, 1시스템이어야 한다.

한국파렛트풀(주)는 우리나라의 국가단위 파렛트 풀 시스템을 운영하고 있다. 1985년 10월 2일 출발하여 초기에는 어려움이 많았으나 2000년대에 들어와 주주들과 투자가들의 적극적인 참여로 지금까지 3조 원을 투자하여 현재 3,000만 매의 파렛트를 보유하고 있으며 고객기업들이 파렛트 풀 시스템을 긍정적으로 채택하여 준 결과로 전 업종에 걸쳐 35만여 회사가 이용하고 있는 명실상부한 우리나라의 파렛트 풀로 자리잡게 되었다.

그러나 한국파렛트풀(주)가 우리나라의 국가 단위 파렛트 풀 시스템을 보다 완벽하게 수행하기 위하여 현재에 만족하지 말고 더욱 노력하여야 한다고 생각한다. 특히 표준 파렛트의 보급에 앞장서 물류 표준화에 있어 선진국이 되도록 하여야 한다. 또 최근 급속히 발전하고 있는 정보 통신 기술을 도입하여 첨단형 파렛트 풀 시스템으로 발전시켜야 한다.

마지막으로 모든 물류인들로부터 사랑을 받는 한국파렛트풀(주)가 되었으면 하는 마음이 간절하다.

15

시너지 효과의
창출

한국파렛트풀(주)를 1985년 10월 2일에 창업하여 우리나라의 파렛트 풀 시스템을 정착시킨 지 11년만인 1996년 11월 1일, 나는 한국컨테이너풀(주)를 설립하여 수송용기와 포장용기의 공동이용제도인 컨테이너 풀 시스템을 착수하였다.

내가 파렛트 풀 사업에 이어 컨테이너풀 사업을 착안하게 된 배경은 다음과 같다.

먼저 화물용기인 컨테이너와 화물받침대인 파렛트에 관한 연구를 통하여 이들의 역할과 그 중요성을 발견하게 되었다. 물류시스템화를 실현하기 위하여 유니트 로드 시스템은 반드시 필요한 선결과제이며, 이 유니트 로드화의 기본수단이 컨테이너와 파렛트이다.

물류를 물자의 흐름이라는 과정에서 보면, 생산된 물자를 포장용기인 컨테이너에 담아 이들을 파렛트 위에 적재하여 운반하거나 보관하게 된다. 또 화물이 적재된 파렛트들을 수송용기인 컨테이너에 싣고 운송을 하게 된다. 이와 같이 파렛트와 컨테이너는 물류의 기본도구로서 상호간에 밀접하게 연계된 물류시스템을 구성하고 있다. 따라서 나는 우리나라 물류시스템을 선진화시킬 수 있는 저비용 고효율의 파렛트 시스템과 컨테이너 시스템의 개발에 몰두하여 왔고, 향후 우리 산업계에서 필요로 하게 될 파렛트와 컨테이너의 용도개발에 앞장서게 되었다.

다음으로 파렛트와 컨테이너를 사용하는 방법에 관하여 연구하여 왔다. 그 결과 얻은 결론은 최초 출발지로부터 최종 도착지까지 일관 파렛트화가 실현되어야 하는 것이며 이는 파렛트를 단지 구내용으로만 사용하는 것이 아니라 외부 수송용으로 사용하여야 한다는 것이다.

즉 진정한 의미의 파렛트는 일관수송용 파렛트를 말한다. 그리고 일관수송용 파렛트는 최종 도착지에서 빈 파렛트가 되면 최초 출발지로 반드시 되돌아 와야 하므로 일관 파렛트화란 항상 파렛트를 회수해야 한다는 골치 아픈 문제가 수반되기 마련이다.

이러한 파렛트의 회수문제를 해결하기 위한 방안이 파렛트를 표준화하여 기업들간에 공동으로 이용하는 제도인 파렛트 풀 시스템이다.

그러므로 한국파렛트풀(주)라는 회사를 설립하여 파렛트 풀 시스템을 운영하고 있는 것이다. 한국파렛트풀(주)의 탄생으로 우리 산업계에서도 본격적인 파렛트 수송의 시대가 열리게 되었고 그 결과 일관 파렛트화가 급속하게 촉진되었다.

파렛트 풀 사업을 추진하여 오면서 나는 파렛트 위에 적재하는 포장용기에 대해 많은 관심과 흥미를 갖게 되었다. 왜냐하면 파렛트 풀을 통하여 파렛트의 표준화를 촉진하고 회수하여 반복 사용하는 등 비용을 절감하기 위한 노력을 하여 왔으나 상대적으로 많은 비용이 드는 포장용기는 일반적으로 한 번 쓰고 버리는 1회용이었다는 사실을 발견하였다. 더구나 이러한 1회용 포장용기들은 한 번 쓰고 나면 포장폐기물이 되어 다량의 쓰레기가 발생, 국가적인 환경문제를 야기하고 있는 실정이었다. 또 한 번 쓰고 버리는

1회용 포장용기들인지라 포장규격에 있어서도 전혀 표준화를 고려하려는 노력도 없이 제품크기에 맞추어 포장치수를 채택하고 있어 물류표준화 과정의 첫 번째 단계인 포장표준화부터 엉망이 되어 있었다. 말하자면 와이셔츠를 입으려는데 첫 번째 단추부터 잘못 끼워져 있는 꼴이 되고 말았던 것이다.

수많은 물류현장에서 이와 같은 문제들이 발생하고 있다는 현실 앞에 도대체 어떤 방법으로 포장과 물류의 선진화를 모색할 것인가 궁리를 해 오던 나는 드디어 10여 년 만에 그 해결의 실마리를 찾아냈다.

그것은 바로 포장용기인 컨테이너 풀 사업을 전개하는 것이었다. 즉 지금까지 한 번 쓰고 버리는 1회용 포장용기 방식으로부터 회수하여 반복 사용하는 포장용기 방식으로 전환하도록 하는 방안에 착안하게 되었던 것이다.

이렇게 되면 첫째, 포장비용이 절감되고 둘째, 포장폐기물이 발생되지 않으며 셋째, 포장치수 표준화가 촉진될 수 있었다. 이렇게 포장용기인 컨테이너를 공동으로 반복 사용하는 제도인 컨테이너 풀 사업을 전개하여 일석이조의 효과를 얻을 수 있게 되었다.

사업적인 측면에서 보더라도 파렛트 풀 시스템의 전국적인 네트워크를 운영하고 있는 바, 회수차량이나 회수조직과 회수전담인력은 물론이고 전국에 배치되어 있는 물류거점들과 정보통신시스템 등 운영시스템을 컨테이너 풀 사업에서 활용할 수 있어 파렛트 풀 시스템과 컨테이너 풀 시스템의 결합을 통한 비용과 효율측면에서 파급효과를 기대할 수 있다는 판단을 하였다.

더욱 중요한 것은 포장용기와 파렛트는 물자들을 담아 나르는 물류의 도구들로서 항상 같이 사용되는 유니트 로드 시스템의 수단이었다. 아마도 머지않은 장래에 한국컨테이너풀(주)의 포장용기에 물자를 담아 한국파렛트풀(주)의 파렛트에 적재하여 우리 산업계의 물자가 움직일 수 있게 된다면 이에 따른 국가적인 파급효과는 참으로 엄청난 규모가 될 것이다.

이것이 컨테이너 시스템과 파렛트 시스템이 결합된 시너지효과이며 컨테이너 풀 시스템과 파렛트 풀 시스템이 결합되어 나타나는 시너지효과라고 표현하고 싶다. 누구나 알고 있는 내용이지만 시너지 효과는 1＋1=2라는 단순계산 방식의 논리가 아니라 컨테이너×파렛트=유니트 로드 시스템이라는 합성계산 방법에 따라 새로운 물류시스템을 창출할 것이다.

내가 간절히 소망하고 있는 것은 바로 우리나라 국가단위의 파렛트 풀 시스템과 컨테이너 풀 시스템이 자리 잡게 되는 날이 빨리 왔으면 하는 것이다. 그 날이 오면 우리나라는 물류선진국이 될 것이다.

따라서 한국컨테이너풀(주)와 한국파렛트풀(주)의 성장과 발전은 단순한 어느 민간회사의 운명에 국한된 것이 아니라 한국물류의 기준척도이자 위상좌표로서 평가되리라고 생각하고 있다.

16

환경친화적인
사업추진

"하나뿐인 지구를 살리자!"

이것은 새 천년을 맞이하는 인류가 생존을 위하여 내세워야 할 키워드Key Word이다. 지나간 천년 동안 인류는 문명의 발달로 삶이 윤택하여지고 편리하게 되었지만 다른 한편으로 심각한 환경문제가 발생하여 머지않은 장래에 지구가 멸망할지 모른다는 우려를 하는 상황에 직면하게 되었다.

지구온난화, 오존층의 파괴, 산성비, 수질 및 해양오염, 쓰레기와 유해물질의 대량발생, 삼림의 황폐화, 자연생물의 멸종과 생태계 붕괴, 사막화 진행 등이 지구환경이 파괴되어 가는 징후들이다. 이는 참으로 인간의 생존에 나쁜 영향을 주게 될 현상들로서 날이 갈수록 빠른 속도로 상황이 악화되고 있어 걱정스럽다.

그리고 이러한 환경문제는 단순현상으로만 나타나는 것이 아니라 복잡하고도 연계된 현상들이 많아 해결책을 마련하는 것도 대단히 어렵고 광범위한 경우가 많다.

물론 이러한 환경문제는 전체 지구적인 과제이지만 범위를 좁혀 한민족의 삶의 터전인 한반도로 클로즈업하여 본다면 어떤 현실일까? 좁은 면적에 많은 사람이 밀집하여 살고 있는 탓에 우리 한국의 환경은 다른 어떤 나라보다도 최악의 상황이라고 생각된다.

머지않아 닥쳐올지도 모르는 환경의 재앙을 방지하기 위하여 국가정부나 지방정부의 행정차원에 있어서의 환경정책은 물론이고 한 인간으로서의 환경을 위한 의무는 다른 어떤 책무보다도 우선하여 엄격하게 지켜져야 할 것이다.

그리고 경제활동의 사업주체인 기업차원에서도 환경친화적인 사업을 추진하는 사명감을 가져야 한다고 생각한다. 사업분야는 서로 다를 수 있겠지만 어느 기업이나 환경을 보존하기 위한 노력을 다하여야 한다.

나는 물류사업을 추진하여 오면서 선진국에서 환경이라는 분야를 어떻게 다루고 있는지, 그리고 물류분야의 환경대책은 무엇인가를 조사 연구하여 왔다.

또한, 물류와 환경을 연계하여 시너지효과를 창출할 수 있는 사업을 구상하여 왔고, 그 결과 한국파렛트풀(주)와 한국컨테이너풀(주)를 창업하게 되었다.

이들 사업을 통하여 공해를 방지하고 환경을 보전할 수 있는 환경친화적인 사업을 모색하여 왔다.

먼저 한국파렛트풀(주)가

| 환경친화기업으로서 우리나라 포장혁신의 선도자가 될 한국컨테이너풀(주)의 창립기념 사진(1996년 11월 1일)

환경친화적인 사업인 점을 설명하고자 한다.

한국파렛트풀(주)는 현재 3,000만 매의 파렛트를 35만여 개 기업들 간에 일관수송용으로 사용하여 일관 파렛트 시스템을 구축할 수 있는 서비스를 제공하고 있는 회사이다. 즉 화물의 출하지로부터 최종 도착지까지 파렛트를 공동으로 이용하는 방식이므로 1매의 파렛트라도 철저하게 회수하여 반복 사용한다.

만약에 파렛트를 회수하여 반복 사용하는 방식이 아니라 한번 쓰고 버리는 1회용 파렛트로 사용한다면 '얼마나 많은 파렛트가 필요하게 될 것인가?' 생각만으로도 아찔하다.

파렛트의 유통기간을 1개월이라고 가정한다면 3,000만 매×12회전＝3.6억 매, 즉 연간 3.6억 매의 1회용 파렛트가 투입되어야 한다.

따라서 일관수송용 파렛트를 공동으로 이용한 경우 연간 목재자원 6,624만㎥나 플라스틱 자원 1,056만 톤에 상당하는 자원을 절약할 수 있고, 이를 비용으로 산출하면 5조 4천억 원을 절약할 수 있게 된다. 또한 매년 6,624만㎥의 목재 폐기 물량이나 1,056만 톤의 플라스틱 폐기량을 발생시키지 않으므로 이만한 규모의 환경개선에 기여할 수 있게 된다.

다음으로 한국컨테이너풀(주)가 환경친화적인 사업인 점을 설명하고자 한다. 컨테이너 풀 사업은 기본적으로는 파렛트 풀 사업과 동일한 운영시스템과 역할을 한다.

한국컨테이너풀(주)는 현재 플라스틱 용기, 철재 용기 등 5,000여만 매의 포장 용기를 보유하고 임대 사업을 전개하고 있다.

컨테이너는 화물을 담는 용기이다. 포장용기는 일반적으로 한번 쓰고 버리는 1회용으로 사용하고 있다. 포장용기는 내용물을 사용하고 난 다음에는 어쩔 수 없이 폐기물이 될 수밖에 없는 것이다.

따라서 우리나라 산업계에 컨테이너 풀 시스템을 정착시켜 현재 같이 한

번 쓰고 버리는 포장용기 방식을 회수하여 계속적으로 반복 사용하는 방식으로 전면적인 전환을 하게 된다면 포장폐기물의 물동량을 혁신적으로 감축할 수 있게 될 것이다.

컨테이너 풀 사업은 환경 분야의 선진국인 독일에서 처음으로 출현하였다. 1990년대에 들어와 독일 정부에서는 폐기물의 발생을 억제하기 위하여 환경정책을 강화하기로 하고 그 일환으로 포장폐기물 방지법을 제정하여 시행하였다. 그 결과 포장용기를 회수하여 반복 사용하는 Returnable 방식과 재생 사용하는 Recycle방식이 발달하였다.

일반적으로 폐기물을 Recycle하는 방법을 효과적이라고 인식하고 있으나 폐기물이 되기 전에 상품성을 유지한 상태로 회수하여 반복 사용하는 Returnable방식이 Recycle 방법보다 더 효율적이라고 생각한다.

특히 물건을 담는 겉포장인 포장상자는 회수하여 반복, 사용하는 Returnable 방법이 가장 유용한 방안이라고 본다. 이는 컨테이너 풀 시스템을 통하여 실현할 수 있으며, 이를 통해 완벽하게 포장폐기물의 발생을 배제할 수 있다.

나는 이 점에 착안하여 포장비용과 물류비용을 절감할 수 있다는 측면뿐만 아니라 포장폐기물의 발생을 억제하는 환경친화적인 사업이 될 수 있다는 판단으로 한국컨테이너풀(주)를 창업하였다.

따라서 컨테이너풀 사업은 물류사업이면서 환경사업으로 앞으로 우리 산업계의 물류혁신과 환경보호의 선구자로서 사명을 다할 수 있으리라는 확신을 가지고 있다.

2020년에 사단법인 한국파렛트컨테이너협회가 외부 환경 전문 연구 기관에 의뢰한 LCA(생애주기 전 과정 평가) 분석 보고서에 의하면 한국파렛트풀(주)가 보유한 플라스틱 파렛트 2,800만 매와 한국컨테이너풀(주)가 보유한 컨테이너 6,500만 매를 활용하여 반복 공동 이용한 환경 개선 효과는 연간 이산화탄소 감소량 3,180,285톤, 연간 소나무 온실가스 흡수량 4,820억 그루, 연간 배출권 판매 금액 980억 원이다.

■ LCA 분석 결과표

구분	보유 수량	반복 사용 수량	이산화탄소 감소량	소나무 온실가스 흡수량	배출권 판매 금액
한국파렛트풀(주)	2,800만 매 (플라스틱 파렛트)	11,480만 매/년	1,342,759톤/년	204백만 그루/년	414억 원/년
한국컨테이너풀(주)	6,500만 매	42,250만 매/년	1,837,526톤/년	278백만 그루/년	566억 원/년
합계			3,180,285톤/년	482백만 그루/년	980억 원/년
비고		파렛트 4.1회전/년 컨테이너 6.5회전/년		6.6kg CO_2/ 그루 · 년	배출권 가격 30,800원/톤

이와 같이 로지스올의 한국파렛트풀(주)와 한국컨테이너풀(주)는 환경친화적인 사업이라고 생각한다.

내가 추진하여 온 로지스올 사업인 파렛트 풀 사업과 컨테이너 풀 사업은 물류사업이다. 그러나 한편으로는 환경친화적인 사업으로서 "하나뿐인 지구를 살리자."라는 환경캠페인에 동참할 수 있는 사업이기도 하다.

17

한국형 물류사업의
개발

1980년 12월, 프랑스 파리에서 개최된 물류전시회장에서 있었던 일이다.

    당시 출품된 물류장비들을 열심히 카메라로 촬영하고 있었는데 출품회사의 담당자가 다가와 사진을 찍지 말라고 하면서 얼굴을 붉히는 것이었다. 물론 지금은 대부분의 국제전시회장에서 사진촬영이 금지되고 있으나 당시에는 허용이 되던 시절이었다. 그때 나는 물류에 탐닉하던 초창기였기에 자동창고나 파렛타이저, 피킹시스템, 소팅시스템, 무인운반차 등 모두가 신기하였다. 그래서 방문하는 전시 부스마다 숨바꼭질 하는 것처럼 관리하는 사람의 눈을 피해 사진을 계속 찍었다.

    그 당시에는 국내에 거의 도입되어 있지 않았던 물류자동화 설비들인지라 어떻게든 우리나라의 물류현장에 보급되도록, 관련 자료를 확보하고 싶은 욕심 때문이었다.

이렇게 물류분야에 눈을 뜨던 초기에 나는 해외선진국에서 개최되는 물류전시회를 통하여 앞선 물류기술과 발전 동향을 재빨리 파악할 수 있게 되었다.

또한 해외의 물류잡지나 간행물을 통하여 선진국의 물류정보를 입수하기도 하였다. 하도 많은 카탈로그를 이곳저곳 요청하여 수집하다보니 1년 뒤에는 'B. Y. SUH'라는 내 이름이 외국의 물류설비회사 자료담당자들의 요주의 블랙리스트에 올라 있기도 하였다.

그러나 가장 좋은 선진물류기술을 배우는 방법은 직접 찾아가는 현장견학이다. 돌이켜보건대 지금까지 나는 해외선진국의 훌륭한 물류사례를 수백 곳 방문하여 연구하여 왔고, 이것이 초창기에는 물류엔지니어로서, 또 지금에는 물류사업가로서 성장할 수 있었던 밑거름이 되었다.

이와 같은 경험들을 통하여 나는 선진물류기술의 국제적인 발전과정을 알 수 있게 되었다. 물류분야의 연대별 테마들은 다음과 같이 변화되어 왔다.

1970년대까지는 물류작업의 기계화, 1980년대에는 물류작업의 자동화 · 무인화가 추진되어 왔고, 1990년대에는 물류시스템의 전자화 · 컴퓨터화가 촉진되었다. 최근에는 물류전반에 Computer & Communication이라는 정보통신 혁명기를 맞이하고 있다.

그러나 여기서 주의하여야 할 점은 해외선진국의 물류사정과 한국의 물류사정은 엄연히 다르다는 것이다. 또 선진국의 물류현장에 보편적으로 보급되어 있는 최첨단의 물류설비들이 한국의 물류현장에 그대로 적용되어 채택되지 않는다는 사실이다.

특히 물류사업을 추진하려고 하는 입장에서는 선진국에서 각광받는 사업이라고 하여도 한국에서 무조건 성공하리라고 판단하고 사업에 착수하는 것도 문제라고 생각한다.

또한 선진국과 동일한 방식으로 한국에서 추진하는 것도 곤란하다. 다른 사업도 마찬가지겠지만 특히 물류사업은 한국의 물류환경과 물류시장에 맞추어 추진하여야만 성공할 수 있는 것이다. 그렇다면 선진국과 한국의 물류사업 여건은 어떻게 다른지 한 번 소개하고자 한다.

첫째, 물류수준의 차이가 크다.

내가 한국파렛트풀(주)를 설립하던 1985년도에는 우리나라 근로자의 임금수준이 낮아 웬만한 물류작업은 인력으로 해결하고 있었다. 따라서 일관파렛트화를 통한 작업의 기계화를 필요로 하지 않았으므로 파렛트 풀 사업을 확산시킬 수 없었다.

물론 1988년 이후 임금의 상승으로 상황이 급격하게 호전되기는 하였으나 사업에 착수한 초기에 처절한 절망감을 느꼈다. 지금도 선진국과 한국의 물류사이에는 수준차이가 상당히 많이 있다고 생각한다.

둘째, 국토의 사정이 다르다.

한국은 좁은 면적에 많은 사람들이 밀집하여 살고 있는 나라이다. 미국은 광활한 면적에 비교적 적은 인구가 살고 있으며, 일본은 국토의 형상에 있어서 폭이 좁고 길이가 길며 섬들로 구성되어 있고 역시 많은 인구가 밀집하여 살고 있다. 유럽은 미국과 일본의 중간형태를 갖고 있다.

물류가 물자의 흐름이므로 각 나라의 물류는 그 나라 국토의 형태에 따라 서로 다른 물류시스템을 갖게 되기 마련이다. 이러한 이유로 일본에서는 고층형 자동창고 사업이 번창하고 있는 반면 미국에서는 평면형 창고가 일반적이다.

셋째, 나라마다 문화와 문명 등 역사적 배경의 차이로 사람들의 사고방식이 다르며, 특히 상거래방식이 다르다.

비록 교통수단과 통신수단이 발달되어 국가간 지역간에 시간적, 지리적, 장벽이 사라지고 있다고는 하지만 아직도 많은 경제활동의 차이점이 존재하고 있는 것이 현실이다. 예를 들면 거래방식이 다르고 신용정도에도 수준차이가 크다. 이에 따라 물류사업의 방식도 달라지기 마련이다.

결론적으로 물류사업을 추진하는 데 있어 선진국에서 잘 되고 있는 물류사업의 아이디어나 기본적인 틀은 모방하거나 도입을 한다고 하더라도 한국의 물류실정에 맞는 사업분야를 채택하고 한국 물류실정에 맞는 사업방식을 적용하는 한국형 물류사업을 착안하여야 한다고 생각한다.

| KCP가 개발한 공간 효율성이 뛰어난 Mesh Container

한국파렛트풀(주)의 파렛트 풀 사업과 한국컨테이너풀(주)의 컨테이너 풀 사업은 앞에서 언급한 바와 같이 철저하게 해외선진국의 사례 연구를 통하여 추진되었다. 그러나 똑같은 방식 그대로 도입한 것이 아니라, 한국과 선진국의 서로 다른 물류사정을 고려하여 우리나라의 물류환경에 적합한 한국형 물류사업의 모델을 개발하여 추진하여 왔다는 사실을 알리고 싶다.

참고로 파렛트 풀 시스템은 일본의 파렛트 풀 사업을 모델로 하였고 컨테이너 풀 시스템은 유럽의 컨테이너 풀 사업을 벤치마킹하였다.

그러나 그 사업추진 내용에 있어서는 세계의 어느 나라에도 없는 독특한 한국형 파렛트 풀과 컨테이너 풀로 운영되고 있다. 따라서 한국의 물류시장에 있어서는 가장 강력한 경쟁력을 갖추고 있는 물류사업의 주체이며, 외국의 대형 경쟁회사가 국내에 진입하여 오더라도 경쟁에서 승리할 수 있다고 확신하고 있다.

또한 앞으로도 우리 LOGISALL이 한국적인 특징을 더욱 발전시켜 우리나라 물류선진화를 위한 선도자로서의 역할을 다할 것은 물론, 국제화시대를 맞아 글로벌의 물류발전을 위한 글로벌 파렛트 풀 시스템과 글로벌 컨테이너 풀 시스템으로 확대되기를 기대한다.

18

새로운 물류기술의
사업화

뉴밀레니엄시대를 맞아 우리 인류의 문명사가 커다란 변혁기에 접어들었다.

그동안 인류는 발전을 거듭해 왔지만 특히 정보통신기술의 눈부신 발전으로 새로운 산업혁명기를 눈앞에 두고 있는 실정이다. 그러나 시간이 지날수록 산업의 중심축이 제조업으로부터 정보통신 등의 서비스업으로 개편되어 가고 있으며 이러한 현상은 속도의 차이는 있을지 몰라도 산업이 발전되어 가는 전형적인 패턴이라고 생각한다.

더욱이 최근에는 인터넷을 중심으로 하여 전자상거래와 디지털산업 분야가 급격하게 떠오르고 있으며 이러한 사업을 하고 있는 기업들의 가치가 하루가 다르게 올라가고 있다.

나도 물류분야의 사업을 하면서 이러한 산업의 변화에 어떻게 대응하여야 할 것인가 많은 고심을 해왔다.

앞에서 언급한 바와 같은 외부환경의 변화가 물류분야에 어떤 영향을 주게 될 것이며, 그 결과 물류산업이 어떤 모습으로 달라질 것인가는 미지수이다. 다만 그 결과를 예측하고 미리 내다보는 혜안을 가져야 함은 부인할 수 없다.

오늘날 급속하게 진행되고 있는 인터넷의 확산이나 디지털기술의 발전, 전자상거래의 촉진 등은 물류산업에도 기술향상이나 사업기회 등 대단히 바람직한 여건을 조성해주고 있다고 판단된다.

그 이유는 정보통신기술이 발전할수록 정보교환이나 상거래 활동은 '빛의 빠르기광속도(光速度)'로 이루어질 수 있겠지만 물자의 이동인 물류의 속도가 그렇게 될 가능성은 전혀 없기 때문이다.

따라서 앞으로는 물류가 더욱 관심의 대상이 될 것이며 물류기술과 물류사업이 각광받게 되리라고 생각한다.

인터넷시대에 주목받게 될 물류기술들이 많이 있겠으나 그 중에서도 다음과 같은 두 가지 분야가 더욱 중요하다고 생각한다.

첫째, 중요한 물류기술은 SCM화Supply Chain Management이다. 즉 SCM은 물자의 흐름물류를 효율적으로 관리하는 경영기술이다.

물자의 흐름을 관리하려면 공급자와 수요자를 연결하고 있는 체인을 잘 구성하고, 이들 간의 물자수급을 원활하게 조절하여야 한다. 이러한 SCM은 자재조달과 생산, 판매유통 등 1개 기업을 중심으로만 보더라도 대단히 광범위하다.

또한 1기업을 기준으로 하여 수직적인 관계를 갖는 회사나 거래자들과 수평적인 관계를 갖는 회사나 거래자들을 망라하여 총체적인 네트워크를 구축, 하나의 물류시스템을 운영한다는 것은 참으로 어려운 과제가 될 것이다.

더구나 국제화시대에 글로벌 SCM을 추진하여야 하는 상황이고 보면 이

분야에 대한 이해와 분발이 요구된다.

둘째, 중요한 물류기술은 자동인식기술 또는 ADCAutomatic Data Capture기술인 RFIDRadio Frequency IDentification기술로 불리고 있다. 물류가 물자의 흐름이므로 이 흐름을 신속하게 관리하기 위하여 이동 하는 물동량의 데이터들을 온라인 리얼타임On Line Real Time으로 관리하여야 한다.

지금까지는 물동량 데이터를 인력에 의하여 입력을 해야만 비로소 관리가 가능한 물류 관리의 한계가 있었다. 말하자면 수없이 발생하고 있는 물동량 데이터들을 순간순간 온라인 리얼타임으로 관리하지 못하고 있는 현실인 셈이다.

따라서 한 단계 물류관리수준을 올리기 위해서는 반드시 물동량 데이터들을 온라인 리얼타임으로 처리하는 단계가 실현되어야 할 것이다.

이러한 문제를 해결하여 주는 유일한 방안이 자동인식ADC기술인 RFID이다. 이 방식은 물자 그 자체에 식별할 수 있는 데이터 캐리어Data Carrier를

| RFID 시스템 시연 장면

장착, 물자가 이동하거나 움직일 때마다 스캐터나 이동단말기로 자동 인식하여 컴퓨터에 자동입력이 되도록 하는 시스템이다.

나는 한국파렛트풀(주)와 한국컨테이너풀(주)의 사업을 추진하면서 파렛트 풀 시스템과 컨테이너 풀 시스템에서 앞에서 언급한 새로운 물류기술을 사업화하는 방안을 모색하고 있다.

물류의 기본수단인 포장용기 컨테이너들과 화물받침대인 파렛트들을 공동이용하고 있는 국가차원의 풀 시스템을 구축하고 있으므로 SCM기술과 ADC기술인 RFID기술을 파렛트 풀과 컨테이너 풀에 응용하여 도입시키는 것이 남아 있는 나의 인생목표이다.

지금 이 순간에도 밤잠을 자지 못하고 연구에 몰두하고 있을 여느 벤처기업가와 마찬가지로 이 두 가지 물류기술의 사업화를 조기에 실현시키기 위하여 나 역시 고뇌하고 있음을 밝힌다.

이 꿈이 실현되는 날 한국파렛트풀(주)와 한국컨테이너풀(주)의 수천만 매의 파렛트들과 컨테이너들은 단순히 물건을 담고 나르는 물류도구로서의 역할만 하는 것이 아니라 다양한 정보를 나르는 정보도구로서의 역할을 하는 일석이조—石二鳥의 부가가치를 창출하게 될 것이다.

그렇게 되면 한국파렛트풀(주)의 파렛트들과 한국컨테이너풀(주)의 컨테이너들은 우리 산업계에 SCM과 ADC기술인 RFID의 주역으로서 물류관리자들의 사랑을 받게 될 것이다. 또한 이 두 가지 물류기술의 사업화에 성공하게 되면 우리나라 물류시스템에 있어 온라인 리얼타임을 구축하게 되어 한국의 물류경쟁력 강화에 크게 기여하게 될 것이다.

19

LOGISALL의
등장

2003년 5월 2일, 한국파렛트풀(주)KPP, 한국컨테이너풀(주)KCP, 한국로지스풀(주)KLP 3개사를 합하여 통합브랜드인 LOGISALL이 탄생하였다.

LOGISALL은 한국파렛트풀(주)KPP, 한국컨테이너풀(주)KCP, 한국로지스풀(주)KLP 3개사의 이미지를 통합하는 서비스브랜드로서의 역할과 기능을 갖는 것은 물론, 중장기적 관점에서는 아시아를 대표하는 종합물류그룹의 명칭과 이미지로 자리잡고 있다.

LOGISALL은 Logistics물류의 Logis와 Alliance동맹, 공동체의 ALL을 결합시킨 합성어이다. 이는 글로벌 종합 물류공동체Total Logistics Alliance를 의미하는 것으로 내가 직접 생각하고 연구하여 만들어 낸 것이다.

'Total Logistics Alliance'의 키워드는 'Alliance'이다. 이는 '공동, 동맹'의 의미로, LOGISALL의 미래, 한국물류의 미래, 나아가 글로벌 물류의 미래를 함께 만들어나간다는 뜻이 담겨 있다. 회사와 직원, 고객사와

| LOGISALL 회사기

LOGISALL, 주주와 회사, 물류기기 제조업체와 LOGISALL이 '함께 한다.'는 의미의 'LOGISALL'은 설립이래 한결같이 추진해온 Win-Win정신을 그대로 보여주고 있다.

브랜드 통합작업을 마친 LOGIS-ALL은 '신물류를 실현하는 최고의 인력과 시스템을 구축하여 글로벌 종합 공동물류기업으로 도약한다.'는 비전을 수립하여 공포하였다.

LOGISALL의 경영이념은 '신물류 실현', '가치창조', '공존공영'이다. 끊임없는 물류의 발견을 통해 물류업계 선구자적 역할을 수행하는 한편 수익성 있는 성장을 통해 기업가치를 극대화한다는 의지를 담고 있다. 또한 공동성과 신뢰성을 바탕으로 하여 고객, 주주, 종업원과 공동이익을 공유하는 상생의 경영을 실천하고자 하는 것이다.

LOGISALL의 비전은 "신물류를 실현하는 최고의 인력과 시스템을 구축하여 글로벌 종합 공동물류기업으로 도약"하는 것이다. 비전 실현의 정신적 역량이라 할 수 있는 핵심가치는 '도전', '창의', '파트너십'이다. '도전'이란 급변하는 환경에 능동적으로 대처하고 변화를 수용하며, 나아가 변화의 주체로서의 자세를 갖추는 것을 말한다. '창의'란 자발적 탐구자세와 발상의 전환을 통해 새로운 물류 패러다임을 창출하자는 의미이다. 공존공영은 LOGISALL의 경영이념이다. 공존공영의 정신은 파트너들과의 협력정신 함양에서부터 나온다.

비전 실현을 위해 LOGISALL이 추진하고 있는 중장기 경영전략 방향은

'기존사업 수익성 강화'와 'e-Logistics 구축', '차세대 성장 엔진 개발'New Blue Ocean 창출이다. 내부 프로세스와 운영 효율성 제고를 통해 기존사업의 수익성을 극대화하고, SCM, RFID 등 e-Logistics 구현을 통해 기업경쟁력과 고객만족을 제고시키는 한편 공동물류시스템 구축을 통한 새로운 시장개척과 친환경적 사업모델을 개발, 이를 차세대 성장엔진으로 삼겠다는 의지이다.

LOGISALL의 이러한 중장기 경영전략의 실천은 모든 조직구성원의 능력함양을 전제로 하고 있다. 이에 따라 LOGISALL은 모든 조직구성원을 물류전문 컨설턴트화하는 데 투자를 아끼지 않고 있다. 이러한 바탕 아래 LOGISALL은 2023년에 매출액 2조 원의 실적을 달성하였고, 2024년에는 매출액 2조 7천억 원의 재무목표를 세우고 있다.

이렇게 중장기적인 목표를 가지고 출발하는 LOGISALL이 공동물류 분야에서 글로벌 유니트 로드 시스템을 리더하는 기업이 되기를 바란다. 기존의 물류분야에서의 수많은 기업들이 존재하지만 LOGISALL처럼 대단히 창의적이고 독창적인 아이디어로 물류공동화라는 신념을 가지고 새로운 물류비즈니스, 물류시스템을 만들어 가는 기업은 드물다고 생각한다.

우리 LOGISALL은 개별 기업들이 독자적으로 추진하고 있는 자가 물류시스템의 문제점에 착안, 모두가 함께 동참하여 공동물류시스템을 만들었을 때, 어떻게 하면 국가가 비용절감을 할 수 있고 효율이 높아질 수 있을까를 고민하여 비즈니스모델을 만들고 있다. 즉 모든 참여기업들이 서로 윈윈할 수 있는 그런 비즈니스모델을 LOGISALL이 찾아 나서고 있는 것이다.

LOGISALL은 국내외 여러 산업에 걸쳐서 대표적으로 파렛트 풀, 컨테이너 풀은 물론이고 SCM 사업, 플랫폼 사업을 포함한 공동물류사업을 이제는 국내뿐 아니라 전 세계로 확산해 나가는 과정에 있다.

| LOGISALL 가족 형성사

로고	날짜 및 내용
韓國物流硏究院 Since 1984	1984년 9월 1일 한국물류연구원(KIL) 창립
KPR 韓國 파렛트 렌탈 株式會社	1985년 10월 2일 한국파렛트렌탈(주)(KPR) → (KPP) 설립
KPP 한국파렛트풀 LOGISALL GROUP	1990년 3월 15일 한국파렛트풀(주)(KPP) 명칭 변경
KCP 한국컨테이너풀 LOGISALL GROUP	1996년 11월 1일 한국컨테이너풀(주)(KCP) 설립
KLP 한국로지스풀 LOGISALL GROUP	2002년 6월 1일 한국로지스풀(주)(KLP) 설립
LOGISALL TOTAL LOGISTICS ALLIANCE	2003년 5월 2일 LOGISALL 브랜드 출범
KPN 한국풀네트웍 LOGISALL GROUP	2004년 2월 10일 한국풀네트웍(주)(KPN) 인수
LOGISALL Sinotrans	2005년 5월 21일 Sinotrans LOGISALL Logistics Co.,Ltd. 합작 설립
KJL 한국지트로지스 LOGISALL GROUP	2006년 3월 27일 한국지트로지스(주)(KJL) 설립
ULN 유로지스넷(주) ULOGISNET Co.,LTD.	2006년 4월 5일 유로지스넷(주)(ULN) 설립
ECL 에코로지스 ECOLOGIS	2006년 5월 1일 에코로지스(주)(ECL) 설립
LOGISALL Shanghai	2006년 5월 16일 LOGISALL SHANGHAI Co.,Ltd.(LAS) 설립
LCE 로지스올컨설팅앤엔지니어링(주) LogisALL Consulting and Engineering Co.,Ltd.	2006년 7월 11일 로지스올컨설팅앤엔지니어링(주)(LCE) 설립
LOGISALL China	2006년 12월 19일 LOGISALL CHINA Co.,Ltd.(LAC) 설립
INL 이노로지스 LOGISALL GROUP	2010년 7월 1일 이노로지스(주)(INL) 설립
KPO 한국풀운영 LOGISALL GROUP	2010년 11월 19일 한국풀운영(주)(KPO) 설립
LOGISALL USA	2012년 3월 30일 LOGISALL USA Co.(LAU) 설립
LOGISALL JAPAN	2012년 6월 1일 LOGISALL JAPAN Co.(LAJ) 합작 설립
LOGISALL GDL	2015년 5월 9일 Qingdao Gaodeli Logistics Products Co.,Ltd.(GDL) 인수
LOGISALL Vietnam	2016년 3월 24일 LOGISALL VIETNAM Co.,Ltd.(LAV) 설립
LOGISALL Mexico	2016년 11월 25일 LOGISALL MEXICO Co.(LAM) 설립
ULP 睿池 Shanghai Unit Load Pool Co., Ltd	2017년 2월 17일 Shanghai Unit Load Pool Co.,Ltd.(ULP) 자본 참여

LOGISALL	2017년 9월 1일 LOGISALL Holdings Co. 설립
LOGISALL Global Indonesia	2018년 7월 17일 LOGISALL GLOBAL INDONESIA co.(LGI) 설립
LOGISALL India	2019년 1월 4일 LOGISALL INDIA Pvt.Ltd.,(LAI) 설립
LOGISALL Europe	2019년 3월 6일 LOGISALL EUROPE GmbH(LAE) 설립
LOGISALL Thailand	2019년 6월 1일 LOGISALL THAILAND Co.,Ltd.(LAT) 설립
풀앳홈 POOL AT HOME	2020년 1월 2일 풀앳홈(주) 설립
LOGISALL Global Japan	2020년 3월 20일 LOGISALL GLOBAL JAPAN Co.,Ltd.(LGJ) 설립
LOGISALL Brazil	2020년 5월 13일 LOGISALL BRASIL participacoes Ltda.(LAB) 설립
LNE 물류와환경연구소 LOGIS & ECO INSTITUTE	2020년 12월 15일 (주)물류와 환경연구소(LnE) 인수
마타주	2021년 1월 4일 마타컴퍼니(주) 인수, 현재의 마타주(주)(MTZ)
IL-YANG (주)일양엔지니어링	2022년 1월 26일 일양엔지니어링(주)(IYE) 인수
LOGISALL Singapore	2022년 4월 19일 LOGISALL SINGAPORE PTE.,Ltd.(LSG) 설립
LOGISALL Consulting	2022년 10월 1일 (LCE) → 로지스올컨설팅(주)(CST) 명칭 변경
LOGISALL Engineering	2022년 10월 1일 (LCE),(IYE) → 로지스올엔지니어링(주)(ENG) 명칭 변경
LOGISALL Systems	2022년 10월 1일 (ULN) → 로지스올시스템즈(주)(SYS) 명칭 변경
LOGISALL Rental	2023년 5월 1일 로지스올렌탈(주)(LAR) 설립
LOGISALL Malaysia	2023년 6월 4일 LOGISALL MALAYSIA Sdn. Bhd.(LMY) 설립
LOGISALL Turkiye	2023년 8월 4일 LOGISALL TURKIYE Ltd.(LTR) 설립
LOGISALL Ecotec	2024년 1월 8일 (LnE) → 로지스올에코텍(주)(ECT) 명칭 변경
LOGISALL Homecare	2024년 1월 8일 (PAH) → 로지스올홈케어(주)(HCR) 명칭 변경
LOGISALL Philippines	2024년 11월 20일 LOGISALL PHILIPPINES INC(LPH) 설립
LOGISALL Morocco	2024년 12월 20일 LOGISALLIANCE MOROCCO SARLAU(LMA) 설립

20

LOGISALL
創立 20週年 記念辭

저희 LOGISALL창립 20주년 기념식을 축하하기 위하여 이 자리에 참석하여 주신 내외 귀빈 여러분들께 먼저 감사의 말씀을 드립니다.

오늘로부터 만 20년 전인 1985년 10월 2일에 한국파렛트렌탈 주식회사로 출발한 LOGISALL은 우리나라 물류분야 선진화 과정과 궤적을 같이하여 왔음에 커다란 보람을 느끼고 있습니다.

이렇게 LOGISALL의 20년 역사가 있을 수 있었음은 이 자리에 계신 여러분의 따뜻한 사랑과 적극적인 성원이 있었기 때문이라고 본인은 믿고 있습니다.

부족한 점이 많은 저희 물류시스템이었음에도 불구하고 많은 고객님들께서 변함없이 이용하여 주셨습니다. 초창기에 저희 사업이 성공하리라 기대하기가 어려웠었는데도 투자를 하여주신 주주분들의 전폭적인 신뢰를 받아 왔습니다.

| 창립 20주년 기념 행사장

또한 사업구상 단계에서부터 회사를 설립하던 과정, 시련을 거치던 시절, 변함없이 동반자의 자세로 함께 해 주신 일본파렛트렌탈의 사카이 사장님도 계십니다. 저희 LOGISALL사업의 공익성을 이해하여 주시고 정부의 물류 관계자들과 물류전문가들도 많은 지원을 하여주셨습니다. 저희 사업의 가능성을 믿고 여러 금융기관들도 대규모의 자금을 제공하여 주셨습니다.

마지막으로 "無"에서 "有"를 창조하여온 자랑스런 LOGISALL 임직원 여러분도 함께 있습니다.

한국 산업계에서 물류 공동화의 성공 모델로 등장한 LOGISALL은 앞에서 본인이 언급한 우리 모두가 뜻을 같이하여 함께 일구어 낸, 공존공영의 상징인 물류 공동체입니다.

돌이켜 보건대, 지금으로부터 20년 전 1985년 10월 2일 용산구 갈월동 한성빌딩 조그만 사무실에서 한국파렛트렌탈 주식회사 창립식을 하던 순간이 생생하게 기억납니다. 시작은 조촐하였지만, 표준 파렛트를 많은 기업들이 공동으로 이용하는 선진물류시스템을 이 땅에 실현시켜보겠다는 꿈을 갖고 '파렛트 풀 시대의 개막'이라는 거창한 슬로건을 내걸었습니다.

着眼大局, 着手小局
사업의 구상은 크게 하되, 시작은 작게 하라

일본의 물류개척자이시고 저의 영원한 물류스승이신 故히라하라 스나오 平原 直선생님께서 저에게 가르쳐주신 지혜입니다. 지난 20년간의 LOGIS-ALL의 사업기간을 본인은 5개년 단위로 4단계로 구분하고자 합니다.

제1단계는 준비기로서 1985년부터 1990년까지입니다.

파렛트 500매, 직원 3명으로 파렛트 풀 사업을 시작하였습니다. 달걀로 바위를 친다는 속담이 비유가 될 정도로 모든 여건이 어려운 출발이었습니다.

당시에는 일관 수송용 파렛트 시스템을 채택하여 줄 고객이 없었습니다. 자금이 마련되지 않아 파렛트를 확보할 수도 없었습니다. 영업망, 물류시스템 등 어느 것 하나 갖춰지지 못하였습니다. 운영자금이 없어 사무실 임대료, 직원급료 지불도 어려운 절박한 상황이었습니다. 그러나 1984년에 설립한 한국물류연구원의 물류컨설팅의 용역을 30여 건 담당하면서 위기의 순간에 생존할 수 있었습니다.

또한 일본파렛트렌탈로부터 한일간 국제파렛트 풀을 통하여 50,000여매의 파렛트 공급은 사업의 구명선이었음도 밝히고 싶습니다. 이렇게 하여 이루어낸 성과가 1990년말 기준으로, 파렛트 보유수량 65,000매, 매출규모 연 5억원, 거래고객 500개 기업, 직원 10명 정도로 다음 단계를 위한 교두보를 마련하였습니다.

제2단계는 성장기로서 1991년부터 1995년까지입니다.

임금의 급격한 상승으로 물동량이 큰 기업들이 일관수송용 파렛트시스템에 관심을 갖기 시작하였습니다. 식품업계, 생활용품업계, 석유화학업계의 대표기업들이 속속 당사의 파렛트 풀 시스템을 도입하게 되었습니다. 이러한 상황에서 절박한 것이 사업규모의 확대였습니다. 자본금의 증액, 파렛트 보유수량의증가, 직원 및 조직의 확충 등 시급한 과제들이 많았습니다. 특히 파렛트 보유수량은 이 기간동안 6만 매에서 120만 매로 20배 확대되었으며, 매출 규모도 5억 원에서 160억 원으로 증가하였습니다. 외형상 영세기업에서 중소기업 규모로 성장하였습니다. 그러나 무엇보다 힘들었던 점은 고객기업들이 파렛트를 출고용으로서 본격적으로 이용하다보니 공파렛트를 회수하여야 하는 거래기업이 10,000여 개 사를 넘어서게 되었습니다. 전국적인 회수 Net Work를 구축하기 위하여 참으로 눈물겹게 악전고투하던 직원들의 고생이 눈에 선하게 떠오릅니다.

그러나 지금 이 시점에서 보면 이러한 고생으로 구축한 당사의 회수Net Work는 가장 강력한 경쟁력이 있는 LOGISALL의 핵심역량이 되어있습니다.

| 창립 20주년 기념 행사장

제3단계는 전환기로서 1996년부터 2000년까지의 기간입니다.

파렛트 풀 사업의 미래를 위하여 확고히 T11형 표준 파렛트 중심형 사업 모델로 목표를 설정하였고, 이를 위하여 본격적인 물류표준화 전략을 추진하였습니다. T11형 한국의 표준 파렛트를 ISO규격으로 채택시키기 위한 국내, 국제 활동을 전개하였습니다. 특히 사단법인 한국파렛트협회를 설립하여 이 임무를 담당하게 하였습니다.

정부의 재정지원과 5톤 트럭 광폭화 등 대정부 정책을 추진하면서 섬유, 건축자재, 비료업계 등 T11형 파렛트 신규시장 개척에 주력하였습니다.

1996년 11월 1일 에는 한국컨테이너풀 주식회사를 설립하여 포장용기 풀 사업에 착수하였습니다. 이 사업은 파렛트와 컨테이너가 Unit Load System의 핵심 물류기기임에 착안하여 시너지 효과를 기대할 수 있을 것이라는 판단으로 시작하였습니다.

이렇게 표준 파렛트 확대와 컨테이너풀 신규사업에 진력하고 있을 때 갑자기 1997년 말 외환위기가 닥쳤습니다. 자금상 어려움이 있었으나 여러 구조조정과 자금확보 노력 그리고 JPR의 외환 차입 등으로 무난히 위기를 극복하였습니다. 2000년도에는 파렛트 보유수량 300만 매, 연간 매출 규모 450억 원, 거래 고객수 35,000여 개 회사의 사업규모가 중견기업 수준이 되었습니다.

제4단계는 도약기로서 2001년부터 2005년까지입니다.

외환위기 극복과 물류표준화 전략을 추진하면서 파렛트와 컨테이너를 연계시스템으로 사업을 추진하면서 시너지 효과가 나타나게 되었습니다.

특히 농산물의 컨테이너와 파렛트의 Unit Load System은 정부의 보조금 지원을 받고 있어 사업추진에 커다란 효과를 얻고 있습니다.

최근 유통산업의 성장으로 이 업계에서도 전폭적인 신뢰를 받고 있어

LOGISALL과 유통업계 상호간의 Win-Win 하는 성공 모델이 되고 있습니다.

2002년 전국적인 회수조직을 별도 법인화 한 한국로지스풀을 중심으로 한 SCM사업은 LOGISALL의 새로운 사업 영역을 개척하여 나가고 있습니다.

특히 지난해부터 시작한 삼성전자 LCD부문의 자재통합 공동 물류사업은 SCM사업의 개척자로서 역할을 다하고 있습니다.

이러한 노력의 결과로 고객기업 50,000개사, 파렛트 보유 550만 매, 컨테이너 보유 600만 매, 금년도 매출 1500억 원, 임직원 320명, 전담 용역 인원 600명, 전담트럭 300여 대, 물류센터 35개 소(55,000평) 등의 사업 규모에 도달하였습니다.

오늘, 뜻 깊은 날을 맞이하여 잠시 저희 LOGISALL 20년의 성장과정을 뒤돌아보았습니다.

한 방울의 물이 오랜 세월 떨어져 암반을 뚫듯이 저희 파렛트 1매, 컨테이너 1매는 전국의 물류현장에 스며들어 식품업계, 생활용품업계, 섬유업계, 석유화학업계, 자동차, 전자업계, 비료업계, 농산물업계, 유통산업계 등 전산업계의 물자흐름을 연결하는 거대한 Supply Chain을 형성하고 있습니다.

저희 LOGISALL은 현재에 만족하지 않고 새로운 물류시스템을 실현하는 개척자가 되겠습니다.

고객 여러분의 물류가치를 만들어 내는 창조자가 되겠습니다.

그리하여 고객, 주주, 직원 모두가 공존공영하는 동반자가 될 것을 약속드리는 바입니다.

또한 한국에서의 물류 공동화 사업으로서 성공한 경험을 발판으로 삼아 중국과 동남아시아를 포함한 아시아 전역을 대상으로 하여 아시아 물류선진화를 선도하는 LOGISALL이 되려는 꿈을 가지고 있습니다.

지난 20년간 여러분의 성원을 받아 저희 LOGISALL의 오늘의 영광이 있다고 생각합니다. 출발하던 당시와 동일한 마음자세로 앞으로의 100년을 준비하여 우량 장수기업이 되기 위한 노력을 다하겠습니다.

한국 물류업계의 동반자! 아시아 물류업계의 동반자!

이 꿈이 실현되는 날까지 저희 LOGISALL의 임직원 일동은 최선을 다할 것입니다.

다시 한번 지난 20년 간 변함없이 사랑하여 주신 고객 여러분, 물류업계 여러분께 LOGISALL을 대표하여 진심으로 감사를 드립니다.

대단히 감사합니다.

2005年 10月 5月

代表理事 徐炳倫

21

LOGISALL
創立 40週年 記念辭

오늘은 로지스올이 창업한 지 40주년이 되는 뜻 깊은 날입니다.

지금으로부터 만 40년 전인 1984년 9월 1일 본인은 대우그룹의 대우 중공업에서 지게차 업무를 사직하고, 서울시 용산구 갈월동 한성빌딩 별관 202호실 조그만 방에서 한국물류연구원을 첫 출발했던 날이 기억납니다.

"물류의 길"이라는 좌우명을 내걸고 출발하던 당시, 본인이 가진 것이라고는 물류에 대한 열정과 서른다섯 살이라는 젊음밖에 없었습니다. 그런데 일흔다섯 살이라는 인생의 황혼기를 맞은 오늘, 지난 40년 동안 참으로 많은 일을 이루어냈다는 행복한 모습으로 지금 이 자리에 섰습니다.

그동안 수많은 어려움들을 극복하고 함께 로지스올을 일구어 온 임직원 여러분들께 고맙다는 감사의 인사를 드립니다.

오늘의 로지스올의 모습은 쉽게 성공할 수 없는 기적 같은 일이 탄생하였다고 말하고 싶습니다. 이러한 기적은 창업자인 저 혼자 만든 것이 아닙니다.

먼저 저의 물류 스승이신 平原 直 일본 물류 개척자로부터 하역 현장에서 중노동으로부터 해방이라는 인간존중 물류철학을 배웠습니다. 또 파렛트풀 사업제안부터 항상 도와주신 변함없는 후원자 JAPAN PALLET RENT-AL의 坂井 健二 회장님도 계셨습니다. 그리고 열악한 물류 환경을 극복하고 한국에서 물류협회 활동을 함께 한 물류동지들도 큰 힘이 되었음을 밝히고 싶습니다.

무엇보다도 로지스올 임직원 여러분들이 함께 노력하였기에 가능한 일이었습니다.

모든 것이 부족한 저를 믿고 따라준 로지스올 직원 한 분 한 분이 저로서는 험난한 인생길을 함께 해준 동지들이라고 존경하고 싶습니다.

| 기념사를 하고 있는 필자

한국 물류를 앞장서서 개척하고 물류의 표준화와 공동화를 선구하여 온 로지스올은 물류분야에서 새로운 이정표를 세운 물류공동체입니다.

우리 모두 자부심과 긍지를 가지고 함께 기뻐합시다.

로지스올 임직원 여러분!

로지스올은 물류표준화와 물류공동화를 앞장서 왔습니다.

국가 차원의 경제를 움직이는데 물류시스템은 혈액순환 체계와도 같은 중요한 역할을 담당하고 있습니다. 그런데 이러한 물자의 순환시스템을 효율적으로 움직이려면 포장용기인 컨테이너와 화물 받침대인 파렛트가 표준화되어야 합니다.

로지스올의 파렛트풀 시스템과 컨테이너풀 시스템은 여러 산업분야에서 물류표준화를 선도하여 왔습니다. 로지스올은 국내 산업계에 표준파렛트와 표준컨테이너를 보급하기 위하여 수많은 노력을 다하여 왔습니다.

사업 초창기에 대부분의 기업들은 인력작업에 의존하고 있어 아예 파렛트를 사용하고 있는 현장이 드물었습니다.

파렛트시스템을 도입하여 하역작업을 기계화하면 인건비 절감은 물론이고 물류 이동속도를 높여 기업경쟁력을 강화하고, 근로복지를 향상시킬 수 있다는 설득을 지속하였습니다.

또한 각 회사의 컨테이너와 파렛트와 물류설비들을 표준화로 촉진하기 위해 정부의 물류표준화 정책을 제안하여 이를 실현시켰습니다.

특히 한국의 지리적인 특성상 5톤 트럭이 많이 이용되는데 트럭 적재함에 표준파렛트가 2열로 적재가 가능하도록 중형트럭 적재함 광폭화를 성공시켜 물류표준화율을 한 단계 높이는데 기여하였음을 자랑하고 싶습니다.

물류표준화에 이어 표준파렛트와 컨테이너를 기업들의 물자이동에 공동 사용하게 하는 연구회, 설명회를 통하여 물류공동화를 촉진하여 왔습니다.

이러한 노력의 결과로 한국컨테이너풀과 한국파렛트풀은 다양한 사업 분야에 걸쳐 기업들 간에 물자가 이동할 수 있도록 표준컨테이너와 표준파렛트를 공동이용시스템을 제공하고 있어 현재 35만여 기업들이 함께 이용하고 있습니다.

로지스올은 현재 Unit Load System 분야에서 CHEP, EPAL에 이어 세계 3위에 해당하는 사업규모로 성장하여 왔습니다.

지금까지의 성장의 바탕이 되어온 한국 내 물류사업 중심에서 해외 20여 개국에 진출하여 글로벌 사업으로 진출하려고 노력하고 있습니다.

로지스올 임직원 여러분!

본인은 창업 40주년이라는 이런 뜻깊은 자리에서 로지스올을 만들어 온 임직원 여러분들과 로지스올 고객들에게 함께할 새로운 물류의 길을 제안하려고 합니다.

이 차세대 물류 프로젝트는 'Logistics Alliance for Physical Internet'에서 따온 'LAPI'라고 명명하였습니다.

우리 인류가 오늘날 정보 시대에 Digital Internet으로 연결되어 있듯이 물류분야에서 공유물류를 시도하고 있는 새로운 물류개념입니다.

세계적인 물류 역사 측면에서 보면 매 20년 단위로 물류분야가 진화하고 발전되어 왔습니다.

1963년 Physical Distribution Management 탄생

1985년 Logistics 등장

2005년 SCM 등장 이후

정보통신 시대에 맞춰 Physical Internet이 움트고 있습니다.

미국에서는 조지아 공과대학의 Montreuil 교수를 중심으로 한 산학협력 사업이 추진되어 왔고, 유럽에서도 Alice라는 산학협력 조직이 활동하고 있

으며, 이웃 나라 일본에서는 정부 차원에서 특히 경제산업성이 Road Map 을 만들어 국가적인 역량으로 진행하고 있습니다.

한국에서는 창립 40주년을 맞이하는 기념 사업으로 로지스올이 추진하려고 합니다.

본인은 지난 3년간에 걸쳐 Physical Internet 분야의 국제적인 움직임을 파악하고 연구하여 왔으며, 로지스올 내부에 추진팀을 만들어 준비하였으며 드디어 오늘 공식적인 발표를 하게 되었습니다.

지금까지 40년간 파렛트풀 시스템과 컨테이너풀 시스템을 중심으로 공동물류를 추진하여 온 로지스올이 Physical Internet 사업을 주도한다면 가장 유리한 사업환경을 갖추고 있어 성공 가능성이 높다고 판단됩니다.

고객기업 35만 회사가 3,000만 매의 파렛트풀 6,500만 매의 컨테이너풀로 공동물류시스템을 구축하고 있는 로지스올이 LAPI Project를 출발한다면 한국에서 국가차원의 공유물류시스템을 가장 선진적인 성공모델로 창조할 수 있을 것이라 확신합니다.

지금까지는 물류산업이 물류 전문인들만이 추진하여 온 물류시스템이었기에 현장 중심 관리 활동에 멈추어 왔습니다.

세계는 지금 글로벌 시대를 맞아 공급망 관리가 중요한 단계에 와 있음에도 기업들의 물류시스템은 개별기업 차원에 머물러 있는 실정입니다.

이러한 한계를 극복하려고 태어난 새로운 경영전략이 Physical Internet입니다.

물류에 관련된 자산들을 표준화하고 공유화하여 물류시스템을 혁신하고자 하는 움직임입니다.

로지스올이 지금까지 실현하여 온 Unit Load System과 공동물류시스템을 잘 활용하면 로지스올 창립 50주년이 되는 2034년 대한민국이 세계에서 가장 선진적인 Physical Internet System을 구축할 수 있으리라 믿

| 로지스올 창립 40주년 슬로건

습니다.

　이러한 공유 물류시스템은 물류효율을 높이고 물류경쟁력을 강화시키는 효과는 물론이고, 이산화탄소 배출을 억제하고 지구 이상기후를 개선하는 등 환경경영의 핵심과제를 해결할 수 있을 것입니다.

　본인이 물류의 길을 출발을 위해 1984년 9월 1일에 설립하였던 한국물류연구원이 중심이 되어 로지스올의 LAPI 사업을 추진하게 된 것을 발표하고 싶습니다.

　이 LAPI 사업을 통하여 로지스올의 고객들에게는 가장 첨단 물류서비스를 제공하고, 로지스올로서는 미래를 개척할 수 있는 기회가 될 것입니다.

　끝으로 창립 40주년을 맞이하여 지금까지 한마음으로 로지스올을 성원하여 주신 관계자분들, 그리고 로지스올을 이용하고 계시는 고객분들에게 진심으로 감사의 말씀을 드립니다. 로지스올은 앞으로도 변함없이 공존공영하는 회사로 나아갈 것임을 약속드립니다.

2024년 9월 2일

로지스올 회장 서병륜

22

SCM 사업의
창안

SCM 사업은 처음으로 내가 창안한 사업이다.

부품 공급업체의 원자재 공급량과 기업의 제품 생산량, 그리고 소비자의 제품 구입량과 기업의 제품 생산량 등은 기업의 의지대로 일치시키기가 매우 어렵다. 이로 인해 판매 활동은 부진한데 상품 재고在庫가 쌓여 가거나, 상품은 없어서 못 파는데 제품이나 부품 조달이 제대로 되지 않아 기회 손실이 발생하게 되는 경우가 생긴다. 만약 부품 공급과 생산, 판매의 흐름을 연결하여 하나의 기업이 움직이는 것처럼 전체 프로세스를 통합 관리할 경우, 기업의 경쟁력 제고에 커다란 도움을 줄 수 있다. 이러한 측면에서 주목받고 있는 개념이 바로 공급사슬관리Supply Chain Management, SCM이다.

원래 물류는 1950~1960년대 미국에서 PDMPhysical Distribution Management으로 시작되었고 1970~1980년대 이후는 로지스틱스logistics로 발전

하였다. 그리고 2005년 미국을 중심으로 로지스틱스에서 SCM_{Supply Chain} _{Management} 시대로 다시 변하게 된 것이다. 가만히 지켜보니 물류는 20년을 기준으로 새롭게 탈바꿈을 하고 있었다. 따라서 SCM 사업을 공부하면 앞서가는 기업이 될 것이라는 생각이 들었다.

나는 이러한 사실을 미리 간파하여 앞으로 'SCM사업을 어떤 형태로 할 것인가?'를 고민하였다. 물류의 흐름을 살펴보면 원자재를 만드는 회사가 중간재를 만드는 회사로 보내고 물건을 조립하는 과정을 거치는데 이런 과정을 거쳐 현대자동차, 기아자동차 완성차가 운영되고 있다. 또 플라스틱 가공 회사는 석유 원유를 정제하여 플라스틱 원자재를 만들면 그 원자재를 사다가 사출물을 찍고 그 사출물을 조립하여 완성품이 만들어지는 마찬가지의 공정을 거치고 있다. 즉 SCM 사업은 수직, 수평이 결합이 되어 물자가 움직이고 있는 것이다.

자동차 뿐 아니라 식품도 같은 공정을 거친다. 밀가루에 설탕을 반죽해야 제품을 만들 수 있고 김치를 만들려면 배추와 양념이 있어야 한다. 이런 물자들은 거대한 물줄기를 구성하며 SCM 체인을 구성하고 있다. 그런데 이 서프라임 체인을 가장 비용이 저렴하고 효율적으로 또 빠른 스피드로 움직이게 하는 물류시스템을 만드는 것이 내가 구현하고자 하는 SCM 사업이다. 그리고 이 사업을 잘 하고 싶은 것이 우리 LOGISALL의 사업 구상이다.

다양한 산업의 분야에서 산업의 유통분야라든가 물자의 흐름의 구조를 깊숙이 파고들어 고객들이 진정으로 원하는 니즈는 무엇인가? 어떻게 하면 비용을 줄이고 효율을 올리고 경쟁력을 갖추게 할까? 하는 것들을 나름대로 연구하여 내가 아는 물류 분야의 비즈니스 모델을 만드는 것이 사업의 관건이다.

지난 2003년 9월, SCM팀을 발족하여 공동물류시스템의 사업화 기반을

| 삼성전자 LCD부문 자재통합 공동물류 운송

마련하고 2004년 삼성전자 LCD의 자재통합공동물류사업을 수주하였다. 결과는 대성공이었다.

우리는 불합리한 물류 요인들의 개선점을 만들어 2005년 1월 16일, 삼성전자 LCD에 대차를 이용한 원터치 자재공급방안을 제안하였다. 박스를 이용하던 자재공급을, 대차를 이용하여 협력사 생산라인에서 삼성전자 생산라인까지 논스톱으로 보내는 안이었다. 이러한 개선책을 통해 삼성전자는 공정, 인력 등을 대폭 줄일 수 있었고, 불량률도 0.8% 대로 절반이상 감소하는 등 연 5,000억 원 비용의 개선효과를 기대하게 되었다. 그 뒤 LOGISALL은 삼성전자 협력사의 포장개선 부문에서부터 삼성전자 LCD 생산라인까지 전 물류과정을 담당하고 있다.

삼성전자의 LCD사업의 조달물류 사업은 모두 원스톱 서비스로 진행하고 있다. 사업의 규모는 점차 커져 현재 국내에서 기흥, 천안, 아산은 물론 중국의 소주 공장 삼성전자는 우리 LOGISALL의 SCM 사업을 도입하고 있다.

LOGISALL은 물자가 움직이는 과정에 필요한 물류용기, 물건 담는 상자, 받침대, 파렛트 등을 설계하기도 하지만 어떻게 하면 비용을 절감하고 적재효율을 높일 수 있는가를 늘 염두에 두고 있다. 이를 위해 물류인력의 확보, 정보시스템, 창고시스템 등 물자의 흐름이 원활하게 흐를 수 있도록 하는 모든 분야를 책임지고 있는 것이다.

삼성전자는 우리 LOGISALL과 손잡고 SCM을 도입한 후 LCD분야에서만 약 5천억 원의 물류비용을 절감하고 있다. 그리고 우리 LOGISALL은 10분의 1인 500억의 매출을 올리고 있다. 즉 고객에게 10이라는 이익을 주고 우리는 10분의 1의 사업 매출을 얻는 것이 내가 구현하는 사업모델이다. 그래서인지 SCM 사업은 고객회사가 더 환영하고 좋아하는 실정이다. 이 사업은 삼성전자로 끝나지 않고 LG전자의 창원공장에도 착수되어 운영되고 있으며 다양한 후속 모델의 발굴에 힘을 쏟고 있다.

23

글로벌 사업의 출발,
RRPP POOL 사업

지난 30여 년간 국내 사업 중심으로 추진되어 온 LOGISALL이 본격적으로 글로벌 사업자로 등장하기 위하여 RRPP POOL 사업을 시작하게 되었다.

RRPP POOL은 Recycled Reusable Plastic Pallet를 공동으로 이용하는 사업모델이다.

지금까지 국제 무역 물동량에 한번 쓰고 버리는 1회용 파렛트가 이용되어 구입비용 부담은 물론이고 자원낭비는 물론 쓰레기 폐기물이 대량으로 배출되어 왔다. 이를 획기적으로 개선하기 위하여 플라스틱 폐기물을 재활용하여 반복 사용하는 파렛

| RRPP dimension(1,200×1,000×120㎜/1,100×1,100×120㎜)

트 공동 이용 사업모델을 세계 최초로 창안하였다. 이러한 새로운 국제파렛
트풀을 성립하기 위한 전제조건으로 첫째, 가격 면에서 기존의 1회용 파렛
트와 비슷한 10달러 수준의 저렴한 파렛트를 개발하였다. 재활용 플라스틱
을 사용하여 가격을 싸게 만들었으나, 강도 보강을 위한 특허물질을 발명하
여 첨가제로 사용하여 강도 면에서는 반복 사용하는 파렛트와 같은 품질 수
준을 유지할 수 있게 하였다.

둘째, 파렛트를 이용하는 고객들의 비용 부담을 가볍게 하기 위하여 새로
운 파렛트풀 방식을 적용한다. Deposit Rental 방식은 화물을 보내는 수
출업자가 14달러의 보증금을 제공하고 파렛트에 화물을 적재하여 발송하
여 도착지에서 수입업자가 파렛트를 반납하면 수출업자에게 50%인 7달러
를 되돌려주는 방식이다. 따라서 실질적으로 고객 부담은 7달러가 된다.

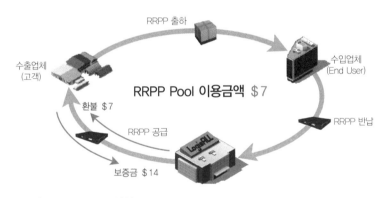

| Deposit Rental 방식

일종의 교환 방식으로 운영되는 Sale & Buy Back 방식은 수출업자가
14달러에 파렛트를 구입하여 화물을 발송한 후 도착지에서 수입업자가 7달
러에 매각하는 방식으로 이 방식도 고객의 부담이 7달러이다. 이러한 RRPP
POOL 이용 요금이 Deposit Rental 방식이나 Sale & Buy Back 방식이
나 기존의 1회용 파렛트보다도 저렴한 비용으로 이용할 수 있는 방법이다.

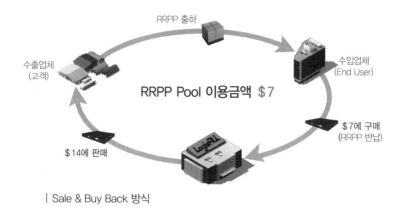

RRPP 출하

수출업체
(고객)

수입업체
(End User)

RRPP Pool 이용금액 $7

$7에 구매
(RRPP 반납)

$14에 판매

| Sale & Buy Back 방식

셋째, 모든 RRPP 파렛트에는 RFID 칩이 장착되어 있어 파렛트가 전 세계 어디에 있는지 실시간 추적관리가 가능하도록 최신 정보통신 기술을 적

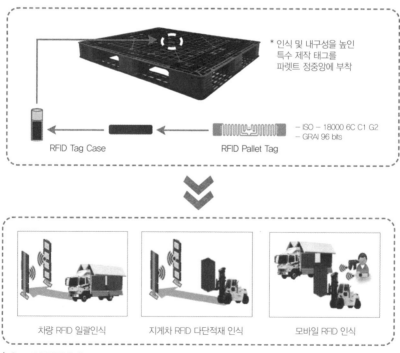

* 인식 및 내구성을 높인
특수 제작 태그를
파렛트 정중앙에 부착

RFID Tag Case

RFID Pallet Tag

– ISO – 18000 6C C1 G2
– GRAI 96 bits

차량 RFID 일괄인식

지게차 RFID 다단적재 인식

모바일 RFID 인식

| Smart RRPP Pallet

용하고 있다. 파렛트 이동이나 수불관리를 하는 정보시스템은 물론이고 파렛트 위에 적재되어있는 화물의 실시간 추적관리가 가능한 IoT 기술도 실현할 수 있다.

LOGISALL이 착수하는 RRPP POOL 글로벌 사업은 세계 무역 물동량이 저렴한 비용으로 신속하고 안전하게 움직일 수 있도록 하는 최첨단 기술을 응용한 세계 최초의 창의적인 사업 모델로서 새로운 글로벌 물류혁신을 이룩하게 될 것이다.

이 사업은 추진방법에 있어 전 세계적인 Alliance를 구축하려고 한다.

LOGISALL의 경영 철학은 물류 분야에서의 공동 · 협력 모델인 Alliance에 있으므로 RRPP POOL 사업 구상도 생산 분야, 영업 분야, 물류 분야 등을 Total Outsourcing하는 Global 전략이다.

중국을 비롯한 Asia 각국, 미국을 비롯한 북미, EU의 유럽 각국의 RRPP POOL 사업의 Network는 모두 현지기업들이 참여하도록 하는 것이다.

생산 분야는 현지 국가에서 3000톤 급 대형 사출기를 보유하고 있는 플라스틱 제조업체에 생산을 위탁할 예정이다.

영업 분야 또한 현지 국가에서 Dealer 계약을 통하여 판매망을 구축하도록 한다. 물류 분야도 현지의 물류 회사들과 제휴하여 물류센터와 파렛트 집배송 기능을 맡길 예정이다. 따라서 LOGISALL은 Global RRPP POOL 사업을 전개하는 데 있어 생산, 영업, 물류 분야를 모두 Outsourcing하여 협력 모델인 Alliance를 구축하도록 한다. 다만, 핵심 기능인 정보통신 플랫폼(RRPP TRA Platform)만은 LOGISALL이 직접 운영하도록 한다.

이를 통한 파렛트 공급과 회수를 관리하는 업무를 RRPP LINK라는 Solution을 활용하여 RRPP POOL System을 운영하게 된다. 또한 고객의 화물의 움직임을 실시간으로 파악할 수 있는 IOT System인 ULTRA-VIS라는 Solution을 통하여 고객들에게 화물 정보 서비스도 추진하게 된다. 이렇게 되면 RRPP POOL System은 화물을 이동하는 물류 서비스는 물론 정보 시스템을 제공하는 정보서비스 사업자로서 Global Leader로 등장하게 될 것이다.

특히 이 RRPP POOL 사업은 국제 무역 물동량 규모가 큰 중국에서 사업 출발을 하려고 한다. 중국 국내의 물동량이 거대하고 머지않아 중국 내 일관 수송용 파렛트 시대가 열릴 것으로 예상된다. 또한 중국에서 해외로 수출되는 교역 물동량이 많으므로 중국 국내 RRPP POOL 사업과 Global RRPP POOL 사업을 동시에 착수할 수 있다. 따라서 LOGISALL은 중국 시장에서 RRPP POOL 사업을 시작하게 되었다.

중국을 출발점으로 한국, 일본, 대만 그리고 아세안 지역으로 단계적으로 확대하면서 궁극적으로 미국, 유럽 등 전 세계 무역망에 RRPP POOL 사업이 전개될 것이다.

훗날 RRPP POOL 사업이 완전한 Global 사업으로 성공하게 되면 연간 사용수량 1억 매, 5억 매, 10억 매 규모로 매출액은 1조 원, 5조 원, 10조 원 규모로 성장할 것으로 예상되며 미래에 LOGISALL이 Unit Load System 분야에서 Global Champion이 되기를 희망하고 있다.

24

뉴밀레니엄 시대의
물류사업

새천년의 개막과 더불어 각 기업들은 새로운 시대의 조류에 발맞추어 새로운 감각
과 새로운 서비스정신으로 탈바꿈하려는 변화를 꿈꾸어 왔다.

물류 역시 2000년 이후 급격한 발전과 변화가 있었다. 그러나 물류의 변
화의 배경에는 다음과 같은 두 가지가 중심이 되어야 한다고 생각한다.

첫째는 인터넷의 확산이고, 둘째는 지구환경의 보존이다.

먼저 인터넷이 우리의 인간생활에 얼마나 많은 변화를 줄 것인가? 컴퓨
터와 통신기술이 결합하여 창출해 낸 인터넷은 모든 산업분야를 급격하게
e-비즈니스로 전환시키고 있다.

전통적인 개념으로 제1차 산업인 농림, 축산, 수산업이나 제2차 산업인
제조업 그리고 제3차 산업인 금융·서비스업 등 어떠한 산업도 전자상거래
체제로 바뀌어 가고 있다.

이러한 인터넷시대의 전자상거래 방식은 시간과 거리, 유통단계 등의 벽

을 뛰어 넘어 빛의 속도光速度로 움직이고 있다. 기업간B2B의 거래나 기업과 개인간B2C의 거래, 개인과 개인간C2C의 거래 등 모든 경제활동에 있어 광속도의 인터넷만이 유일한 생존전략이 될 것이다.

그리고 인터넷의 전자상거래는 산업의 형태를 근본적으로 바꾸어 갈 것이며 떠오르는 사업을 탄생시키기도 하고 반대로 많은 사업들을 사라지게도 할 것이다. 이렇게 위력을 발휘하는 인터넷의 전자상거래에 있어서도 물류는 가장 결정적인 아킬레스건이 될 것이 분명하다. 아무리 광속도로 상거래가 이루어진다고 하더라도 물자의 흐름속도가 이를 밑받침 해주지 못하기 때문이다.

역설적으로 인터넷시대에는 물류가 모든 사업에 있어 그 성패의 관건이 될 것이며 따라서 물류가 가장 중요한 분야로 등장하게 될 것이다.

예를 들면 전자상거래의 성공사례인 아마존의 경우를 보면 주문이나 대금 지불 등 상거래는 인터넷을 통하여 단 한 번의 클릭으로 마무리 될 수 있겠지만 상품이 고객에게 배달되기 위한 물류과정에는 많은 시간과 비용이 필요하게 마련이다.

이러한 현상은 아마존의 경우만이 아니라 앞으로 출현할 수많은 인터넷 사업에 있어 물자가 수반되어야 하는 모든 경우에 물류시스템이 각광받게 될 분명한 조건이다.

물류의 역할이 인터넷시대에도 변함없이 보다 중요한 이슈로 등장하게 될 것이라고 확신한다.

물류에 있어 표준화, 공동화, 정보화, 네트워크화, 전문화아웃소싱화 등은 새 천년에 있어서도 중요한 물류과제로 남아 있을 것이라고 판단된다.

따라서 물류인들의 위치와 역할은 인터넷시대에 더욱 빛나는 존재가 될 것이며 물류사업 또한 더욱 전망 좋은 유망산업으로 남아 있게 될 것이라고 확신한다.

다음으로 해결하여야 할 인류의 과제는 지구환경을 보존하는 일이다. 인간생활을 보다 편리하고 윤택하게 하기 위하여 더욱 빠른 속도로 문명이 발달하고 있으며 경제활동은 갈수록 활발하게 진행되고 있다. 그 결과로 대기오염, 수질오염, 소음공해, 쓰레기 발생 등으로 지구환경이 악화되어 가고 있는 현실이다.

이대로 환경문제를 방치하여 둔다면 지구와 인류의 멸망이라는 대재앙이 올 수도 있다는 위기의식이 팽배하고 있다. 환경의 악화를 방지하고 지구의 생태계를 보존하기 위한 강력한 방안들이 앞으로 전개될 것으로 예상된다.

선진국과 후진국, 국가간의 이해관계 대립 등으로 아직은 강력한 환경보존대책이 추진되고 있지 않지만 어쩔 수 없이 여러 분야에 걸쳐 국제적인 환경협약이 마련되어 구체적인 환경규제가 설정될 것으로 본다.

그렇게 되면 불가피하게 여러 산업분야에서 환경친화적인 사업으로 급속하게 전환하게 될 날도 멀지 않았다고 생각한다.

따라서 물류분야에서도 환경을 고려하는 물류체제를 구축하여야 하며 물류사업에 있어서도 환경친화적인 사업방안을 준비하여야 할 것이다.

내가 제안하고자 하는 환경친화적인 물류사업방안으로는 다음과 같은 것들이 있다.

① 소음을 발생하지 않는 물류장비의 개발
② 에너지를 적게 사용하는 수송수단의 이용
③ 포장용기를 회수하여 반복 사용하는 방식의 채택
④ 물류공동화 사업의 전개
⑤ 최단 물류경로의 선택
⑥ 중력이나 풍력 · 태양에너지의 활용

이와 같이 환경을 고려하는 물류사업 방안이야말로 앞으로 물류가 번영할 수 있는 훌륭한 생존전략이 될 수 있을 것이다.

지금까지도 그래왔지만 앞으로도 내가 추진하고 있는 한국파렛트풀(주)의 파렛트 풀 사업과 한국컨테이너풀(주)의 컨테이너 풀 사업, 그리고 한국로지스풀(주)의 공동 물류사업 등을 중심으로 하여 다양한 SCM사업을 전개하고 있는 LOGISALL이 계속 성장, 변화, 발전해 나가기를 희망하며 한 발 앞서 인터넷을 활용하고 환경친화적인 사업을 하는 물류기업이 된다면 바랄 나위가 없겠다.

Chapter 4

物流人의 길

01

물류와의
만남

나는 노래를 잘 부르지 못하지만 가끔 노사연의 '만남'이라는 가요를 따라 부르고는 한다.

"우리의 만남은 우연이 아니야."라는 가사말로 시작되는 노래의 첫 구절이 왠지 가슴에 와 닿기 때문이다.

사람은 살아가면서 수많은 만남에 부딪치게 된다. 사람들과의 만남, 사건들과의 만남, 운명과의 만남 등…. 어떤 만남은 그저 스쳐 지나가 버리지만 또 어떤 만남은 우리의 운명을 바꾸어 놓기도 한다.

어쩌면 나는 운명론자인지도 모르겠다. 그 이유는 물류를 만나게 된 것을 나의 운명이라고 생각하여 왔기 때문이다. 또 물류를 만나게 된 것에 대하여 단 한 번도 후회하여 본 적이 없었음은 물론, 언제나 커다란 행운이라고 신앙처럼 믿어왔다.

아무 이유 없이 물류가 좋아서 밤을 새워 본 적도 이루 헤아릴 수 없을 정도로 많았다. 때로는 험한 가시밭길을, 때로는 주저앉고 싶을 정도로 힘든 시간을 보냈지만 단 한 번도 물류가 싫다고 도망간 적도 없고 다른 길에 한눈을 판적도 없으니, 내가 생각해도 참 이상한 일이다.

물론 직장을 그만두고 물류의 길로 홀로서기를 시작하면서 고뇌의 과정을 거치지 않은 것은 아니었다. 불확실한 앞날에 대한 걱정으로 불안하여 무려 3년여에 걸쳐 고민하였고, 결심을 하고서도 사직서를 작성하여 품에 넣고 다니면서 다시 1년 정도를 망설였다.

그 당시 대우그룹은 젊은이들이 선망하던 직장이었고 특히 부모님과 아내의 만류가 간곡하였기에 새로운 세계에 선뜻 뛰어들 수가 없었다. 그러나 아무리 생각하고 또 생각해도 대기업의 생리에서는 계속하여 물류 분야에서만 근무할 수 없는 것이 현실이었다. 나는 이미 물류를 포기할 수 없는 물류 마니아가 되어 있었고, 생계를 걱정하여 겁쟁이 샐러리맨으로 전락하여

| 대우중공업 근무시절 갓 생산한 지게차를 이동시키고 있다.(1977년)

평생을 후회하느니 차라리 비록 장래가 불확실하더라도 물류의 길에 한 몸을 던지겠다는 각오로 사직서를 제출하였다.

내가 물류를 만나게 된 과정은 앞에서도 조금씩 언급한 바 있지만 다음과 같다.

1977년 대우그룹 공채에 기계엔지니어로 채용되어 대우중공업(주)에 배치되었고, 지게차 생산 공장에서 근무하게 된 것이 물류 주요 장비인 지게차와의 첫 만남이었다.

그리고 2년여의 공장 근무 후에 영업부문의 지게차 마케팅 부서에 인사발령이 났는데 아마도 그것이 두 번째 인연인 것 같다. 나는 엔지니어로서 당연히 공장에서 근무하고 싶었으나 당시 지게차 판매가 극히 부진하여 이를 해결하기 위한 회사의 정책상, 본의 아니게 영업부서에서 지게차 마케팅을 하게 되었다.

어떻게 지게차를 팔 것인가? 어떻게 하면 지게차를 많이 사용하게 할 수 있을 것인가? 이것이 1979년 9월, 내 머릿속에 가득 차 있던 과제였다.

나는 먼저 여러 선진국 중에서 일본을 모델로 선정하여 연구하기로 결정하고 일본의 지게차 시장을 분석하였다. 1970년대 초반부터 일본의 지게차 시장 규모는 연간 10만 대였으나 한국은 1979년도에 연간 1천 대를 넘지 못하고 있었다.

그 당시 일본과 한국의 경제규모가 10:1이었는데 지게차 시장 규모는 100:1이었다. 나는 경제규모와 지게차 시장 규모에 있어 한국과 일본간의 비율이 같아진다면 한국의 지게차 시장 규모도 연간 1만 대가 될 수 있을 것이라는 판단을 하였다.

이렇게 시장 규모의 차이가 큰 원인을 알아내기 위하여 일본과 한국에 있어 지게차를 사용하는 현장을 조사하고 데이터를 분석하여 보았다. 그런데 한국과 일본의 지게차 시장을 비교 분석하면서 중요한 결론을 얻었다. 한국과 일본은 지게차를 사용하는 방법이 서로 판이하게 달랐던 것이다. 당시 한국은 지게차를 도입한 초기단계로서 하역현장에서 사람의 힘으로는 작업이 불가능한 원목 야적장이나 철강제품 등 중량물을 하역하는 중장비로서 사용하고 있었다. 그 결과 한국에서 사용하는 지게차는 3.5톤 이상의 중대형 기종이었다.

반면에 일본에서는 인간의 힘으로도 하역작업이 가능한 20~30kg단위로 포장된 물동량을 파렛트라는 화물 받침대에 1톤 단위로 적재하여 하역작업을 하고 있었다. 따라서 1톤~2톤급의 소형장비가 전체시장의 90% 이상을 차지하고 있었다.

대형지게차 시장에서는 물동량 규모를 고려한다면 한일간에 동일한 사용 수준이었으나 소형지게차 시장이 일본에서는 파렛트 보급으로 보편화되어 있었다. 그러나 한국은 대부분 인력작업 방식이었기 때문에 판매 대수가 소량이었다.

결론적으로 한국에서 지게차 사용을 촉진하기 위해서는 파렛트 사용을 보편화시켜 소형지게차 시장을 확대시켜야 한다는 점이었다. 파렛트 보급 수준이 일본과 같게 되면, 물동량을 감안할 때 한국의 지게차 판매대수가 연간 1만 대 규모가 될 것이라는 것이 1980년대 당시 내가 내린 결론이었다.

현재 우리나라의 지게차 시장 규모는 연간 2만 대 수준이다. 이는 1980년대 일본과 한국의 GDP규모가 10:1이었으나 최근에는 2.5:1 수준으로 좁혀졌고, 일본의 지게차 시장 규모가 연간 6~8만 대임을 감안하면 경제 규모, 물류, 파렛트 시스템의 선진화와 지게차 시장의 상관관계가 밀접하다는 사실이 매우 흥미롭다.

지게차와 파렛트는 바늘과 실과 같은 관계이다. 지게차를 많이 팔려면 파렛트화를 촉진시켜야 한다는 나의 보고서가 회사 차원에서 호응을 얻었다.

그리하여 파렛트화가 지게차의 마케팅전략으로 채택되었다. 그 덕분에 일본과 유럽 등 선진 여러 나라의 파렛트 사용실태를 조사하였으며 파렛트가 물류체계에서 중요한 수단이라는 사실도 발견하였다.

즉, 일관 파렛트화가 물류시스템화의 핵심 과제이므로 파렛트 풀 제도를 도입하는 것과 물류 계몽운동의 전개가 필수적이라는 결론을 얻어 냈다.

처음에는 그저 파렛트를 보급하여 지게차를 많이 팔도록 하겠다는 생각에서 시작하였으나 차차 물류에 눈을 뜨게 되었고 선진 각국의 물류 전시회나 물류연구소, 물류협회 등을 방문하여 이 분야를 몸으로 겪고 배우면서 우리나라에서도 앞으로 물류가 대단히 중요한 분야로 등장하게 되리라는 확신을 가지게 되었다.

그리하여 1980년도에 나의 필생의 목표인 파렛트 풀 회사와 물류협회를 설립한다는 계획을 수립하게 되었던 것이다.

02

동고동락(同苦同樂)한 물류인들

> '세 사람이 길을 가면 그 가운데 반드시 나의 스승이 있으니, 그 중에 선한 자를 가려서 따르고 선하지 못한 자를 가려서 자신의 잘못을 고쳐야 한다.'

이 말은 공자의 가르침으로 어디를 가든지 자신이 본받을 만한 것은 있으며 하찮은 것에서도 배울 것이 있다는 뜻이 포함되어 있다.

함께 나란히 길을 걸어가면서 인생을 이야기 하다보면 분명 삶에 대해 터득할만한 그 무엇이 있을 것이다. 또한 뒤처져 있는 사람에게서도 그 사람이 무엇이 부족하고 어떤 면에서 잘못하고 있는 지를 알아낸다면 나에게 도움이 되는 삶의 지혜를 찾아낼 수 있을 것이다. 참으로 현명한 말씀이라고 생각한다.

물류의 길을 걸어오면서 나는 외롭고 힘들다고 느낄 때가 참으로 많았다. 그러나 다행스러운 것은 주위에 물류를 사랑하는 분들이 많았기에 덜 외로웠다고 생각한다.

지금까지 40여 년간 물류의 길을 걸어오면서 나는 수많은 물류인들을 만나 왔다. 그 중에서도 오랜 세월 동안 희로애락喜怒哀樂을 같이하여 온 물류동지들 몇 분에 관하여 얘기하고자 한다.

먼저 잊을 수 없는 분은 내가 대우중공업(주)를 다니던 시절, 영업을 총괄하던 임효빈任孝彬 전무님을 기억하고 싶다. 판매가 부진한 지게차 영업을 위해 마케팅팀을 구성하기 위하여 공장에서 근무하고 있는 엔지니어 4명을 선발하여 인사발령을 냈는데, 그 중에 나도 포함되어 있었다. 나는 영업부서를 기피하고 공장근무를 원했기 때문에 사표를 내는 등 반발을 하였다.

결국 6개월 파견근무 후에 공장으로 원대 복귀시켜준다는 조건으로, 영업부로 출근해 신고 인사를 하러 갔었다. 그런데 첫 대면하는 자리에서 임 전무님은 나에게 회사의 경영방침에 따르지 않는다며 심한 질책을 하였다. 이렇게 악연으로 시작되었으나 그 분과 나는 이후 깊이 이해하고 서로를 신뢰하는 사이로 발전하였으며 임 전무님은 내가 물류의 길을 가는데 든든한 성원자가 되었다.

처음에는 공장을 떠나 일하는 게 그렇게 싫었던 나였지만 나는 결국 공장으로 돌아가지 않았다. 임 전무는 지게차의 마케팅을 위하여 내가 제안한 파렛트 풀과 물류추진방안이 옳은 방향이라고 믿어 주었고 뜻을 같이하여 전폭적으로 지원하여 주었다.

1980년도 말, 유럽의 파렛트 풀과 물류실태연구를 위해 1개월간의 출장을 계획한 품의서를 올렸는데 출발할 날짜가 촉박한데도 결재가 나지 않았다. 초조한 나머지 임 전무께 사정을 말씀드렸더니 자신의 서류가방에서 품의서를 꺼내 보이며 사장님께서 사인을 해주지 않아 설득중이니 기다려달라는 것이었다. 그 순간 감동에 벅차 눈물이 핑 돌았다. 부하의 해외출장 때문에 상사의 결재를 받기 위하여 최선을 다하고 있는 모습을 보았기 때문이었다.

그런 사연이 계기가 되어 나는 우리나라의 파렛트 풀과 물류발전에 젊음을 불태우겠노라는 다짐을 하게 되었다. 회사를 사직하고 나온 이후에도 나의 물류활동에 관심을 가져주셨고 가끔 저녁식사도 함께하면서 격려해 주셨다. 도중에 한국물류연구원을 꾸려가기가 어려워 포기해야겠다고 말씀을 드렸더니 친분이 깊은 대우계열회사 사장들에게 나의 재입사를 천거하여 주기도 하였다.

그 이후로 처음 세웠던 목표 그대로, 파렛트 풀과 물류발전을 위하여 내가 오늘날까지 오직 물류의 길만을 걸어올 수 있었던 것은 그 분의 성원이 있었기 때문에 가능했음을 항상 기억하고 있다.

두 번째로 나에게 물류의 길을 갈 수 있도록 도와주신 분은 우리나라 포장업계의 개척자인 하진필(河鎭弼) 선생님이다. 지금은 타계한지 오래되었지만 1970년대 초반 한국디자인포장센터를 설립하여 수출중심의 경제개발 초기에 필요하던 우리산업계의 포장개선에 크게 공헌하신 분이었다.

1984년 설립한 한국물류연구원의 포장분야전문위원을 맡아 주었던 그분은 우리나라 물류발전을 위하여 뛰어든 나의 뜻을 누구보다도 잘 이해하여 주었고 항상 곁에서 뜨거운 격려를 하여 주었다.

선생님은 1970년대 초반 단순히 포장분야뿐 아니라 물류분야까지 개선시켜보려고 많은 노력을 시도하였으나 당시의 국내 산업계 사정이 물류까지 뜻을 펼칠만한 여건이 조성되지 않아 안타깝게도 포장분야라는 좁은 범위에서 활동하며 아쉬움을 가지고 있었다고 한다.

15년이 지난 후에 젊은 후배인 내가 물류에 정열을 가지고 이를 개선시켜 보겠다고 뛰어든 것에 대하여 남다른 애정을 가지셨다. 한국물류연구원과 한국파렛트풀(주)의 초창기에 수많은 난관에 부딪혀 고민하던 나에게 자신이 한국디자인포장센터를 운영하던 초창기의 경험담을 전해주면서 자신감을 갖고 좌절하지 말아달라는 인간적인 가르침을 주시기도 했다.

| 필재(앞줄 좌측)와 물류의 길을 함께 해온 한국물류연구원의 창립 동지들

　하진필 선생님은 분명히 돈을 목적으로 한 것이 아니라 그저 포장개척자
로서 외길을 살다가 가신 분으로 기억하고 싶다. 왜냐하면 내가 호주머니가
텅 비어 빈털터리가 된 것을 알고 당신에게 드린 세미나 강사료를 되돌려
주셨기 때문이다. 그 분을 만나고 물류를 교류하면서 내가 배운 것은 '어떻
게 처신하면 올바른 삶을 살 수 있는가?'였다.

　위암으로 돌아가시던 전날 밤, 온 몸의 통증을 참으면서 죽음 앞에서도
당당한 모습으로 내 손을 꼭 잡고 우리나라 물류의 앞날을 염려하였다.

　가신 지 벌써 30여 년이 지났지만 물류의 길에서 만났던 선배동지로서
그 분을 존경하고 있다.

　그 밖에도 한국물류협회의 초대회장을 맡았던 안태호安台鎬 교수님도 초
창기 우리나라 물류발전을 위하여 많은 노력을 하였다고 생각한다. 물류협
회를 운영할 자금이 부족하자 개인소유의 사무실을 수년간 무료 제공할 정
도로 헌신적인 분이었다.

또한 순천향대학교의 윤문규尹文奎 교수님도 자신의 박사학위 취득 논문을 '물적유통의 이론과 실제'라는 제목으로 설정할 정도로 물류연구에 앞장섰던 분이다. 물론 물류분야에서 산학협력의 훌륭한 체계를 구축하여 생동하는 물류학자의 길을 보여주시었다.

그리고 지금은 비록 안타깝게도 개인적인 사정으로 활동을 중단한 임호규林浩奎 박사님도 나에게 물류활동의 길을 가르쳐준 분이다. 1979년 한국개발연구원에 근무하던 시절, 물류에 관하여 이제 막 눈을 뜨고 찾아간 후배에게 물류의 중요성을 깨우쳐 주었다. 아울러 파렛트 풀 사업도 유니트 로드 시스템을 구축하는데 중요한 역할을 하게 된다는 사실을 가장 먼저 간파해 낸 분이다. 하루 빨리 물류활동에 재개할 수 있기를 기원하고 싶다.

또 태평양화학(주)에서 물류현장 경험을 쌓고 한국물류협회의 전무, 부회장을 거치면서 수많은 연구와 강연을 하여 온 명지대학교 유통대학원의 김정환金政煥 교수님께서도 나에게 항상 믿음직한 선배 동지였다.

마지막으로 한국물류협회의 물류연구원 원장을 담당하셨던 전만술田萬述 박사님과 삼성그룹의 임원을 역임한 후 한국물류협회에 부임하였던 신유균申侑均 부회장도 우리나라의 물류발전을 위하여 부단한 노력을 하였다.

앞에서 언급한 물류 동지들은 1984년 9월 1일 한국물류연구원을 설립하던 시절부터 40년이 지난 지금까지 사단법인 한국물류협회를 중심으로 하여 우리나라의 물류를 발전시키는 데 공헌하신 물류 1세대들이다.

저 세상에 가서라도 영원한 물류동지로 남아 있기를 바라마지 않는다.

03

물류개척자의
길

'개척開拓'이란 사전적인 의미는 새로운 영역, 운명, 진로 따위를 처음으로 열어 나감이라는 뜻이다.

따라서 '개척자'는 새로운 영역을 처음으로 열어 나가는 사람, 즉 선구자라고 표현할 수 있다. 개척자에게는 위험을 무릅쓰고 새로운 세계에 도전하는 진정한 용기가 필수적인 요건이다. 또한 이러한 개척자들의 끊임없는 출현과 그들의 노력으로 인류역사는 계속 발전하여 왔다고 생각한다.

우리가 쉽게 떠올릴 수 있는 개척자의 대표적인 사람으로는 미합중국을 형성하던 초기에 아메리카대륙을 개척하기 위하여 앞장섰던 '서부의 사나이'들을 연상할 수 있다. 이들은 새로운 삶의 터전을 마련하기 위하여 혼돈의 시기에 생명의 위험도 무릅쓰고 금광을 찾아, 또는 광활한 농토를 찾아 말이나 포장마차를 타고 서부로 나섰던 것이다. 그리고 이들의 덕택으로 오늘날 강대한 미국이 건설되었다. 또한 1960년대 존 F 케네디는 대통령 후보로 출마하여 'New Frontier'라는

| 미국 알링턴 국립묘지에 있는 존 F.케네디 대통령 묘소(뒤에는 영원히 꺼지지 않는 불이 켜져 있다.)

개척정신을 부활시킬 것을 캐치프레이즈로 내걸어 당선하였고, 비록 비운에 짧은 생애를 마쳤지만 아직도 미국인들의 가슴속에는 젊음의 상징으로 살아남아 있다.

미국 워싱턴 출장 중에 알링턴 국립묘지에 있는 고故 케네디 대통령의 묘소를 방문한 적이 있었는데 그곳에는 '영원히 꺼지지 않는 불'이 타오르고 있었다. 이는 개척정신은 영원히 살아 있다는 진리를 말하는 것이리라.

최근에는 인터넷 비즈니스 세계에서 앞서가는 개척자들이 속속 등장하고 있다. 무한한 사이버 공간의 인터넷 비즈니스 세계에서 우리 한국은 좁은 국토, 많은 인구, 빈약한 자원이라는 세 가지 핸디캡을 한꺼번에 극복할 수 있는 절호의 기회를 맞았다고 생각한다.

따라서 이 분야에서도 사이버 공간을 선점하여 사업에 성공하는 개척자들이 많이 출현되어야 한다. 나는 디지털 기술을 활용하여 인터넷 세계에서 사이버공간을 확보하는 길이 우리 민족이 번영할 수 있는 유일한 탈출구라고 믿기 때문이다. 그러나 이러한 가상공간의 인터넷 시대에도, 물류라는 현실세계의 확실한 뒷받침이 없이는 사업의 성공은 실현될 수 없다는 것이 나의 판단이다.

물류는 다가오는 인터넷 시대에 그 성공 여부를 판가름 짓는 근본적인 과제가 될 것이라고 내다보고 있다. 이렇게 중요한 물류분야에서 우리나라의 물류를 지난 40여 년간 앞장서 개척하여 온 나는 정말 행운아였다고 생각한다.

학업을 마치고 얻은 첫 일터에서 운명적으로 만난 물류 분야!

이 길이 좋아서 전력을 다하여 매진하였고, 앞으로 남은 인생도 역시 물류의 길에 서 있으니 참으로 감사하는 마음으로 살고 싶다.

이제 새롭게 물류분야에 인생을 걸고자하는 젊은이들에게 내가 물류인생을 걸어오면서 몸소 체험하고 느꼈던 생각들을 전하고 싶다.

첫째, 물류에 남다른 애정을 가져주기 바란다. 사람은 누구나 자기가 하고 싶은 분야에서 일을 하여야 행복한 법이다. 또한 하는 일이 흥미로워야 전력을 다하게 된다. 전쟁터에 나가 싸우는 병사가 조국을 사랑하는 마음이 있으면 목숨까지도 기꺼이 바치게 되는 논리와 같다. 지금까지 지켜 본 성공한 물류인들은 한결같이 물류가 좋아서 물류에 전력투구한 사람들이었다고 생각한다.

둘째, 물류를 혼자서 다 해나간다는 것은 불가능하다. 물류분야는 워낙 광범위하고 복잡하기 때문에 아무리 능력이 뛰어난 사람도 혼자 모든 분야의 역할을 다 할 수 없다. 항상 다른 사람들과 함께 힘과 뜻을 모아 물류를 연구하고 개선하려고 하는 자세가 가장 지혜로운 방책이다. 즉 물류에서 가장 중요한 키워드Key Word는 윈윈Win Win전략이다.

셋째, 물류에서 현실과 타협을 하면 안 된다. 인간은 대부분 변화에 거부감을 갖고 현재의 상태에 안주하려 하는 속성이 있다. 물류시스템을 개선하려고 하면 수많은 반대론자들과 부딪히게 마련이고 모두가 자기이해를 지키려고 고집한다.

특히 물류표준화와 물류공동화를 추진해 오면서 나는 이 점을 뼈저리게 느껴 왔다. 따라서 개별적인 이익과 현재에 만족하지 말고 모두에게 도움이 되는 일이고 보다 큰 개선효과가 나타날 일이라면 발상의 대전환을 하여야 할 것이다.

넷째, 물류에 관하여 항상 연구하는 자세를 가져야 한다. 남을 모방하는 사람은 결코 앞서가는 개척자가 될 수 없다. 물론 나도 물류분야에 처음 입문할 때에는 어쩔 수 없이 선진물류기술을 받아들였으나 물류에 눈을 뜨면서 독창적인 아이디어와 기술을 연마하여 왔다. 그러한 덕분으로 지금은 자기 나름대로 물류관을 갖고 창의적인 물류활동을 할 수 있다고 자부한다.

다섯째, 물류에 관한 합리적인 사고를 하여야 한다. 물류야말로 현장에 바탕을 둔 분야이므로 이론보다는 현실개선에 중점을 두어야 한다. 매사에 있어 비용과 데이터에 입각하여 최선의 물류시스템을 만들어 내는 능력을 갖추어야 하기 때문이다. 따라서 물류이론에 관한 기본적인 공부를 하고, 이를 물류현장에 응용하기 위한 방법을 강구하되 언제나 종합적인 물류시스템이란 차원에서 접근하여야 한다.

마지막으로 국제화시대에 적응하기 위하여 외국어 실력을 배양하여야 한다. 국가간에 장벽이 없고, 국제간에 긴밀하게 연결하여야 하는 글로벌 시스템이 물류에서도 불가피하게 요구되고 있다. 따라서 영어를 중심으로 한 외국어 공부에 심혈을 기울여야 한다. 특히 선진국의 앞서가는 물류기술을 배우는 것은 물론이고 우리와 외국과의 물류체계를 연결하기 위하여도 외국어는 필수적이다. 위에서 언급한 몇 가지 제안들은 물류의 길을 나서는 젊은이들에게 보내는 메시지이다.

좀 더 넓고 장기적인 시야로 한 국가 차원에서 보자면, 내가 지금까지 우리나라 산업계에 물류가 도입되게 하기 위하여 물류의 중요성을 알리고, 계몽운동을 하고, 물류단체들을 만들고, 정부에서 물류정책을 채택하도록 노력하여 온지 40여 년이 넘었지만 아직도 한국물류의 역사는 더욱 발전하여야 할 숙제를 안고 있다고 생각한다. 진정한 물류선진국이 되기 위해서는 보다 오랜 시일이 걸리겠지만, 무엇보다 개척정신을 가진 많은 젊은이들이 물류의 길에 뛰어들었으면 하는 바람이다.

04

물류컨설턴트의
길

나는 대우중공업(주)에서 지게차마케팅을 담당하기 시작한 1979년 8월부터 물류를
발견하여 이에 대한 연구와 계몽운동을 전개하여 왔다.

1984년 9월, 한국물류연구원을 설립하여 본격적인 물류활동에 들어갔
다. 1985년에는 '물류'라는 분야를 매스컴에 등장시키고, 해외물류시찰단의
파견과 물류전국대회의 개최, 그리고 물류연구회 등을 구성하는 등 물류에
인생을 걸고 우리나라에 물류를 도입하기 위하여 모든 노력을 다하였다.

특히 1985년 3월 하순부터 4월 초순까지 한국경제신문에 7회에 걸쳐 게
재되었던 '태동기, 한국의 물류'라는 특집기사는 국내 산업계에 커다란 반향
을 일으켰다.

이 특집기사를 집필하기 위하여 밤을 꼬박 새우던 나는 신문기사를 읽고
문의해 오는 업계의 전화 때문에 잠시도 자리를 비울 수 없을 지경이었다.
아마도 내가 물류 업계에 전문가로 알려지기 시작한 것은 바로 그즈음이 아

니었나 생각된다. 이후로 나는 물류컨설팅의 길로 접어들게 되었다.

지금까지 내가 담당하여 온 물류컨설팅은 한국과학기술원의 교통연구부^{현 한국교통연구원}, 동양제과, 오뚜기식품, 삼성전자, 서울하인즈, 해태제과, 농심, 고려합섬, 부산파이프, 빙그레, 동부제강, 봉명산업, 조선무역, 롯데칠성음료, 경기화학, 미원, 산업연구원 등 30여 건에 달한다. 이들 컨설팅들은 1985년 9월부터 1991년 3월까지 약 5년간에 집중적으로 실시하였다.

돌이켜 보건대 당시에는 국내에 컨설팅 분야가 그다지 본격화되기 이전의 단계였다. 더구나 생소하던 물류분야에서 이렇게 많은 컨설팅을 실시할 수 있었다는 사실이 나로서도 믿어지지 않는다. 다만 프로정신을 갖고 최선의 노력을 다하였을 뿐이었다.

나의 경험으로는 컨설팅이란 완벽한 프로의 세계이어야 한다. 프로 운동선수가 인생의 모든 것을 걸고 뛰는 것과 프로 바둑선수가 목숨을 걸고 바둑 돌 하나를 놓는 것과 마찬가지인 것이다.

컨설턴트야말로 아마추어 실력으로는 통할 수 없고 오로지 프로실력을 갖춘 전문가여야 한다. 왜냐하면 컨설팅을 의뢰한 입장에서 전폭적으로 신뢰하고 맡길 수 있는 실력자라고 인정을 받아야만 일을 할 수 있기 때문이다.

내가 컨설턴트로서 물류컨설팅을 담당할 수 있었던 것은 물류활동 초기부터 물류현장을 연구하여 왔기 때문이다. 처음부터 물류 엔지니어링과 시스템, 그리고 설계분야를 다루어 물류현장을 개선하는 업무경험을 쌓아왔다.

또한 프로정신으로 무장한 컨설턴트로서 나는 물류에 인생을 걸고 있었으므로 물류컨설팅 한 건 한 건에 초인적인 힘을 쏟아 부었다. 그 이유는 컨설팅 결과보고서에 불만을 제기하는 고객이 있다면 그것은 바로 나 자신의 불명예이자 물류인생의 종말을 예고한다는 생각 때문이었다.

여기서는 지금까지 내가 실시하여온 물류컨설팅 방법을 서술하고자 한다.

첫째, 물류컨설팅을 의뢰하는 회사를 방문하여 예비 진단을 실시한다.

그 후 물류관련부서의 담당자들을 면담하고 물류현장을 조사하여 문제점들이 무엇인가 파악한다. 이 문제점들을 분석하여 개선할 대상을 설정하고 기대효과를 산출한다. 이러한 결과를 기준으로 삼아 컨설팅 기간, 투입인원, 소요비용 등을 결정하고 물류 컨설팅 제안서를 작성한 후 설명회를 갖는다.

둘째, 컨설팅을 실시하는 과정에 물류관리자들을 모아 'Task Force TeamTFT'을 구성하도록 한다.

이 TFT에는 영업분야, 생산관리, 설비나 장비관리자, 창고나 운송관리자, 경리회계담당자, 전산관련자, 기획담당자 등 물류관련 부서에서 3년 정도의 경험을 가진 사람들을 주축으로 구성하는 것이 바람직하다.

셋째, 외부 컨설턴트들과 내부 TFT 멤버들은 수시로 회의를 갖도록 하고 필요로 하는 데이터와 자료를 수집하고 작성한다. 서로 간에 충분한 논의를 통하여 상호간에 정보를 공유하고 협조체계를 구축하는 것이 중요하다.

이 때 자기의 주장을 상대방에게 강요하지 말고 의견을 제시만 하는 자유로운 분위기를 유지하도록 한다.

넷째, 물류의 문제점을 찾아내야 한다.

병원의 의사가 환자의 아픈 곳을 찾아내듯이 물류컨설턴트는 기업의 물류 문제점을 정확하게 찾아내야 한다.

의사가 환자의 생명을 지켜주는 전문가인 것과 마찬가지로 물류컨설턴트는 기업에 있어 잘못된 물류를 고쳐주는 전문가이다.

물류에 있어 문제점들이 무엇인가를 알기 위해서는 물류현장들을 많이 방문하고 현장의 실무자들과 직접 면담을 하는 것이 중요하다.

물자의 흐름을 추적하고, 물동량 데이터를 분석하며, 물류비용을 산출하는 것은 초기 문제점을 찾아내는데 있어 기초 자료들이다.

다섯째, 물류 개선방안을 수립한다.

앞에서 찾아낸 물류 문제점들을 개선하기 위하여, 문제 하나하나를 세분화하여 그 해결방법을 마련한다.

문제점들을 찾아낼 때와 마찬가지로 물류흐름 추적과 물동량 데이터 분석, 물류비의 산출 등은 물류 개선방안을 수립하는데 있어 필수적인 기준자료가 된다. 또 하나 중요한 점은 여러 세부적인 물류 개선방안들 중에서 우선순위를 정하여야 한다.

물류상의 모든 문제점들을 한꺼번에 해결하는 완벽한 개선방안을 마련한다는 것은 불가능하기 때문이다. 또한 물류 개선방안의 내용에 있어 개별적인 개선대책도 필요하겠지만 더욱 중요한 것은 장기적인 물류전략이 제시되어야 한다.

각 분야에 있어 물류를 개선하므로 얻어지는 효과금액을 산출하여 물류거점을 확보한다던가 물류체계를 전면적으로 바꾸는데 활용하는 재원으로 제안하였다. 처음부터 규모가 큰 자금을 물류분야에 투자할 것을 요청하지 않고 비교적 손쉬운 해결방안을 착수, 소규모의 투자만을 요청하였고 개선효과가 나타나는 시점에서 단계적으로 본격화하는 방법을 채택하였다.

이러한 접근방법에 신뢰를 얻었는지는 모르겠으나 그동안 담당하였던 물류컨설팅의 최종보고회에서 나는 최고경영자들로부터 비교적 좋은 평가를 받아왔다.

우리나라에 경영컨설팅이 도입되던 1980년대에 대기업의 물류컨설팅들을 맡아 기대 이상의 능력을 인정받았다는 것은 물론 프로정신으로 온 몸을 던져 혼신의 노력을 다하였기 때문에 가능하였다고 생각한다.

앞으로 진정한 프로정신으로 무장된 유능한 물류컨설턴트들이 배출되어 우리나라 기업들의 물류개선에 기여하게 되기를 기대하여 본다.

05

물류사업가의
길

내가 살아 온 물류인생에서 세 번째의 길이 바로 물류사업가로서의 길이다.

　이는 한국파렛트풀(주)와 한국컨테이너풀(주), 한국로지스풀(주)를 창업하여 LOGISALL이라는 그룹브랜드를 만들었으며 이를 바탕으로 다양한 새로운 물류사업 등을 추진하고 있기 때문이다.

　1985년 창업한 한국파렛트풀(주)는 표준파렛트를 공동으로 이용하는 파렛트 풀 시스템을 운영하고 있는 회사로서, 현재 3,000만 매의 파렛트를 보유하고 이들을 35만여 회사들에게 공급하고 회수하는 물류서비스를 제공하고 있다. 회사 규모면에서 보면 매출액이 약 7천억 원 정도 되는 중견기업의 수준이다.

　한국파렛트풀(주)를 중심으로 하여 국내외 30여 개 회사로 성장한 LOGISALL은 이제 전체 매출 금액이 2조 원을 넘어서고 있다.

내가 파렛트 풀 제도에 관심을 가지게 되었던 것은 지금으로부터 45년 전인 1979년 가을이었다. 당시 나는 나이 서른 살에 불과하였고, 직장 초년생인 평범한 샐러리맨으로서 사업가가 되려는 야망은 전혀 없었다. 오직 우리나라에 국가차원의 파렛트 풀 제도를 도입시켜 보겠다는 사명감을 가지고 있었다.

파렛트 풀의 공익성을 감안하여 공공사업체로서 운영하는 것이 바람직하다는 판단 하에 정부관련 부처에 파렛트 풀 사업체를 설립할 것을 제안하였다.

다행스럽게도 1980년 당시 유통정책을 담당하고 있던 경제기획원에서 수립한 유통근대화 계획에 파렛트 풀을 육성한다는 내용을 반영시키는 데는 성공하였으나 이를 현실화시키는 것은 역부족이었다.

그리하여 파렛트 풀 사업을 착수하려던 계획은 접어 둔 채 그 후 수년간은 물류 계몽활동에 전념하였다.

1984년 9월, 한국물류연구원을 설립하여 본격적인 물류활동을 시작하자 내가 한국에서 파렛트 풀 사업을 착수하려는 노력을 하여 온 사실을 알고 있던 일본파렛트렌탈(주)의 사카이 겐지坂井 健二회장으로부터 파렛트 풀 사업을 착수하자는 제의가 왔다.

한국에서 독자적인 파렛트 풀 사업의 착수가 어렵다면 한국과 일본간 국제 파렛트 풀 사업을 먼저 시작하여 사업 토대를 마련한 다음에 국내 파렛트 풀 사업으로 확대하자는 방안이었다.

이렇게 하여 그동안 중단되었던 파렛트 풀 사업을 다시 추진하게 되었고 우여곡절 끝에 1985년 10월 2일에 한국파렛트풀(주)를 설립하였다.

그러나 파렛트 풀 사업이란 그렇게 간단한 사업이 결코 아니었다. 사업자금을 마련하는 일과 고객을 찾아내는 일 등 숱한 난관들이 기다리고 있었다.

그렇지만 물류에 대한 정열과 파렛트 풀 사업에 대한 신념이 있었기에 결코 포기할 수는 없었다. 어려운 상황에 부딪칠 때마다 생존을 위하여 최선을 다하였고 그러다 보니 위기 때마다 항상 행운의 여신이 찾아와 주었다.

사업초기에 사무실 운영비나 직원들 급료를 줄 돈이 없어 고민을 하고 있노라면, 그때마다 물류컨설팅 일감이 찾아와 이를 해결한 적이 한두 번이 아니었다.

그 중에서도 가장 결정적인 행운을 가져다 준 것은 1980년대 후반 급격한 임금 상승이었다. 1980년대 중반까지도 물류현장에서 대부분의 하역작업은 인력에 의존하고 있었다.

따라서 하역작업을 기계화하는 수단인 지게차와 파렛트는 보편적으로 사용되지 않고 있는 실정이었다. 그러다가 정치적으로 민주화의 열기가 번졌고 이어 연일 노사분규가 발생하였으며 그 결과 임금이 급격히 상승하였다.

대부분의 기업 경영자들은 임금상승으로 새로운 고민거리가 생겼지만 파렛트 풀 사업을 추진하고 있는 나로서는 절호의 기회를 맞이하게 된 것이다.

웬만한 물류현장에서 하역작업의 기계화가 급속히 추진되었고 파렛트가 주요 수단으로 등장하였다.

특히 파렛트를 단순히 구내용으로만 사용하는 것이 아니라, 화물이 이동하는 물류과정에 연계 사용하는 방식인 일관 파렛트화가 본격적으로 착수되었다. 일관 파렛트화가 도입되면 파렛트를 회수해야 하는 골치 아픈 문제가 발생하기 마련이고 이렇게 되면 파렛트 풀 시스템이 유일한 해결책이기 때문에 한국파렛트풀(주)는 1990년대에 들어와 빠른 속도로 성장할 수 있게 되었다.

그러나 문제는 사업자금을 마련하는 일이었다. 파렛트는 1매를 기준으로 하면 5만 원 정도에 불과하지만 연간 300여만 매를 구입하여야 하는 한국파렛트풀(주)로서는 매년 1,500억 원의 자금이 필요했다.

　더구나 렌탈 사업자로서는 파렛트를 구입하는 데 일시에 투자를 하여야 하지만 렌탈 수입은 장기간에 걸쳐 저렴하게 회수하게 되는 자금흐름상의 불균형 현상을 피할 수 없는 것이다.

　이러한 사정으로 금융기관이나 투자가들의 입장에서 보면 파렛트 풀 사업자는 불안하다고 판단하여 자금제공을 기피하게 되었다.

　이를 극복하기 위하여 나는 사업 파트너들을 찾아 나서게 되었고 파렛트 공급 회사들을 설득하여 이 문제를 해결하였다. 그리하여 지금까지 한국파렛트풀(주)는 약 3조 원을 투자할 수 있게 되었다.

　또 하나의 과제는 파렛트를 회수하는 것이다. 현재 한국파렛트풀(주)는 35만여 개 회사에 파렛트를 공급하고 빈 파렛트를 회수하는 전국적인 네트워크를 구축하고 있다.

　고객회사가 파렛트를 사용하여 화물을 보낸 뒤 전국 어느 곳에서든지 단 1매의 파렛트라도 회수하는 파렛트 풀 시스템은 고객회사의 물류관리자들에게는 편리한 서비스이겠지만 이를 담당하고 있는 파렛트 풀 사업자로서는 참으로 어렵고도 힘든 일이다.

　그러나 이것이야말로 파렛트 풀 사업자의 숙명이므로 한국파렛트풀(주)의 직원들은 혼신의 힘을 다하여 여기에 매진하고 있는 것이다. 그 결과, 모든 고객들에게 아직은 완벽한 서비스를 제공하고 있다고 장담할 수는 없겠지만 우리나라 국가차원의 파렛트 풀을 담당할 수 있게 되었다는 보람을 느끼고 있다.

　이를 위하여 수고하고 있는 직원들이 더욱 분발할 수 있도록 격려하고 성원하는 일이 한국파렛트풀(주)의 최고경영자인 나의 임무라고 생각하고 있다.

　또 1996년에 착수한 두번째 사업인 한국컨테이너풀(주)는 지금까지 구축하여 온 파렛트 풀 사업과 시너지효과가 있어 머지않은 장래에 각광받는 사업으로 등장하게 될 것이라는 신념을 갖고 있다. 그렇게 되면 컨테이너 풀 사업도 우리 산업계의 포장비 등 물류비용을 절감시키는 것은 물론이고 자원을 재활용하고 환경문제를 해결하는 데 기여하게 될 것이다.

세번째로 2002년에 설립한 한국로지스풀(주)는 새로운 공동물류 모델인 SCM 사업을 개척하여 나가고 있다.

2003년에는 한국파렛트풀(주), 한국컨테이너풀(주), 한국로지스풀(주) 3개 회사의 통합 그룹명 LOGISALL(물류라는 단어의 Logistics 와 공동체라는 의미의 Alliance의 합성어로 물류공동체를 뜻함)을 창안하였다. LOGISALL 창립 20주년이 지난 2006년에는 물류 정보통신 회사인 유로지스넷(주) 컨설팅사업을 전담할 로지스올컨설팅앤엔지니어링(주), 환경사업을 전담하는 에코로지스(주), 중국사업의 교두보가 될 상해로지스올(주)와 청도로지스올(주) 등을 연달아 설립하였고, 이어 2012년, 미국에 LOGISALL USA, 2016년, 베트남에 LOGISALL VIETNAM, 멕시코에 LOGISALL MEXICO, 2017년, LOGISALL 그룹의 지주회사인 LOGISALL(주), 2018년, 인도네시아에 LOGISALL GLOBAL INDONESIA, 2019년, 인도에 LOGISALL INDIA, 유럽에 LOGISALL EUROPE, 태국에 LOGISALL THAILAND, 2020년, 일본에 LOGISALL GLOBAL JAPAN, 브라질에 LOGISALL BRASIL, 2022년 싱가포르에 LOGISALL SINGAPORE, 2023년, 말레이시아에 LOGISALL MALAYSIA, 튀르키예에 LOGISALL TURKIYE, 2024년 필리핀에 LOGISALL PHILIPPINES, 모로코에 LOGISALL MOROCCO를 설립하였다.

2022년에는 물류 자동화 설비 업체인 물류와환경연구소(주)와 일양엔지니어링(주)을 인수하였고, 2023년에는 로지스올컨설팅앤엔지니어링(주)와 일양엔지니어링(주)을 개편하여 로지스올컨설팅(주)와 로지스올엔지니어링

(주)를 설립, 유로지스넷(주)를 로지스올시스템즈(주)로 조직을 개편하였다. 이는 새로운 Logistics 4.0 시대에 앞서나가는 LOGISALL로 등장시키기 위해 Consulting, Engineering, Systems라는 3두마차 CES로 신성장 엔진을 마련하였다. 또한 지금까지 착수하지 못한 새로운 렌탈 사업들을 추진하기 위한 로지스올렌탈(주)도 설립하였다.

2024년에는 물류와환경연구소(주)를 로지스올에코텍(주)로, 마타컴퍼니(주)를 마타주(주)로, 풀앳홈(주)를 로지스올홈케어(주)로 명칭을 변경하였고, 온세물류(주), 대화물류(주), TSPG(주)를 인수하여 신물류의 개척자, 물류가치의 창조자, 공동물류의 선구자, SCM의 컨설턴트로서 성장하고 있다.

로지스올 그룹은 공존공영이라는 경영정신을 가지고 한국 내에서 성공한 Unit Load System으로 매출 2조 원을 넘어서 'Global Champion'으로 등장하였다.

06

물류인의
좌표

내가 걸어온 물류의 길에는 3가지 축이 있다.

첫 번째가 [A축] 물류개척자의 길이고, 두 번째가 [B축] 물류컨설턴트의 길이며, 세 번째가 [C축] 물류사업가의 길이다. 그리고 이들 각각의 축에는 3가지 좌표(x,y,z)가 설정되어 있다.

먼저 [A축]인 물류개척자의 길에 대하여 소개하고자 한다.

나는 물류라는 분야를 남들보다 먼저 발견하여 우리산업계에 도입시켰다. 다니던 직장에서 주어진 임무였던 지게차 마케팅으로 시작하였다가 물류를 찾아낸 나의 운명이 어쩌면 인도를 향하여 출발하였다가 아메리카대륙을 발견하였던 콜럼버스의 운명과 같았다고나 할까? 결과적으로 나는 물류개척자의 길을 걸어왔고 그 과정에는 다음과 같은 3가지 좌표가 있었다.

(x)좌표는 물류에 관한 정보를 입수하던 과정이었다.

나는 물류에 관한 자료를 수집하기 위하여 해외서적 전문점이나 전문도서관을 돌아다니며 물류 전문서적이나 정기간행물을 찾아 나섰다. 그리고 입수한 자료의 부록을 체크하여 또 다른 자료를 찾아내어 이를 입수하였다.

또 선진국의 물류연구소를 방문하여 앞선 물류연구 현황을 알게 되었으며 해외 물류전시회를 참관하거나 선진 물류현장을 방문하여 눈부시게 발전하는 선진 물류기술을 배우게 되었다. 그리고 머지 않은 장래에 한국에서도 물류가 중요한 분야로 등장할 것이라는 사실을 남 먼저 발견하게 되었다.

(y)좌표는 물류 전문가들과의 만남이었다.

국내에서 물류에 관심을 가지고 있던 학자나 물류 관리자, 물류 사업가들과의 교류를 통하여 한국에서 물류 중심세력을 형성할 수 있었다. 또한 해외에서 활동하고 있는 물류 전문가들과의 교류를 통하여 선진국에서의 물류 발전과정을 알아내었고 물류분야의 국제협력을 추진할 수 있는 길을 마련하였다.

(z)좌표는 물류 조직체를 결성한 것이다.

물류 계몽운동의 산실이 된 한국물류연구원을 만들어 초기 5년여 기간동안 우리 산업계에 물류가 도입되도록 노력하였다. 국내의 취약한 물류환경을 극복하기 위하여 일본의 물류협회와 제휴하여 물류전국대회나 물류연구회를 개최하고 해외 물류 시찰단을 지속적으로 파견하여 각 기업의 물류관리자들이 선진물류현장을 견학하게 하여 물류가 활성화되도록 기초 작업을 하였다. 특히 물류협회를 발족시켜 물류분야에 중요한 제도를 마련할 수 있었다.

물류협회의 주된 역할로서는 첫째로 물류관리사제도를 도입하게 하여 수 많은 물류인재를 양성하게 하였고, 둘째로 물류대상제도를 만들어 우수한 물류개선 사례를 발굴하게 하였으며, 셋째로 물류전시회를 개최하여 새로운 물류산업이나 물류설비의 신제품들이 소개되는 광장으로 활용되도록 하였다.

다음으로 [B축]에 해당하는 물류컨설턴트의 길이었다.

물류컨설팅이란 자체 물류조직이나 물류관리자들이 해결하지 못하는 어려운 물류문제를 전문 물류컨설턴트에게 컨설팅을 의뢰하는 것이므로 진정한 프로다운 실력과 프로정신을 가져야만 고객을 만족시킬 수 있다고 생각한다.

나는 물류컨설팅을 담당하여 오면서 독자적인 3가지 (x,y,z)좌표를 설정하였다.

(x)좌표는 물동량을 분석하는 것이다.

물자의 흐름을 추적하는 것이 맨 먼저 착수하는 일이었다. 그리고 조달물류, 생산물류, 판매물류 등의 순서로 움직이는 물동량과 고정되어 있는 재고량을 일단위, 주단위, 월단위, 연단위로 구분하여 물류공정별로 데이터(수치)화 하였다. 이들 데이터에서 물동량의 규모가 어떻게 변동되는가를 분석하고 각 품목별로 가중치를 찾아내기 위하여 ABC분석을 하였다. 이때 물동량데이터의 기본단위는 낱개, 상자(컨테이너), 파렛트 등으로 구분하였다.

(y)좌표는 물류효율을 분석하는 것이다.

물류효율을 분석하는 수단으로서는 시간, 거리, 공간, 인원 등이 있다. 시간효율 분석에서는 납기나 작업공수 등을 설정하고, 거리 분석에서는 장거리 운송구간이나 구내 운반거리 등을 기준으로 하였다. 공간효율을 분석할 때에는 적재효율이나 보관량 등을 주요 지표로 삼았다. 인원의 효율면에서는 1인당 작업량을 분석하고 설비나 장비효율은 처리능력이나 가동율을 기준으로 하였다.

(z)좌표는 물류비용을 산출하는 것이다.

물류활동에 관련하여 발생되는 비용을 정확하게 산출하여야 하였다. 물류비를 분류하는 3가지 방식인 물류영역별, 지불형태별, 물류기능별로 구분하였다. 이러한 분류기준에 의거하여 물류비를 산출하는 경우에도 현실적으로 구분이 애매하거나 산출목적에 따라 적용기준을 바꿔야하는 필요가 많이 발생하였다. 예를 들면 전산실 비용의 경우 물류정보비용과 기타 정보비용으로 분리하여야 할 필요가 있었고, 이때 업무비중에 가중치를 고려하여 계산하여야 하였다. 창고면적에 대한 토지비용을 장부가격으로 할 것인지 실제가격으로 할 것인지도 산출목적에 따라 적용방법을 결정할 필요가 있었다.

마지막으로 [C축]인 물류사업가의 길이었다.

우리나라의 물류발전을 위하여 반드시 필요한 분야의 사업화를 추진하되 아직 국내물류업계에 등장하지 않은 물류사업을 창안하는 데 초점을 맞추었다. 그 결과로 물류표준화와 물류공동화에 기여할 수 있는 파렛트 풀 사업과 컨테이너 풀 사업을 착안하였다. 즉 표준화된 파렛트나 포장용기를 많은 기업들이 공동으로 이용하는 제도를 도입하자는 방안이다. 이를 실현하기 위하여 필수적인 (x,y,z)의 3가지 좌표를 설정하였다.

(x)좌표로서 마케팅의 추진이었다.

파렛트 풀 시스템과 컨테이너 풀 시스템이 필요하고 적용효과가 있을만 한 업종을 선정하였다. 그리고 선정한 업종의 기업들을 방문하여 물류관리 자들을 설득하는 노력을 다하였다. 자사 단독으로 운영하는 것보다 파렛트 나 컨테이너들을 표준화하여 공동으로 이용하게 되면 효율이나 비용측면에 서 유리하다는 것이 초점이었다. 또한 파렛트나 컨테이너를 공급하고 사용 한 후에 회수하는 운영구간을 설정하는 것이 중요하다고 생각했다. 그리고 표준화된 파렛트나 컨테이너의 크기나 형태를 결정하고 이들을 개발하였다.

(y)좌표로서는 파렛트와 컨테이너를 확보하는 일이 중요하였다.

파렛트와 컨테이너를 공동으로 이용하는 시스템이기 때문에 물론 다량을 확보하여 공급할 수 있는 능력을 갖추어야 한다. 따라서 이들을 구입하는 데 막대한 자금을 투자하여야 한다. 그러나 파렛트 풀이나 컨테이너 풀이라 는 사업이 국내에서는 생소한 분야이기 때문에 출자주주나 투자가들을 확 보하기가 대단히 어려웠다. 회사를 설립할 때부터 주주를 영입하고 투자가 들을 유치하기 위하여 동분서주하였다.

(z)좌표로서 운영시스템을 구축하는 것이다.

국가차원의 파렛트 풀과 컨테이너 풀 사업을 목표로 하였으므로 전국적 인 네트워크를 구축하는 것이 필수적이다. 전국 어느 곳, 어느 회사가 요청 하여도 공급할 수 있고 이들을 이용하여 출하한 후 도착지에서 빈 파렛트, 빈 컨테이너가 되면 단 1매의 수량이라도 즉각 회수할 수 있는 조직을 만들 어야 했다. 회사의 내부조직을 만들고 직원들을 전국 방방곡곡에 배치하였 으며 전국 중요지역에 물류거점인 집배소를 설치하였고 회수차량을 전국망 으로 운행하여야 하였다. 파렛트나 컨테이너가 기업간에 빈번히 이동하고 있으므로 이들을 관리할 전산체계를 갖추어야 하였다.

07
공존공영의 길

'함께 살고 함께 번영한다.'는 뜻의 한자성어이다.

공존공영(共存共榮)이란 여러 사람이 더불어 함께 잘 산다는 의미로, 생존경쟁에 따라 강한 자만이 살아남는다는 뜻인 약육강식(弱肉强食)이나 적

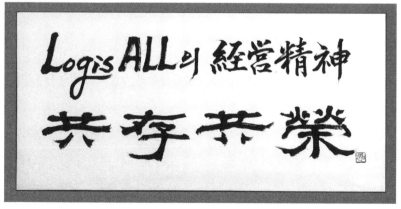

| LOGISALL의 경영 정신(共: 함께 공, 存: 있을 존, 共: 함께 공, 榮: 영화, 영)

자생존(適者生存)과는 반대된다. 지난 40여 년간 물류의 길을 살아오면서 스스로 체험하며 알게 된 내 인생, 내 삶의 가치관은 공존공영(共存共榮)이다.

필자가 다니던 직장 대우중공업을 사직하고 물류 인생을 시작하던 1984년 9월 1일, 내 나이 만 서른다섯 살이었고 가진 것이라고는 아무것도 없었다. 오직 젊음과 물류에 대한 열정이 전부였고, 사업 자금도 대우에서 받은 퇴직금 800만 원뿐이었다.

서울시 용산구 갈월동 한성빌딩 202호실 조그마한 사무실에 혼자 출근하여 물류의 길에 도전하였다. 나의 물류의 길에 첫 번째 사업인 한국물류연구원이라는 간판을 내걸고, '물류의 길(物流之道)'이라는 글도 액자에 담아 사무실 벽에 걸었다.

'이제부터 무엇을 할 것인가? 그리고 어떻게 할 것인가?'

매일 홀로 처절하게 고뇌하면서 나 혼자서는 아무것도 할 수 없다는 생각뿐이었다. 그래서 뜻을 같이할 수 있는 동지들을 찾아 나서기로 하였다. 2~3개월의 노력 끝에 1984년 11월, 한국물류연구원의 동지들인 인하대학교 경상대학장 안태호 교수님을 비롯한 열두 분과 최초의 물류공동체를 결성할 수 있었다. 이분들은 5년 뒤 1989년 7월, 사단법인 한국물류협회를 결성하게 되는 창립 동지들이다.

대한민국의 물류 역사를 세우게 된 1984년 9월 1일 한국물류연구원 활동과 1989년 7월 16일 사단법인 한국물류협회의 성공적인 활동은 혈혈단신이었던 필자 개인의 한계를 뛰어넘어 뜻을 같이하는 동지들이 모여 물류공동체를 만들고, 모두 물류를 함께 사랑한 결과라고 생각한다. 초창기 대한민국에 물류를 정착시키기 위한 노력에 뜻을 함께한 정신의 승리이다.

다음으로 도전한 물류의 길은 공동 물류사업화로 로지스올의 창업이다. 로지스올은 한국파렛트풀(주)를 시작으로 한 물류사업 공동체로 로지스올 사업의 핵심은 표준화와 공동화이다. 따라서 파렛트풀 사업은 파렛트를 표준화하여 수많은 기업들이 이 표준 파렛트를 공동으로 이용하게 하는 것이다.

파렛트가 기업과 업종마다 서로 다른 규격과 형태로 사용되고 있는 현실을 극복하여 표준 파렛트를 하나의 공동 시스템으로 운영하는 국가 단위의 파렛트풀 제도 창립은 그야말로 정부 차원에서 추진해야 하는 국가 물류 인프라 구축 사업인 것이다. 정부가 나서서 해야 할 국가적인 사업을 한 개인이 민간사업으로 처음 추진하고자 했던 본인으로서는 달걀로 바위를 치는 일이라고 생각했다. 이후 정부가 나서서 표준 파렛트를 추진하도록 설득하여 물류표준화 정책이 강력하게 추진되었고, 40년이 지난 지금은 2,800만 매의 플라스틱 표준 파렛트로 우리나라 전 산업계 35여만 기업들이 참여하는 파렛트풀 시스템이 완성되었다. 이를 통해 느끼는 것은 역시 한 방울의 물이라도 쉼 없이 멈추지 않고 떨어지면 바위도 뚫을 수 있다는 지혜이다. 이렇게 모두가 참여하여 이 세상에서 가장 규모가 크고 훌륭한 국가 단위의 공동 시스템인 파렛트풀을 창조하여 온 본인은 이를 공존공영의 모델이라고 자랑하고 싶다.

1985년 10월에 출발한 한국파렛트풀(주)에 자본금을 출자하여 준 주주분들께 감사드리고 싶다. 초라하게 출발하던 기대할 수 없었던 회사였음에도 가능성을 믿어준 사업 동지들이었고 첫 번째로 공존공영화 사례이다.

두 번째 공존공영의 파트너들은 36개월 외상 할부로 파렛트를 공급해 준 파렛트 제조업계이다. 초기에는 한국파렛트풀(주)의 신용이 없어 금융권의 자금 차입이 불가능하여 20여 년간 지속된 파렛트 외상 할부 제도는 오늘의 한국파렛트풀(주) 성공에 가장 중요한 주춧돌이 되었음을 밝히고 싶다.

세 번째의 공존공영의 참여자는 우리 직원들이라고 널리 알리고 싶다. 파렛트풀 시스템은 기업 간에 보내고 받는 철저한 수불 관리가 필요한 분야이다.

파렛트 상호 이용에 대한 계약 관계가 불확신하다 보니 파렛트 이동 시마다 따라다니며 관리해야 하는 우리 직원들의 초기 시절 고충은 말할 수 없을 정도로 힘들었다. 창업자인 본인이야 파렛트풀이 국가적인 사업이라는 명분을 가지고 출발하였지만 작고, 별로 자랑스럽지도 못한 회사에서 이 어려움을 극복하여 준 직원들에게 항상 미안하고 고마운 마음이다.

그래서 본인은 경영자로서 언제나 직원들과 공존공영하고 있다고 생각하고 있으며, 이러한 사정으로 직원들의 복지 수준이나 급여에 있어서도 공존공영을 위해 노력하고 있다.

네 번째로 공존공영하는 파트너는 공동으로 이용하는 풀링 시스템에서 파렛트 등 물류 장비 구입에 필요한 연간 수천억 원이 넘는 자금을 제공하고 있는 금융 기관들이다.

한국파렛트풀(주)를 비롯한 로지스올의 회사들은 우리나라 공익 물류 공동시스템인 경제 인프라를 운영하고 있음을 잘 이해하고 지속적으로 지원하고 있으니, 이 또한 공존공영의 파트너라고 알리고 싶다. 본인도 지난 수십 년간 금융 신용을 지키지 못한 일이 단 한 번도 없었으며 앞으로도 사업자로서 금융 신용이란 목숨과 같다는 자세로 임하고 있다.

마지막으로 로지스올과 공존공영하고 있는 가장 중요한 파트너들은 고객 기업들이다.

로지스올의 고객 회사들은 파렛트풀 시스템만 35여만 개 기업들이 공동으로 참여하고 있다. 파렛트가 물자들을 싣고 이동하는 고객 기업들의 담당자가 회사당 한 사람이라고 하더라도 35만 명이 이해 관계자로 참여하고 있는 규모이다. 이를 컨테이너풀을 포함하여 로지스올 전체 공동 물류시스템으로 넓게 본다면 아마도 훨씬 더 많은 기업의 담당자들이 연계되어 공존공영하고 있는 것이다.

로지스올의 창업자로서 본인의 물류의 길에서 공존공영이라는 꿈이 실현되었기에 행복하다고 밝히고 싶다. 그리고 수많은 고객 기업의 관계자들에게 공존공영의 꿈이 실현될 수 있도록 도움을 주고 있는 것에 대하여 감사를 드리고 싶다.

첫 번째로 물류 초창기 한국물류연구원과 사단법인 한국물류협회 활동에서 공존공영하여주신 동지들께 감사드린다.

두 번째로, 로지스올의 표준화된 공동 물류 시스템이라는 꿈이 실현되도록 함께하여 주신 출자 주주님들, 파렛트 컨테이너 공급 파트너 회사들, 어려운 파렛트풀 · 컨테이너풀 시스템을 성공시켜 준 직원들, 큰 자금을 제공해 준 금융 회사들, 마지막으로 거대한 국가 차원의 Unit Load System에 참여하고 있는 고객 기업들에게 진심으로 감사를 드린다.

로지스올은 앞으로도 새로운 물류시스템을 개척하고 고객 기업들의 물류 가치를 창조하여 공존공영하는 종합 물류공동체로서 함께 할 것이다.

08

물류선진국이
되는 길

WTO 출범 이후 세계 경제는 글로벌시대를 맞고 있다.

경제활동에 관한 한 국가간에 경계선이 사라지고 전 세계가 단일경쟁 시장이 되고 있는 것이다. 또한 인터넷시대가 되어 모든 경제 주체들과 사람들이 한 덩어리로 연결된 온라인 리얼타임 시대에 살고 있다.

이러한 WTO 경제체제와 인터넷 정보시대에 물류는 더욱 중요한 분야로 등장할 수밖에 없으며 물류 선진국이 되는 것이 국가경쟁력을 갖추는 선결요건이다. 우리나라가 물류 선진국이 되기 위해서는 다음과 같은 과제들이 극복되어야 한다고 생각된다.

1. 물류의 생활화가 이루어져야 한다.

물류는 인간생활과 떼려야 뗄 수 없는 밀접한 관계를 가지고 있다. 우리가 매일 먹는 식품이 식탁에 오를 때까지의 과정이 물류이며, 입고 있는 의복이며 사용하는 생활용품들 모두가 물류과정을 거쳐야 하기 때문이다.

그러나 일반인들은 물류에 대하여 그다지 잘 알지 못하고 있다. 물류 전문가들이나 물류를 다루는 물류 관리자들에게만 한정된 분야라는 것이 일반적인 인식이다. 일반인들에게 물류를 잘 알게 하기 위하여 초등학교나 중·고등학교 생활경제 과목의 교과서에서 물류내용을 가르치는 것이 필요하다고 생각한다. 그리하여 모든 사람들이 물류를 생활화하도록 하여야 한다.

2. 물류기술의 개발이 필요하다.

물류라는 분야는 Hardware기술과 Software기술의 2가지 기술로 구성되어 있다. Hardware기술은 물류설비나 장비 등 물류의 기반이 더욱 효율적이고 생산성이 있도록 향상시켜주는 기술이며, Software기술은 이들의 운영체계나 정보시스템을 개선 향상시키는 역할을 하고 있다.

그런데 이러한 물류기술은 하루가 다르게 눈부신 진보와 발전을 하고 있다. 해외의 물류전시회에 가보면 수많은 출품회사들이 새롭게 개발한 상품을 전시하여 사용자들로부터 좋은 반응을 얻어내어 차후에 판매를 하기 위한 만남의 장으로 활용하고 있다. 반면에 우리나라 물류전시회에는 출품회사들도 적고 눈에 띌만한 신제품들도 그다지 찾아내기가 어렵다. 국내기업들도 앞서가는 물류설비나 장비를 개발하여 산업계에 유익하게 활용할 수 있도록 기술개발에 더욱 분발하여야 한다고 생각한다.

또한 물류세미나 행사장에서도 선진국에서는 많은 물류전문가들이 열심히 참여하는 것을 목격하여 왔다. 그러나 우리나라에서 열리는 물류세미나에는 고작 수십 명이 모일 뿐 행사장 좌석이 텅 비어 썰렁한 분위기를 연출하곤 한다. 부디 수백 명, 수천 명이 참가하는 뜨거운 분위기를 만들어 주었으면 좋겠다.

3. 연안해운을 육성하여야 한다.

우리나라는 3면이 바다로 둘러싸여 있는 자연적인 조건을 갖추고 있다. 이를 잘 활용하면 물류상 대단히 훌륭한 시스템을 만들어 낼 수 있을 것이다. 전국 요소 요소에 항구를 만들고 항구 배후에는 트럭접근이 용이한 도로를 연결하여 각 지역 항구가 주요한 물류거점이 되도록 하여야 한다. 그렇게 하려면 웬만한 물동량들은 선박을 이용하도록 하여야 한다. 고속도로망을 건설하는 데는 천문학적인 비용이 필요하나 막상 개통하고 나면 승용차들로 전구간이 꽉 차버리는 현상이 어쩔 수 없이 발생되고 있어 화물을 실어 나르는 데는 그다지 도움이 되지 않는다. 이에 비하여 연안해운 수송시설은 비용도 적게 들고 대량의 화물을 실어 나를 수 있다. 이렇게 하면 수송비가 가장 저렴한 국가 수송망을 확보할 수 있게 되고 육상 도로망의 정체를 해소할 수 있게 되어 가장 효과적인 물류 개선 방안이 될 것이다.

4. 물류표준화율을 90% 수준으로 끌어 올려야 한다.

현재 우리나라의 물류표준화 수준은 아직도 낙후되어 있어 표준화율이 50%를 밑돌고 있다. 이 분야가 유럽과 같이 90% 수준이 되어야 진정한 물류선진국이 될 것이다.

물류 모듈체계를 도입하고, 포장규격의 수를 최소화시켜야 하며, 현재 사용 중인 비표준 규격의 물류시설이나 장비들을 표준규격으로 개조하여야 한다. 그러나 개별 기업 차원에서 각자가 가지고 있는 비표준 물류시설이나 장비들을 표준 규격으로 개조하려면 별도의 추가 부담이 발생하게 된다. 게다가 물류표준화의 효과에 대하여도 개별기업 차원에서는 각자의 회사에 당장 도움이 된다고 생각하지 않으므로 이를 기피하려고 한다. 따라서 정부는 물류표준화를 촉진시키기 위해 표준 물류시설이나 장비로 전환하는 기업에 대하여는 자금지원이나 세제혜택을 주어야 한다. 또한 정부지원의 대상이 되는 물류설비나 장비들이 표준규격인가를 확인하는 방법으로서 물류표준마크제도도 도입하는 것이 필요하다.

5. 자가 단독 물류체계를 타파하여야 한다.

물류에서 물자의 흐름이 한방향이고, 변동이 심하며, 다품종 소량화가 급속히 진행되고 있다. 이러한 조건하에서 자가용 트럭으로 수송을 하거나 자가 창고에 보관을 하는 등 자가용 물류장비에 의존하거나 자체조직과 인력으로 물류시스템을 운영하는 자가 단독 물류체계는 효율이 떨어지고 비용이 많이 들게 마련이다.

왜냐하면 자가용 트럭은 돌아오는 편을 공차로 운행하기 마련이고 항상 실어 나를 물량을 확보하지 못하며, 자가 창고는 성수기에만 활용할 수 있기 때문이다. 그 외의 시기에는 적재효율이 떨어져 경제성이 대단히 낮아지게 된다. 기타 자가의 물류장비나 인력 등도 같은 이유 때문에 저효율 고비용의 결과를 초래하게 마련이다.

그러므로 물류선진국이 되려면 이러한 자가 단독 물류체계로부터 외부에 아웃소싱을 하던가, 전문 물류 서비스업체에 위탁을 하던가, 제3자 물류시스템이나 물류공동화 시스템을 구축하여야 한다.

6. 동북아 물류거점이 되어야 한다.

네덜란드가 유럽의 물류거점이 되어 있는 것과 마찬가지로 한반도도 동북아시아의 물류거점이 될 수 있는 조건을 갖고 있다. 물론 남북한간에 철도나 도로를 연결하고 항로도 개설한다면 금상첨화이다. 또한 전국의 주요지역에 물류거점을 건설하고 신속한 운송망을 확보하여 전국적인 물류네트워크를 구축하여야 한다. 이렇게 되면 한반도는 물론 중국, 러시아, 유럽간의 물동량이 이동할 수 있는 육상통로 역할을 할 수 있게 되며 해상으로도 일본, 동남아시아, 오세아니아, 미주 및 유럽까지 연결할 수 있는 물류 요충지가 될 것이다.

따라서 우리나라의 경제활동을 위한 수출입 물동량과 한국에서 생산된 상품이 저렴한 비용으로 전 세계에 공급될 수 있는 경쟁력을 갖출 수 있게 될 것임은 물론이고 주변국들의 물류 기지로서 각광받게 될 것이라고 믿는다.

이렇게 판단하여 내건 캐치프레이즈Catchphrase는 ① 물류 표준화 ② 물류 공동화 ③ 물류 자동화 ④ 물류 정보화이며, 이를 실현하기 위하여 최선의 노력을 다할 생각이다.

09

「물류의 길」을 읽고 –
독후감
– 物流技術과 應用(2003년 6월호) 게재 –

(정준발, 중국물류구매연합회 상근 부회장)

2003년 3월 4일 한국, 중국, 일본 삼국은 북경에서 모여 파렛트 표준화 대계(大計)에 대해 토론하였다.

회의 기간, 한국물류협회 서병륜 회장께서 나에게 그가 쓴 「물류의 길」이라는 책을 건넸다. 노동절 기간에 나는 집에서 열심히 읽었고, 서 선생의 물류대업에 대한 헌신적인 정신에 감동했다. 몇 가지 내가 느낀 감동을 여러 사람과 함께 하고 싶어 펜을 든다.

스승을 삼아 물류에 매진하다

서 선생은 1949년 전남 광양에서 태어났다. 서울대학교 농과대학 농공학과를 졸업하고 서울대학교 최고 경영자과정과 한국과학기술원 최고정보경영자 과정을 수료했다. 대우중공업에서 지게차 영업과장을 지냈으며 1984년 한국물류연구원을 시작으로 지금까지 한국 물류의 길을 개척하는 데 힘써 왔다. 삼성전자, 롯데칠성음료 등 30여 업체의 물류컨설팅업무를 맡았으며, 현재 한국파렛트풀, 한국컨테이너풀, 한국풀운영주식회사의 대표이사이자, 한국물류협회의 회장, 한국파렛트협회 부회장, 한국로지스틱스학회부회장, 농식품신유통연구회 부회장, 아태물류연맹 부회장이다. 서 선생은 지금 한국물류계의 일인자이나 1984년 9월 1일 대우중공업지게차 사업부를 그만둔 이래, 험난한 물류의 길을 걸어 왔다.

1985년 서 선생은 일본물류의 아버지 히라하라 선생을 만나게 되고, 그분의 정신을 자신의 물류정신으로 삼아 고통를 감수하고, 역경을 이기며, 전력을 다해 한국 물류 발전을 태동시킨다. 공자가 '나이 삼십에 뜻을 세운다'라고 했듯이, 그의 좌우명은 '물류의 길'을 세우는 것이었다. 그는 일본 히라하라 선생<small>일본하역연구소 소장 역임</small>을 뵌 후, 사카이 선생<small>JPR대표이사</small>, 이나쓰까 모도끼<small>일본물류관리협의회 사무국장 역임</small>을 만나게 된다. 그 후 스위스, 영국, 프랑스 등을 답사하고 한국의 실제 상황을 고려해 창업의 길을 시작하였다. 그는 사람들을 놀라게 할 만한 기백으로 사업을 진행시켰고, 정부를 설득했으며 신문방송매체와 연계하였다. 1984년 마침내 한국물류연구원을 설립, 원장이 되었다. 1985년 10월 28일 제1회 전국물류대회를 개최하고, 1989년 7월 한국물류관리협의회를 창립했다. 1997년 부회장을 역임, 1999년에는 회장이 되었다. 25년동안 그는 겸허하게 선진국에서 배웠으며 자신의 물류적인 권위를 내세우지 않고 영원한 학생으로 자처하며 물류를 영원히 아무리 파내어도 그 전부를 알 수 없는 "금광"이라고 표현하니, 역시 물류란 배워도 끝이 없는 것이다.

물류강연 1천회 실시, 3천점의 자료수집

25년 동안 서 선생은 1천회 강연을 했고 약 20~30만 명이 그의 강연을 들었다. 물류현장의 작업부에게도, 물류협회, 표준협회, 능률협회, 생산성본부 등의 기관에서도 강의를 했으며, 대한 상공회의소, 무역협회, 전경련 등 경제단체에서도 강연을 했다. 또한 대학, 농수산물도매시장, 농수산물유통공사, 농협의 간부뿐 아니라 공무원연수원, 정부종합청사 등의 기구에서도 물류관련 공무원들에게 강의하고 정부가 주최한 최고경영자 회의, 중소기업진흥공단의 중소기업물류관리자에게도 강연했다. 그의 강연은 매 번 모두 성공적이었으며 청중은 매 번 모두 적지 않은 소득이 있었고, 많은 부서에서 그에게 강연을 청했다. 그는 매번의 강의를 학습의 기회, 서비스의 기회로, 실력제고의 기회로 삼았던 것이다.

서 선생은 자신을 위해, 사업을 위해 25년 동안 모은 물류 자료가 3천건이 되었고 이는 전 세계 물류전문서적과 물류정기간행물, 여러 종류의 물류조사보고서, 물류학술연구보고서, 물류관련 소책자를 포함한다. 그는 아무리 인간이 유능하다 하여도, 물류에 있어 전능한 전문가가 될 수는 없다고 생각해 자료를 모았고, 이는 물류지식을 더 많이 습득하고자 함이었다.

최대의 흥미는 물류컨설팅

1986년 그는 기업물류컨설팅을 시작해 25년 이래 동양제과, 삼성전자, 농심, 서울하인즈, 해태제과, 고려합섬, 부산파이프, 롯데칠성음료 등 30여 기업의 물류컨설팅을 했다. 매 컨설팅시 모든 현장에서 과학적인 방법을 사용해 가장 합당한 방안을 제시하였다.

기업컨설팅 이외에 또 중요한 업무는 정부자문 역할로 상공부, 농림부, 수산청, 교통부 등에 물류개혁 건의해 다양한 연계운송, 물류표준화, 파렛트 시스템 등 적지 않은 의견이 받아들여졌다. 특히 표준화정책과 파렛트 시스템 기술이 그것이다. 그는 21세기 한국 물류의 선진화 추진 방안으로 다음과 같은 7가지 과제가 있다고 생각한다.

1. 물류인프라의 구축

2. 물류표준화와 물류공동화

3. 공해가 적은 자원 절약형 물류시스템의 구축

4. 물류의 자동화

5. 정보 기술을 활용하는 물류시스템의 개발

6. 국제화된 물류시스템의 구축

7. 물류인력의 양성과 행정제도의 개선

그는 21세기는 지식 산업의 시대이며 또한 인류의 두뇌로 경쟁하는 시대라고 말할 수 있다고 한다. 따라서 물류분야에서도 우수한 물류전문가들이 필요한 것이다. 일반 국민들에게도 물류의 중요성을 인식시키기 위해서 대학, 고등학교, 중학교의 경제 관련 교과에서 물류를 포함하는 것이 바람직하다. 특히 대학은 물류 과정을 설치하고, 물류전문가를 배출하며, 산업계에서 활동하는 물류 관리자에게도 지속적인 프로그램이 제공되어야 할 것이다.

물류는 과학이다

서 선생은 물류를 하나의 과학으로 여기고, 과학으로 대하고, 과학적 태도로 임하였다. 예를 들어 기업의 물류 컨설팅을 할 때 '5단계 방법'을 강조하였다. 첫째, 물자의 흐름을 추적 및 분석하고, 둘째, 물동량의 데이터를 분석하고, 셋째, 물류비를 산출하며, 넷째, 각 부문별, 기능별 실태를 분석하고, 다섯째, 물류 개선 방안을 작성하라고 하였다. 5단계 방법 중 각각의 모든 단계들이 매우 실제적 내용이다.

다시 예를 들어 서 선생은 판매 포장과 물류 포장의 개념에 대해 제시하였는데 판매 포장은 소비자들에게 구매 욕구를 일으켜 많은 판매를 촉진하려고 하는 것이 목적이고, 물류포장은 수송, 보관, 하역 등에 물품을 보호하기 위한 것이 목적이므로 필요한 최소한의 포장만을 하여 비용을 최소화 하여야 한다고 하였다. 또 다른 예로 물류 공간의 개념에 대해 제시하였는데 물류 공간을 두 가지로 나눈다. 하나는 공장 건물이나 물류센터의 작업 체적 등과 같이 일정한 장소에 고정 되어 있는 것과 또 하나는 운송 장비의 적재함이나 포장용기, 운반하역 장비의 적재 체적 등과 같이 이동하는 것이다. 물류는 적재효율과 입체 효율을 추구해야 한다.

마지막으로 물동량 변동에의 대응 전략, 다품종 소량화에 대한 대책, 물류설비의 표준을 선정, 물류센터의 중요성, 농축산물의 신선도 유지, 생산 기업의 즉각 배송, 전자상거래 및 물류시스템 등등 이 모든 내용들이 진지하게 다루어져 있었다.

물류인의 연구를 중시

물류는 연구되어져야 하지만 물류에 종사하는 물류인도 연구되어져야 한다. 서 선생께선 "물류인의 길"이라고 칭하였는데 내가 느끼기에 이 말은 상당히 의미가 있는 과제라고 생각한다.

물류는 사람이 하는 일이고 또한 물류에 종사하는 사람들에도 물류관리자가 있고, 물류연구자 및 물류 경영자, 물류실무자가 있다. 이 중 몇 몇 사람들은 창업자가 되기도 한다. 여기서 물류에 관한 한 어떠한 사람이든지 인연으로 모두가 모여 하나의 공통사업에 종사하고 있다는 사실을 첫째 잊어서는 안 된다. 두 번째로 그들을 지지해야 한다. 물류는 하나의 신흥 사업이기 때문에 이해와 지지가 필요하기 때문이다.

세 번째로 그들을 양성해야 한다. 특별히 젊은 층을 양성해야 하며 전문가들 또한 젊은 인력 배양에 앞장서야 한다.

서 선생은 물류인의 길을 3가지 축으로 제시하였다. 첫째로 물류 개척자의 길, 둘째로 물류컨설턴트의 길, 셋째로 물류사업가의 길이 바로 그것이다.

그는 사무실에 한 폭의 액자에 '物流之道'란 4글자가 걸려있다고 말하며, "이것은 지난 25년간 물류의 길을 걸어온 나의 좌우명"이라고 하였다. 그리고 이 네 글자는 자신의 가장 가치 있는 자산 1호라고도 말하였다. 이는 하나의 정신이며 하나의 사업이며 하나의 투지라고 생각한다.

현재 중국은 현대 물류산업의 발전 시기에 도래해 있으며 우리에겐 이러

丁俊发　先后在机械工业部、物资部、国内贸易部等部门工作，历任司长、总经济师、大学副校长、国家内贸局副局长等职，现任中国物流与采购联合会常务副会长、中国市场学会副会长、中国物流学会常务副会长、国际采购与物资管理联盟理事。多次主持国家级和部级研究课题，两次获部级科技进步一等奖，一次中国图书奖。2000年被《中国市场》杂志评为影响中国市场的25位经济学家之一。

物流之道

读《物流之道》有感

中国物流与采购联合会常务副会长　丁俊发

3月4日，中日韩三国同行聚首北京，共同探讨托盘标准化大计。会议期间，韩国物流协会会长徐炳伦先生送我一本由他写的《物流之道》。“五一”放假，在家认真拜读了此书，我被徐先生以物流为大业的献身精神所感动，有几点心得写出来与大家共勉。

拜人为师　精益求精

徐先生1949年生于韩国全南光阳。毕业于汉城大学校农科大学农工系，后又修完汉城大学最高经营者课程及韩国科学技术院最高信息经营者课程。曾在大宇重工业(株)担任叉车营业课长。从1984年创办韩国物流研究院开始至今，一直致力于开拓韩国物流之路。曾负责三星电子、乐天七星饮料等30家公司的物流咨询工作，现任韩国托盘共用公司(株)董事长、韩国物流箱共用公司(株)董事长、韩国pool运营公司(株)董事长、韩国物流协会会长、韩国托盘协会副会长、韩国物流学会副会长、韩国农食品新流通研究会副会长、亚太物流联盟副会长。徐先生当今在韩国物流界是一个顶尖人

物，但他从1984年9月1日辞去大宇重工业株式会社叉车部门的工作以来，却走过了一段不平坦的物流之路。

1985年，徐先生遇见了日本“物流之父”平原直先生。他以平原直先生之精神为自己的精神，决心忍受痛苦，克服困难，竭尽全力，去推动韩国物流的发展。孔子说“三十而立”，他的座右铭就是“物流之道”。为此，他先后拜日本平原直先生(曾任日本荷役研究所所长)、坂井健二先生(日本托盘租赁株式会社社长总经理)、稻束原澍先生(日本物流管理协会秘书长)为师。后又到瑞士、英国、法国等国家考察、学习，结合韩国的实际情况开始了他的创业之路。他以惊人的毅力启动企业，说服政府，联络新闻媒体，于1984年终于创立了韩国物流研究院并出任院长。1985年10月28日召开了韩国第一届全国物流大会。1989年7月韩国物流管理协议会成立，徐先生任秘书长；1997年任副会长；1999年任会长。25年中，他一直虚心地向各国学习。从不以物流权威自居，而永远是一个学生。他认为物流这一“金矿”是永远认识不完，也学习不完的。

一千次演讲　三千件资料

25年来，徐先生演讲了一千次，大约有20~30万人听过他的演讲。给物流现场的工作者讲，在物流协会、标准化会、能率协会、生产技本部等机

| 중국잡지『物流技術与應用』에 실린 정준발 씨의 독후감

한 정신과 절박한 투지가 요구된다. 수많은 사람들이 물류를 하나의 사업으로 여기고 개척하며, 더 나아가 중국의 물류산업을 국민 경제의 새로운 성장 발판으로 삼아 나가야 하겠다.

构的研讨会上讲、在大韩商工议所、贸易协会、全国经济人联合会等经济团体召开的会议上讲、给大学、农水产批发市场、农税产物流通会社、农协的干部讲、给公务员进修院、政府综合厅社等机构负责物流领域的公务员讲、给政府召开的最高经营者讲、给中小企业振兴工团的中小企业物流管理者讲。他的演讲并不是每次都十分成功、但听者每次都有收获。很多单位都愿意请他去演讲。他把每次演讲都看作是一次学习的机会、一次服务的机会、一次提高的机会。

徐先生为了提高自己、为了推动工作、在25年中、积累了物流资料达三千件、包括全世界物流专用书、物流刊物、多种物流调查报告、与物流学术研究报告、有关物流手册、物流图像资料等等。他认为一个人再有能力、也不可能成为物流的全能专家、搜集资料、正是为了多掌握物流知识。

最大的乐趣在咨询

从1986年开始、徐先生开始为企业做物流咨询。25年来、已为30多家企业作过物流咨询。如东洋制果公司、三星电子、农心公司、汉城 Heinz、Heatai 制果公司、高丽合纤、釜山管道、乐天七星饮料公司等等。每次咨询他都到现场、用科学的方法、提出最佳解决方案。

除给企业做咨询以外、另一件很重要的工作是为政府做咨询、为商工部、农林部、水产部、交通部提出物流改革建议、包括多式联运、物流标准化、托盘系统、产业政策等等。不少建议被政府所采纳、特别是标准化政策与托盘系统技术。他认为、进入21世纪、韩国物流业的发展重点在于以下七个方面、即:构筑物流基础设施;物流标准化与物流共同化;构筑环保性强的节能型物流系统;物流的自动化;开发使用信息技术的物流系统;构筑国际化的物流系统;培养物流人才、改善政府性行政制度。

他认为21世纪将是知识产业也可以说是人类的智力展开竞争的时代、因此、需要优秀的物流专家。为了让一般国民认识物流的重要性、大学、高中、初中的有关经济教育要包括物流。大学更要开设物流课程、培养物流专家、向企业界的物流管理者进行继续教育。

物流是一门科学

徐先生把物流作为一门科学来研究、对待科

学、必须用科学的态度。

比如给一个企业做物流咨询、徐先生创造了"五步法":一是跟踪和分析物流;二是分析物流量;三是计算物流成本;四是分析各部门、各环节的物流实际情况;五是提出物流改进方案。而这五步中的每一步都有许多实际的内容。

比如、他提出了销售包装与物流包装的概念、销售包装是为了刺激消费者购买为目的、而物流包装是为了运送、保管、卸货时保护货物、以最低费用、只作最需要的包装。

比如、他提出寻找物流空间的理论、把物流空间分成两种、一是工厂大楼、物流中心的工作体积等固定在一定场所的;二是输送装备的集装箱、包装容器、输送和卸货装备的装载体积等可移动的物流要追求装载效率与立体效率。

又如、物流量变动的对应战略、多品种、少量化的对策、物流设备的选定基准、物流中心的设计与运作、农产品、畜产品物流的保鲜、生产企业的在线即时配送、电子商务与物流系统等等、都是要认真对待的大事、一点也不能马虎。

重视物流人的研究

物流要研究、但对从事物流的人也要研究、他称之为"物流人之道"。我认为、这是一个很有意义的课题。物流是人去做的、而从事物流的人也是不同的、有物流管理者、有物流研究者、有物流经营者、有物流操作者。有一些人成为物流事业的开创者。不管是什么人、第一、我们不能忘了他们、是缘份把大家凝聚在一起、从事一个共同的事业;第二、要支持他们、物流是一个新兴产业、需要理解、需要支持;第三、要培养他们、特别是对年轻人更要培养、就是对一些专家也需要给他们补充养分。他还提出物流人有三种坐标轴:一是物流开拓者之道;二是物流咨询者之道;三是物流实业家之道。

据徐炳伦先生说、他的办公室挂着一幅像框、像框里就四个字"物流之道"。"这是我25年里在物流之路的人生座右铭"、四个字是"最珍贵的资产之一"。这是一种精神、一种事业、一种奋斗。中国目前正处于现代物流业发展的艰难时期、我们需要这种精神、需要去拼搏奋斗、需要有千千万万的人把物流作为一种事业去开拓、去推进、使中国的物流业真正成为国民经济新的增长点。

10

아시아 경제발전을 위한
물류제안

2001년 ASEAN+3 정상회담에서 당시 김대중 대통령은 중국의 후진타오 국가 수석과 일본의 고이즈미 수상에게 한·중·일 경제인들의 포럼을 한 번 운용해 보았으면 좋겠다는 제안을 하였다.

그래서 합의가 된 것이 한국의 전국경제인연합회, 일본경제단체연합회, 중국국제무역촉진위원회CCPIT 등, 3개국의 대표적 민간경제단체가 중심이 되어 2002년 11월 서울에서 제1차 한·중·일 비즈니스포럼이 개최되었다.

1년에 1번씩 한·중·일 각 국을 돌며 비즈니스환경의 개선과 미래 동북아경제공동체 실현을 위한 다양한 과제를 발굴하고 적극 실천해 오던, 2004년 10월 동경에서 열린 제3차 한·중·일 비즈니스포럼에는, 물류분과위원회가 처음으로 포함이 되었다. 참여한 분과위원회는 전자, 기계, 철강, 자동차, 섬유, 석유화학 등 아시아에서 중요한 7개 분과였는데 그 중 하나가 물류였다.

당시 나는 아시아태평양물류연맹(APLF) 회장이었기에 포럼에 참석하였다. 첫째 날에는 '아시아에서의 물류 협력을 무엇을 할 것인가?'에 대해 실무 분과를 하였다.

둘째 날 종합 발표를 하는 날이었다. 전날 각 분과위별로 논의한 내용을 각 분과의 대표가 모두 모인 자리에서 발표를 하게 되었다. 물류분과위는 맨 마지막에 아시아태평양물류연맹 회장 자격으로 나를 대표로 세웠다. 발표한 내용을 간추려보면 다음과 같다.

"아시아에서의 물류표준화가 필요합니다. 예를 들면 유럽EU은 EEC를 1950년대에 만들 때 외무장관, 외무대신들이 회의석상에서 '물류표준화를 합시다. 우리가 서로 간에 국경선을 개방해서 물자를 싣고 왔다 갔다 하려면 원활한 물류체계가 구비되어야 하기 때문에 가장 먼저 물류 표준화를 해야 합니다.'하는 제안을 이미 1950년대에 했습니다. 그런데 아시아의 물류표준화는 유럽에 비해서 반세기가 지났는데도 아직 출발도 못하고 이제 겨

| 제3회 한 · 중 · 일 비즈니스 포럼(일본 동경)

우 걸음마 단계에 있는 실정입니다. 제가 볼 때 아시아의 물류표준화는 요원합니다. 역설하면 유럽에서는 원활한 물자교류와 저렴한 물류비용으로 물류시스템이 선진화되어 있는데 아시아의 우리는 한마디로 물류흐름이 엉망이라는 결론입니다. 앞으로 동북아시아의 한·중·일간에 경제 교류가 확산되어 물자교역량이 더욱 증가될 것입니다. 유럽지역 못지않은 훌륭한 동북아시아의 국제물류시스템을 만들어 물류비를 줄이고 효율을 높여 경쟁력을 강화시켜야 합니다. 그래서 앞으로는 물류혁신을 해야 합니다."

발표가 끝나고 단상에서 내려오는데 모두 기립하고 박수 소리가 그치지 않았다. 내 자리로 돌아와 앉자 주위에서 이야기를 나누는 소리가 또렷하게 들려왔다.

"회장님, 물류가 내용이 제일 좋습니다."

전경련 현명관 부회장이 말했다. 그러자 전경련 강신호 회장이 대답했다.

"아, 그건 서병륜 회장이 있기 때문입니다."

두 사람의 말을 듣는 순간 나는 왠지 코끝이 찡했다.

포럼이 끝난 후 일본 경단련 상근 고문이 내게 훌륭한 내용이었다며 악수를 청했다. 또 일본물류협회 전무도 다음과 같이 극찬하였다.

"일본물류협회가 30~40년에 걸쳐서도 해내지 못한 일을 오늘 서회장께서 해냈습니다. 저는 물론 포럼에 참석한 많은 사람들이 감명을 받았습니다."

당시 포럼에 참석한 사람은 약 500여 명이었다. 내가 발표한 내용이 참석자들에게 감동을 주었다는 사실에 물류인으로 한평생을 살아온 보람을 느꼈다.

11

새천년 물류의
미래

현대의 특징이라면 국제화, 정보화, 지식화를 빼놓을 수 없다.

현대는 발달된 교통수단과 컴퓨터, 그리고 통신 수단으로 인하여 멀리 떨어져 있는 국가와 기업, 개인 간에도 긴밀히 연결되어 살아갈 수 있게 되었다. 또한 생명에 관한 연구의 결과로 유전공학이 발전해 심지어는 인간의 비밀을 캐내어 창조주인 신의 경지에 도전하고 있는 시대가 오고 있다.

이러한 인류의 발전에는 생활이 편리해지고 경제면에서 윤택하여진다는 긍정적인 면도 있지만 다른 한편으로는 자연 환경이 파괴되고 지금까지 유지되어온 생태계가 무너지지 않을까 하는 우려를 떨쳐버릴 수 없는 부정적인 면도 있다.

현재의 시점에서 나는 나름대로 다가 올 물류변화를 예측해 보고자 한다.

물류분야에서의 변화 방향으로는 다음의 4가지가 새 천년 물류가 추구하게 될 목표가 될 것이라고 생각한다.

① 전 지구를 대상으로 하는 글로벌화 물류

② 빛의 속도로 진행될 전자 상거래를 뒷받침해야 하는 스피드화 물류

③ 다품종 소량화 되어가는 소비 경향에 대응하기 위한 재고 제로화 물류

④ 지구를 보존하기 위한 환경 친화적인 물류

이러한 물류의 변화에 따라 머지않은 장래에 다음과 같은 물류시스템이 실현될 것이라고 예상된다.

첫째, 글로벌 물류사업자가 출현할 것이다.

지금까지 한 국가나 지역 영역내의 물류 범위를 뛰어 넘어, 전 세계적으로 하나의 물류체계를 구축하게 될 것이므로 물류 사업자들도 한정된 지역내에 국한된 사업이 아니라 선진국들은 물론 개발도상국들을 망라한 전 세계를 대상으로 하는 글로벌 물류사업자가 출현하여 이들이 물류시장을 장악하는 시대가 도래할 것이다.

둘째, 사이버 물류의 영역이 확대될 것이다.

인터넷을 통한 전자상거래가 발달될수록 물류 분야에서도 사이버 영역이 확대될 것이다. 물류에 관한 정보의 흐름은 사이버 시스템으로 집중하게 될 것이며 여기에서 부가가치를 창출하는 새로운 사이버 공간의 물류세상이 열릴 것이다.

셋째, 초고속 화물선이 개발될 것이다.

수년 전부터 일본의 운수성에서는 초고속 화물선을 개발하여 왔고 그 시험 선박을 제작하여 현재 테스트 중에 있다. 이 선박은 시속 100km 이상의 속력을 낼 수 있으므로 가까운 한국과 동남아시아는 하루나 2~3일 운항권,

그리고 먼 거리에 있는 미국이나 유럽 등도 일주일 정도의 운항권으로 만들 수 있게 된다.

　지금까지의 물류상식으로는 선박은 비용이 저렴하고 대량 물동량을 실어 나를 수 있는 장점은 있었으나 가장 느린 수송수단이었기에 선박을 이용하면 이동기간이 길다는 것이 어쩔 수 없는 어려움이었다. 그러나 이 고속화물선을 이용하게 되면 이러한 문제를 극복할 수 있게 된다. 이 고속화물선은 새로운 미래에 국제 물류체계에 혁명을 가져올 것이 분명하다. 조선강국인 우리나라에서도 이 고속화물선을 시급히 개발하여 국제 물류는 물론 연안해운업계에 투입할 수 있도록 하여야 할 것이다.

　넷째, 자동인식기술이 실현될 것이다.

　나는 지금까지 물류를 연구하여 오면서 물류기술에서의 한계를 발견한 것이 하나 있다. 원래 물류에서는 컴퓨터시스템이 대단히 중요한데, 이동하고 있는 물동량에 관한 데이터를 온라인 리얼타임으로 시스템을 만드는 것이 불가능하다는 사실이다. 즉 상품을 생산하여 창고에 보관하다가 수송장비로 운반하여 소비지의 물류센터에 비축, 판매망으로부터 주문이 들어오면 신속히 배달하여 매장의 진열대에 배치하고, 이들을 고객이 사가는 전 물류의 과정을 발생하는 순간순간 즉시 데이터를 컴퓨터시스템에 입력을 하여야만 완벽한 물류관리를 할 수 있다고 생각한다.

　그러나 현재까지 개발되어 있는 물류정보시스템의 한계는 물자가 이동할 때 반드시 전표를 작성하고, 이 전표의 내용을 입력하여야만 그때부터 전산망에 데이터베이스가 구축되는 것이다. 이러한 한계를 극복하기 위하여 선진국에서는 현물現物에 코드나 칩Chip을 부착하고 이를 자동으로 감지하는 장치를 설치하여, 물자가 이동할 때 직접 이 데이터들을 전산망에 입력하는 방식인 자동인식Auto Data Capture시스템 기술의 개발이 진행되고 있다. 물론 한국에서도 이를 조속히 도입하기 위하여 나도 많은 연구를 하고 있는 중이다.

다섯째, 접철식 해상용 수송컨테이너가 개발될 것이다.

국제적으로 움직이고 있는 교역 물동량의 대부분을 운송하는 주된 수단인 해상용 컨테이너는 오늘날 4,500여만 개가 보급되어 있다. 이 해상용 컨테이너의 문제점으로는 화물을 싣고 도착한 후에 빈 컨테이너를 회송시키는 데 있어 엄청난 낭비가 초래되고 있다는 점이다. 해외의 물류 전문지의 보고서에 의하면 전 세계적으로 빈 컨테이너를 이동하는데 발생되는 운반 비용을 연간 수백 억 달러나 지불하고 있다고 한다. 비용 문제만이 아니라 지역간에 컨테이너 수량의 불균형이 발생하여 국제적인 물류 효율을 떨어뜨리고 있다. 이러한 문제를 해결하기 위하여 효과적인 방법은 현재의 고정 구조물 형식의 해상컨테이너를 빈 컨테이너일 때 접을 수 있는 접철식 구조물로 전환하여 체적을 1/4로 축소할 수 있도록 하는 것이다. 이렇게 하면 빈 컨테이너의 회송운임을 1/4로 절감할 수 있음은 물론이고 지역간에 이동을 용이하게 하여 국제 물류 효율을 향상시킬 수 있을 것이다.

여섯째, SCM으로 재고 최소화가 가능하게 될 것이다.

물류가 물자의 흐름이라는 점에서 볼 때 20여년 전부터 연구 발전되고 있는 Supply Chain ManagementSCM 분야가 새로운 물류의 기대주이다. 자재구입에서부터 생산공정과 판매되는 유통과정 등 물류의 전 과정을 쇠사슬로 연결하듯이 관리하는 SCM이야말로 물류관리에 있어 가장 효과적인 수단이 될 것 같다. 더구나 하루가 다르게 발전하고 있는 인터넷이나 전자상거래와 더불어 e-SCM으로서의 장래 발전 가능성은 우리 모든 물류인들의 희망이라고 생각한다. 물자의 흐름을 조절하고 속도를 올려 물류 전

과정의 유통재고를 최소로 압축하는 것은 물론이고 수급의 상황에 신속하게 대응할 수 있는 물류 경쟁력을 강화하는데 SCM이 선봉장으로 등장하리라 믿고 있다.

그러나 이 SCM은 단일 기업의 차원이 아니라 물류상 연결되어 있는 수많은 관련 기업들과의 윈윈Win－Win전략으로 추진하여야 한다는 것이 대단히 중요하다.

일곱 번째, 물류작업의 무인화가 실현될 것이다.

물류에서의 작업들은 대개 힘든 육체노동이다. 운반이나 하역작업 등 인간의 힘을 사용하는 물류작업은 누구나 하고 싶지 않아 기피하는 3D 작업이다. 설령 간단하고 가벼운 물량을 다루는 작업이라 하더라도 지루하게 반복되는 작업은 작업실수를 유발하게 마련이다. 또한 임금이 비싼 곳에서는 인력을 기계화할 필요성이 대두된다. 이러한 이유 때문에 선진국일수록 물류작업의 자동화가 더욱 진전되어 있다. 특히 하역작업은 지게차나 파렛타이저를 중심으로 하여 우선적으로 자동화되어 있는 분야로 창고에서의 입출고 작업 등도 비교적 자동화가 되어 있다. 그러나 앞으로는 단순한 자동화가 아닌, 물류작업에 사람이 필요하지 않는 무인화가 더욱 진행될 것이라고 생각한다. 심지어는 힘든 작업은 물론 선별작업인 피킹Picking이나 소팅Sorting작업에서도 무인화가 보편화될 것이다. 따라서 인간은 육체로 작업을 하는 것이 아니라 두뇌로 작업을 하는 인텔리전트Intelligent 시대가 도래할 것이다.

마지막으로, 환경친화적인 물류체계가 구축될 것이다.

인류문명이 눈부신 발전을 거듭하여 우리 인간의 생활은 편리해 지고 있지만 반대로 지구환경은 온난화현상이나 공해가 발생하는 정도가 점점 가속화 되어 가고 있다. 이런 상황이 계속된다면 머지않아 지구환경이 파괴되고 인류가 멸망할지도 모른다는 우려가 높아지고 있다.

최근 공업선진국을 중심으로 하여 환경을 보호하여야 한다는 목소리가 커지고 있다. 금년 들어 유럽에서는 모든 공산품의 부품을 재활용Recycle하게 하는 규제를 강화하기로 하였다. 가전제품이나 자동차 분야에서 재사용 부품의 사용비율을 매년 올려야 하고 판매한 상품을 고객들이 사용한 후에 의무적으로 회수하여야 한다는 조건도 부여하였다. 이러한 환경의무 사항들을 한국기업들이 감당할 수 있을지 참으로 걱정이 된다.

물류에서도 마찬가지로 화물 자동차 운행방식을 바꾸어 매연이나 소음을 줄이고 에너지 사용량 절약을 위한 기술혁신책이 나와야 할 것이다. 포장용기는 반드시 회수하여 반복 재사용Returnable하는 방식으로 전환되어 쓰레기 발생도 줄이고 자원을 아껴야 할 것이다. 또한 수송장비 등 물류 설비들도 에너지가 적게 들고 공해물질을 적게 배출하는 기술개발이 계속될 것이다.

12

다시 태어나도
물류의 길을 …

필자가 태어난 광양은 전라도와 경상도 사이를 흐르는 섬진강변의 맨 아래 마을로, 지금은 남해고속도로의 섬진강 휴게소가 있는 동네이다.

필자는 다섯 살 되던 해인 1953년 어느 날, 부모님을 따라 조그만 돛단배에 살림살이를 싣고 바닷길을 통하여 이사를 하게 되었다. 지금도 기억나는 것은 당시 배를 타고 가는데 주위의 산들과 섬들이 가만히 있지 않고 모두가 서서히 움직이는 것 같은 장면에 마냥 신기해하던 추억이다.

하루가 걸려 도착한 한적한 부두, 나중에 알게 된 사실이지만 그 부두는 일제식민지 시대에 항구를 만들다가 중단된 곳이었고, 지금은 동북아시아의 국제 물류거점으로 발돋움하고 있는 광양항이 자리 잡고 있다.

그 부두는 유년시절부터 초등학교를 졸업할 때까지 나의 성장무대였다. 나는 틈만 나면 장난감 배를 만들어 물위에 띄우며 놀았고, 낚싯대나 어항으로 물고기를 잡기도 하였으며, 무더운 여름철에는 발가벗고 미역을 감기

| 내 고향 광양의 조선시대 광양현 고지도

도 하였다.

그 시절 그 곳에는 전기불도 들어오지 않았으며 도로는 구불구불하고 울퉁불퉁한 좁은 신작로 밖에 없어 소가 끄는 달구지를 타고 다니거나 읍내에 장이 서는 날 들어오는 트럭을 이용하는 것이 유일한 교통수단이었다.

그러나 뽕나무밭이 변하여 푸른 바다가 된다는 상전벽해桑田碧海처럼 현재 그 곳에는 여천 석유화학공단이 들어서 있고, 쇠섬金虎島이라고 불리던 곳에는 광양제철소가 우뚝 섰다. 또한 국제적인 컨테이너 부두인 광양항을 비롯 고속도로망, 철도망이 사방으로 연결되어 있다. 70여 년이 지난 오늘날, 그 곳은 우리나라 굴지의 산업단지와 물류거점이 된 것이다.

현재 광양제철소가 자리 잡고 있는 곳은 원래 쇠섬이라는 섬이었다. 그래서 사람들은 아주 오래 전부터 쇠의 섬이라는 이름대로 그 섬 위에 제철소가 들어서게 될 것이라는 풍수지리설을 믿고 있었다. 그러나 이에 대하여 나는 나름대로의 논리를 설명하고 싶다.

쇠섬은 태곳적부터 오랜 세월동안 섬진강 상류에서부터 실려 내려온 흙과 모래가 차곡차곡 쌓이고 쌓여 바다 밑에 퇴적층을 형성하고 있었다. 어린 시절 김을 뜯거나 조개를 잡으러 그곳에 가 본적이 있었는데, 밀물일 때에는 배가 지나다닐 수 있지만 썰물 때 바닷물이 빠져나가면 끝이 보이지 않는 갯벌이 드러나고 모래언덕 가장자리는 푸른 물이 출렁거리는 깊은 바다였다.

그런데 이 바다 밑의 모래를 퍼 올려 잘 다진 후에 수백만 평의 공장부지와 대형 선박들이 접안되는 부두를 만들고 가장 저렴한 생산단가로 철강제품을 생산하여 세계 각국으로 수출한다는 경제적인 판단으로 제철소가 건설된 것이다. 그리고 같은 이유로 그 옆에 광양항이 개발되었다. 이것이야말로 바다 밑에 숨겨져 있던 자연의 보물을 찾아내어 바다 위로 끌어 올린 위대한 발견이었다.

위에서 설명했듯이 섬진강 물줄기→쇠섬의 갯벌→제철소와 항만이라는 연결고리처럼 나의 물류 인생은 지게차→파렛트→물류라는 체인으로 연결되어 왔다.

지게차를 많이 팔기 위한 방법을 연구하라는 임무를 부여받고, 선진국의 물류현장을 연구하던 중에 지게차 앞에 달려있는 포크Fork의 용도가 물건의 받침대인 파렛트를 끼워서 사용하는 것이라는 사실을 알아내게 되었다. 또한 파렛트를 단순히 공장이나 창고 구내에서 깔판으로서만 사용하는 것이 아니라 물자가 이동할 때 함께 따라가는 일관 수송용으로서 연계 사용하는 일관 파렛트화Palletization가 더욱 중요하다는 사실도 알게 되었다. 그리고 이 일관 파렛트화를 실현하기 위하여 파렛트 풀을 만들어야 하고 물류시스템을 발전시켜야 한다는 결론에 도달하였던 것이다.

돌이켜 보건대 물류와 파렛트 풀을 다른 사람보다 먼저 발견하게 된 것은 나에게 커다란 행운이었다. 나는 물류가 산업계 전반의 중요한 과제이며 파렛트 풀은 물류의 중심 역할을 한다는 것을 신앙처럼 확신을 갖고 믿게 되었다.

이후 삼십대 초반이던 1980년도에 우리 산업계에 물류 분야를 도입하기 위하여 물류협회를 설립하고 파렛트 풀 시스템을 만들기 위하여 파렛트 풀 회사를 창립하겠다는 인생의 목표를 세웠다.

물류 계몽활동으로 시작된 물류개척의 길은 계속 이어져 1984년 9월 1일 한국물류연구원을 설립하여 홀로서기를 하게 되었다. 또 한국경제신문에 '태동기 한국의 물류'라는 글을 쓰게 되면서 MBC, KBS 등 각종 매스컴에 물류를 등장시켰으며, 이로써 우리나라에 물류라는 말이 널리 사용되기 시작하였다.

그리고 해외물류 시찰단을 여러 차례 모집하여 수많은 선진 물류현장을 견학하면서 앞서가는 물류시스템에 눈을 뜨게 되었다. 국제 물류전시장에서 물류신기술 개발 동향을 파악하였으며 물류 심포지엄이나 세미나에 참가하거나 강연자로 나서서 물류 지식을 습득하기도 하였다.

그러는 한편 속속 발간되는 외국의 물류에 관한 전문서적이나 정기간행물 등 5,000여 권을 구입하여 빠른 정보를 입수하였고 살아 숨쉬는 물류 지식창고를 갖게 되었다.

또 사단법인 한국물류협회와 사단법인 한국파렛트컨테이너협회를 설립하여 물류중심 단체가 되도록 하였으며 정부의 물류 관계기관 담당자들을 설득하여 물류표준화라는 정책이 수립되게도 하였다.

물류에 관한 깊은 연구를 하게 된 것은 1980년대에 30여개의 물류 컨설팅을 담당하면서부터였다. 뜬눈으로 밤을 지새우면서 물류문제와 씨름을 하였고 고민 끝에 효율적인 개선방안을 찾을 수 있었다. 또한 컨설팅이란 프로만이 할 수 있는 것이라는 사실과 한 가지에만 인생을 걸면 진정한 프로가 될 수 있다는 것, 그리고 독창적인 물류에 관한 아이디어와 이론을 가지게 되면 프로 물류인이 될 수 있다는 사실도 알게 되었다.

물류사업은 우리나라의 국가나 산업경쟁력 강화를 위해 대단히 중요하고 필수불가결한 분야임을 확인하였고, 그중에서도 물류발전을 위하여 중요하고 필요한 분야이면서도 남들이 하지 않고 있는 파렛트 풀과 컨테이너 풀의 사업화에 착안하였다.

처음에는 선진국의 모델을 벤치마킹하였으나 시간이 흐르면서 한국의 실정에 맞는 한국형으로 응용하였다. 어떻게 하면 고객들의 니즈Needs를 충족시킬 수 있을 것인가에 초점을 맞추었다.

사업의 주체도 가장 전형적인 주식회사의 틀을 짜보려고 노력하여, 주주 및 고객들과 직원들 모두가 윈윈Win-Win하여야 한다는 원칙에 따랐다.

그리고 무엇보다도 커다란 기쁨이 있다면 물류인들과의 만남에서 긴밀한 인간관계를 유지하여 왔다는 것이다.

물류인생에 있어 나의 스승이신 일본의 물류개척자 고故 히라하라 스나오
平原 直선생에게는 오랫동안 많은 가르침을 받아왔다.

대우에서의 직장생활 시절 역시 상사들의 적극적인 협력과 성원이 있었
기에 물류의 길에 나설 수 있었음도 알리고 싶다.

일본물류협회JILS의 이나쓰카 모도키稻束 原樹전무로부터 협회의 활동 과정
에 많은 도움을 받았으며 특히 변함없는 사업 파트너인 일본파렛트렌탈(주)
의 사카이 겐지坂井 健二 사장도 한국파렛트풀(주)의 든든한 사업동지였다. 한
국물류연구원 시절 울타리가 되어 주었던 11명의 물류 선배 및 동지들과는
죽어서 무덤도 함께 하기를 바라고 있다.

마지막으로 지난 40여 년간 물류의 길에 몰두한 나머지, 가장家長으로서
의 역할을 소홀히 하여 왔기에 사랑하는 나의 아내金仁淑와 딸徐志英, 그리고
아들徐龍基에게 미안한 마음을 전하고 싶다.

| 사랑하는 나의 가족들

나이 서른 살에 세웠던 물류계획들을 지난 40여 년 동안 추진해 오면서 어느새 일흔을 넘어선 지금, 돌이켜 보면 아쉬움도 많았고 회한도 많았다. 그러나 만약 누군가가 다시 태어나도 이 길을 걷겠느냐고 묻는다면 나는 망설이지 않고 고개를 끄덕일 것이다.

13

물류 48년의 발자취

연차	년	월	내 용
1	1977년	3월	대우중공업(주) 지게차 생산본부 근무
2	1978년	6월	대우중공업(주) 산업차량 사업본부 기술개발부 근무
3	1979년	7월	대우중공업(주) 영업본부 지게차 영업부 근무(운반기술팀장)
		9월	일본 고마쓰 포크리프트(주) 연수 "일본 산업계의 물류실태 연구"
		10월	월간지 「荷役と機械」, 「物流システム化の手引」 입수
		10월	「Palletization」 slide film제작
		11월	양곡 파렛트화 추진
		12월	연탄 파렛트화 추진
4	1980년	1월	일본에서의 파렛트 풀 실태 조사
		2월	경제기획원의 유통근대화 계획에 파렛트 풀 육성 방안 반영
		4월	「Palletization」책자 발간
		5월~10월	제1차 운반 합리화 세미나 실시(전국 10개 도시)
		11월~12월	유럽의 물류 및 파렛트 풀 실태 조사(스위스, 영국, 프랑스 3개국)
5	1981년	1월	물류 기본 계획 수립(①물류협회 설립 ②파렛트 풀 회사 설립)
		3월~9월	제2차 운반합리화 세미나 실시(전국 100개 기업)
6	1982년	3월	지게차 영업과장(영업본부) • 신규 지게차 구입 고객에 파렛트 100매씩 공급 • 「파렛트화」 테마 광고 실시 • 지게차 5,000대 출고 기념 행사 실시

연차	년	월	내 용
7	1983년	3월	지게차 영업과장(서울지점) • 지게차 고객에 대한 물류 설명회 실시 • 업종별 파렛트화 추진(벽돌업계)
8	1984년	3월	지게차 생산본부 자재관리과장 근무
		8월 25일	대우중공업(주) 사직
		9월 1일	한국물류연구원(KIL) 창립
		11월	삼양타이어 창고 자동화 컨설팅 용역
		12월	일본 물류관리 협의회와 업무 제휴
9	1985년	1월	제1회 물류연구회 실시
		2월	「물류뉴스」 발간
		3월~4월	한국경제신문에 물류 특집 게재(제목, "태동기 – 한국의 물류")
		5월	제1회 일본 물류시찰단 파견(30명)
		6월 11일	MBC TV 출연(「여기는 MBC」, 물류 보도)
		6월 25일	한국파렛트풀(주) 설립에 관한 한국경제신문 1면 톱기사
		8월 17일	MBC TV 출연(「뉴스데스크」 물류 보도)
		10월 2일	한국파렛트렌탈(주) (현재의 한국파렛트풀(주)(KPP)) 창립
		10월 28일	제1회 물류전국대회 개최(대한상공회의소, 450명 참가)
10	1986년	1월	한국과학기술원 물류실태조사 용역
		5월	동양제과 물류컨설팅 용역
		6월	한국산업연구원 운반하역기계 연구 용역
		9월	봉명산업 물류컨설팅 용역
		11월	오뚜기식품 물류컨설팅 및 자동창고 설계 용역
11	1987년	1월	(주)서울하인즈 물류컨설팅 용역
		3월	(주)농심 물류센터(광주, 대전) 컨설팅 용역
		4월	동양제과 수도권 물류센터 컨설팅 용역
		4월	삼성전자 제품물류 및 자동창고 컨설팅 용역
		6월	일본 물류전문지 「輸送と展望」 논문 발표 (제목, "한국의 물류현상과 과제")
		6월	고려합섬 물류컨설팅 용역
		10월	극동쉘정유 물류컨설팅 용역
12	1988년	1월	해태제과 물류컨설팅 용역
		3월	동부제강 물류진단 실시
		6월	전주제지 물류진단 실시

연차	년	월	내 용
12	1988년	8월	(주)빙그레 물류 컨설팅 용역
		9월 16일	일본 동경국제물류심포지움 논문 발표(제목, "한국의 물류자동화")
		11월	세대합성 파렛트사업 타당성 연구 용역
		12월	(주)부산파이프 물류컨설팅 용역
13	1989년	1월	(주)럭키 등 생활용품업계 파렛트 풀 착수
		3월	한일 국제파렛트 풀 본격 착수(현대자동차 동양나이론, 코오롱)
		7월 8일	사단법인 한국물류관리협의회(명칭 변경 한국물류협회) 창립 (초대 사무국장)
		7월 28일	TAIWAN PALLET RENTAL설립으로 한국–대만간 국제 파렛트 풀 결성
		9월	물류표준화 정책 제안(교통부)
		10월	기업물류비 계산 준칙 제정(한국생산성본부)
		11월	코오롱상사 물류컨설팅 용역
14	1990년	2월	롯데칠성음료 물류컨설팅 용역
		7월	화물유통촉진법 제정위원(교통부)
		10월	한국파렛트풀(주)창립 5주년 기념 물류세미나
		11월	조선무역 물류컨설팅 용역
15	1991년	2월	일본 창고회사–한국에서의 창고사업화 연구 용역
		6월	한국파렛트풀(주) 파렛트 보유수량 10만 매 돌파
		7월	삼성종합화학 등 석유화학업계 파렛트 풀 착수
		11월	제일제당 등 식품업계 파렛트 풀 착수
16	1992년	3월	사단법인 한국물류관리협의회 운영이사 선임
		4월	경기화학 물류 자문 용역
		10월	물류공동화추진연구회 결성 제안(대한상공회의소)
		12월	한국파렛트풀(주) 파렛트 보유수량 50만 매 돌파
17	1993년	5월	물류표준화 육성자금제도 도입 제안(건설교통부)
		7월	건설교통부 물류표준화추진위원회 위원 위촉
		10월	국가경쟁력강화기획단(물류개선반) T11표준파렛트 설득
		11월	(주)코오롱 등 섬유업계 파렛트 풀 착수
		12월	건설교통부 물류표준화연구용역 참여(한국물류관리협의회)
18	1994년	8월	(주)미원그룹 물류컨설팅 용역
		10월	ISO. TC51(파렛트 전문위원회) 가입(공업진흥청)
		10월 26일	물류대상(하역물류기기 부문) 수상–한국물류관리협의회
		12월	「물류표준화 가이드」 저술 (대한상공회의소 발행)
		12월	한국파렛트풀(주) 파렛트 보유수량 100만 매 돌파

연차	년	월	내 용
19	1995년	4월	ISO. TC51(파렛트전문위원회)위원 위촉(공업진흥청)
		5월	제14회 ISO. TC51회의 한국대표 참가(미국, 워싱턴)
		6월	유럽 물류실태조사(프랑스, 벨기에, 네덜란드, 스웨덴)
		7월	물류표준화 홍보용 Video Tape 원고 작성 (건설교통부, 대한상공회의소)
		10월	한국파렛트풀(주) 창립10주년 기념행사 및 물류세미나
		11월 22일	물류대상(표준화 부문)-건설교통부 장관상
		12월	국내화물의 파렛트 컨테이너화를 통한 일관수송체제 구축방안 연구 용역(해운산업 연구원)
20	1996년	5월 3일	사단법인 한국파렛트협회 창립
		5월	유럽 컨테이너 파렛트업계 실태조사(네덜란드, 독일)
		6월 27~29일	ISO TC51 파렛트규정 개정 회의 참석(캐나다, 토론토)
		9월	물류 표준 마크 도입 방안에 관한 연구 용역(대한상공회의소)
		9월	LOGISALL 소유(자산) 청원물류센터 개설
		10월	제1회 Asia Pallet Pool대회 개최(제주도)
		11월 1일	한국컨테이너풀(주)(KCP) 창립
		12월	한국파렛트풀(주) 파렛트 보유수량 200만 매 돌파
		12월	LOGISALL 소유(자산) 김해물류센터 개설
21	1997년	2월	미국 물류 전시회 참관 및 물류 현장 견학(시카고, 샌프란시스코)
		3월	사단법인 한국물류협회 부회장 선임
		4월	산업표준심의위원회 위원 위촉(통상산업부)
		9월	유럽 컨테이너풀 실태조사(영국, 프랑스, 독일)
		10월	제2회 Asia Pallet Pool대회 개최(제주도)
		10월 7일	건설교통부장관 물류표창장 수여
		10월	중형(5톤급) 트럭 적재함 광폭화 추진(건설교통부)
		11월	한국컨테이너풀(주) Mesh Container개발
		11월	한국컨테이너풀(주) 컨테이너 보유수량 10만 매 돌파
		12월	수산물유통구조개혁위원회 위원 위촉(해양수산부)
22	1998년	1월	농협중앙회 등 비료업계 파렛트풀 착수
		4월 25일	한국로지스틱스학회 물류대상 수상(중소기업 · 서비스업 부문)
		8월	서울대 최고경영자 과정 AMP45기 수료(물류분야의 표준화 공동화를 위한 Unit Load System의 구축 방안 연구)
		9월	까르푸 등 유통업계 파렛트풀 착수
		10월	한국컨테이너풀(주) 다단식 목상자(Wooden Collar) 개발

연차	년	월	내 용
23	1999년	1월	농협 등 농산물 업계 컨테이너 풀 및 파렛트 풀 착수
		3월	미국 컨테이너 · 파렛트 풀 업계 실태조사
		5월	제3회 Asia Pallet Pool대회 개최(대만)
		6월	사단법인 한국물류협회 회장직무 대행
		6월	한국로지스틱스학회 부회장 위촉
		8월	한국과학기술원 최고정보경영자 과정 AIM 11기 수료(지능형 컨테이너 · 파렛트 풀 시스템 도입방안 연구)
		10월	제4회 Asia Pallet Pool 대회 개최(서울)
24	2000년	3월	한국컨테이너풀(주) 접철식 벌크컨테이너 개발
		4월 1일	한국로지스틱스학회 최고경영자상 수상
		4월 13일	제5회 Asia Pallet Pool대회 개최(일본)
		6월 1일	사단법인 한국물류협회 회장 취임
		9월 4일	〈물류의 길〉 출판기념회
		9월	제6회 Asia Pallet Pool 대회 개최(중국, 상해)
		12월	대한상공회의소 유통 · 물류위원회 위원 위촉
25	2001년	1월 17일	한국파렛트풀(주) 파렛트 보유수량 300만 매 돌파
		4월 15일	KCP, 기아자동차(자동차업계) 컨테이너풀시스템 도입
		6월 3일	제7회 Asia Pallet Pool 대회 개최(서울)
		6월 30일	한국컨테이너풀(주) 컨테이너 보유수량 50만 매 돌파
		8월	동북아물류중심지화기획단 위원 위촉(새천년 민주당)
		8월	아시아 · 태평양물류연맹(APLF) 부회장 위촉(싱가포르)
		12월 6일	제8회 Asia Pallet Pool 대회 개최(제주도)
26	2002년	3월	LOGISALL 소유(자산) 여수물류센터 개설
		3월 22일	LOGISALL 소유(자산) 용인물류센터 개설
		3월 26일	LOGISALL 소유(자산) 영천물류센터 개설
		5월 15일	한국컨테이너풀(주) 컨테이너 보유수량 100만 매
		6월 1일	한국풀운영(주)(KPO, 현재의 한국로지스풀(주)(KLP)) 설립
		6월 17일	Asia Pallet Pool 회사 설립(싱가포르, JPR과 합작)
		7월	연세대학교 중국비지니스 최고위과정 수료
		8월 5일	LOGISALL 충주 선창연수원 개소
		9월	제2회 한 · 중 · 일 물류교류회 참가(중국, 청도)
		10월	한국산업단지공단 '산업단지 공동 물류 지원 사업' 컨설팅 용역
		11월 15일	제9회 Asia Pallet Pool 대회 개최(대만)
27	2003년	2월	(사)한국물류협회 회장 재임
		3월	한국파렛트기술연구소 소장 취임(한국파렛트컨테이너협회)

연차	년	월	내 용
27	2003년	3월 31일	한국풀운영(주)(KPO)를 한국로지스풀(주)(KLP)로 명칭 변경
		5월 2일	KPP, KCP, KLP 3社의 통합브랜드 LOGISALL 출범
		5월 21일	한국파렛트풀(주) 파렛트 보유수량 400만 매 돌파
		7월 29일	LOGISALL 소유(자산) 증평물류센터 개설
		8월 23일	한국컨테이너풀(주) 컨테이너 보유수량 200만 매 돌파
		8월 26일	국가표준파렛트 T-11형 ISO 규격(ISO/DIS 6780)으로 확정
		9월 5일	한국물류아카데미 발족(충북 충주시 소태면 선창 부락)
		10월 5일	제10회 Asia Pallet Pool 대회 개최(서울)
		10월 16일	아시아태평양물류연맹(APLF) 제5대 회장 취임(서울)
28	2004년	2월 10일	(주)한국풀네트웍(KPN) 인수
		3월 12일	LOGISALL 소유(자산) 광주물류센터 개설
		3월 16일	서울특별시 물류정책위원회 위원 위촉
		5월 17일	'한 · 중 · 일 물류포럼' 한국 대표로 참석(중국, 청도)
		6월 14일	한 · 중 · 일 물류교류회 참가(중국, 대련)
		6월 19일	한국컨테이너풀(주) 컨테이너 보유수량 300만 매 돌파
		7월 5일	신한은행 S-Forum 회장 취임
		8월 6일	삼성전자 LCD부문 SCM사업 착수
		9월 13일	동경 자동인식 박람회 참가(Auto ID Expo 2004)
		9일 21일	한 · 중 · 일 3개국 파렛트표준화 회의 참석(서울 개최)
		10월 1일	삼성전자 ITD센터 자재통합공동물류 전면 시행
		10월 5일	(사)한국물류협회 창립 20주년 기념 행사(전경련)
		10월 14일	제11회 Asia Pallet Pool 대회 개최(일본)
		10월	제3회 한·중·일 비즈니스포럼 한국물류대표로 참가(일본, 동경)
		11월 2일	ISO/TC51 총회(서울)
		12월 9일	건국대학교 농산물유통 최고경영자과정 수료
		12월 30일	한국산업단지공단 자문위원 위촉
29	2005년	1월 17일	LOGISALL 소유(자산) 포천물류센터 개설
		2월 9일	한국컨테이너풀(주) 컨테이너 보유수량 400만 매 돌파
		3월	농산물류혁신위원회 위원 위촉(농림부)
		4월 2일	제8회 한국로지스틱스대상 공로상 수상
		4월 4일	지게차 임대 사업 착수
		4월 22일	중국 상해 국제물류장비성 전문위원 위촉(중국, 북경)
		4월 23일	뒤셀도르프 국제포장 박람회(Inter Pack) 참가
		5월 21일	SINOTRANS LOGISALL Logistics Co., Ltd, 합자회사 설립
		6월 1일	제4회 한 · 중 · 일 물류기술교류회(중국)
		7월 1일	삼성전자 HDD(High Definition Display)센터 자재통합공동물류사업 전면 시행

연차	년	월	내 용
29	2005년	8월 3일	삼성전자 중국 소주 LCD 공장 자재직납 및 통합공동물류사업 착수
		8월 10일	LOGISALL 소유(자산) 아산물류센터 개소
		8월 20일	한국컨테이너풀(주) 컨테이너 보유수량 500만 매 돌파
		8월 29일	중앙대학교 일본지역 최고경영자과정 수료
		9월 9일	제2회 한국파렛트컨테이너 산업대상 공로상 수상(산업자원부 장관상)
		9월 16일	아시아태평양물류연맹(APLF) 제6대 회장 취임(일본, 동경)
		10월 4일	한국파렛트풀(주) 파렛트 보유수량 500만 매 돌파
		10월 5일	LOGISALL 창립 20주년 기념식
		10월 6일	제12회 Asia Pallet Pool 대회 개최(서울)
		10월 13일	제4회 한 · 중 · 일 물류 비즈니스포럼(서울)
		12월 13일	숙명여자대학교 블루오션 최고경영자과정 수료
30	2006년	2월 8일	LOGISALL, 광양항 배후 물류단지 입주업체로 선정
		2월 17일	(사)한국물류협회 회장 연임
		3월 30일	한국컨테이너풀(주) 컨테이너 보유수량 600만 매 돌파
		4월 5일	유로지스넷(주)(ULN) 설립
		4월 18일	에코로지스(주)(ECL) 설립
		5월 16일	LOGISALL SHANGHAI(LAS) 설립(중국)
		6월 8일	Asia Pallet System Federation 창립 총회 참가(일본, 도쿄)
		6월 26일	제5회 한 · 중 · 일 물류 교류회 참가(중국 광동시)
		7월 11일	로지스올컨설팅앤엔지니어링(주)(LCE) 설립
		7월 12일	로지스올인터내셔널(주) 설립
		8월 23일	명지대학교 산업대학원 산업시스템경영학과 석사 졸업
		8월 23일	LAI, 광양항 복합운송지원창고 및 냉동/냉장창고 운영사 선정
		8월 25일	한국컨테이너풀(주) 컨테이너 보유수량 700만 매 돌파
		10월 2일	광양복합물류센터 개장식
		10월	제13회 Asia Pallet Pool 대회 개최(대만)
		12월 13일	LAI, 광양항 공동물류센터 입주 기업체 선정
		12월 18일	LOGISALL QINGDAO(LAQ) 설립 (현재의 LOGISALL CHINA(LAC))(중국)
		12월 19일	한국파렛트풀(주) 파렛트 보유수량 600만 매 돌파
31	2007년	2월 26일	국토해양부 물류정책위원회 위원 위촉
		5월 1일	한국컨테이너풀(주) 컨테이너 보유수량 800만 매 돌파
		6월 1일	(사)농식품저온물류연구회 설립(수석부회장)

연차	년	월	내 용
31	2007년	6월 21일	한 · 중 · 일 물류교류회(중국, 천진)
		6월 29일	Asia Pallet System Federation 총회 참가(태국, 방콕)
		7월 3일	LOGISALL, 광양항배후물류단지 국제석재물류센터 기공식
		7월 12일	성균관대학교 W-AMP 제3기 수료
		10월 2일	LOGISALL 20년사 발행
		10월 4일	제14회 Asia Pallet Pool 대회 개최(일본)
		10월 20일	미국 CSCMP(Council of Supply Chain Management Professionals) 컨퍼런스 참가(필라델피아)
		10월 26일	한국컨테이너풀(주) 컨테이너 보유수량 900만 매 돌파
		11월 7일	광양항 배후 물류단지 LOGISALL 석재물류센터 준공
32	2008년	2월 21일	육군 군수사령부 자매결연
		4월 10일	한국컨테이너풀(주) 컨테이너 보유수량 1,000만매 돌파
		4월 23일	뒤셀도르프 국제포장 박람회(Inter Pack) 참가
		4월 25일	한국파렛트풀(주) 파렛트 보유수량 700만 매 돌파
		7월 4일	Asia Pallet System Federation 총회 참가, 제2대 회장 취임 (베트남, 하노이)
		7월 11일	해군 군수사령부 자매결연
		8월 1일	LOGISALL 사내 도서관 RFID 시스템 구축
		9월 10일	동경 자동인식 박람회 참가(Auto ID Expo 2008)
		9월 26일	광양항 석재가공센터 준공식
		10월 8일	제15회 Asia Pallet Pool 대회 개최(한국)
		10월 21일	세계표준의 날 정부 포상(산업포장 수상 ; 물류표준화 공로)
		11월 10일	걸프전 미군 병참사령관 William G. Pagonis 장군 초청 물류 강연회
		12월 8일	중국 국제 파렛트 컨퍼런스 참가(강소성, 소주시)
33	2009년	2월 19일	(사)한국 물류협회 회장 연임
		2월 21일	서울상공회의소 제20대 상임의원 선임
		6월 2일	정부 산업자원부 미래신기술 포상(한국컨테이너풀(주))
		7월 17일	Asia Pallet System Federation 총회 참가(말레이시아, 쿠알 라룸푸르)
		9월 1일	LOGISALL 소유(자산) 평택물류센터 개소
		9월 11일	한국파렛트풀(주) 파렛트 보유량 800만 매 돌파
		10월 28일	아시아포장대상수상(Asia Star 2009 Awards)
		11월 12~13일	제 16회 Asia Pallet Pool 대회(대만)
		11월 25~26일	중국 국제 파렛트 컨퍼런스(상해)
		12월 7일	한국무역협회 인하대학교 물류전문대학원 물류경영자과정 GLMP 10기 수료

연차	년	월	내 용
34	2010년	4월 2일	한국컨테이너풀(주) 컨테이너 보유량 1,500만 매 돌파
		6월 11일	Asia Pallet System Federation 제3대 회장 재선임(인도네시아, 자카르타)
		7월 1일	LG전자 창원공장 조달물류 사업 착수(이노로지스(주)(INL) 설립)
		7월 26일	LG전자 구미공장 물류사업 착수
		9월 26일	CSCMP Conference 참가(미국, 샌디에고)
		10월 31일	한국파렛트풀(주) 파렛트 보유량 900만 매 돌파
		11월 3일	제 17회 Asia Pallet Pool 대회(일본)
		11월 29~30일	중국 국제 파렛트 컨퍼런스 참가(광동성, 불산시)
		12월 15일	연세대학교 SCM 경영자과정 수료
35	2011년	2월 15일	명지대 박사학위(산업공학) 취득
		4월 18일	사단법인 자원순환포장기술원 이사장 취임
		5월 12일	Interpack 2011 참가(독일, 뒤셀도르프)
		5월 18일	독일 Fraunhofer IML(물류연구소) 방문
		6월 4일	한국파렛트풀(주) 파렛트 보유수량 1,000만 매 돌파
		10월 14일	Asia Pallet System Federation 총회 참가, 발표(The Vision of Unit Load System in Asia) (인도, 뉴델리)
		11월 10일	한국컨테이너풀(주) 컨테이너 보유량 2,000만 매 돌파
		12월 1일	중국 국제 파렛트 컨퍼런스 참가(천진)
		12월 12일	일본 와세다대학 한일파렛트컨퍼런스 발표
36	2012년	1월 2일	LOGISALL 기술연구소 설립
		2월	서울상공회의소 제21대 상임의원 선임
		2월 21일	한국물류연구원 KIL KOREA INSTITUTE OF LOGISTICS 상표 등록(한국특허청)
		3월	사단법인 한국파렛트컨테이너협회 제6대 회장 선임
		3월 30일	LOGISALL USA(LAU) 설립
		5월 23일	Asia Pallet System Federation 총회 참가(한국, 서울)
		6월 1일	LOGISALL JAPAN(LAJ) 설립
		8월 22일	FOLDCON 사업 협약식(VAN PLUS)
		9월 30일	CSCMP Conference 참가(미국, 아틀란타)
		10월 17일	대한민국 친환경 대상 탄소경영 수상(한국컨테이너풀(주))
		10월 25일	제18차 Asia Pallet Pool 대회(경주)
		11월 21일	FOLDCON 국책과제 선정
		12월 1일	한국생산관리학회 프로세스혁신 경영자 대상 수상
		12월 5일	중국 국제 파렛트 컨퍼런스 참가(강소성, 무석시)

연차	년	월	내 용
37	2013년	1월 31일	시카고 Promat 참가
		4월 10일	한국컨테이너풀(주) 컨테이너 보유량 2,500만 매 돌파
		5월 28일	미래패키징 신기술 정부포상 수상(한국컨테이너풀(주))
		7월 12일	RRPP 신물질 발명 특허 출원(한국 특허청)
		7월 17일	Asia Pallet System Federation 총회 참가(일본, 도쿄)
		7월 25일	한국로지스풀(주) 지게차 렌탈대수 1,000대 돌파
		9월 26일	대한민국 친환경 대상 친환경물류시스템 수상(한국파렛트풀(주))
		10월 7일	Intermodal Europe 2013(독일, 함부르크)
		10월 14일	롯데그룹연구소 포장용기 컨설팅(LOGISALL 기술연구소)
		10월 20일	CSCMP Conference 참가(미국, 덴버)
		11월 17일	Intermodal Expo 참가(미국, 휴스턴)
		11월 29일	중국 국제 파렛트 컨퍼런스 참가, 대한민국 임시정부 방문 (중국, 중경시)
38	2014년	1월	한국무역협회 · 인하대학교 GLMP 총동창회장 취임
		3월 28일	대통령 독일 순방 경제사절단 참가
		4월 18일	한국파렛트풀(주) 파렛트 보유량 1,100만 매 돌파
		5월 10일	Interpack 2014 참가(독일, 뒤셀도르프)
		5월 17일	서울대학교 농업생명과학대학 동창회 제12회 상록인 대상 수상
		6월 10일	미래패키징 신기술 산업부 장관상 수상(한국컨테이너풀(주))
		7월 18일	한국컨테이너풀(주) 컨테이너 보유량 3,000만 매 돌파
		7월 25일	인천물류센터 개소(동양목재)
		8월 6일	RRPP 신물질 발명 특허 출원(일본 특허청)
		9월 1일	로지스올 및 물류연구원 창립 30주년 행사(GC of ULS 선언)
		9월 25일	Asia Pallet System Federation 총회 참가 (태국, 방콕)
		10월 1일	남동물류센터 위탁운영사업사로 선정(한국로지스풀(주))
		10월 6일	대한민국 친환경 대상 환경경영부문 수상(한국로지스풀(주))
		10월 14일	RRPP 신물질 발명 특허 출원(중국 특허청)
		11월 25일	중국 국제 파렛트 컨퍼런스 참가(안휘성, 우후시)
		12월 9일	우수녹색물류실천 기업 지정(한국로지스풀(주))
39	2015년	1월 3일	LOGISALL 소유(자산) 진천물류센터 준공
		2월	서울상공회의소 제22대 상임의원 선임
		2월 27일	(사)한국파렛트컨테이너협회 제7대 회장 재선임
		3월 1일	Mesh Container New Model(MS2.0) 개발 시작
		5월 9일	중국 청도 고덕리물류설비유한공사(GDL) 인수
		6월 12일	LOGISALL 소유(자산) 양산물류센터 준공
		6월 26일	Asia Pallet System Federation 참가(중국, 상해)
		7월 31일	한국파렛트풀(주) 파렛트 보유량 1,200만 매 돌파
		9월 24일	KOEI 합작 체결(베트남 호치민, LOGISALL Koei Co.)

연차	년	월	내 용
39	2015년	11월 30일	창원공동물류센터 운영사업자 선정(한국로지스풀(주))
		12월 2일	중국 국제 파렛트 컨퍼런스 참가(사천성, 성두시)
		12월 30일	한국컨테이너풀(주) 컨테이너 보유량 3,500만 매 돌파
40	2016년	1월 20일	광양 태양광 발전 설비 가동
		3월 24일	LOGISALL VIETNAM(LAV) 설립
		4월 4일	물류체인산업전시회(Modex) 참가(미국, 아틀란타)
		4월 21일	지식재산창조기업협의회 회장 취임(특허청)
		4월 29일	한국로지스풀(주) 지게차 렌탈대수 2,000대 돌파
		5월 27일	한국로지스틱스학회 물류부문 대상 수상(한국파렛트풀(주))
		6월 15일	Asia Pallet System Federation 총회 참가(중국, 베이징)
		9월 13일	Logis Tech Tokyo 2016 참가(일본, 도쿄)
		10월 6일	Tokyo Pack 참가 (일본, 도쿄)
		10월 27일	LOGISALL 소유(자산) 곤지암 물류센터 준공
		10월 27일	세계 표준의 날 산업통상자원부장관 표창 수상(한국파렛트풀(주))
		11월 23일	중국 국제 파렛트 컨퍼런스 참가, RRPP POOL 사업 착수 발표(절강성. 온주시)
		11월 25일	LOGISALL MEXICO(LAM) 설립
		12월 21일	국토교통부 우수물류기업 인증(한국파렛트풀(주))
41	2017년	2월 9일	物流之道 상표 등록(한국특허청)
		2월 17일	China ULP 자본 참여
		3월 10일	"물류의길" 상표 등록(한국특허청)
		3월 15일	FOLDCON 기술이전 계약(한국철도기술연구원)
		4월 1일	한국로지스풀(주) 지게차 렌탈대수 3,000대 돌파
		4월 3~6일	PROMAT 전시회 참관(미국, 시카고)
		4월 13일	FOLDCON 국책과제 착수(한국철도기술연구원)
		5월 4~10일	InterPACK 2017 참가(독일,뒤셀도르프)
		5월 26일	Asia Pallet System Federation 총회 참가(중국,소주)
		5월 30일	지게차 사업 M&A(두원물류인수)
		5월 31일	한국파렛트풀(주) 파렛트 보유량 1,300만 매 돌파
		7월 7일	파렛트 신규 소재 개발 국책 과제 착수(천연섬유 복합재료)
		7월 28일	한국물류아카데미 충주연수원 개소
		8월 29~30일	일본 Logistics Solution Fair 참관(일본,도쿄)
		9월 1일	LOGISALL Holdings Co. 설립
		9월 6일	에코로지스 자원순환대상 수상(대한민국 국무총리)
		10월 30일	한국컨테이너풀(주) 컨테이너 보유량 4,000만 매 돌파
		12월 1일	중국 국제 파렛트 컨퍼런스 참가(강소성, 남경시)
		12월 1일	한국로지스풀(주) 지게차 렌탈대수 4,000대 돌파

연차	년	월	내 용
42	2018년	1월	FOLDPAC 사업 착수
		1월 9일	LOGISALL 소유(자산) 김해물류센터 신축 준공
		2월 15일	서울상공회의소 제23대 상임의원 선임
		2월 27일	(사)한국파렛트컨테이너협회 제8대 회장 재선임
		3월 1일	한국통합물류협회 수석부회장 선임
		4월 18일	골프 Hole In One(아시아나cc, 동코스 16번 홀)
		5월 31일	한국파렛트풀(주) 파렛트 보유량 1,400만 매 돌파
		7월 17일	LOGISALL INDONESIA(LGI) 설립
		8월 1일	부산 신선물류센터 운영
		8월 30일	한국로지스풀(주) 지게차 렌탈대수 5,000대 돌파
		11월 1일	제26회 한국물류대상 은탑산업훈장 수상
		11월 21~23일	중국 국제 파렛트 컨퍼런스 참가(산동성, 제남시)
43	2019년	1월 8일	한국로지스풀(주) 지게차 렌탈대수 6,000대 돌파
		1월 14일	LOGISALL INDIA(LAI) 설립
		1월 23일	FOLDCON 특허 등록
		3월 4일	LOGISALL 소유(자산) 대구물류센터 준공
		3월 6일	LOGISALL EUROPE(LAE) 설립
		5월 11일	서울대 농생대 동창회장 취임(Agro Food Platfrom 사업 선포)
		5월 27일	한국파렛트풀(주) 파렛트 보유량 1,500만매 돌파
		5월 22~24일	차세대 농업 EXPO 참관(일본, 오사카)
		6월 1일	LOGISALL THAILAND(LAT) 설립
		6월 7일	한국컨테이너풀(주) 컨테이너 보유량 4,500만 매 돌파
		8월 22일	한국(KPCA)-말레이시아(MPA) Unit Load System Conference (말레이시아, 쿠알라룸푸르)
		9월 2일	한국(KPCA)-태국(TNSC) Unit Load System Conference, 업무 협약(태국, 방콕)
		9월 3일	인생 70년 기념 고희연
		11월 26~28일	중국 국제 파렛트 컨퍼런스 참가(저장성, 항저우시)
		11월 29일	안성신선물류센터 운영
		12월 18일	한국로지스풀(주) 지게차 렌탈대수 7,000대 돌파
		12월 30일	한국파렛트풀(주) 파렛트 보유량 1,600만 매 돌파
		12월 31일	로지스올 그룹 매출 1조 600억 원 달성
44	2020년	1월 2일	풀앳홈(주) 설립
		1월 30일	Logis Master Pro 상표등록 출원(한국물류연구원)
		2월 27일	한국식품콜드체인협회 회장 취임

연차	년	월	내 용
44	2020년	3월 1일	한국로지스풀(주) 지게차 렌탈대수 8,000대 돌파
		3월 30일	LOGISALL GLOBAL JAPAN(LGJ) 설립
		4월 30일	한국파렛트풀(주) 파렛트 보유량 1,700만 매 돌파
		5월 13일	LOGISALL BRASIL(LAB) 설립
		6월 30일	한국파렛트풀(주) 파렛트 보유량 1,800만 매 돌파
		6월 30일	한국로지스풀(주) 지게차 렌탈대수 9,000대 돌파
		7월 1일	자동화설비 Power Suite(Suite Robot) 렌탈 사업 착수
		7월 13일	한국컨테이너풀(주) 포장 용기 반복 이용 시스템 (주)온다고 설립
		7월 13일	한국물류연구원 Logis Master Pro(지게차 Master 과정 제1기) 착수
		8월 8일	한국컨테이너풀(주) 컨테이너 보유량 5,000만 매 돌파
		10월 30일	한국파렛트풀(주) 파렛트 보유량 1,900만 매 돌파
		11월 9일	한국컨테이너풀(주) COCON 콜드체인 전용 컨테이너 개발
		12월 6일	한국물류연구원 Logis Master Pro(지게차 Master 과정 제2기)
		12월 11일	한국로지스풀(주) 지게차 렌탈대수 10,000대 돌파
		12월 15일	물류와 환경연구소(주) 인수
		12월 31일	로지스올 그룹 매출 1조 2,500억 원 달성
45	2021년	1월 4일	마타컴퍼니(주) 인수
		1월 31일	한국파렛트풀(주) 파렛트 보유량 2,000만매 돌파
		2월 23일	서울상공회의소 제24대 상임의원 선임
		3월 1일	한국로지스풀(주) 수도권 풀필먼트센터 개소(경기도 광주)
		3월 25일	(사)한국파렛트컨테이너협회 제9대 회장 재선임
		4월 30일	한국로지스풀(주) 지게차 렌탈대수 11,000대 돌파
		6월 11일	한국컨테이너풀(주) 컨테이너 보유량 5,500만 매 돌파
		6월 21일	한국물류연구원 Logis Master Pro (지게차 Master 과정 제3기)
		6월 30일	한국파렛트풀(주) 파렛트 보유량 2,100만 매 돌파
		7월 1일	한국컨테이너풀(주) CoCon Pool 사업 착수
		8월 31일	한국로지스풀(주) 글로벌 풀필먼트센터 개소(인천 신항)
		9월 2일	물류전문도서관 The LogiSCM Library 개관(소장도서 6,500권→물류서적 5,000권, 경영서적1,500권)
		9월 27일	한국로지스풀(주) 지게차 렌탈대수 12,000대 돌파
		10월 26일	한국파렛트풀(주) 파렛트 보유량 2,200만 매 돌파
		11월 10일	유로지스넷(주) LATOS connected 운영 착수
		11월 17일	로지스올 그룹 '글로벌 혁신기업 대전' 등대 기업 감사패 수상
		12월 1일	로지스올 그룹 제8회 CSV 포터상 수상

연차	년	월	내 용
		12월 15일	로지스올 그룹 연세대학교 미래캠퍼스 산학공동연구 MOU 체결
		12월 31일	로지스올 그룹 매출 1조 6,000억 원 달성
46	2022년	1월 15일	유로지스넷(주) U-Flow 운영 착수
		1월 20일	한국파렛트풀(주) 파렛트 보유량 2,300만 매 돌파
		1월 26일	일양엔지니어링(주)(IYE) 인수
		2월 15일	한국컨테이너풀(주) 항공 UHD 사업 착수
		2월 21일	한국컨테이너풀(주) Roll Con Pool 사업 착수
		3월 4일	한국로지스풀(주) 지게차 렌탈대수 13,000대 돌파
		3월 24일	한국컨테이너풀(주) 컨테이너 보유량 6,000만 매 돌파
		4월 19일	LOGISALL SINGAPORE(LSG) 설립
		5월 1일	한국파렛트풀(주) 파렛트 보유량 2,400만 매 돌파
		8월 1일	한국파렛트풀(주) 예산물류센터 이전 개소
		8월 18일	한국파렛트풀(주) 파렛트 보유량 2,500만 매 돌파
		9월 7일	아시아파렛트시스템연맹(APSF) 제9대 회장 취임
		10월 1일	로지스올컨설팅앤엔지니어링(주)와 일양엔지니어링(주)를 개편하여 로지스올컨설팅(주)(CST)와 로지스올엔지니어링(주)(ENG)를 설립
		10월 1일	유로지스넷(주)를 로지스올시스템즈(주)(SYS)로 명칭 변경
		10월 5일	한국로지스풀(주) 지게차 렌탈대수 14,000대 돌파
		10월 26일	한국물류연구원 Logis Master Pro (1, 2, 3기 통합과정)
		12월 9일	로지스올 그룹, 제9회 CSV포터상 수상
		11월 23일	제1회 서병륜 학술상(로지스틱스학회) 수여
		12월 12일	한국로지스풀(주) IATA 정회원 자격 획득, 글로벌 항공물류 확대
		12월 14일	한국파렛트풀(주) 파렛트 보유량 2,600만매 돌파
		12월 31일	로지스올 그룹매출 2조 원 달성
47	2023년	2월 8일	한국컨테이너풀(주) 부산공동어시장 내 최초 친환경 플라스틱 어상자 도입
		2월 27일	한국파렛트풀(주) 함안물류센터(구, 창원물류센터) 이전
		5월 1일	로지스올렌탈(주)(LAR) 설립
		5월 4일	한국파렛트풀(주) 일죽물류센터 개설
		6월 4일	LOGISALL MALAYSIA(LMY) 설립
		6월 26일	한국로지스풀(주) 지게차 렌탈대수 15,000대 돌파
		8월 4일	LOGISALL TURKIYE(LTR) 설립
		8월 31일	한국파렛트풀(주) 파렛트 보유량 2,700만매 돌파
		10월 13일	로지스올엔지니어링(주) LG전자와 물류로봇 사업 협력관계 구축 MOU 체결

연차	년	월	내 용
47	2023년	10월 18일	로지스올 패키징 혁신 센터 리모델링 개소
		11월 16일	로지스올 그룹, 문화체육관광부 독서경영우수직장 인증
		11월 23일	한국로지스풀(주) '로지스올 MHE테크센터' 개소
		12월 7일	제2회 서병륜 학술상(로지스틱스학회) 수여
		12월 7일	로지스올 그룹, 제10회 CSV · ESG포터상 수상, 3년 연속수상 명예의 전당 등록
		12월 8일	로지스올 그룹, 여수광양항만공사와 FOLDCON 공장 설립 MOU 체결
		12월 28일	한국컨테이너풀(주) 여주물류센터 개소
		12월 28일	한국컨테이너풀(주) 컨테이너 보유량 6,500만 매 돌파
		12월 31일	한국로지스풀(주) 지게차 렌탈대수 16,000대 돌파
48	2024년	1월 8일	물류와환경연구소(주)를 로지스올에코텍(주)(ECT)로 명칭 변경
		1월 8일	마타컴퍼니(주)를 마타주(주)(MTZ)로 명칭 변경
		1월 8일	풀앤홈(주)를 로지스올홈케어(주)(HCR)로 명칭 변경
		3월 19일	한국파렛트풀(주) 파렛트 보유량 3,000만매 돌파(플라스틱 파렛트 2,800만 매, 목재 파렛트 200만 매)
		4월 16일	한국로지스풀㈜ 온세물류 인수, 식자재 유통사업 강화
		5월 31일	한국로지스풀(주) 지게차 렌탈대수 17,000대 돌파
		6월 11일	로지스올렌탈㈜ B2B렌탈 10,000대 달성
		7월 12일	한국컨테이너풀㈜ 동안성콜드체인센터 개소
		7월 15일	한국로지스풀㈜ 대화물류 인수, 3PL 사업 역량 강화
		8월 30일	로지스올엔지니어링㈜ 물류자동화 기업 TSPG 인수
		9월 2일	로지스올 그룹, 창립 40주년 행사
		9월 2일	LOGISALL 로고 변경
		9월 13일	한국컨테이너풀(주) 제30회 통계의 날 '국무총리상' 수상
		9월 26일	한국로지스풀(주) 이천물류센터 완공
		10월 18일	LOGISALL 40주년 사사(社史) 발행
		10월 23일	아시아파렛트시스템연맹(APSF) 제10대 회장 취임
		10월 29일	서울대학교 AI 최고경영자과정(AICEO) 수료
		11월 1일	제3회 서병륜 학술상(로지스틱스학회) 수여
		11월 20일	LOGISALL PHILIPPINES(LPH) 설립
		12월 18일	로지스올 사옥 부지 구입(서울 마포구 합정동)
		12월 20일	LOGISALL MOROCCO(LMA) 설립

부록

物流 논문들

최초의 물류계획서(1981년)

지게차 시장확대를 위한
Pallet System화의 추진계획

1. Pallet System化 推進의 필요성

當社의 지게차 사업은 착수 以來 77, 78년은 急伸長하는 것 같았으나 79, 80년은 판매가 부진하다(아래표 참조).

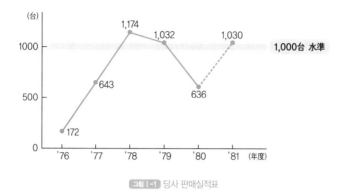

그림 I -1 당사 판매실적표

경쟁사인 한국중공업, 동명중공업과 판매실적을 감안하더라도 결국 국내의 지게차 시장은 연간 1,000台 水準에 머물고 있다고 판단된다.

이를 분석하여 보면,

초창기(77, 78년) 伸長된 이유로는 일종의 Pipeline 효과로서 지게차가 국내에서 생산되지 않아 극히 부분적으로 수입 사용하여 왔을 뿐 대부분의 작업장은 人力作業에 의존하고 있었으며, 당사가 지게차를 공급하면서 우선 人力으로는 불가능한 重量物作業場을 中心으로 多量投入되기 시작하였다.

이렇게 형성된 시장이 연간 1,000台 水準이다.

그러나 79, 80년에는 경기퇴조로 인한 투자위축 및 物動量이 감소하는 외부환경의 악화로 지게차 판매가 부진한 바,

이를 타개하기 위해서는,

첫째, 小型機種(1톤급, 2톤급) 中心의 市場形成

機種別 分析에 의하면,

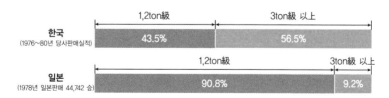

즉, 일본의 경우 대부분이 1ton, 2ton級 소형지게차가 主種인데 반하여, 국내시장은 3.5ton級 이상 中 · 大型 위주로 형성되어 있다.

이는 지게차 使用 Pattern이 重量物 또는 多量의 物動量으로서 人力으로는 不可能한 作業場에서만 지게차를 사용하고 있음을 보여준다.

그러므로 1톤級 Engine지게차[FD10(15)] 機種을 早期 개발하여 人力作業의 지게차 作業化에 의한 수요창출을 꾀하여야 하며

둘째, Pallet System化 推進

지게차가 부분적인 作業場에서만 사용되고 있는 가장 주요한 이유로는 物的流通構造가 System化되지 못하여 Pallet가 流通使用 되지 않기 때문이다.

모든 화물이 Pallet化 될 수 있도록 Pallet Pool 制度를 도입하여 一貫된 Pallet System化에 의한 物的流通 構造改革이 先行되어야 한다.

Pallet化된 荷物에는 지게차만이 가장 뛰어난 능력을 발휘하며 지게차 시장저변화대를 위한 전제조건은 Pallet System化이다. 지게차의 user로 하여금 Pallet 사용상 아무런 불편을 느끼지 않도록 Pallet 공급, 空 Pallet 회수, Pallet 규격화 등을 담당할 Pallet Pool 제도도입을 凡국가적인 차원에서 추진되도록 유도하여야 한다.

아울러 Pallet 사용을 권장하기 위해 Pallet화된 화물에 대한 수송비, 보관료, 운반하역료 등을 할인하는 사회정책도 병행되어야 한다.

가장 중요한 점은,

첫째, 정부로 하여금 物流 System化, Pallet Pool 제도의 필요성을 느끼도록 하고,

둘째, 기업으로 하여금 경쟁력 강화를 위한 원가절감 대책으로 Pallet System化에 참여할 수 있도록 본 Project에 대한 계몽活動을 강화하는 것이 지게차 시장확대를 위한 최선의 방안이다.

2. 物流와 지게차와의 關係

(1) 物流의 重要性

經濟活動의 流通이란 商品이 생산되어 소비자에게 공급되는 과정이며, 古典경제이론에서는 「生産」과 「시장」分野가 중점적으로 취급되어 왔으나 최근에는 이 兩者를 연결하는 「流通」에 대한 연구가 활발하며, 流通을 「物의 移動」이 개념으로 취급하는 物的流通, 즉 物流分野는 包裝－荷役－運送－保管 등 4단계 과정이 있다.

大部分 商品價格의 절반정도를 流通費가 차지하며 GNP의 10% 以上, 年間 原油도입액(1980년기준 GNP의 10%) 以上이 物流費로 소모되고 있는 실정이다.

$$\text{일본통산성조사,} \quad \frac{\text{日本 物流費}}{\text{日本 GNP}} = \frac{\text{約 10조¥}}{109\text{조¥}} = 10\% \text{ (1973년 기준)}$$

우리 정부에서도 流通의 重要性을 인식하고 경제기획원(EPB) 주관하에 物流System

化를 바탕으로 한 流通近代化 5個年計劃을 수립시행 중이며, 81년 1月中 계몽용 白書를 발간할 예정이다.

물류 System化 효과로서는

첫째, 자원 및 Energy를 절약하고,

둘째, 物價 上昇요인을 物流 Cost Down으로 흡수하며,

셋째, 省力化 및 人間을 중노동으로부터 벗어나게 하는 勞動福祉의 실현,

넷째, 중간 Margine 배제 등으로 기업의 원가절감, 소비자 물가안정, 불건전한 중간 마진으로 형성된 투기조성 방지이다. 이는 우리 경제의 국제경쟁력 강화를 이룰 수 있는 지름길이다.

(2) 物流에서의 Pallet System化 位置

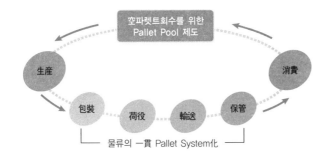

物流合理化를 爲한 최대과제는 포장−하역−수송−보관의 각 단계를 一定한 Flow로 「System化」하는 데 있다.

商品이 원자재, 생산, 유통, 보관되는 전 과정을 거치면서 시간과 勞力을 극소화할 수 있는 「一貫 System化」가 되고, 특히 Unit Load System(單位荷重)化 하기 위하여 포장의 표준화(치수규격화), Module化에 의한 荷物이 Pallet化되어 一貫 System化된 것이 「一貫 Pallet System化」이다.

Pallet化된 荷物의 荷役을 위해 지게차에 의한 하역작업의 기계화(Forklization), Container에 의한 수송의 Container化 및 보관의 Pallet化 등, 전 物的流通 과정이 一貫 System化의 대상이며 특히 空 Pallet 회수를 해결하여 주는 Pallet Pool 제도야말로 가장 理想的인 物流System化이다.

(3) 日本의 Pallet System化에 따른 지게차 판매신장

1) 일본에서의 연도별 물류추진 과정

	1964	經濟審議會 流通分科會에서 國際的인 次元으로 Pallet Pool을 設定하여 物流近代化를 促進할 것을 提唱
	1965	包裝의 標準化추진(포장 Module 설정, 포장치수 규격 단순화) 基本Pallet 채택(T11 – 1,100×1,100, T8 – 1,100×800)
Pallet System化 본격추진 및 지게차 시장 急伸長 (2倍 증가)	1966	政府次元(通産省)에서 Pallet System化 推進. 「Pallet Pool 推進會議」 설립(日本상공회의소 주관) 通産, 運輸省, 産業界, 운수업계, 國鐵, 學界 등을 망라하여 조직 〈추천내용〉 ① Pallet 규격통일　　② 규격 Pallet에 의한 一貫 Palletization 普及 ③ 業種別 普及지도　　④ Pallet Pool 機構設置에 관한 건 ⑤ 以上에 대하여 政府가 積極的으로 助成　　⑥ PR활동 산하에 Pallet Pool 推進會議 專門委員會(實務會議) 설치(제 1, 2, 3, 4차 모임)
	1967	Pallet System 해외시찰단 파견(유럽) Pallet Pool 추진회의(제 2,3차 모임) 전문실무회의(제 5,6,7,8차 모임) 업종별 Pallet System 보급위원회 창설(제 1,2차 모임)
	1968	Pallet Pool 추진회의(제 4차 모임)전문실무회의(제 9,10차 모임) 업종별 Pallet Pool 보급위원회(제 3,4,5,6,7차 모임)
	1969	Pallet Pool추진 전문실무회의(제 11,12,13,14차 모임) 업종별 Pallet Pool 보급위원회(제 8, 9차 모임) 美國 Pallet協會 專務초청, 日本에서의 Pallet化에 관한 회의 Australia Pallet Rental 회사책임자 Rieten氏 초청, Pallet化에 관한 회의
	1970	日本國鐵, 標準Pallet의 重量을 荷物重量에서 공제하기로 함. Pallet Pool 추진회의(제 5차 모임) 전문실무회의(제 15, 16차 모임) 通産省산하에 流通System化 추진회의 설치 同추진회의 內에 物流System化 委員會 설치
	1971	通産省에서 流通System化 基本方針으로서 Pallet Pool을 重點事業으로 하는 提唱 日本 Pallet Rental(株)[JPR]設立
	1972	通産省에서 상공회의소, 운수업계 등이 中心이 되어 標準Pallet(1100×1100)을 대여보급할 기금을 조성토록 하여, 日本 Pallet Pool(株)設立(日本상공회의소 주관) Australia Pallet Pool System 시찰단 파견
	1973	유통System 開發Center, Pallet Pool System 推進委員會 결성 通産省 産業政策局 – 流通System化 實施計劃
	1974	Pallet Pool 推進協議會 設立(學界, 官公廳, 硏究機關, 物流業界 총망라) Pallet Pool 정책위원회 설립 현재까지 계속 추진되고 있음.

2) 물동량 증가와 파렛트화에 따른 지게차 시장 신장 비교 그래프

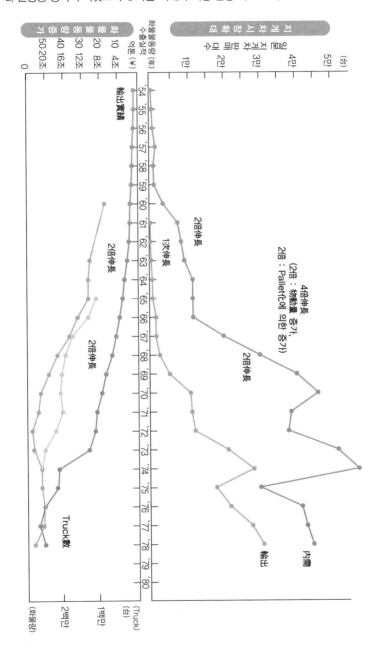

3) 화물물동량 증가 및 파렛트화와 일본 지게차 시장의 상관관계

① 1次 伸長期('61~'65)

- 시장규모 : 5,000台/年 → 10,000台/年(2배 신장)
- 화물물동량 : 10억 톤 → 20억 톤(2배 신장)
- 신장원인 : 화물물동량의 증가(Pallet化 추진 이전)
- 화물當 지게차 台數 : $\dfrac{10,000台}{20억 톤}$ = 500台/억 톤

② 2次 伸長期('66~'70)

- 시장규모 : 11,000台/年 → 46,000台/年(4배 신장)
- 화물물동량 : 25억 톤 → 50억 톤(2배 신장)
- '66년부터 정부차원에서 Pallet化 본격추진
- 신장원인 : 화물물동량에 의한 신장(2배)

$$\dfrac{\text{Pallet化추진에 의한 신장(2배)}}{\text{계} \qquad \text{4배}}$$

- 화물當 지게차 台數 : $\dfrac{50,000台}{50억 톤}$ = 1,000台/억 톤

③ 결론

- 지게차시장의 신장은 화물물동량 증가에 비례하며,
- Pallet化에 따라 2배로 확대된다.
- 지게차 시장 ┌ Pallet化 前 : 500台/억 톤
            └ Pallet化 後 : 1,000台/억 톤

3. Pallet化에 의한 지게차 市場擴大

(1) 지게차 시장전망

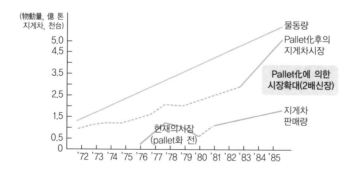

〈산출 근거〉 앞의 일본시장 분석자료 참고

① 화물과 지게차 시장과는 "정비례 관계"

② 화물쁨 지게차 시장

- Pallet化 以前 - 500台/억 톤
- Pallet化 以後 - 1,000台/억 톤

③ 1981년 지게차 시장 분석 :

- Pallet化 以前 - 물동량 2.5억 톤×500台/억 톤=1,250台(현재의 시장과 一致)
- Pallet化 以後 - 물동량 2.5억 톤×1,000台/억 톤=2,500台

④ 1983년 시장 전망

- Pallet化 以前 - 물동량 3.0억 톤×500台/억 톤=1,500台
- Pallet化 以後 - 물동량 3.0억 톤×1,000台/억 톤=3,000台

〈결론〉 Pallet 효과로 지게차 시장은 2倍로 확대된다.

(2) Pallet化에 의한 시장 확대(목표)

표 I-2 1983년 판매 목표

구성	기종	구성비(%)	台數	單價(천원)	金額	備考
엔진지게차	FD10(15)	20	600	7,000	4,200	Pallet化에 의한 수요 창출
	FD20(25)	30	900	9,990	8,991	
	FD35(40)	15	450	14,700	6,615	
	FD50(75)	8	240	20,600	4,944	
	FD100(150)	2	60	42,800	2,568	
	소 계	75	2,250		27,318	
전동지게차	FB13R	10	300	7,900	2,370	Pallet化에 의한 수요 창출 전동지게차 판매 촉진
	FB15	10	300	11,500	3,450	
	FB20(25)	5	150	13,500	2,025	
	소 계	25	750		7,845	
합 계			100	3,000	35,163 (350억 원)	

〈기종 분석〉

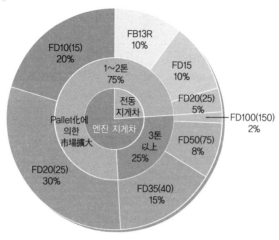

4. 國內 物流分野의 胎動

(1) 政府

① 경제기획원(유통조정담당관실)

- 유통근대화 5개년 계획을 수립, 80년부터 매년 시행계획을 추진 중.
- 기본 5개년 계획 수정예정 : '82~'86(5개년) 수정계획 수립예정(기간, '81. 6월말).
〈대책〉 정부 유통근대화계획이 物流의 중요성은 인식되어 있으나 Pallet System化에 重點을 두도록 설득이 필요함.

② 교통부

物流단지, 거점건설(Truck Terminal, 철도화물기지, 보관창고 등)

③ 상공부

공산품 포장표준화 및 공산품 유통센터 건립(시군 단위)

④ 농수산부

농산물 유통구조개선을 위해 양곡도입량 증가로 양곡유통과정의 Pallet System化 채택가능성 있음. 특히 농수산물의 유통과정이 낙후되어 있어 대책을 강구 중.

(2) 관련기관

① 한국디자인포장센터 : 공산품 포장표준화 추진, 농산물 포장규격 제정, 군수물자 포장표준규격 제정 중.

② 한국개발연구원 : 수송을 중심으로 한 物流연구

③ 기타 : 대한상공회의소, 전경련, KIST, 한국유통연구소

5. 추천단계 및 Schedule

추진단계	시 기	담 당	대 상	비 고
계몽활동	'81~'83	當社 영업기술 (운반연구팀)	1. 정부 및 관련기관 2. 企業(大企業中心)	일본통산성의 추진경과 소개 물류부서 설치권유 *Film, 영사기 구입要
物流協會 결성	'81年 7月	物流人士	관련기관, 관공서, 연구기관, 학계, 산업계	자금지원 要
Pallet System化 推進會議 결성	'81年 11月	物流協會	정부, 관련기관, 연구소, 학계, 산업계, 운수업, 보관업	EPB(경제기획원) 지원유도
Pallet Pool(株) 設立	'81年 12月	當社	荷主인 지게차 USER에 Pallet 대여, 空파레트 회수 담당	별도 법인체 설립 또는 부서 신설
Pallet化에 의한 市場擴大 (物資別 Pallet Pool 결성)	'81~'83	當社 영업기술	1.기존시장의 Pallet Pool 제도로 시장확대	Pallet Pool 결성
			2. 지게차 미투입 시장 신규개척	시범용 장비확보

6. 推進內容

(1) 계몽活動

1) 對象

① 政府 : 고위관료 集團교육계몽(일본통산성 발간자료 활용)

　　　경제기획원(EPB) 주관하에 추진 중인 유통산업근대화계획의 방향을 물류와 Pallet System化에 重點을 두도록 인식시킨다.

　　※ 경제기획원(유통조정담당), 교통부(육운국, 수송조정담당관, 철도청), 상공부(유통경제국, 기업지도 담당관), 농수산부(농업경제국, 양곡관리국, 농협, 수협) 등

② 관련기관 : 최고 간부

　　대한상공회의소, 전경련, 한국개발연구원, KIST, 한국디자인포장센터 등

③ 일반기업 : 사장, 중역, 운수, 보관, 하역, 포장에 관련된 物流업계와 荷主인 모든 企業(物流부서 필요성 역설)

2) 방식

① 해외자료 및 Film을 入手하여 物流 및 Material Handling Engineering의 필요성

에 관하여「高位職」을 對象으로 대대적인 홍보활동.

② Masscom. 活用

流通近代化의 가장 중요한 점이 物流의 Pallet System化임을 인식시키기 위하여 각계에 홍보활동.

③ Pallet化의 추진내용은 결국 표준Pallet(KS D 6001, 1100×1100) 사용이라는 점을 간단, 구체화한다.

(2) 물류협회 설립

物流 System化 및 Pallet Pool 제도를 도입하고, 본 Project를 汎국가적인 차원에서 추진해 나갈 社團法人體.

현재 참여의사가 있는 物流 關係人士가 있으나 자금관계로 보류되고 있음.

1) 본협회 설립이유 : 지게차 Maker인 當社 추진시 정부나 기업 등의 광범위한 참여를 얻기 어려움.

2) 설립案

① 형태 : 사단법인

② 소요자금

ㄱ. 설립자본 : 2,000~3,000만 원(공동기금모금가능)

ㄴ. 운영자금 : 會費, 用役사업비, 통신교육비로 충당可能

③ 物流會員 : 관계기관, 정부, 기업체

④ 주요업무

ㄱ. 物流合理化 및 System化를 위한 계몽活動

ㄴ. Pallet System化 추진회의 주관

ㄷ. 物流會報에 의한 通信敎育

ㄹ. 物流技術者 양성교육, 물류 Seminar

ㅁ. 物流 해외교육

　　a. 物流機器 전시회

　　b. 海外物流시찰단 파견

ㅂ. 物流 및 Pallet化에 대한 研究

(3) Pallet System化 推進會議 結成

- ■ A案 : 物流協會(가칭)주관, EPB(경제기획원) 지원

〈업무〉국내 流通近代化를 위한 物流合理化 추진시 Pallet System이 重點事業이 되
도록 하고 Palletized 荷物이 수송, 하역, 보관시 料金上 유리한 사회정책유도

〈구성〉

① 관공서

ㄱ. 경제기획원(유통조정담당관)

ㄴ. 상공부(유통경제국, 기업지도국, 공업진흥청)

ㄷ. 교통부(운수국 화물계)

ㄹ. 농수산부(농업경제국)

ㅁ. 국영기업체(철도청, 항만청, 농협)

② 민간운송회사(대한통운, KAL계열)

③ 연구기관(한국개발연구원〈KDI〉, KIST) 및 學界

④ 민간연구소(한국유통연구소)

⑤ 협회(창고보관협회, KDPC〈한국디자인포장센터〉, 대한상공회의소, 전국경제인연합
회, 수퍼체인협회)

⑥ 산업계(多量物流量 荷主)

- ■ B案 : 한국디자인포장센터 주관

현존 포장표준화 추진회의와 並行活用

〈문제점〉KDPC 포장추진회의 포장표준화작업에 한정되어 Palletization추진시 補
強이 요구됨.

(4) Pallet Pool(株) 設立

지게차 USER로 하여금 Pallet 사용에 대한 불편을 해소시켜 주기 위한 최선의 방안
으로

첫째, 荷主로 하여금 空 Pallet 회수의 어려움을 해소하며,

둘째, 일시적으로 Pallet가 필요한 荷主가 多量의 불필요한 Pallet를 보유하지 않도록
貸與하는 사업주체로서, 전국에 걸쳐 Depot(Pallet 集配所)를 설치하고 다량의 Pallet를
보유하여 Pallet가 원활히 流通使用될 수 있도록 한다.

〈설립 방안〉

① 主體 : 當社

② 소요비용 : 10억 원(추정)

③ Pallet : 10만 매(목재형 平Pallet 1100×1100, 기타 특수용도 Pallet)

④ Depot(集配所) : 지방영업소 활용, 필요한 곳 보강

⑤ 輸送 : 전용화물Truck 또는 지게차 출고 후 반차 운행시 空 Pallet 회수.

⑥ 설립시기 : '81. 9月

⑦ Pallet 供給 : 자체 제작

⑧ 所得

ㄱ. Pool 조직활용 費用

ㄴ. Pallet 대여료

⑨ 기타 : 제3의 사업주체 추진시 정부지원이나 運輸會社 共同基金 확보기능(별도 품의 예정)

(5) O.E.M. 事業擴大

운반 · 하역 현장에서 지게차 사용을 보다 편리하게 하기 위하여 補助機器 등을 다량 보급하여 荷役作業의 機械使用을 보편화한다.

부분적으로 Conveyor, Hand Pallet Truck 등의 지게차와 경쟁되는 경우도 있으나 이는 일시적인 현상일 뿐이다.

〈가능 품목〉

① Pallet(Box Pallet인 Container 포함)

② Rack

③ Conveyor

④ Hand Pallet Truck : 현재 공급 中

⑤ Dock Reveller

⑥ Guide Way

⑦ Trailer

⑧ Palletizer : 斗山機械(株) 생산 中

⑨ 포장기 : Banding Machine, 진공포장기, Air Cushion 포장기

(6) Pallet System化에 의한 市場擴大

1) 기존 시장확대

현재 지게차가 사용 중인 多量物動量의 작업장으로서 공장구내나 특정한 부분공정만 지게차를 사용하는 국내 대부분 업종을 대상으로 생산 → 유통 → 소비 등 全流通過程을 Pallet Pool System化하여 지게차 수요를 확대시킨다.

〈가능 품목〉

① 음료 · 식품업종　　② 시멘트 · 콘크리트 제조업

③ 가전제품　　　　　④ 비료

⑤ 사료　　　　　　　⑥ 도자기

2) 신규시장 개척

지게차 未投入 작업장에의 지게차 사용유도

〈대상 업종〉

① **철도청** : 철도화물의 Pallet化, 철도화물기지(부곡)의 Pallet System化

② **대한통운** : 화물 Truck의 수송시 一貫Pallet化

③ **군수물자** : 보급 Line의 Pallet System化(개발영업과 협조 要)

④ **농수산물** : 양곡 : 수도권 양곡 Pallet Pool 설립

　　ㄱ. 청과물 : 포장표준화 추진

　　ㄴ. 수산물 : 冷凍魚類 Pallet化, 냉동창고 Engineering

⑤ **연탄** : Palletizer(斗山機械)에 의한 Pallet化

⑥ **시멘트** : Unit Load System 유도

⑦ **항공화물** : Container化, Rack화물 Engineerig

⑧ **경화벽돌** : Pallet Pool 설립

⑨ **Drum업계** : 윤활유, paint제조업의 Pallet化

⑩ **슈퍼 Chain · 백화점** : 雜貨 Handling用, Rack, Order, Picker 개발 要

7. 건의사항

(1) 정부에 대한 Briefing

　　〈대상〉 경제기획원(유통조정담당관실), 교통부(육운국, 철도청, 항만청), 상공부(유통
　　　　　경제국, 기업지도관실), 농수산부(농업경제국, 양곡관리국, 농협, 수협)

　　〈내용〉 流通近代化 추진시, 物流 System化와 Pallet Pool 제도도입 필요성과 일본에
　　　　　서 정부차원에서 추진한 사례를 예시

2) 物流協會 결성을 위한 자금지원

3) 小型엔진 지게차[FD10(15)] 早期生産

4) 해외출장 및 연수

① 일본출장('81년 4월, 1명)

〈목적〉 Pallet System化 Project를 汎국가적으로 추진하기 위한

   • 物流協會
   • Pallet化 추진회의
   • Pallet Pool(株)에 출장파견 후 운용방안 조사 및 자료입수

② 미국 연수('81년 上半期, 1명)

Material Handling Engineering 연구기관 기술습득 후 국내 物流分野 主導

(5) 해외 物流業界와의 교류

① 物流 · 荷役전문가 초청(日本 1인, 美國 1인)
② 物流기관 會員加入(日本 2개, 美國 1개, 英國 1개)

(6) 자료 및 장비구입

① 책자, 물류신간
② Film, 영사기 : 계몽활동용 장비

8. 바람직한 시장확대 방향

1) 物流 System化 추진으로 Pallet Pool 제도를 도입하여 모든 화물의 Pallet化, Pallet의 流通使用으로 유도

2) 小型지게차(1, 2톤급)을 中心으로 한 市場形成

3) Sales의 Engineering化

① 판매의 자료화(예 인건비와 지게차 사용비 비교, 작업량 산출, 경제성 검토)

② Total Sales

   Material Handling Engineering에 의한 荷役 · 運搬 및 物流의 수송, 보관, 창고설계 등 Engineering Consultant에 의한 판매

한국경제신문 물류특집(1985년)

태동기-한국의 물류

1. 새바람 이는 물적유통

– 1985년 3월 26일자 한국경제신문 –

「금광」(Gold mine)은 산에만 있는 것이 아니다. 물류관리(Physical Distribution Management)란 말하자면 企業이 經營차원에서 金脈을 찾는 일이다.

공장에서 물건을 만들어내기 전 物資의 調達에서부터 生産 및 販賣라인에 이르기까지 모든 物의流通을 추적, 비용의 낭비적 요소를 줄인다면 엄청난 物價節減효과를 볼 수 있기 때문이다. 調達과 生産 · 販賣 등 기업의 활동에서 이루어지는 物的流通은 資材의 구입과 관리 貨物의 單位化, 포장, 운반, 하역, 창고 · 보관, 輸 · 配送, 流通加工, 그리고 정보 등으로 구성된다.

기업의 경영목표는 궁극적으로 利益창출과 能率향상에 있을 것이다. 따라서 物流管理는 이같은 경영 목표달성에 관건이 된다고 해도 좋을 것이다. 歐 · 美 · 日 선진제국이 50~60年代부터 物流管理를 경영의 주대상으로 삼아 이의 科學化와 合理化에 전력하고 있는 것도 그 때문이다.

미국의 경우 物流코스트가 GNP의 약 20%대로 연간 4천억~5천억 달러(79~80년 기준)에 달한다. 이에 따라 美國物流管理협의회(NCPDM)는 매년 物流코스트를 약 10%씩 절감한다는 목표로 이른바 「금광 4백20억 달러」라는 캠페인을 벌이고 있다. 日本의 物流코스트도 GNP의 약 17~18%대(通産省의 「物流시스템화 지침」자료)에 이르고 있어 이의 절감대책이 産 · 學 · 官 공동으로 적극 추진되고 있다. 우리나라의 경우는 物流管理의 낙후성으로 인해 20~30%대를 훨씬 상회할 것으로 추산되고 있다.

GNP의 20%대만 적용해도 지난 84년 GNP가 64조 4천억 원이었으니까 物流費는 13조원에 달한다는 계산이 나온다. 만일 매년 10%씩의 物流費를 절감한다면 연간 1조 3천억 원(15억 달러)으로 84년도 國際收支赤字 13억 9천만 달러를 커버하고도 黑字로 전환시킬 수도 있을 것이다. 연간 국가예산액(85년, 12조 3천억 원, 86년 13조 6천억 원)과 맞먹는 이와 같은 物流費는 1백大 상장기업의 총매출액(84년 39조 6천3백26억원)의 약 3분의 1규모이다. 또 1백대 기업의 순이익 3천4백98억원(84년)의 약 40배에 달한다는 계산이다.

物流費의 10%만 절감해도 1백대기업의 매출액 중 순이익을 무려 4배나 상회, 전체 매출에서 기업이 얻는 이익을 크게 능가함을 알 수 있다.

현재 국내기업 중에서 物流管理업무를 본격화하고 있는 곳은 약 30군데에 달하고 있다. 전담부서 혹은 유사조직을 통해 物流管理를 하고 있는 회사들은 주로 物流量이 많은 경우이다. 三星전자를 비롯, 金星社, 大宇전자, 金星통신, 起亞산업과 아세아자동차, 大宇중공업, 한국타이어 및 錦湖, (주)럭키, 雙龍, 三星물산, 롯데그룹, 해태제과, 제일제당, 태평양화학, 럭키금성상사, (주)大宇, 大宇정밀 등 재벌기업이 이에 속한다. 또 피어리스, 世邦기업, 漢陽유통, 大韓통운, 애경유지, 龍馬유통, 그리고 서울시 농수산물 도매시장 관리공사 등에서도 物流管理에 본격 나서고 있다는 것. 그러나 아직 초보단계에 놓여 있으며 다른 기업에서는 인식도 제대로 안되어 있는 실정이다.

過多在庫 속에서의 缺品현상 및 在庫에 묶인 자금회전의 어려움, 고객서비스의 質的 저하 등이 모두 非합리적인 物流管理에서 기인하고 있는 것으로 지적되고 있다. 物流管理의 낙후현상은 기업경영자 및 관계당국의 인식부족과 조직의 미비, 전문 인력의 부족 등에 있다고 볼 수 있다. 物流管理의 조직은 日本의 경우 대부분 기업들이 本部를 설치하고 있는 가운데 物流子會社가 5백 50개에 달한다. 그러나 우리나라는 物流管理 부서가 있는 기업도 기능별로 분리되어 있거나 유사조직에 불과하여 全社的인 綜合物流管理 조직은 극히 드물다.

物流管理는 말할 것도 없이 企業의 兵站術(Business Logistics · 제2차 세계대전중 美軍이 兵站術로 개발한 物資보급 시스템에서 유래)이다. 그것은 또 歐 · 美 · 日제국에서 일컬어지고 있는 대로 제2의 流通革命이며, 제3의 利潤原이다.

內需시장과 국제무역에서 날로 높아지고 있는 보호장벽 등 국내외에 걸쳐 어려워지고 있는 기업 환경에서 살아남기 위해서도 이제 기업들이 物流管理에 눈을 뜰 때가 왔다.

社外에 지불하는 物流費는 氷山의 一角에 불과하다. 어선의 저인망으로 고기를 잡아 올리듯 기업 내에서 낭비되고 있는 社內物流費를 절감하는 지혜가 아쉽다 하겠다. 「코스트절감의 寶庫」를 찾는 노력이 우리나라에서도 産 · 學 · 官 공동으로 적극 있어야 할 때이다.

2. 調達物流
- 1985년 3월 27일자 한국경제신문 -

「물류」는 商的流通에서의 원자재 구입가격이 결정되면서부터 그 순환이 시작된다.

物流의 순환은 調達 → 生産 → 販賣 과정을 거쳐 소비자에 이어진다. 따라서 調達物流는 전체物流의 스타트라인으로서 어느 순환과정보다 중요하다고 볼 수 있다. 物流가 말 그대로 物資의 흐름인 이상 한번 잘못 시작한「흐름」은 전체의 흐름을 그르칠 수 있기 때문이다.

調達物流 過程은 공급 요청을 받은 外注 공장에서 원자재를 어떻게든 적절히 포장하고 單位化해서 母기업의 자재창고에 輸 · 配送할 것인가, 또 자재창고에의 보관과 在庫관리는 어떻게 할 것인가 등에 성패가 달려있다. 또 調達物流의 탄력적인 관리능력은 바로 기업의 능률적 경영과 경쟁력에 직결된다고 할 수 있다. 그러나 국내업계의 실태는 이 분야에 너무 소홀히 하고 있다.

調達物流 管理를 기능적으로 수행하고 있는 회사는 손꼽힐 정도여서 고작 三星전자, 錦湖, 製鐵化學, 韓國合成고무 및 起亞산업 등이 그런대로 활발한 편이라는 것.

三星전자의 경우는 영세한 外注업체들이 각기 원자재를 납품하지 않도록 차례로 外注업체가 다른 업체의 원자재까지 集荷 · 納品하는 이른바 集荷納品체제를 구축하고 있다.

製鐵化學과 한국합성고무는 타이어회사에 원자재를 납품할 때 일정량씩의 원자재를 單位化, 이를 운반·보관용기기인 파렛트(Pallet)를 만들어 사용하고, 다시 회수를 요청하는 네임플레이트를 부착시켜 놓고 있다. 錦湖에 타이어 원자재를 납품하는 럭키 콘티넨탈과 자동차부품을 많이 쓰는 起亞산업 등 자동차 메이커들도 파렛트의 표준화 또는 규격화제도를 시도하고 있다. 또, 金星통신, (주)統一, 大宇중공업 등이 완벽한 창고자동화 시스템을 서두르고 있다. 그러나 아직은 歐·美·日 등에 비해 국내업계의 調達物流관리 시스템은 크게 낙후되어 있는 것이 현실이다. 외국의 사례를 보면 쉽게 알 수 있는 일이다.

세계 최대의 건설중장비 메이커인 美國의 캐티필러社나 日本 豊田자동차 등 대부분 기업들이 파렛트를 표준화, 하청업체와 공동으로 사용하고 있으며 이에 관한 규격서까지 만들어 지켜 나가고 있다.

日本에서의 표준파렛트는 日本國鐵과 日本通運·日本商工會議所·通産省·學界 등이 공동 연구해 만들어 현재 1백만 장에 달해 각 업체들이 이를 활용하고 있다. 또한 파렛트 풀(pool)을 조직, 전국 네트워크를 통해 풀 集配所에서 빌려주고 있다. 특히 표준파렛트를 사용하는 업체는 日本國鐵과 通運이 수송료와 하역료, 보관료 등에서 10~15%나 할인해 주고 파렛트 회송료를 무료로 하거나 파렛트 구입시에는 장기저리의 금융지원까지 해주고 있다. 그야말로 物流管理에서 産·學·官이 협동하고 있고 또 제도적 장치까지 마련하고 있는 셈이다.

美國 존 디어社에서는 원자재 재고창고의 완벽한 자동화시스템 개발로 在庫를 25%나 줄일 수 있었다. 또 IBM社는 과학적인 자재관리 시스템(소프트웨어)을 개발, 굴드社에 팔았는데 굴드社는 적당한 자재소요량계획(MRP)을 세워 재고를 종래의 1백34일분에서 73일분으로, 缺品은 1백80품목에서 8품목으로, 자재투입에서 출하까지의 소요기간은 24주에서 12주로 대폭 줄이게 됐다고 한다.

국내 굴지의 某자동차회사의 부품재고가 90일분이고 日本豊田 2~3일분인데 이는 豊田이 40배 이상 높은 재고회전율로 그 만큼 코스트를 경감하고 있다는 얘기가 된다. 자동차 등 기계·제조업체의 原價구성에서 재료비가 90%, 설비비·감가상각비 및 인건비가 10% 정도라고 볼 때, 在庫의 코스트 절감이 얼마나 중요한가를 알 수 있다.

또 포장기술이 미숙, 쓸데없는 포장비용 지출이 많은 것이 국내업계의 현실이다. 그러나 美·日 등에서는 소위 포장의 모듈, 간이化시스템을 개발, 엄청난 경비절감 효과를 거두고 있는 것으로 알려지고 있다.

日本의 日産自動車社는 부품회사와의 전산화시스템으로 2시간 내의 部品卽納체제를 구축, 物流코스트(연간 약 2천억 엔)를 7%나 절감하고 있으며, 라이벌社인 豊田自動車에서도 연간 1백30억 엔 이상의 物流코스트를 줄여나가고 있다. 값싼 자동차를 내놓아 세계 자동차시장을 석권하다시피 하고 있는 이유가 여기에 있다 해도 과언은 아닐 듯하다.

요컨대 調達物流管理의 요체는 파렛트 풀의 구축과 자재창고의 자동화, 합리적인 수송·집하, 그리고 하청업체와의 情報시스템 개발에 의한 即納체제로 在庫를 최소화하는 데 있다 하겠다.

3. 生産物流
- 1985년 3월 28일자 한국경제신문 -

物資는 곧 財貨이므로 停止되어 있는 순간부터 損失이 발생한다. 調達에서 生産·販賣에 이르는 物資의 전체흐름에서 그 과정이 길수록 物流費가 더 든다.

生産物流의 범위는 資材창고에서의 出庫 작업에서부터 생산공정에서의 荷役, 그리고 창고의 入庫작업까지가 포함된다. 이 物流범위에서「過程」을 어떻게 단축하느냐가 生産物流管理의 核心내용이 된다. 따라서 生産物流의 과제는 우선 운반·하역의 자동화와 창고의 자동화에 있다고 볼 수 있다. 부수적으로는 물론 一貫파렛트化와 無包裝化, 工程在庫의 제로(zero)化, 資材倉庫→生産工程→제품창고간의 온라인化 등이 生産物流管理의 주요 활동 대상이 된다.

生産物流 코스트는 제조원가에 분산되어 있어 物流費로서 집계하기란 대단히 어려운 일이다. 그러나 美國 유럽 등지에서 나오는 머터리얼 핸들링 매뉴얼(物資취급지침)에서는 예컨대 1개의 용접구조물을 제작하는데 50회의 物資이동이 필요하고 이때 生産費用의 80%가 운반·荷役費로서 제품가격의 25~30%선에 달하는 것으로 되어 있다. 英國産業省이 작성한 매뉴얼 자료에서는 英國 총 제품 생산액의 20~25%선이 운반·하역費라는 데이터가 나와 있다.

우리나라의 운반·하역분야는 지난 78년부터 지게차가 공급되면서 근로자들이 重勞動의 굴레로부터 벗어났다. 현재 전국에 지게차가 1만여 대에 달해 웬만한 작업장에는 배치되어 있어 人力으로 불가능한 荷役작업을 대신하고 있다. 또한 대단위의 量産제조工程에는 컨베이어도 사용되고 있고 천장주행 크레인도 곳곳에 설치되어 있다.

그러나 歐·美·日 선진국에서는 컨베이어의 자동화단계를 지나 無人搬送시스템까지 개발, 필요할 때 즉각적인 자재보급의 효과를 보고 있는 것과는 거리가 멀다. 화물용 엘리베이터까지 보편화되어 있고 貨車와 트럭이 지게차·파렛트 트럭 등과 一貫 협동작업을 할 수 있는 繫船場(도크) 등 시설이 완벽하다. 歐·美·日 선진국은 물론 여건이 우리와 비슷한 싱가포르, 말레이시아, 심지어는 中共까지도 物流기계전시회를 개최하고 있는데 특히 中共은 物流전문연구기관이 설립되어 日本과 交流중이다.

지게차의 경우도 연간 생산량이 美國 10만대, 日本 5만대, 유럽 각국 1만대에 달하는데, 우리나라는 고작 1천5백대 수준이다. 그 만큼 우리産業界의 物流管理가 시설물면에서도 낙후되어 있음을 실증하는 것이다.

歐·美·日제국에서는 한마디로 生産라인의 각 工程과 공정간의 自動化와 동일한 수준에 달해 전체 경영효율을 높이고 있다. 그러나 국내에서는 각 工程간의 物流 즉, 창고出庫, 운반, 공정투입, 제조 후 운반과 창고入庫 등의 과정에서 小도구를 이용한 人力작업이거나 지게차 작업에 대부분 의존하고 있는 실정이다.

특히 物流量이 많을 때는 트레일러를 사용하면 비용이 크게 절감되는데도 구태의연하게 지게차에만 의존하려는 경향이 강하다. 선진국처럼 粒子화물을 운반할 때 백(Bag) 사용이 보편화되어 있지 않고 화물 이동대를 이용하고 있는 것도 드물다. 物流기기 비용 산출기준이나 기기의 선정기준도 없다.

선진국에서는 대부분 공장이 한쪽에는 資材창고, 다른 한 쪽에는 최고 35m높이의 재고창고를 두어 창고를 立體自動化시켜 놓고 있다. 그러나 국내에서는 창고를 별도로 확보하지 않은 상태에서 貨物을 대부분 野外에 野積하고 있다.

또 건물 높이가 통상 6m정도인데 貨物積載 높이는 3m선에 머물러 윗 공간의 활용이 안 되고 있다. 선반을 사용하는 경우도 간이式으로 설치하여 지게차를 사용하는 실정으로 지게차의 通路면적을 빼면 실제積載 공간은 30%선에 불과한 실정이다. 이러한 현상들은 경영자들의 物流管理 시스템에 대한 이해부족에 있다 할 수 있을 것이다.

物資는 停止상태로 보관하는 것이 아니라, 速度「제로」로 운반중이라는 개념이 없다. 그러므로 종래와 같이 창고란 물건을 쌓아 두는 곳이 아니라 다음 工程을 향하여 이동중이라는 사고의 변화가 요구된다 하겠다. 企業의 공장부지 면적의 확보가 不動産投機에 목적이 있는 것이 아니라면 창고는 반드시 좁은 면적, 높은 공간으로 화물의 보관을 立體化해 나가야 할 것이다.

4. 販賣物流
- 1985년 3월 31일자 한국경제신문 -

物流의 최종단계인 販賣物流管理는 한마디로 제품을 消費者에게까지 전달하는 과정의 일체의 輸·配送활동이다. 좀 더 구체적으로 본다면 제품창고에서 出庫하는 과정과 중간의 流通거점인 配送센터까지의 輸送, 配送센터 내에서의 流通加工, 제품의 소팅(Sorting, 분류·선별)작업, 그리고 각 대리점이나 고객에게 配送하는 작업 등이 모두 판매物流管理의 대상이 된다. 따라서 합리적인 輸送시스템化의 配送센터의 설계, 配送網의 구축과 파렛트 풀의 결성, 流通加工에서의 콜드체인化 그리고 각 관련단체의 온라인화 등이 판매물류관리의 과제가 된다.

경쟁이 치열한 시장여건과 소비자의 요구가 다양해지고 있는 판매여건 아래서는 多品種少量도 필요하다. 특히 輸送費가 物流코스트의 거의 절반을 차지하고 있어 輸送은 物流管理 활동의 중심과제라 할 수 있다.

그러나 국내기업들은 이 분야에 등한시하고 있는 것이 현실이다. 심지어 貨物트럭의 운임덤핑이 성행하고 치열한 物動量 쟁탈전으로 貨物트럭의 過積載현상이 보편화되고 있다. 이로 인해 고속도로 교통사고의 주요 원인마저 되고 있는 실정이다. 이 같은 문제를 해결하려면 共同 輸送제도와 같은 것을 도입해야 할 것으로 지적되고 있다. 日本의 경우 物資별·지역별로 共同輸送제도가 전국적으로 조직화되어 있다.

이 제도는 운임 덤핑도 방지하고 回送차량의 空車현상도 막을 수 있는 이점이 있다. 車輛가동율이 향상되어 輸送 코스트를 대폭 절감할 수 있게 된다.

우리나라에서는 企業物動量의 90% 정도를 트럭이 수송, 도심지의 교통난으로 商品配達효율이 극히 낮은 편이나 유럽에서는 鐵道網를 주된 수송수단으로 활용, 상품 배달 효율을 높이고 있다. 특히 유럽에서는 20개국이 파렛트 풀을 결성, 국가간 교역의 수송 수단으로 활용하고 있다. 현재 물동량이 많은 국내 家電 3社의 경우 공장의 제품창고에서 직접 전국적인 配送기능을 하고 있다.

국내의 대표적인 流通창고로는 太平洋化學의 大邱와 釜山의 유통창고이며 그런대로 配送센터 역할을 하고 있다. 이외 기업에서는 配送기능을 荷置場에서 맡아 시설면에서 극히 낙후되어 있다. 또 多品種少量化문제를 해결하지 못해 대부분 기업들이 고민하고 있는 실정이다.

流通창고로서의 配送센터란 流通加工(주로 식품류)도 하는 대량 소비지역 외곽에 건설된 物資統合基地이다. 말하자면 生産과 販賣의 완충기능을 수행하는 곳이다. 공장에서는 대량생산체제로서 小品種다량의 物動量을 생산하고 판매측에서는 고객이 多品種少量을 요구한다. 이 같은 상반된 현상의 문제를 해결하기 위해 제품의 일시보관·流通加工·선별작업(소팅)·포장 등의 작업을 한 후 각 판매망에 配送하는 物流基地가 곧 配送센터이다.

共同配送센터의 대표적인 것이 일본의 東京流通 센터이다. 부지 4만 5천 평, 건평 12만 5천 평으로 3백억 엔의 비용을 들여 건설한 것이다. 物動量이 많은 기업은 독자적인 配送센터를 확보하고 있는데 日本의 花王은 日本전역에 18개의 配送센터를 갖고 있다.

우리나라에서 配送기능을 선진화시키기 위해서는 商品의 코드化도 시급한 실정이다. 최근 슈퍼업계에서 POS, 즉 販賣시점 정보관리 시스템문제가 활발히 논의되고 있으나 아직 본격적인 實用化 단계라고 보기는 어렵다.

이 低코스트로 제품을 신속하고 정확히 공급, 對고객 서비스기능을 제고시키면서 物流費를 절감하는데 있다. 최근 日本物流管理協議會가 「21세기 長期物流展望」에서 無店鋪의 物流시대를 예고한 것은 우리에게 시사하는 바가 크다고 하겠다. 현재는 無店鋪 판매가 美國의 경우 총 판매 금액의 13%, 유럽은 4~5%, 일본은 3%선(2조 1천억 엔)이나 21세기에는 대부분 無店鋪 판매化가 이룩될 것으로 보고 있다.

販賣物流시스템이 家庭渡 또는 최종고객까지의 配送체제로 바뀐다는 것은 「物流」의 또 다른 變革을 의미할 것이다. 국내에서도 이젠 配送을 그 순서와 같이 이용수단·주행노선·배달시간 등에 따라 계획적으로 해나가야 할 것이고 無店鋪시대에도 대비, 좀더 科學化해 나가야 할 것이다. 이를 위해 판매망의 온라인化가 선결 과제임은 두말 할 필요가 없을 것이다.

商品의 輸·配送管理는 이제 기업활동의 목적이요, 수단으로 불리고 있다. 합리적인 輸·配送체제야말로 수요에 따라 생산을 신속히 하고 販賣의 신장도 꾀할 수 있기 때문이다.

5. 外國의 成功事例
- 1985년 4월 2일자 한국경제신문 -

歐·美·日 선진제국의 物流管理는 성장기를 거쳐 이제 성숙단계에 와 있다. 이 같은 발전은 지난 20~30년간 産·學·官 공동의 노력에 힘입고 있다.

기업 쪽에서는 각 업체별 物流管理조직과 운영에 심혈을 기울여 성공하고 있고 物流費절감을 위한 공동작전도 활발하며 학계와 연구단체 등에서는 이론과 기술로 이를 백업(Back Up)하고 정부에서는 제도적 장치를 마련, 物流管理의 활성화에 전력하고 있다. 産·學·官 공동노력으로 현재는 國際協力체제까지 구축해 놓고 있다. 胎動期의 우리나라 物流界에서는 이 같은 선진국의 物流動向을 他山之石으로 삼아야 할 것이다. 각 부문별 선진제국의 物流動向을 보자.

(1) 國際協力體制

EC(유럽共同體)제국은 국가간 交易증대로 物流量이 늘어나자 효율적인 輸送·荷役 시스템으로서 파렛트 풀을 결성, 활용하고 있다. 物資의 운반·수송기기인 파렛트 규격을 80㎝×120㎝로 통일하고「EUR」이라는 표시를 해 交換방식으로 풀로 운영하고 있다.

철도망을 주축으로 운영되는 이 풀의 참가 국가는 스위스, 東·西獨, 오스트리아, 벨기에, 프랑스, 이탈리아, 룩셈부르크, 덴마크, 노르웨이, 스웨덴, 네덜란드, 핀란드, 체코, 헝가리, 폴란드, 유고, 불가리아, 蘇聯까지 포함되어 있다. 유럽대륙의 각국이 정치체제를 뛰어넘어 거대한 파렛트 조직을 결성, 物流費 절감과 조직의 능률화에 힘쓰고 있는 좋은 본보기이다.

최근 日本이 우리나라에 이 같은 성격의 太平洋지역에 파렛트 풀 구성을 제의하고 있는데 실현이 가능한 문제로 적극 검토해 볼 만하다.

(2) 制度的 裝置

GNP의 20%대에 달하는 物流費 절감을 위한 각국 정부의 노력도 활발하다.

日本의 경우 지난 84년 7월 1일 運送省 조직을 대폭개편, 物流局을 신설, 物流管理를 국민 경제적 차원에서 다루고 있다. 物流정책을 비롯 경제·기술·화물유통시설·복합화물유통·해상·화물·항만화물 및 육상화물과 등 총 8개과를 두어 각 부문별 物流管理 행정을 관장하고 있다. 또한 日本은 通産省에서도 産業정책국에서 物流시스템化를 위한 産·學 공동의 物流개선 위원회를 운영하고 있다. 말하자면 각 관련 정부부처가 총 망라되어 物流管理에 신경을 쓰고 있는 셈이다.

英國에서도 産業省에서 運搬·荷役부문 物流管理개선 위원회를 조직·운영하고 있으며 美國에서는 大中小企業 계몽책자까지 만들어 정부차원의 物流管理 교육도 시키고 있다. 歐·美·日 선진제국이 대부분 物流管理에 관한 物流코스트 산출 등 매뉴얼(指針)을 만들어 업계가 이를 따르도록 하고 있다.

특히 日本에서는 國鐵과 商議가 JPR(日本 파렛트 대여 회사) 및 NPP(日本파렛트풀)를 공동으로 설립, 이를 이용하는 기업에 대해서는 수송·보관·하역료의 15%까지 할인해주는 등 제도활용을 적극 유인하고 있다.

(3) 업계 共洞化 作戰

物流管理를 위한 업계 공동의 노력은 日本이 단연 앞서고 있다. 日本南部列島의 大分懸의 경우 지난 79년부터 한 마을 한 특산물(一寸一特産物) 생산운동을 전개하면서 多品種少量을 東京까지 수송하는데 物流管理를 공동화하고 있다. 즉, 集荷는 農協을 통해, 輸送은 日本通運이 맡아 大分공항까지 輸送하는데 大分공항에서 東京까지 항공기로 90분 밖에 걸리지 않는다. 生産者와 운송업자간의 物流管理 공동화 노력의 성공사례라 할 수 있다.

또한 온도조절 문제로 수송과 보관에 어려움이 많은 牛乳의 경우엔 共同配送체제가 완벽하게 구축되어 있다. 日本 세븐 일레븐社와 全國農協直販·雪印物産·明治乳業 등 3개社간 牛乳 共同配送 시스템을 결성했다. 한편 日本 굴지의 陸運회사인 센코社는 同社의 物流子會社인 센코情報 시스템社와 협동으로 최근 貨物追跡 시스템을 개발, 관심을 모으고 있다. 이 시스템은 貨物의 發送·運送·保管 등 16개 貨主기업의 物動量을 추적, 物流管理 개선에 힘쓰고 있다.

또 東京都 내 貨主 2천2백 개 社의 의약품·섬유·잡화 등을 3개 運送회사가 공동으로 集配送하는 東京 共同集配 聯合조직도 있다. 이 조직을 통해 ① 配送담당인원의 감축 ② 遠거리 특별 배당요금 10% 절감 ③ 신속한 배달 ④ 배달차량의 20% 감소 및 ⑤ 중복배차 배제 등으로 配達효율을 향상해 나가고 있다. 특히 製紙업계의 경우는 王子十條本州 등 17개社가 (주)製紙파렛트 기구를 설립, 공장에서 최종 고객에 이르는 전 유통경로를 一貫파렛트化, 物流管理를 효율화 시키면서 空파렛트의 회수를 90%선 이상으로 끌어 올리고 있다. 이와 같은 사례들은 각 업체들이 판매시장에서는 치열한 경쟁을 하면서도 物流管理는 공동노선을 구축, 효율화하고 있음을 보이는 것이라 하겠다.

(4) 企業별 사례

기업별 성공적인 物流管理 사례는 수없이 많다.

몇 가지 대표적 사례를 보자.

세계적 사진자재 메이커인 西獨 코닥社의 경우 본사를 슈투르가르트에 두고 5개 支社 및 2개 공장과 配送센터를 갖고 있다. 同社의 配送센터는 본사의 지시에 따라 사진용 각종 재료의 入·出庫, 보관, 피킹(Picking), 포장, 수송, 배송기능을 한다. 이 센터의 설립·운영으로 在庫量을 25%이상 줄이는 한편, 配送費를 크게 절감할 수 있었으며 對고객 서비스도 향상시켰다. 이 센터는 省力化를 위한 기계화 및 자동화를 이룩하고 있으며 생산을 언제나 평균으로 유지하면서 수요에 탄력적으로 부응할 수 있게 됐다.

스위스의 쿠프 스위스社(生活協同聯合)의 경우 전 국민에 44%의 생활물자를 공급하고 있는데 전국에 1천6백70개의 점포체인을 통해 物流管理를 효율화시키고 있다. 각종 생활물자를 18개소의 중앙창고와 23개의 지역창고에 비축, 생산공장 → 중앙창고 → 지역창고 → 점포 등 전경로에서 온라인化를 구축하고 있다. 컴퓨터 센터를 바젤, 제네바, 취리히, 빈더슬 등 4개소에 두고 있으며 IBM의 컴퓨터(3032) 및 POS(판매시점 정보관리)시스템을 활용하고 있다.

한편 英國 제5위의 맥주회사인 아돌프 쿠어社는 독특한 運送시스템을 개발, 활용하고 있다. 경비 절감책으로 종이나 플라스틱으로 만든 시트 파렛트(Sheet Pallet)를 1일 6천~9천 개씩 出荷시켜 사용하는데 제품을 貨車 또는 트레일러에 신속히 적재, 발송한다. 이에 따라 운반·하역費의 절감은 물론 木製파렛트 회수비용이 불필요하게 되어 연간 30만~40만 달러의 비용을 절감하고 있다.

이 밖에 日本의 久保田鐵工에서는 物流管理의 효율화 및 고객요구의 다양화 추세에 대비, 物流情報 시스템으로 전국 네트워크를 확립하고 있다. 이 시스템으로 同社는 調達 부품의 納品代行 시스템과 末端集配送의 共同계획수송, 부품의 卽納시스템, 對 고객 서비스 향상, 포장의 간이화 등을 꾀하고 있다.

또 日本굴지의 出版 및 문구류 업체인 日本 學習研究社는 후발기업의 핸디캡을 物流 작전으로 극복한 좋은 사례이다. 同社는 東京 유통센터에서 物流본부를 두고 大阪 등 8개 대도시의 지방 物流센터를 통해 독자적인 物流시스템을 개발했다. 이는 기존 出版업계의 都賣판매 시스템보다 배달시간을 1주일에서 2일로 혁신적으로 단축(翌日 배달제도), 경비를 절감하면서 신속히 공급하고 있다. 이 같은 판매전략은 配送서비스의 差別化작전의 성공사례라 하겠다.

6. 종합개선방안
- 1985년 4월 3일자 한국경제신문 -

이제 우리나라에서도 物流管理를 새로운 視角으로 볼 때가 왔다. 우선 국가경제차원에서 物流코스트가 연간 약 13조원대로서 국가예산과 맞먹고 GNP의 20%대에 달해 이미 우리의 관심을 끌기에 족하다. 企業측면에서도 物流管理를 바로 경영활동의 주 과제로 삼아도 좋을 것이다.

지난해 1백大기업 순 이익률이 1.2%였으니까 物流費를 10%만 줄이면 매출액에 대한 物流절감 이익률이 1.35%에 달해 순 이익률을 상회한다는 점에서 그렇다. 歐·美·日 선진제국에서 物流管理를 産·學·官협력으로 범국가적 차원에서 다뤄 다각적인 노력을 경주하고 있는 것이 결코 우연한 일은 아닌 것이다.

胎動期의 韓國物流를 선진화하기 위해 巨視的 혹은 微視的인 다각적인 접근방법을 총동원해야 할 때인 것이다. 物流管理의 새바람은 물론 企業에서부터 활발히 일어나야겠으나 초보단계인 현실을 감안할 때 産·學·官 공동의 협력체제가 선결과제라고 보겠다.

정부에서는 아직도 物流전달 행정조직이 없고 업계에서도 物流管理가 본격화되고 있지는 않고 있으며 共同化 작전 같은 움직임도 아직 없다. 다행히 學界와 전문가들이 발기인이 되어 연구단체로 韓國物流管理硏究院이 설립돼 있으나 아직은 官과 업계의 인식이 부족, 긴밀한 유대관계를 형성하지 못하고 있는 실정이다. 따라서 우선 업계와 官의 인식부터 달라져야 할 것이라는 게 전문가들의 일치된 견해이다. 최고경영자의 의식변화가 없이는 物流管理의 近代化란 한낱 구호에 그칠 뿐이며 제도적 유인책이나 행정력이 없이는 유치단계에 있는 韓國物流의 획기적 발전은 기대하기 어려울 것이다.

우선 각 기업에서는 物流管理의 조직확립과 직원교육에 힘을 기울여야 할 때인 것 같다. 歐·美·日처럼 物流를 전담할 本部급 정도의 전담부서의 확보 혹은 全社的인 物流개선 위원회 같은 조직을 갖춰야 할 것이다. 또한 社內 및 海外 연수교육 등을 통해 전문인력을 양성하고 人事면에서도 이들이 긍지를 갖고 일할 수 있게 여건을 마련해 줄 필요가 있다. 종래처럼 유통 혹은 창고부서는 마치 무능력 사원이나 보내는 곳으로 냉대한다면 物流管理의 선진화는 결코 이루어질 수 없을 것이다.

또한 각 기업은 物流管理를 효율화하기 위한 物流 子會社 조직을 갖춰 나가야 할 것으로 지적된다. 日本이 현재 物流 子會社가 무려 5백50개나 된다는 것은 시사하는 바가 크다 하겠다.

物流管理는 각 기업별로 업계별로 또 그룹별로 추진한 후 국가 및 국제협력化 단계로 나가는 것이 순서이다. 따라서 우선 업계는 각 기업별 物流管理를 추진하되 共同 輸·配送센터의 설립이나 운반·하역기기인 파렛트의 풀 구성 등을 통한 共同化 작전을 펴 나가는 것이 바람직한 일일 것이다.

정부측에서도 가까운 日本 運輸省의 物流局처럼 物流管理행정을 전담하는 조직기구가 있어야 할 것으로 보인다. 더 나아가 정부 각 부처간의 긴밀한 유대와 産·學·官 공동의 物流管理改善委員會와 같은 정부차원의 상설기구도 필요하다. 정부도 이젠 流通의 近代化 작업에서 슈퍼마켓이나 백화점 등 대형 소매기구의 商的流通과 똑같은 비중으로 物的流通을 바라보는 인식의 변화가 있어야 할 것이다. 物流管理는 정부의 低物價정책과도 脈을 같이 할 수 있기 때문이다.

부존자원이 빈한한 우리입장에서 輸入原資材가격의 物流費가 日本과 英國에 비해 2~3배나 높은데 物流費의 절감은 곧 제품가격을 낮춰 物價인하 효과가 있을 수 있을 것이다. 物流費는 통산 荷役코스트가 40%, 보관·창고 20%, 포장점포 등 기타 코스트가 10%로 구성된다. 따라서 관·업계간 流通團地를 조정, 중간원자재 창고로서 도크 터미널(Dock Terminal)을 만든다면 消費者에게 원자재를 적기에 효율적으로 공급할 수 있을 것이다.

物流에 관한 통계마저 全無한 실정인만큼 정부는 歐·美·日 선진국처럼 物流管理매뉴얼(指針) 같은 것도 만들어 업계를 리드해 나가야 할 것이다. 적어도 企業의 物流費 산출기준 정도는 제정, 활용할 수 있게 뒷받침해야 한다는 게 중론이다.

또한 국제交易이 域內중심으로 커져 나가는 추세인 만큼 EC제국과 같은 域內 파렛트

풀(예컨대 太平洋 혹은 東南亞지역에 파렛트 풀)결성도 추구해 국가간 협력체제 구축에 관심을 보일 때가 아닌가 싶다.

物流管理의 선진화를 위해서는 産 · 學 · 官 합동의 海外시찰단 파견과 국제회의 참석, 物流기기 전시전 같은 활동도 필요하다 하겠다. 자동화 시스템 등도 운반 · 하역과 보관 · 창고 등 각 부문의 공통사항으로서 해결해야 할 과제다.

또 포장의 모듈화나 간이화, 앞서 지적한 輸 · 配送의 共同化 및 流通가공의 콜드체인化 등도 서둘러야 할 것이다. 특히 86아시안 게임과 88올림픽을 앞두고 食品流通을 중심으로 한 物流管理의 합리화는 시급한 과제가 아닐 수 없다. 무엇보다도 低溫 · 冷凍식품의 콜드체인化에 대한 검토가 적극 있어야 할 것이다.

輸 · 配送의 효율화를 위한 대책으로서는 輸 · 配送의 범위, 輸 · 配送路의 조정, 走行방법의 개선, 上 · 下車방법의 개선 및 配送量의 조정과 配送수단의 선택을 합리화해야 할 것이다. 또한 多品種少量化를 위해 대량 소비지 근교에 보관 · 유통가공 · 하역 · 소팅 (Sorting:선별 · 분류)을 원활히 할 수 있는 완벽한 配送시스템의 개발이 필요하다. 그렇게 하는 것이 輸 · 配送費 절감과 배달기간의 단축으로 대고객 서비스 수준을 향상시킬 수 있을 것이기 때문이다.

보관 · 창고도 종래처럼 주먹구구식으로 할 것이 아니라 空間활용을 최대化하고 人力의 낭비와 시간소모를 줄이는 방향으로 立體化시켜 나가야 할 것이다. 한편 각 物流과정을 신속하고도 원활하게 연결해 줄 物流情報의 온라인化는 그 중요성을 아무리 강조해도 부족하다 할 것이다.

物流情報시스템을 구성하는데 있어서는 기업의 환경 · 특징 · 성격 등을 감안, 전체 物流 코스트를 最適化할 수 있도록 토털 시스템的인 관점이 고려돼야 한다.

이 밖에 구매 · 자재관리에 있어서도 업계에서 높은 차원의 變身이 있어야 할 것으로 지적된다. 자재관리 비용은 전체 제조원가의 60~90%를 차지하고 있다. 따라서 자재관리 부문을 종래 소비개념에서 現金개념으로 혁신해가야 하며 생산관리의 종속기능에서 독립적인 전문기능으로, 또 일반관리 영역에서 전문관리 영역으로 전환시켜 나가야 할 것이다.

어쨌든 物流管理는 産學官 모두 지극한 熱情으로 마치「暗黑의 大陸」을 탐험하듯 신중하고도 완벽한 준비를 갖춰 적극 추진해 나갈 일이다. 第2의 流通革命으로 일컬어지는 物流管理는 바로 金鑛을 찾는 일이며 국내외적으로 어려워지고 있는 경제 여건을 이겨내는 企業의 兵站術로 인식해야 할 때가 온 것이다.

한국파렛트풀(주) 사업계획서(1985년)

한일 국제 Pallet Pool System 추진방안

韓國과 日本間의 國際「파렛트·풀」 (PALLET·POOL) 制度 導入方案

1. 序

우리 經濟는 輸出과 輸入에 의한 國際交易量의 比重이 날로 增大되고 있으며 이에 따른 物動量의 增加로 인하여 그 輸送體系의 改善에 의한 物流費用 節減과 物流效率化가 時急히 推進되어야 할 課題이다.

本稿에서는 全體 國際交易量中에서 10%를 차지하고 向後 急增될 것으로 豫想되는 韓國과 日本間의 交易物動量을 中心으로 한 파렛트化에 의한 一貫輸送시스템化를 可能하게 할 파렛트 回收組織인 韓國과 日本間의 파렛트·풀制度 結成과 運營에 관하여 考察하고자 한다.

물론 對象貨物은 컨테이너化 되지 않은 파렛트 使用이 可能한 物動量을 包含하고 컨테이너化 物動量 中에서도 파렛트 使用이 不可能하거나 不必要한 物動量은 除外한다.

2. 物動量 分析

(1) 韓日間의 全體物動量의 展望

표Ⅲ-1 에서 보는 바와 같이 韓日間의 交易物動量은 1970年度 輸出·入物動量 4만 톤에서 1984年度 約 1,500만 톤으로 年平均增加率 48.9%로서 急伸長하고 있다. 우리의 對日 輸出面에서 商品 類型別 品目을 보면, 工業用 原資材와 資本財가 대종을 이루어 왔다.

지금까지 韓日間의 輸出과 輸入이 物動量 面에서 상당한 隔差가 있었던 것은 80年代에 들어서면서 輸出과 輸入 공히 우리의 第2位의 交易相對國인 日本이 60年代 初期까지는 輸入에 대해 外貨豫算을 割當하는 등 直接的인 統制가 이루어졌으나 開放體制로의 移行과 輸入自由化가 推進되면서 直接的인 輸入抑制 대신 關稅에 의한 保護와 産業支援 政策 등 間接的인 輸入抑制方法이 利用되었기 때문이다. 그러나 앞으로는 日本의 工業 製品이 世界市場에서 競爭力을 確保하고 대폭적인 貿易黑字가 累積되면서 先進諸國의 保護主義 壓力이 提高되어감에 따라 日本은 輸入開放에 의한 輸入擴大를 推進하는 등 自由貿易 體制의 維持에 노력할 것으로 展望된다.

그러므로 向後 韓日間의 交易量은 상당한 增加趨勢가 이루어질 것이며 輸入에 의존하던 物動量보다 輸出物動量이 增加되어 전반적인 輸出入 物動量이 지금까지와 같이 격차를 이루지 않고 平均이 이루어질 것이다.

(단위 : 톤)

년도별	물 동 량		
	수 출	수 입	합 계
1984	5,773,601	8,259,085	14,709,850
1983	5,329,018	5,133,662	10,462,680
1982	4,082,157	8,495,856	12,578,013
1981	4,374,328	6,230,655	10,604,983
1980	3,678,190	7,621,357	11,299,547
1979	3,741,412	7,648,216	11,389,628
1978	2,489,244	8,746,429	11,235,673
1977	3,056,959	5,731,842	8,788,801
1976	2,634,524	4,720,787	7,355,311
1975	2,029,382	3,582,202	5,611,584
1974	3,049,767	5,574,187	8,623,954
1973	3,476,343	4,309,023	7,785,366
1972	3,554,789	3,844,408	7,399,197
1971	2,566,481	4,370,451	6,936,932
1970	19,853	19,723	39,576

資料 : 한국무역통계연보(70~84년도)

　　1985年 1月 韓國開發研究院이 發表한 「2000年을 向한 國家長期發展構想」의 輸出入 展望을 引用하여 1984年과 同一한 構成形態를 前提하여 韓日間의 物動量을 豫測하면 1990年度 2,600만 톤 2000年度 9,500만 톤이 推定된다.

　　그러나 過去 15年間인 1970~1984年의 實積値를 適用하여 보면 2000年度 約 4000 만톤 정도 推定되므로 向後 21世紀까지의 物動量長期展望은 그림Ⅲ-1 과 같다.

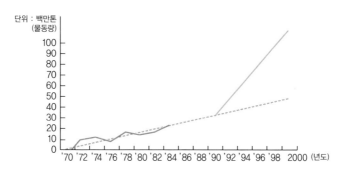

그림Ⅲ-1 물동량 장기 전망

즉, KDI의 展望과 過去實積値와 比較할 때 1990年度까지는 거의 一致하고 있으나 1990~2000年間은 相當한 隔差가 있음을 알 수 있다. 이 部分은 A案(KDI)과 B案(實積)을 모두 選擇하고자 한다.

(2) 파렛트化 物動量 算出

1) 파렛트化 物動量 算出(1983年 基準)

1983年度 우리나라 全體의 交易量은 約 1억 톤이었으며 이 중에서 韓日間의 交易量은 約 1천만 톤으로 10%를 차지하고 있다.

표Ⅲ-2 물자별 파렛트화 물동량

품 명	총 물동량	파렛트화 계수	파렛트화 물동량
동물성 생산품	348,090	100%	348,090
식물성 생산품	79,017	100%	79,017
동식물성의 유지	22,875	100%	22,875
조제식료품과 음료 · 알코올 · 식초	19,148	100%	19,148
화학공업과 연관공업의 생산품 및 연초	1,160,762	100%	1,160,762
인조수지 및 인조플라스틱, 셀룰로우스에스테르,	195,246	100%	195,246
천연 및 합성고무원피, 모피 및 이들의 제품원피, 모피 및 이들의 제품	21,058	100%	21,058
코르크와 그 제품, 짚, 에스파르토 농지조세공물	36,137	100%	36,137
제지용원료, 지와판지 및 이들의 제품	60,776	100%	60,776
방직용 섬유와 그 제품	157,377	100%	157,377
각종 신발, 모자, 산 이들의 부분품 조제우모와 그 제품	14,445	100%	14,445
석, 플라스틱, 시멘트, 석면, 운모 도자와 유리의 그 제품	268,872	100%	268,872
진주, 귀석 귀금속 및 이들의 제품	306	100%	306
철강과 그 제품	3,672,893	10%	367,289
비금속과 그 제품 등, 니켈, 알루미늄, 마그네슘, 연,	93,846	40%	37,538
아연, 주석과 이들의 제품			
기계류와 전기기기 및 이들의 부분품	233,254	100%	233,254
수송기계의 부분품	47,231	100%	

품 명	총 물동량	파렛트화 계수	파렛트화 물동량
광학, 사진용, 영화용, 계측, 의료용 이들의 기기 시계, 악기, 녹음기 또는 텔레비젼의 영상 및 이들의 부분품	23,371	100%	23,371
무기와 총포의 부분품	53	100%	53
잡품	11,807	100%	11,807
예술품, 수집품과 골동품	189	100%	189
산동물	892	0%	0
산수목과 기타의 식물 및 인경, 뿌리	2,988	0%	0
광물성 생산품	3,319,551	0%	0
합 계	10,462,551		3,114,963

* 파렛트화 계수 : 1976년도 일본 통산성 조사보고서 파렛트 · 풀 시스템보급 매뉴얼 참조
* 총 물동량 : 한국무역통계연보('83년도)

이를 物資別로 區分하여 日本 通産省이 作成한 「外航파렛트化 對象貨物의 品目別 適合係數表」의 파렛트化 係數를 活用하여 1983年度 韓日間의 파렛트化 物動量을 算出하면 표 ⅢⅡ-2 와 같다. 즉 韓日間 全體交易量 1천만 톤의 30%인 3백만 톤이 파렛트化 對象 物動量이다.

2) 파렛트化 物動量 長期豫測

韓日間의 物動量의 長期 展望의 2가지 豫測量中 A案은 韓國開發硏究院案이고 B案은 過去 15年間의 增加率을 適用한 것이다. 이들을 현재의 파렛트化率 30%를 適用하여 a案, 파렛트化가 推進되어 50%線으로 提高되었을 경우를 b案으로 하여 4가지 모델(A-a, A-b, B-a, B-b)을 만들고 〈그림Ⅲ-2 참조〉 이들의 平均値를 算出하면 다음과 같다.

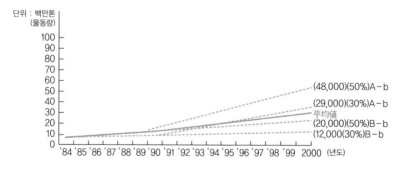

그림Ⅲ-2 파렛트化 物動量 展望

즉 韓日間의 파렛트化 物動量은 1985年度 600만톤, 1990年度 1100만톤, 2000年度 2,700만 톤으로 急增될 것으로 展望된다.

3. 파렛트 · 풀 制度와 그 必要性

(1) 파렛트와 一貫파렛트化

파렛트(pallet)란 貨物의 輸送, 運搬, 荷役, 保管을 改善할 수 있는 補助的 道具로서 KS-A-1104를 보면 「파렛트란 물품을 하역, 수송, 보관하기 위하여 단위수량을 적재할 수 있는 면과 포크 등의 차입구를 가진 하역대를 말한다」라고 定義되어 있다.

그러나 우리나라 産業界의 파렛트使用 現象을 관찰하여 보면 一企業內의 同一工場에서 貨物保管時 깔판用途로만 극히 制限的으로 利用되고 있을 뿐이다.

파렛트 本來의 用途란 貨物輸送의 一貫化 手段인데도 우리 産業界에서는 他企業間, 심지어는 同一企業의 他工場間에도 大部分 利用되지 못하고 있다.

그 原因으로는 現在 使用中인 파렛트의 非標準化와 一貫파렛트化의 不可能이라고 본다.

여기서 一貫파렛트化란 貨物이 移動되는 모든 過程이 파렛트에 처음 積載된 貨物이 변동되지 않고 輸送 · 保管 · 運搬 · 荷役되는 것을 말한다.

(2) 國際間의 파렛트 戰爭의 終止符

우리가 이렇게 無關心하고 있는 동안 先進國들은 熾熱한 파렛트戰爭을 치루고 있었다. 즉 國際交易 物動量을 鐵道網에 存在하고 있는 유럽 大陸國家들과 船舶에 依存하고 있는 海洋圈 國家들인 日本, 濠洲, 뉴질랜드, 美國, 캐나다 등의 聯合勢力間의 싸움이었다.

우리 기업에서는 전혀 問題視되지 않는 파렛트規格이 왜 이렇게 커다란 國際間의 紛爭을 일으켰는가?

그것은 바로 一貫 輸送用 標準파렛트 치수의 國際規格인 ISO規格에 유럽大陸의 20個國이 共同으로 結成하고 있는 유럽 國際파렛트 · 풀 制度의 파렛트 치수 1,200×800㎜를 標準으로 採擇하였기 때문이다.

이렇게 되면 海洋圈 國家들이 주로 依存하고 있는 컨테이너 輸送의 파렛트化가 커다란 障碍要因에 부딪히게 된다. ISO規格 컨테이너에는 1,100×1,100㎜ 파렛트치수가 適合함은 물론이고 旣存파렛트, 트럭의 積載函, 倉庫設備 등 모든 物流시스템上 1,200×800㎜의 파렛트 使用이 根本的으로 不可能하기 때문이다.

또한 유럽 大陸國家들도 물류모듈이 600×400㎜이므로 1,100×1,100㎜ 파렛트를 使用하는 것이 困難한 立場에 있었다.

특히 海洋圈과 大陸圈이 交易하는 경우에는 더욱 심각한 問題에 마주친다.

오랫동안 팽팽한 競爭끝에 1983年 9月의 ISO會議에서 1,200㎜系와 1,100㎜系의 파렛트를 國際標準으로 採擇함으로써 파렛트 國際紛爭의 終止符를 찍었다.

(3) 파렛트 · 풀 制度의 必要性

앞에서 說明한 一貫 파렛트化를 推進하기 위하여서는 파렛트 回收組織인 파렛트 · 풀 制度가 導入이 되어야 하고, 특히 國際 交易物動量을 파렛트化하기 위하여는 國際 파렛트 · 풀制度가 結成 · 運營되어야 할 것이다.

國際 交易物動量을 船舶用 컨테이너에 依存하고 있는 海洋圈國과 鐵道貨車에 依存하고 있는 大陸圈國間의 單一 파렛트에 의한 파렛트 · 풀組織의 結成은 時間이 걸리겠지만, 海洋圈 國家間의 컨테이너物動量의 파렛트化를 위한 파렛트 · 풀組織은 가까운 將來에 結成할 수 있을 것으로 展望된다.

특히 韓國이 主導하고 있는 太平洋 國家協力組織의 國家間 交易物動量의 파렛트 · 풀 制度가 導入된다면 交易量增加에 對備한 物流시스템 構築이 될 것이다.

參考로 유럽의 EEC가 結成되던 1950年代 初期부터 交易量增大에 對備한 것이 유럽 國際 파렛트 · 풀 組織이었으며 各國의 鐵道網을 通한 活潑한 交易量에 完璧한 파렛트 · 풀 組織이 큰 貢獻을 하고 있다.

EEC 뿐만 아니라 東歐共産圈과 最近에는 蘇聯까지도 加入하여 自由陣營과 共産圈이 共同으로 參與하는 世界에서 가장 큰 國際 파렛트 · 풀制度이다.

한편 太平洋圈國家들도 大部分 國家 파렛트 · 풀制度가 運營되고 있다.

現在 國家 파렛트 · 풀 組織이 確保되어 運營中인 國家는 日本, 濠洲, 뉴질랜드, 캐나다, 美國 등이므로 太平洋 經濟協力 機構內의 國際 파렛트 · 풀制 導入이 可能하다고 볼 수 있다.

특히 韓國과 日本間의 파렛트 · 풀 結成은 보다 바람직하다.

現在 1回用으로 극히 部分的으로 使用되고 있는 파렛트 回收는 물론이고 보다 本格的인 파렛트 사용이 期待될 수 있고 包裝의 簡易化에 따른 費用 節減輸送體係의 迅速化 荷役作業의 省力化 등 실로 엄청난 物流費節減과 物流效率化의 效果가 있을 것이다.

4. 파렛트 · 풀 結成과 運營方法

(1) 結成方案

1) 파렛트 · 풀 方式의 採擇

파렛트 · 풀 方式은 크게 2種類가 있다. 첫째는 유럽에서 鐵道貨物을 中心으로 發達된 交換方式이다. 貨物發送人이 파렛트化된 화물을 鐵道便에 託送하고 同數의 空파렛트를 鐵道驛으로부터 引渡받는다. 또 貨物引受人은 發送時의 파렛트化 貨物狀態로 引渡받고 同數의 空파렛트를 鐵道驛에 返納한다.

이 交換方式은 파렛트 管理가 驛頭에서 행하여지므로 事務 · 管理가 比較的 容易하다.

둘째는 렌탈 方式으로 濠洲에서 始作되어 美國, 캐나다, 日本, 英國 등에서 實施되고 있으며, 특히 濠洲의 BRAMBLES社의 CHEP(Commonwealth Handling Equipment pool) 部門이 發達한 시스템으로 리스事業으로 成功하고 있다.

앞에서 紹介한 두 가지 方式이 各各의 長短點이 있어 別途의 充分한 檢討가 必要하다. 따라서 根本的으로는 韓國間의 파렛트 · 풀 制度에는 2가지 方式 모두 適用이 可能하다고 볼 수 있다.

그러나 交換方式은 엄밀히 말하면 驛에서 全量 現物交換이 困難하고 交換頻度數가 잦은 경우에 貸借 未決狀態가 發生하게 되고 正確히 同一한 치수, 同一한 品質로 交換한다는 것이 대단히 어려운 일이다.

또한 규격이 同一하더라도 交換에 對備하여 鐵道驛이나 着貨主는 空파렛트를 充分히 準備하여야 하므로 不可避 過多한 파렛트를 確保하게 된다.

따라서 렌탈方式이 交換方式보다는 運營파렛트 數量을 大幅的으로 節減할 수 있는 바, 韓日間의 파렛트 · 풀制度에는 리스方式이 보다 適合할 것으로 판단된다.

2) 韓國內 파렛트 · 풀 組織構成

① 파렛트 · 풀 會社 設立
파렛트 · 풀을 運營管理할 主體로서 韓國側 擔當會社를 設立하기 위하여는 參加可能한 對象으로서 ⅰ) 韓日間의 輸出 또는 輸入物動量이 多量인 貨主企業 ⅱ) 物流專業 輸送 · 荷役企業 ⅲ) 保險 · 리스會社 ⅳ) 物流機械 · 機器製造業體 ⅴ) 一般投資家 등으로서 資金出資나 파렛트 또는 現物投資도 可能할 것이다.

② 全國的인 파렛트 集配網 構成
貨主의 分布에 따라 輸送距離가 40km 以內가 되도록 適正한 地域에 15~30個所의 파렛트集配所를 設置한다.

各 集配所 相互間과 파렛트 · 풀 會社의 本社와 通信手段을 利用하여 全國的인 파렛트 集配網을 온라인化 한다. 그리하여 適正한 數量의 파렛트를 確保하여 貨主의 要求에 迅速히 供給할 수 있는 시스템을 갖춘다.

3) 韓 · 日間의 파렛트 · 풀 協約

새로 構成되는 韓國의 파렛트 · 풀 會社와 旣存 日本의 파렛트 · 풀 會社間에 國際파렛트 · 풀을 結成하고 標準파렛트 規格을 1,100×1,100mm로 하여 共同으로 利用하는 파렛트 · 풀 制度를 結成한다. 이 때 韓國과 日本의 兩國間에는 空파렛트 移動을 最小化한다.

向後 太平洋 地域 파렛트 · 풀 組織을 結成하는 主軸이 되도록 한다.

(2) 運營方案

1) 파렛트 流通方式
韓國이나 日本의 貨物發送者는 파렛트 · 풀 會社의 隣近 파렛트集配所에서 必要한 數

量의 풀用파렛트를 貸與받는다.

풀用 파렛트上에 貨物을 積載하여 輸出을 하여 相對國으로 發送한다.

最終 目的地에 到着하면 貨物引受者는 즉시 自國側 파렛트 · 풀 會社의 隣近파렛트 集配所에 返納함으로써 파렛트 · 풀에 의한 一貫 파렛트化와 同時에 파렛트 回收도 終結된다. 〈그림Ⅲ-3 참조〉

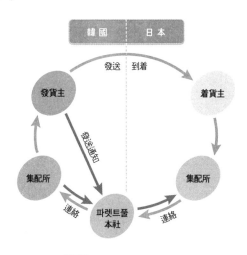

그림Ⅲ-3 파렛트 · 풀의 파렛트 流通圖

2) 풀用 파렛트規格

파렛트 · 풀 組織에서 産出하는 파렛트의 規格은 韓國과 日本의 國家標準의 一貫輸送用 파렛트로 1,100×1,100mm로 統一한다. 〈KS A 2155와 JIS Z 0601〉

이 풀用 파렛트는 반드시 共通으로 統一使用할 수 있도록 表示를 가지고 있어야 한다. 예를 들면 太平洋파렛트 · 풀(Pacific Pallet Pool)의 略號로 PPP가 좋을 듯하다.

물론 木材用 平파렛트 以外에도 기동형 箱子型파렛트, 플라스틱파렛트, 파렛트化를 위한 補助裝具들, 貨物崩壞防止器具, 지게차, 기타의 物流機器 등의 리스業도 竝行하는 것이 바람직하다.

3) 파렛트의 컨테이너內 積載圖

파렛트를 컨테이너內에 利用하는 경우 그림Ⅲ-4 와 같이 40ft用에는 표준파렛트 20枚, 20ft用에는 10枚를 채울 수 있다.

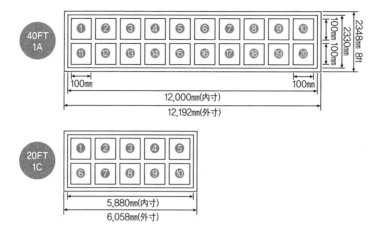

그림 Ⅲ-4 國際規格 컨테이너內의 標準파렛트(T11)의 配置圖

4) 파렛트 · 풀의 機能

파렛트 · 풀 制度의 業務機能을 보면 ① 一貫 파렛트化 遂行 ② 파렛트 回收 ③ 파렛트化 促進 ④ 파렛트 貸與 등이며 그밖에 파렛트修理, 製作도 한다.

5) 貨主와 파렛트 · 풀 會社의 業務

풀 會社와 貨主間의 業務節次를 보면 그림Ⅲ-5 와 같다.

6) 파렛트 · 풀의 利用料金 精算

리스方式을 採擇하는 경우에 풀利用料金으로는 첫째, 韓國과 日本間의 一貫化를 遂行하는 풀利用料를 枚數 · 回當 金額을 貨主企業이 負擔한다.

둘째, 풀用 파렛트 貸料로서 枚數 · 使用 日數에 따라 料金을 貨主가 支拂한다.

費用精算은 풀會社와 貨主間은 月 1回, 韓國과 日本의 파렛트 · 풀會社間에는 分期 또는 半期別 精算이 適當하다.

(3) 파렛트 · 풀 制度 導入의 前提條件

韓 · 日間의 共同 파렛트 · 풀 制度導入을 위하여는 첫째, 파렛트化 貨物에 대한 輸送 · 荷役 · 保管料率 割引 및 파렛트 重量控除 둘째, 回送되는 파렛트 運送 料金 免除 세째, 파렛트購入費用에 대한 長期低利融資 등의 諸般支援이 따라야 한다.

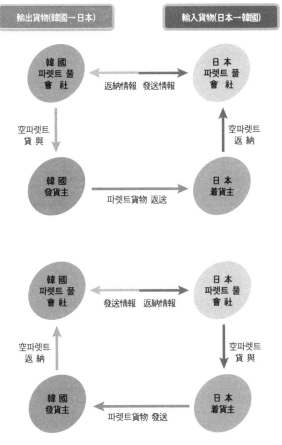

[그림Ⅲ-5] 韓日파렛트 · 풀 擔當業務圖

5. 파렛트 所要量과 經濟效果의 算出

(1) 파렛트 所要量의 算出

韓日間의 파렛트化 物動量에 대한 國際 파렛트 · 풀을 運營하는데 必要로 하는 파렛트 所要量을 算出하기 위하여 物動量分析에서 算出된 資料를 活用하고 貨物 1톤當 파렛트 1枚, 파렛트 回收期間을 發貨主 5日, 韓日間移動 30日, 着貨主 10日, 計 45日로 假定하면 [표Ⅲ-3] 과 같이 1985年度 75萬枚 — 1990年度 137.5萬枚, 2000年度 337.5萬枚 가 必要할 것으로 전망된다.

표Ⅲ-3 韓日파렛트 · 풀의 파렛트 所要量

區 分	1985年	1990年	2000年	備 考
파렛트化物動量(年間)	6,000,000톤	11,000,000톤	27,000,000톤	1枚 回收期間 45日
파렛트流動數(枚/年)	6,000,000枚	11,000,000枚	27,000,000枚	
파렛트流動數(枚/月)	500,000枚	916,000枚	2,250,000枚	
所要파렛트數量(共同)	750,000枚	1,374,000枚	3,375,000枚	

(2) 經濟效果의 算出

韓日間의 파렛트 · 풀을 運用함으로써 期待할 수 있는 效果는 交易을 迅速하게 하고 商品의 毁損率減少 등 金錢으로 換算하기 容易하지 않은 部分도 많으나 첫째(A案), 高度로 完熟한 段階에 到達한 一貫 파렛트化의 경우와 둘째(B案), 現在와 같이 극히 初步的인 段階의 費用節減의 경우로 나누어 分析해 보고자 한다.

먼저 前提條件으로 (A案) 풀용 파렛트를 回收하는 效果金(B案)

① 消耗用파렛트 費用 5,000원/枚

② 包裝의 簡易化 節減費 2,500원/톤

③ 運搬 · 荷役 節減費 2,500원/톤

④ 小計 10,000/枚

을 家庭하면 표Ⅲ-4 에서와 같이 1985年度 600억 원, 1990年度 1,100억 원, 2,000年度 2,700억 원의 費用 節減效果를 期待할 수 있을 것으로 展望된다.

표Ⅲ-4 韓日파렛트 · 풀의 파렛트 經濟效果

區分	節減內容	1985年	1990年	2000年	備 考
A	Pool Pallet (回收)費用	600억 원	1,100억 원	2,700억 원	풀파렛트費用 10,000원/枚
B	消耗用파렛트費用	300억 원	550억 원	1,350억 원	消耗用파렛트
	包裝節減費	150억 원	275억 원	675억 원	節減額 2,500원/톤
	荷役費節減	150억원	275억 원	675억 원	節減額 2,500원/톤
	合計	600억 원	1,100억 원	2,700억 원	–
–	物流量/年 (파렛트枚數/年)	6,000,000톤 (6,000,000枚)	11,000,000톤 (11,000,000枚)	27,000,000톤 (27,000,000枚)	–

6. 結論

1) 海外 指向的일 수밖에 없는 우리 經濟는 계속 國際交易量이 增加할 것이며 특히 韓日間은 物動量이 急增할 것으로 展望되므로 컨테이너貨物을 中心으로 하여 파렛트化를 推進하기 위하여 韓日間 國際 파렛트 · 풀 制度導入이 期待된다.

2) 韓國이 主導하고 있는 太平洋 協力機構內에 交易量 增加에 對備한 太平洋國際 파렛트 · 풀 組織化를 日本과 協力하여 推進하고 國內에서도 國家 파렛트 · 풀 會社의 設立이 要望된다.

3) 韓日 파렛트 · 풀機構는 韓日間 物動量이 多量인 企業들이 關聯企業과 共同으로 株式會社를 設立하여 日本 파렛트 · 풀 會社와 협력토록 한다.

4) 파렛트 · 풀의 經濟效果는 年間 1억 달러(1990年度基準) 以上으로 展望된다.

5) 韓日 파렛트 · 풀을 結成하기 위하여는 諸般 物流改善政策이 前提되어야 한다.

동경국제물류 심포지엄 발표논문(1988년)

한국에서의 物流자동화

ADVANCEMENT IN AUTOMATION AND LABOR—SAVING FOR PHYSICAL DISTRIBUTION OPERATION

1. INTRODUCTION

2. TRENDS OF PHYSICAL DISTRIBUTION IN KOREA
   (1) Governmental measures for improvement of physical distribution
   (2) Industrial world's trends about physical distribution management

3. AUTOMATION AND LABOR AVING FOR PHYSICAL DISTRIBUTION OPERATION IN KOREA
   (1) Automation and Labor—saving in the field of packing
   (2) Palletization
   (3) Automation and Labor—saving for material handling operation
   (4) Automation and Labor—saving for ware—house
   (5) Diffusion of the Labor—saving truck

4. POSSIBILITY OF AUTOMATION AND LABOR—SAVING FOR PHYSICAL DISTRIBUTION OPERATION IN KOREA

5. RECOMMENDATION FOR INTERNATIONALIZATION OF PHYSICAL DISTRIBUTION BETWEEN KOREA AND JAPAN

1. INTRODUCTION

Korea has a population of 40 million in its limited area with poor natural resources.

Therefore, naturally, we have introducing the foreign raw materials, processing that then suppling in domestic market or reexporting them to foreign countries, so through such economic activity, we have been completed the economic development. This pattern of economic activity requires unavoidably the importance of the function of physical distribution and furthemore the international physical distribution became very important. But, the economic development in Korea was slow in its speed because the industrial circle in Korea have been no attention to "the field of physical distribution" until now.

In the physical distribution management to the quantity of goods transported in international trading and in domestic, there are many locals which is managing with primitive and staled methods.

However, the Korean government and the industrial circle became to realize necessity of "the improvement of physical distribution" since the year of 1985 as a turning point, and they take a growing interest to that.

But the standard of physical distribution management in Korea is limited to partial improvement of the physical distribution not to the total management system because most of industries has 3-4 year for its experience.

Therefore, it takes over 5 years from now to enter upon a stage of automation and Labor-saving operation, and of total automation from that of mechanization which simply takes a substitution effect of manpower, I believe.

2. TRENDS OF PHYSICAL DISTRIBUTION IN KOREA

Considering by classifying with the trend of Korean Government to national economic in a macroscopic analysis and of each company's business strategy in microscopic analysis.

(1) Governmental measures for improvement of physical distribution

With the Economic Planning Board(E.P.B), the control tower of the economic related ministries, as the central figure, the Ministry of Commerce and Industry(M.C.I), the Ministry of Agriculture and Fisheries(M.A.F) and the Ministry of Transport(M.O.T) are carrying forward several strategy for the improvement of physical distribution one another.

1) Unit Load System

They are being formulate the packing standard and legistate them for carrying forward a standardization of lealings unit in industrial, agricultural and marine products, introduce the complimentary system for supporting the standard packing box manufacturing industry and for the standardized products and carrying forward the modularization in packing.

Establish and operate the "Total Palletization Committee" organized by the related Ministries(E.P.B., M.C.I., M.O.T.) and organizations, the academic world and the industry for carrying forward the standard palletization, expand the investigation of propriety and base of the pallet system, the education and the mass-education drive about diffusion of standard pallet and about total pallet develop the related techniques to palletization and raise the pallet pool system, therefore, the total palletization is due to settle in every industrial circle.

2) Construction of physical distribution facilities

It is plan for ensuring the public physical distribution facility which is insufficient in comparism with the increasing quantity of goods transported by the economic development.

(a) Construction of Total cargo terminal

Construct the total goods terminal which contrains the function connection between transporting measures, offer of transport information, collection of cargo and distribution, packing and management of stock.

The subject site of that are ; in and around 5 cities like Seoul, Busan, Taegu, Kwangju and Incheon.

(b) Construction of Railroad cargobase

Construct a rail cargo base in the sphere of metropolitan(Seoul Southern Cargo Base) which can treat 10 million Tons of cargos in a year to possible coexit the rail road and the truck as a road transporting measure and in the central port(Daejeon Contrainer Base) with the treating capability of 500 thousand Tons of cargo in a year, and them will be connect between the transport of railroad and truck by utilizing as a cargo base for the long distance transport.

(c) Creation of the Container Yard in Busan Port

Most quantity of goods transported in exporting and importing use Busan Port.

Because the container goods goes on increasing and for utilizing as a total container yard of marine containers, it have to manage in concentration every container yards which are dispersed with 29 yards.

(d) Creation of the distribution center create the distribution Center for industrial, agricultural and marine goods by each provinces and formate the nationwide network and then have to make that its organic functions display.

3) Build the network of cargo information

With the large enterprise as the central figure, the informatization related to physical distribution such as LAN and VAN is now in progressing, but it should establish and operate the DATA BASE and the cargo information center for build the network of cargo information with object to spread to every industry circle.

Especially, settle the unified coding system of goods in the distribution and the manifacturing industry with the Chamber of Commerce and Industry as a central figure, and spead to introduce the POS(Point of Sale) and the code.

(2) Industrial world's trends about physical distribution Management

Since 1985, the industrial world in Korea was concerne about the field of physical distribution. The enterprises, which forward the physical distribution management on a full scale as a business strategy for reduction of prime cost and intensification of competitive, are manufacturing companies with over 140 million thousand Dollars annual sales.

These manily categories are Foods, Electronics, petrochemistry, fiber and motor vehicle. But in present, it is now in spreading to every category.

1) Organization in charge of the physical distribution management

The organization of physical distribution management in most enterprise is organized not for special and total management system but for each function and individual management system.

For example, it is operating such as a packing section, material control department, ware-house section, transport department etc..

However, the physical distribution managing organizations are continuously established such as a establishment of a seperate corporation with a subsidiary company, physical distribution managing department(section) or physical distribution center.

And the instance that physical distribution committee, which was organized with a Chief of the total physical distribution relating department(Section) as a key person, is engaging on its active action is being increasing.

2) Calculating the cost of physical distribution

Number of the enterprise which calculating the cost of physical distribution in the industrial circle in Korea are increasing.

But they have no standardized base of calculation of physical distribution for calculating the cost of physical distribution and its cost by each enterprises are different so there are few to utilized as a objective information.

It is said that 5-10% of annual sales are the cost of physical distribution so we can realize that though the result of its calculation of "S" Electronic Corp. and D Confectionery Corp. by using this table(refer to OHP film).

With this film, we can see that the cost of physical distribution is generally 5-10%. Therefore, each enterprise carrying out the physical distribution managing activity with a object to reduce annually the physical distribution managing cost.

3) Unit Load System

There are 15 years that the standardized size for packing was established in Korea but most of enterprises hand been neglect and had not introduced that.

The movement of modernization in packing have been carried forward due to the exportation of Korea to the improvement of commercial packing design and they had no attention to the standardization of packing size needed to the improvement of physical distribution.

The standardization of pallet as a indispensable material for making Unit Load is also badly falling behind.

Of course, there are many Korea enterprises who use fork lift truck by pallet system in Material Handling and good storage operation in factory.

But in its size, it has a infinite variety.

The size of most pallet is $1,000 \times 1,200$ and it is not suitable to ISO standard container or to cargo board of truck so it interrupting the total palletization for exporting. But fortunately, number of the enterprises introducing the total palletization owes to increasing of the quantity of goods transported and rising of personal expenses, are increasing and the diffusion of Type T-11(1100×1100) for transporting is also increasing in present.

4) Mechanization of Material Handling and Unloading

Korea has a A-trame carrier(so called "JIGE" in Korea) as a special Material Handling tools from ancient days. It had been used to carry a burden on one's back and the material handling and unloading operation with manpower by using such a A-frame carrier had been used during thousands years.

The charge of the method of the material handling by "man and A-frame" was took place in the year of 1976.

From that times, the Fork Lift Truck was diffusing in Korea. Therefore now about 20 thousands Folk Lift Trucks are using in each industrial fields.

In most working place, the mechanized operation by Fork Lift Truck is carrying but the material handling operation by manpower also existing.

Now, the tranditional A-Frame(so called "JIGE") can be found in a folk museum.

The industrial world is in the era of high personal expenses and lack of manpower so the mechanization in most material handling and unloading operation and unit load system will be settle in nearest years.

5) Modernization of storage and ware—housing

Until 1970s there were excessive inflation and speculation in real estate in Korea.

Therefore, the constriction of stock and the effective use of land did not considered as a business objective.

But from 1980s, the managing point of each enterprises turning toward to the constriction of stock and the improvement of ware-house awing to the price stability and the intensification of governmental restriction toward the speculation in real estate.

In recently, the investment Boom to automation of ware-house become appear and 70 automated ware-house were constructed during latest 3 years.

Especially the investment to the distribution center using as a base of physical distribution between material ware-house in a factory and consuming area are increasing with high level.

But the commercial ware-house is absolutely insufficient and it appears the trends of the proference of private ware-house.

3. AUTOMATION AND LABOR–SAVING FOR PHYSICAL DISTRIBUTION OPERATION IN KOREA

(1) Automation and Labor–Saving in the field of Packing

1) Modulus in Packing

Modulus in packing is to standardize the size with integrating the most suitable size, shape, weight and volume by consideration of material handling, transport and storage, so the reduction of the cost of physical distribution is its object.

But as following diagram,

To category of business, nonmetallic mineral category takes a top with 31,6% and paper product category does not use KS at all.

2) Automation and Labor–saving for packing operation

In packing operation in Korean industries, the mechanization takes a top with 51.4%, 15.3% in automation and the last is the enterprise depends entirely on manpower which takes 33.3%.

(a) The enterprise using its own packing

(b) KS and its own standard, combined
   standard takes 56% use ; 26.9%

(c) Use KS sole ; 10.3%

(d) And the enterprise which have no definite
   standard is 6.8% in total.
   So, 62.8% in a total dose not take a
   modulus in packing by KS

그림Ⅳ-1 (Use of packing standard)
*KS ; Korean Standard

As a modulus in packing, the low proportion of mechanization and automation is a natural consequence because a making module in packing is insufficiently operated.

The packing machines distributed in Korea are ; Bending Machine, Stretch Packing Machine and Shink Packing Machine etc.

(2) Palletization

1) Build Total Palletization

The Pallet is now in using with container as a measure to build the Unit Load System.

It had been used as a support when they stored the quantity of goods transported and then, with introducing the Fork Lift Truck In loading and unloading scene in circa 1975, it is in using as a measure for the loading and unloading operation inside of factory.

But it has no standard and variety shape and size become serious obstacles to settle the total pallet system.

In the early days, because of frequent use of single usage Expendable Pallet used for imported raw materials from abroad, the size of 1,000×1,200㎜ had been distributed relatively many.

In recent days, the total palletization for transporting is carrying forward with rapidity.

So, the adaptation of KS pallet for transporting(1,100×1,100㎜) is increasing because of 2,350㎜ inner width of cargo board in a truck.

And the defrayment of collection of empty pallet between Seoul and Busan (400km) is increasing.

Recently, so many enterprise use the rental pallet of the Korea Pallet Rental

Co., Ltd.(K.P.R) taking charge of the Pallet Pool System in Korea.

As a affect of use of the Pallet Pool System, the harmonized pallet supply and demand between districts and seasons and the standardization with transporting standard pallet will be settle simultaneously.

2) Present condition of Pallet distribtion

To refer actual condition of pallet use in each enterprises in Korea, 74.4% of total enterprises use that do 26.6% does not practise.

Rubber goods, Machine, Paper and Food manufacture use comparatively many pallet to others business category, and Metal goods and Nonmetallic mineral manufactures are less in its use.

They use that for general transporting(20.8%) and for use in factory grounds (79.2%) so we can realize that most enterprises use pallets in factory ground until now.

Shapes of pallet are ; flat pallet(100%), Box type(19.9%), post type(14.6%), others (2.7%), So the flat pallet is the most popularized thing.

And the average possession of pallet is 5.611 sheets. In size of them, KS (41.9%). enterprise's own size(67.6%) international size(18.9%).

To refer to the pallet possession by its quality, wood(91.8%), metal(28.2%), plastic(26.5%) and paper(1.7%) so we can realize that most of enterprises use wooden pallet.

3) Distribution of Palletizer

Palletizer was started to distribute from drink manufacture in 1970s.

But in present, 150 sets are being operating and spreading toward sugar, electric home appliances, cement and petrochemistry and then 50 sets will be disturbute in addition in this year.

Most palletizer distributed in Korea were mechanical type until now, but Robot type is also supplying recently.

(3) Automation and Labor–Saving for the Material Handling Operation.

1) Diffusion of Fork Lift Truck

The principal equipment in material handling operation in Korea is the Fork Lift Truck. From 1976, the diffusion of localized products was started especially in a sawmill as loading and unloading place for the quantity of goods transported which are hard to handle by manpower or in stone processing plant in which there is no use of pallet.

Until 1979, 1500 fork lift truck of 5 ton class were diffused.

In following step, it used to the mechanization of loading and unloading of the small-productive mass products with brickworks and drink manufacture as a central figure. So until 1982, 5,000 trucks of 2, 3.5 ton class were diffused.

Then the fork lift truck and the pallet were using simultaneously.

Besides, for the paper roll and bulk cargo which are hard to palletization, the attachment of fork lift truck was introduced.

And finally, the electric fork lift truck and small fork lift truck with unit load 1 ton class as eqipments for carton box of 20-30kg and paper bag which can be handle with manpower were mass diffused and then about 20,000 fork lift truck are being in use in every working places.

2) Diffusion of Material Handling equipment

As proportion of diffusion of material handling equipment, the fork lift truck takes 95% so most of enterprises hold them, 40.4% for Hand Pallet Truck, 40.9% for Hand Carrier, 19.2% for Crane and Hoist, 16.7% for Loader and others are 15.7%.

The average holding amount by business categories, Fork Lift Truck 7.5%, Hand Pallet Truck 7.5%, Hand Pallet Truck 4.2, Conveyor Loader 0.7% and others 1.2.

3) Labor–Saving in Material Handling Operation

Completely automated enterprises are 3.8% in total.

Mainly the mechanized enterprises are 47.5%, Manpower and mechanized enterprises are 47.5%, Manpower and mechanization mixed 21.8%, the enterprises centering around manpower are 23.1% and the completely manpower depended enterprises are 3.8%.

The Labor-Saving for material handling and loading and unloading operation is somewhat making steady progress but 26.9% in total are depended on manpower so the labor-saving for such enterprise is remain as a problem.

For business category, clothing(43.3%), paper fabrication(41.2%) and medicine manufacture(47.1%), so such category are more depend on manpower than machine with composition of another category, and nonmentallic mineral industry(85.0%), Machine(83.3%) and Metal(68.0%) so theirs proportion of labor-saving are higher than another categories.

4) Present condition of AGVS diffusion

AGVS(Automatic Guided Vehicle System), which was diffused in the Korean industrial world from the late of 1987, is now in operating with 20 set and until the end of 1988, it will be increasing to 30 sets.

Such AGVS also being diffuse into electronic and motor vehicle manufactures s central figures.

(4) Automation and Labor–Saving for Ware–House

The investment of facilities in this field in comparatively behind yet.

73.4% of total enterprises have the underdeveloped materials ware-house and the holding ratio of build-up ware-house is 35.0% and 30.0% use the Rack System so the effort to build up in limited space is gradually increasing.

In the Rack System ware-house, Pallet Rack(17.2%), High Stack Rack (6.4%), Drive in Rack(4.9%), Sliding Rack(2.0%) so the Pallet Rack ware-house is largely diffusing.

To analysis by business category, the total automated ware-house in a nonmetallic mineral business, the semi automated ware-house in a metallic business, the ware-house adapting Rack System in a Foods and Electric industry, the build-up ware-house in a chothing and medicine manufacture etc, so the abovementioned business hold comparatively many ware-house corresponded.

But because that 3.5% of total enterprises hold the automated ware-house and 9.9% of them hold the semi-automated ware-house, the ratio of automation stands low.

However, the total automated ware-house is settled and being operate i 70 sites since 1983, and 25 three-dimensional automated ware-house will be establish in this year.

Therefore, owing to increasing attention to the ware-house automation of each enterprises, the automating ware-house maker such as Shin Heung Machine Co., Ltd., Korea Engineering Co., Ltd., Kum Sung Industrial Electric Co., Ltd., Samsung Sami-conductor Communication Co., Ltd., Tong Myung Heavy Industry Co., Ltd., Yu Il Co., Ltd., etc. are being increased.

Recently, the demand to the Currousel(Rotary Rack) with the motor vehicle industry as a central figure is in creasing, and then each makers start to supply by developing them.

And the sorting system also diffusing, sorting systems in the post office and in the newspaper are being operate and the daily necessaries, the electric home appliances and the foods industry is being settls them in a distribution center.

(5) Diffusion of Labor–Saving Truck

There are 600 thousands of trucks in the end of 1987 in Korea which taking charge of transporting 60% of total quantity of goods transported.

Therefore, for develop the physical distribution in Korean industrial circle, the loading and unloading operation of truck which generally depend on manpower in present should be avoid.

The loading time in a 8 ton class truck is average 1 hour. It is main cause which reduce the mobility to truck so the operation should be completed within 15 minutes by mechanization and automation.

The improvement method for that are ;

(a) Pallet loading and unloading method by a fork lift truck

(b) Use of Dock and Dock Reveller

(c) Settlement of handy crane of Truck or Tail Gate Loader

Especially, the handy crane and the tail gate loader can be settled in a large-sized truck as a labor-saving truck and in a small delivering truck, but because the unit load system can not be apply to the delivering vehicle then the Tail Gate Loader have not diffused.

1,500 sets of handy crane attached in a large-sized truck are now in use and 400-500 sets will be use in this year.

4. POSSIBILITY OF AUTOMATION AND LABOR–SAVING FOR PHYSICAL DISTRIBUTION OPERATION IN KOREA

By the industrialization going forward with repidity from the Agricultural society, job in a factory and in town create and the agricultural population become as industrial worker, so in 1960s and 1970s, maintaining of physical distribution worker like heaver was easy.

By entering in 1980s, the tendency to avoid the physical distribution working was became appeared considerably so it become suffering from a shortage of hands except the low-educated and the old worker.

Therefore, the automation and the labor-saving of physical distribution operation in a heavy-weighted goods working place is a unavoidable factor.

Furthermore, the labor-saving is the most great matter of concern and interest to each enterprises faced with strong demand for higher wages from labor union with the flow of democratization in 1987, and among them they looking forward the effect by automation of physical distribution operation.

So, mechanization of packing processing and material handling, establishment of automated ware-house and carousel, introduction of AGVS and automation of loading and unloading operation will have high possibility to settle.

But the effect against the problem of mass-productive small products differ with the advanced country of physical distribution have no great possibility to settle and also they can not found the importance and treating ways so the field of physical distribution in Korea is a main object to endeavor.

Consequently, developing process of physical distributing operation in Korean is measure for mechanization of man powered working for labor-saving and the development of MECHATRONICS in automated classifying technique for surmounting the problem of mass-productive small products, like in the advanced country for physical distribution, are barely in starting stage.

But, we can prospect that the physical distributing operation in each fields will take labor-saving and automation with the same rapidity of processing of industrial development in Korea.

5. RECOMMENDATION FOR INTERNATIONALIZATION OF PHYSICAL DISTRIBUTION BETWEEN KOREA AND JAPAN

Korea and Japan geographically adjoin each other but the mutual relation gives us a feeling that there are long distance between them.

If we consider that sufficiently, we can realize that both countries situated in a rearest distance and each have the high possibility to become as a external economic partner.

Recently the trading quantity is consistently increasing several years ago,

Korea had imported the raw material of industrial products and there were few exporting quantity except the agricultural and marine products.

But since 3 years ago, the exporting quantity to Japan is increasing with rapidity so, if we trade in the field of physical distribution, it will be mutual benefit.

Korea-Japan International Pallet Pool organized in 1985 was that organized by T-11 transporting standard pallet between Korea Pallet Rental(K.P.R.) and Japan Pallet Rental(J.P.R.), so it is efficiently using for total transporting or the exporting and importing goods.

With a base condition that the Pallet Pool System is successfully introduced in both country's industrial circles, I recommend to build the close cooperation in the physical distribution between Korea and Japan as a mutual system of cargo collecting center and delivering center between them, Korea—Japan Carrying Service System in transporting, Tie-up between commercial warehousemen and connection of physical distribution Van.

ISO TC51(파렛트전문위원회) 출장보고서(1996년)

한국의 표준파렛트 국제전략

ISO(국제표준화기구) TC51(파렛트전문위원회) 출장보고서

– 표준파렛트규격(ISO 6780) 개정안 협의 –

(출장자)

한국파렛트풀주식회사

대 표 이 사 서 병 륜

1. 회의 내용
(1) 회의명   (2) 안 건   (3) 일 시
(4) 장 소   (5) 참석자

2. 토의의 배경

3. 금번 회의 WG6에서의 토의 내용
(1) 파렛트의 규격   (2) 파렛트 평면 치수의 공차
(3) 파렛트의 높이   (4) 차입구의 높이
(5) 받침목의 폭 및 차입구 양폭   (6) 판재의 두께
(7) 밑바닥의 하중을 받는 면적   (8) 사각율의 기준

4. 향후 한국의 대책
(1) ISO TC51 6780 규격의 확정 추진
(2) 아시아 표준파렛트 협의체 발족
(3) ISO 해상용 컨테이너의 광폭화에 대한 대책
(4) 기타 ISO 물류관련 TC활동의 필요성

1. 회의 내용

(1) 회의명 : ISO(국제표준화기구) TC51(파렛트전문위원회)

　　　　　　　　WG6(표준파렛트실무분과위원회)

(2) 안 건 : ISO 6780(국제표준파렛트규격) 개정의 건.

(3) 일 시 : 1996년 6월 27일~30일(4일간)

(4) 장 소 : CANADA, TORONTO HILTON HOTEL 회의실

(5) 참석자

　1) MR JIM PEEVES, WG6의 SECRETARY 및 CANADA 대표

　2) MR. JOHN HARVEY, 영국 대표

　3) MR. ALAN COLES, TC51 대표

　4) DR. MARSHALL S.WHITE, 미국 대표

　5) MR. HIROJI FUKUMOTO, 일본 대표

　6) MRS. GUNILLA BEYER, 스웨덴 대표

　7) MR. BYUNG YOON SUH, 한국 대표

2. 토의의 배경

　1970년대 이후 국제간에 논쟁이 되어온 ISO의 파렛트 규격은 1,200mm×800mm와 1,200mm×1,000mm, 800mm×1,000mm로 이 3가지 모두 유럽 지역의 표준파렛트 규격 중심으로만 채택되어 있었다.

　이는 2차대전 이후 국제표준화 기구인 ISO가 유럽 주도로 운영되어 왔으며 당시 EEC 창설 이후 1953년~1960년 8년간의 기나긴 토의 끝에 1,200mm×1,000mm의 파렛트를 국가표준 파렛트로 채택하고 있던 독일이 자국의 표준파렛트 치수를 유럽 표준파렛트인 1,200mm×800mm로 양보함에 따라 ISO에 있어 유럽은 통일된 입장을 견지하여 왔던 것이다.

　이후 미국, 캐나다, 일본, 호주 등 유럽 이외의 공업선진국들의 요구로 국제표준파렛트 규격인 ISO 6780의 개정이 논의되기 시작하였다.

　그 이유는 해상용 컨테이너가 국제교역의 수송수단으로 중심 역할을 수행하기 시작한 70년대에 들어와 해상용 컨테이너의 적재함 내치수 규격과 ISO 파렛트 규격이 적합하지 않기 때문이었다.

　드디어 제7회 1979년 1월(영국런던)의 TC51회의에서부터 기존의 R198 정규 ISO 규격이 아닌 권장 파렛트 규격을 전면적으로 재검토하여 정규 규격으로 제정할 것을 합의하였다.

제8회 TC51회의 (1981년 2월, 영국 런던)

제9회 TC51회의 (1983년 8월, 캐나다 오타와)

제10회 TC51회의 (1985년 10월, 독일 함부르크) 등의 7년 간에 걸쳐 ISO 표준파렛트규격을 결정하기까지 각 국가간의 이해관계가 충돌하여 다툼이 계속되었으나 최종합의는 ISO 파렛트규격을 단일화하기가 불가능한 현실을 고려하여,

① 1,200mm×800mm : 유럽표준규격기준(R198규격)

② 1,200mm×1,000mm : 독일, 네덜란드 표준규격(R198규격)

③ 1,219mm×1,016mm(48″×40″) : 미국표준규격

④ 1,140mm×1,140mm : 호주표준규격−1,165mm×1,165mm
　　　　　　　　　　　　 일본표준규격−1,100mm×1,100mm

등 각 국가의 표준파렛트를 모두 ISO 6780 평파렛트 규격으로 채택하기로 하고 파렛트 논쟁에 종지부를 찍었다.

특히 1,140mm×1,140mm 규격은 해상용 컨테이너에 적합한 규격이라는 명분 아래 호주와 일본이 연합하여 해상용컨테이너에 의존하고 있는 영국, 미국, 캐나다의 찬성 협조로 가까스로 포함될 수 있었다.

이 규격은 −40mm 공차를 허용하여 일본의 표준파렛트 1,100mm×1,100mm 규격도 ISO 표준파렛트임을 명기하였다.

그러나 ③ 1,219mm×1,016mm(48″×40″)의 규격과 ④ 1,140mm×1,140mm 규격에는 다음과 같은 조건부로 ISO파렛트 규격으로 채택되었다.

첫째 : 미국규격인 ③ 1,219mm×1,016mm(48″×40″)의 규격은 미국이 Metric system으로 전환되기까지 잠정적으로 인정한다.

둘째 : 해상용 컨네이너용 규격인 ④ 1,140mm×1,140mm 규격은 현재의 Series 1 컨테이너가 광폭으로 전환하는 경우에는 1,200mm로 바꾼다. 이와 같은 합의 결과에 따라 1988년에 ISO 6780 파렛트 규격을 제정하였다.

이렇게 하여 개정된 4가지 규격의 ISO 표준파렛트에 대하여 1992년 9월 SPAIN의 MADRID에서 개최된 제13회 TC51 회의에서 미국과 일본의 대표들이 미국의 경우 1,219mm×1,016mm(48″×40″)가 미국의 산업표준인 Metric system이 채택되기까지, 일본의 경우 1,140mm×1,140mm는 해상용 컨테이너가 광폭으로 전환되기까지 한시적으로 사용하도록 한다는 조건부의 삭제를 검토할 것을 제안하였다.

미국은 표준파렛트에 48″×40″의 Metric system의 채택시까지라는 조건을 1994에 삭제하였으나 T−11형의 경우에는 아직도 광폭컨테이너 채택시까지라는 조건이 남아 있는 실정이다.

1995년 5월에 개최된 TC51 미국 워싱턴 회의에서 ISO 6780의 개정안을 마련할 Working Group 6을 설치하는데 있어서 유럽국가들의 반대를 극복하고 설득하여 합의하는데 이르렀다.

한국도 이 회의에 P-member로 참여하여 WG6에 동의를 구하였다. 따라서 금번 규격 개정시에 1,140mm×1,140mm의 조건부도 자동 삭제 되도록 하여야 하며, T-11형 1,100mm×1,100mm규격도 ISO의 정식규격으로 채택되도록 하여야 한다.

3. 금번 회의 WG6에서의 토의 내용

CANADA의 TORONTO에서 1996년 6월 27일~29일 기간에 개최된 금번 WG6회의에서 ISO 6780의 개정안을 토의하는데 있어서 가장 중요한 안건은 파렛트의 규격을 확정하는 것이었다.

본 WG6의 회의 개최 전에 마련된 개정안에는 각 국가의 대표들이 제안한 의견들이 모두 반영된 기초안이었다.

이 기초안을 토대로 현재의 ISO 6780 규격과 각 국가의 표준파렛트 규격과의 비교 검토를 통하여 다음과 같이 협의 하였다.

(1) 파렛트의 규격

현재의 ISO 6780 규격이 4종류이며, WG6의 기초안이 10종류인 바, 이를 몇 가지로 확정할 것인가에 대하여 토의하였으며, 결국 6종류로 결정하는 것에 합의하였다.

다음으로 이 6종류의 파렛트규격을 유럽지역 2규격, 미국, 캐나다 지역 2규격, 아시아 지역 2규격으로 하자는 방안과 정사각형(SQUARE TYPE) 3종류 직사각형(RECTANGULAR TYPE) 3종류로 하자는 방안이 논의 되었는데, 지역적 입장을 고려하는 것보다는 ISO가 국제표준 규격임을 감안하여 정사각형 3규격, 직사각형 3규격으로 채택할 것을 합의하였다.

표V-1 ISO 6780 표준파렛트 규격안

구 분	규 격(mm)	
현 재	① 1,200×800 ③ 1,140×1,140 (-40mm까지 허용)	② 1,200×1,000 ④ 40″×48″ (1016mm×1219mm)
기초안	① 800×800 ③ 900×900 ⑤ 1,000×1,200 ⑦ 1,200×1,200 ⑨ 1,219×1,067	② 800×1,200 ④ 1,000×1,000 ⑥ 1,100×1,100 ⑧ 1,219×1,016 ⑩ 1,219×1,219
합의안	(정사각형) ① 1,140×1,140 ② 1,100×1,100 ③1,067×1,067	(직사각형) ① 1,200×800 ② 40″×48″ (1016mm×1219mm) ③ 1,200×1,000

금번 합의안의 내용으로 맨 먼저 채택된 규격은 정사각형의 1100mm×1100mm 규격으로서 한국과 일본 등 ASIA지역을 대표하는 표준파렛트임이 고려되었다.

두 번째로 1140mm×1140mm는 유럽에서 사용하고 있다는 이유로 채택되었으며 세 번째로 1067mm×1067mm 규격은 미국과 캐나다의 요청으로 채택되었다.

직사각형의 3가지 규격은 기존의 ISO 6780의 규격이므로 채택하기로 하였다.

따라서 지금까지 ISO에서 −40mm 공차 허용이라는 간접적인 방식으로 인정되고 있던 T−11형 파렛트를 정식 ISO규격으로 채택하게 되었다.

(2) 파렛트 평면 치수의 공차

파렛트 전체 치수에 있어 가로와 세로의 허용공차를 현재의 ISO 6780에서 +0mm와 −6mm로 하되 예외적으로 1140mm×1140mm에 대하여만 +0mm와 −40mm로 하여 1100mm×1100mm를 간접 인정하고 있는 바, 이를 모두 ±3 mm로 단일화하기로 하였다.

이는 우리나라 표준파렛트 규격인 KS A 2155의 ±3mm와 일치하고 있다.

(3) 파렛트의 높이

준비된 WG6의 기초안에는 150mm 이하로 되어 있으나 유럽 표준파렛트 규격이 최대 180mm까지 허용되므로 유럽대표들이 요구하여 최종 171mm이하로 하기로 합의하였음.

KS규격에서는 목재파렛트 144mm, 플라스틱 파렛트는 150mm이므로 적합함.

(4) 차입구의 높이

1) 저양정 장비(pallet truck)를 사용하는 경우에는

장비 종류	차입구 높이
MAXIMUM	100mm 이상
MEDIUM	85mm 이상
MINIMUM	60mm 이상

2) 고양정장비(지게차)를 사용하는 경우에는 차입구의 높이를 55mm 이상으로 한다.

현재의 KS규격에서는 목재파렛트의 경우 일관수송용 파렛트(KS A 2155)는 100mm, 구내용 파렛트(KS A 2156)는 100mm, 90mm, 75mm로 하되 모두 75mm 이상으로 하도록 되어 있으며 플라스틱 파렛트나 철제 파렛트의 경우에는 60mm 이상으로 하도록 되어 있어 KS규격과 ISO 개정안과는 규격상 문제는 없다.

(5) 받침목의 폭 및 차입구 양폭

(단위, mm)

파렛트 치수	받침목 폭	차입구 양폭	파렛트 치수	받침목 폭	차입구 양폭
800	160 이하	580 이상	1100	160 이하	710 이상
1000	160 이하	710 이상	1140	160 이하	710 이상
1016	160 이하	710 이상	1200	160 이하	710 이상
1067	160 이하	710 이상	1219	160 이하	710 이상

KS 규격에서 첫째, 받침목의 폭의 치수는 목재파렛트의 경우 45~50mm 플라스틱파렛트, 철제파렛트의 경우에는 특별한 규정이 없다. 둘째, 차입구의 양폭은 일관수송용은 1000mm, 기타 파렛트는 한편 차입구가 180mm 이상으로 되어 있어 양면과 받침목의 폭을 합친 치수는 710mm 이상 되어 KS와 ISO규격의 치수상의 문제는 없다.

(6) 판재의 두께

준비된 초안의 판재두께 25mm를 유럽에서 사용되는 판재가 25mm를 초과하는 경우가 있으므로 28mm 이하로 한다.

이는 KS의 경우 일관수송용 22mm로 되어 있어 ISO 규격에 적합하다.

(7) 밑바닥의 하중을 받는 면적

전체 면적의 35% 이상이 되도록 한다. 이는 KS규격과 동일한 규격이다.

(8) 사각율의 기준

대각선의 양 길이 치수의 차이는 1% 이내로 한다.

이는 KS 일관수송용 파렛트 8mm 이하와 적합한 규격이다.

4. 향후 한국의 대책

ISO 표준파렛트가 규격의 단일화가 불가능한 상황에서 서로 다른 수송장비의 적재함 규격과 물류시설, 도로여건 등의 특수한 조건 때문에 유럽과 미주, 아시아의 3대 지역으로 표준파렛트에 대한 입장이 서로 다르다.

따라서 한국의 대책으로서는 첫째, ISO TC51에서 금번 WG6의 개정안이 통과될 수 있도록 결정권이 있는 p-member 국가 대표들을 설득하여야 하며

둘째, 아시아 표준파렛트 협의회를 결성하여 일본과 함께 중국과 동남아시 아 국가들이 T-11형 파렛트가 국가규격으로 채택될 수 있도록 정부차원에서 대응하여야 할 것이다.

셋째, 해상용컨테이너(TC104) 산업차량(TC110) 포장(TC122) 등 ISO의 물류 관련 전문위원회에의 P-member 가입 등 활동을 강화하도록 하여야 한다.

(1) ISO TC51 6780 규격의 확정 추진

금번 WG6에서 채택된 ISO 6780 개정안은 각 국가간의 의견조정을 통하여 1998년 초에 최종 확정시킬 예정이다.

앞에서 검토한 바와 같이 금번 합의된 내용이 현재 KS 파렛트규격과 상반되는 규격이 없으므로 한국으로서도 본 수정안이 확정될 수 있도록 찬성하여야 할 것이다.

특히 파렛트규격에 있어 우리나라의 표준파렛트 1100㎜×1100㎜가 현재의 ISO 6780 규격에서 1140㎜×1140㎜에서 −40㎜공차 허용이라는 변측적인 방법을 통하여 간접적으로 인정하여 온 불리한 입장이었으며 더구나 국제 해상용 컨테이너가 광폭으로 전환될 때까지만 사용한다는 한시적인 규격으로서의 불리한 조건을 안고 있었다(ISO 해상용 컨테이너의 광폭화는 불가능한 상황임).

그러나 이번 개정안에서는 이러한 두 가지 불리한 입장이 동시에 제거되므로 한국으로서는 대단히 바람직한 것이다.

따라서 본 개정안이 최종까지 확정되도록 노력하여야 하며 차후 TC51 회의에서 통과될 수 있도록 국제적인 노력을 다하여야 한다.

본 개정안에 대하여 미국, 캐나다, 일본, 호주 등과 협력하여 혹시 발생될지 모를 유럽의 반대를 설득하도록 하여야 한다.

유럽대표 중에서도 영국과 스웨덴의 대표들은 본 개정안에 찬성하였으므로 문제가 없으나 금번 회의에 참석하지 않은 독일이나 네덜란드와 ISO TC51의 정식 회원국가(p −member)인 오스트리아와 스위스 등 4개국의 대표를 설득하는 것이 향후 한국의 중요한 대책이라고 판단된다.

(2) 아시아 표준파렛트 협의체 발족

국가표준파렛트가 동일한 일본과 한국이 중심이 되어 아직도 일관파렛트화가 보편화되지 못하여 표준파렛트의 필요성을 느끼지 못하고 있는 아시아 각국의 정부와 물류 관계기관을 설득하여 T−11형 파렛트를 아시아 표준파렛트로 보급을 확산시키기 위한 정부차원의 표준파렛트 협의회를 결성하는 것이 시급한 과제이다.

특히 중국이나 동남아시아나 각 국가들은 세계 각국의 파렛트가 유입되어 ISO 해상용 컨테이너에 적합한 T−11 표준파렛트의 중요성을 인식하지 못하고 있는 바, 서둘러 아시아 표준파렛트로서 T−11형 파렛트가 자리 잡도록 서둘러야 한다.

그리하여 유럽은 800㎜×1200㎜규격으로 북미(미국, 캐나다)는 40″×48″규격으로 파렛트가 표준화된 것과 같이 하루 속히 아시아는 T−11형 1100㎜×1100㎜ 파렛트로 표준화 되도록 국제적인 노력을 하여야 할 것이다.

(3) ISO 해상용 컨테이너의 광폭화에 대한 대책

현재 국제물동량 교역시 주요 수송수단으로 이용되고 있는 ISO해상용 컨테이너는 폭방향의 내치수가 2330㎜이다.

이 컨테이너는 국제적으로 1000만 개가 가동 중에 있으며 컨테이너 수송선박이나, 항만의 하역크레인과 철도기지의 하역장비 컨테이너 수송트레일러 등 전 세계의 물류작업장에서 사용되는 장비들이 현재의 컨테이너의 규격에 적합한 규격으로 표준화 되어 있다.

그러나 이 컨테이너의 규격은 1200mm시리즈의 파렛트를 2열로 적재할 수 없다는 문제가 있으므로 유럽의 일부국가에서 1200mm의 파렛트를 2열로 적재할 수 있도록 하기 위하여 유럽 철도화차와 같이 폭의 내치수를 2450mm로 광폭화 하려는 움직임이 있다.

물론 TC104(해상용 컨테이너 전문위원회)에서 p-member의 75% 국가들이 찬성하여야만 컨테이너의 광폭화가 추진될 수 있으나 대부분의 국가들은 이미 현재의 해상용 컨테이너가 보편적으로 사용되고 있어 국제표준화가 마무리된 상황에서 광폭컨테이너를 채택할 수 없다는 입장이다.

그러나 향후 일부 유럽국가가 중심이 되어 광폭컨테이너에 대한 논의가 발의될 가능성이 있으므로 한국도 TC104의 p-member로서 이 문제의 중요성을 인식하고 물류전문지식을 갖춘 대표자가 TC104 회의에 참가하여 이를 사전에 차단하기 위한 노력을 하여야 한다.

(4) 기타 ISO 물류관련 TC활동의 필요성

파렛트 담당 TC51과 컨테이너 담당 TC104 이외에 산업차량을 담당하고 있는 TC110과 포장담당 TC122에도 한국이 p-member로서 정식 가입하여 물류분야의 국제적인 이해관계에 한국의 입장을 반영시켜야 한다.

특히 ISO의 산업차량이나 포장 규격 치수들이 우리나라의 물류표준화에 걸림돌이 되지 않도록 한국의 입장을 반영시켜야 할 것이다.

주의해야 할 점은 TC110과 TC122에는 산업차량과 포장규격만을 대상으로 하는 장비나 포장분야만의 전문가 입장이 아니라 국제적인 물류분야의 문제점을 파악하고 컨테이너와 파렛트분야의 국제적인 문제점을 충분히 고려할 수 있는 한국대표가 참가하여야 한다.

그 이유는 현재 TC110의 산업차량 규격이나 TC122의 포장관련 TSO의 규격들이 TC104의 해상용 컨테이너와 TC51파렛트 규격들과 부분적으로 서로 맞지 않는 부분들이 있으므로 향후 이들에 대한 국제적인 마찰이 예상되며 이때 유럽과 미주, 한국 일본 등 서로의 물류체제가 상이하기 때문에 각각 자국의 이해관계를 지키려 할 것으로 판단되므로 이러한 문제를 잘 모르는 한국대표가 다른 나라의 주장에 쉽게 동조해 버릴 염려가 있기 때문이다.

현재 한국은 TC110이나 TC122의 정식회원이 아니므로 시급히 p-member가입이 요구된다.

서울대학교 최고 경영자과정 수료논문(1998년)

物流표준화 · 공동화 추진방안

물류분야의 표준화 · 공동화를 위한
Unit Load System 구축방안의 연구

1998. 7. 24.
한국파렛트풀주식회사
대 표 이 사 서 병 륜

1. 서 론

국가경제의 규모가 확대되면서 화물의 이동이 빈번해지고 물동량의 흐름이 증대됨에 따라 물류부문에 대한 효율적인 관리의 필요성이 대두되고 있다. 이를 위해서는 물동량 흐름의 전 과정을 대상으로 이에 활용되는 기기, 장비, 시설, 문서 등의 규격화 및 표준화와 공동화를 통하여 흐름의 일관성을 확보함으로써 비용을 최소화 하는 것이 가장 경제적인 방법이다.

그러나 우리나라의 경우 물류부문의 문제가 심각함에도 불구하고 아직까지 국가물류표준을 도입하여 물류과정의 표준화와 공동화를 이룬 업체가 그리 많지 않으며 물류시설의 부족, 시설운영의 비효율성, 복잡한 행정규제 등 시설·운영·제도의 모든 측면에서 심각한 애로를 겪고 있다. 이에 따라 물류비용이 GNP 대비 14%, 제조업 총매출액 대비 17%에 달하여 선진국인 일본의 11%, 미국의 7%에 비하여 매우 높다. 이러한 과다한 물류비를 부담하고서는 무한경쟁의 세계화시대에서 우리나라 기업이 선진국과 겨루기에는 매우 벅찬 부담이다. 따라서 물류비를 줄이는 것은 우리나라가 선진국으로 진입함에 있어서 시급히 해결해야 할 과제이다.

그러므로 물류표준화와 물류공동화에 대한 홍보와 업체의 인식전환과 함께 현재 당면하고 있는 물류효율화 증대와 물류비용의 절감을 위한 방안으로써 물류관련시설의 표준화와 공동화 즉 물류시스템화를 추진하여야 한다. 선진국들은 이 분야가 많이 진행되어 있으나, 한국은 초보단계에 머물러 있다.

이와 관련하여 본 주제는 물류시스템을 구축하기 위하여 물동량을 이동하는 기본수단으로써 포장용기인 컨테이너와 받침대인 파렛트를 표준화하여 공동으로 이용하는 제도인 Container Pool System과 Pallet Pool System을 전 산업계에 확산시켜 Unit Load System을 통한 물류비용을 절감하고자 하는 것이다.

2. 물류시스템의 구축방안

(1) 물류시스템화 방안

기업의 물류시스템은 그 기업이 놓여있는 물류환경과 조건에 적합한 경영방침에 따라 목표를 명확하게 설정할 필요가 있다. 이러한 물류시스템화의 목표로서는 고객에 대한 상품의 품질유지나 납기의 단축, 물류비용의 절감, 배송시간의 단축, 재고량의 감축, 작업의 자동화 및 기계화 등이 될 것이다.

또한, 수시로 변동하는 물동량에 효율적으로 대처하는 방안, 다품종 소량화라는 어려운 과제를 극복하는 방안, 곳곳의 도로가 막혀 있는 교통체증과 일손부족을 해결하는 방안, 1회용 포장재 및 플라스틱 폐기물 증가와 대기오염 등의 물류공해로부터 환경을 보호하는 방안 등을 찾아 나서야 할 것이며, 이를 위하여는 물류활동의 시스템화가 가장 가까운 지름길이고 가장 긴요한 과제이다.

1) 물류시스템의 필요성

시스템(System)이란 어떤 공통의 목적을 달성하기 위하여 여러 많은 요소들이 상호 관련을 갖고 효율적으로 작용하고 있는 복합체이다. 물류시스템은 그 대상 범위가 넓어 한 개의 기업단위 물류시스템으로부터 동종업계, 지역, 국가, 국제화 등의 여러 단계로 나눌 수 있다.

그러나 어떠한 단계의 물류시스템도 궁극적인 목적은 보다 저렴한 물류비용으로 보다 좋은 물류서비스를 제공하여 산업계의 경쟁력을 확보하고 소비자의 이익을 증진하는 것이다.

2) 물류시스템화를 위한 과제

물류활동은 수송, 보관, 하역, 포장, 유통가공, 정보 등의 개별활동을 포함한다.

이와 같은 각 개별 활동들을 합리화하여 기능을 고도화하고 생산성을 향상시키는 것이 물류시스템화의 목적을 달성하는 첫걸음이다. 그러나 이것만으로는 충분하지 못하다. 이러한 각 활동들의 사이에는 서로 다른 이해의 충돌이나 모순의 관계가 있다. 이러한 관계를 일반적으로 상반적인 관계(Trade-Off 관계)라고 하며 이를 조정·추진해야 할 필요가 있다.

또한 물류란 일반적으로 단일기업 내부의 물동량의 흐름이 아닌 기업과 기업간에 상호 흐름으로서 연결되어 있으므로 단일기업만으로서 물류시스템을 구축할 수 없다.

물류는 기업간 또는 기업으로부터 소비자에게 물자가 흐르는 활동으로 이의 합리화, 효율화는 1개 기업의 문제만으로 해결하여서는 그다지 큰 효과가 나타나지 않는 것이다. 현대적인 설비에 의한 省力化 등도 효과가 적거나 투자를 적극적으로 하지 않으며 투자에 따른 이해관계가 복잡하게 된다. 따라서 공동보관, 공동배송, Unit Load System 등은 기업간만이 아니라 업계 전체의 공동물류시스템으로서 구축할 필요가 있다.

3) 물류시스템의 구축방향[1]

① Total System의 구축

물류시스템은 Node와 Link로 구성되는 네트워크라고 할 수 있다.

즉, 언급한 목표들을 실현하기 위하여 합리적인 물류네트워크를 만들어 종합적으로 관리할 시스템을 구축하여야 한다.

이와 같은 물류네트워크는 창고나 배송센터, 정보처리센터, 단말기 등의 효율이 높은 수송·배송경로 또는 전화나 컴퓨터 등의 통신경로로 연결하는 역할을 한다. 물류시스템을 설계할 때에는 물류의 Link와 Node로 구성되는 물류네트워크의 기본구조를 결정하고 각 분야별 관리시스템을 설계한 뒤에 종합시스템으로서 평가하는 3단계 순서에 의하도록 한다.

---

1) 대한상공회의소, "물류표준화가이드", 1994.

표VI-1 물류의 네트워크

구 분	물자의 흐름	정보의 흐름
Link	수송 · 배송의 경로	전화회선, 우편, 인간, 컴퓨터 등에 의한 정보 전달 경로
Node	배송센터 · 창고 물류기지 등	중앙의 정보센터, 단말기설치장소, 주문 · 출하지시 등 정보의 접수장소, 전표 등의 작성 장소

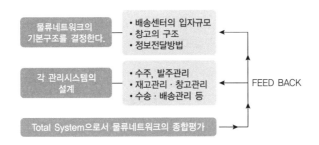

그림VI-1 물류시스템의 설계순서

② 물류의 표준화 · 규격화 · 통일화

물류시스템화를 추진해 나가기 위한 전제조건은 표준화 · 규격화 · 통일화이다.

수송과 배송차량의 적재함과 같은 Link요소와 창고의 랙(Rack) 규격과 같은 Node요소의 표준화 · 규격화 · 통일화는 물류네트워크 구축에 필수불가결한 것들이다. 그밖에도 물류활동에 관계되는 표준화 · 규격화 · 통일화를 요하는 사항들은 다음과 같은 것들이 있다.

- 물류용어의 통일
- 거래조건, 거래단위의 표준화
- 포장규격의 표준화
- 파렛트규격의 표준화
- 컨테이너 · 포장상자 규격의 표준화
- 물류시설 · 하역기계의 표준규격화
- 수송 · 배송차량의 적재함 규격의 표준화
- 거래전표의 통일
- 거래코드의 표준화

③ 물류의 협업화 · 공동화

물류시스템화를 추진하기 위하여는 자사단독 자가시설이나 장비만으로 운영하는 경우에는 물동량의 변동이나 편도물동량에는 대단히 불리하게 된다.

따라서 물류전문업체인 운송회사 트럭이나 영업창고, 임대장비의 활용이 보다 효율적이다. 또한 입장이 같거나 협력이 가능한 화주기업끼리 공동보관, 공동배송, 컴퓨터 공동이용 등을 통하여 물류시설이나 장비 등을 공유함으로써 자금이나 인력, 기술, 설비들을 상호 유효하게 활용하도록 한다.

3. Unit Load System2)의 추진방안[2)]

Unit Load System을 구축하고 물류시설이나 장비들을 표준화하여 Unit Load 물동량들을 처리하는 정합성을 갖추고 이들을 연결할 수 있는 표준화된 물류정보시스템을 갖추는 것이 우리나라 산업계의 물류표준화를 추진하기 위한 방안이 될 것이다.

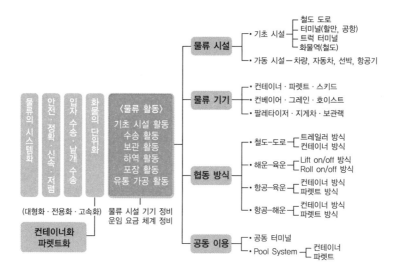

그림Ⅵ-2 물류시스템화와 Unit Load System

(1) Unit Load System(유니트 로드 시스템)의 기초지식

1) Unit Load System(유니트 로드 시스템)

Unit Load System이란 낱개단위의 물동량을 일정한 규모의 단위화물로 만들어 일관된 수송, 보관, 하역체계를 구축하여 물류효율이 있도록 한 시스템이다. 이 Unit Load System의 기본 요소는 낱개의 물동량을 일정한 단위(Unit)로 만드는 것이다. Unit Load System은 사용하는 수단에 따라 크게 파렛트류, 컨테이너류 등 2가지 방법 있고

---

2) 대한상공회의소, "물류표준화 실천 매뉴얼", 1998, 물류협회 "유니트 로드 통칙 제정에 관한 조사연구", 1995

가장 광범위하고 일반적인 이용방식으로는 파렛트에 의한 Palletization System과 컨테이너에 의한 Containerization System으로 대표되고 있다.

2) 운용범위

Unit Load System의 화물용 컨테이너화 부문에서는 국내화물용 컨테이너와 국제해상용 컨테이너와 같이 수송사업자 자체의 수송시스템으로서 출발지로부터 도착지까지 전 구간을 운용범위로 한다.

3) 표준화

물류표준화를 추진하기 위해서는, Software 부문에서는 ㄱ. 물류용어의 통일, ㄴ. 거래단위의 표준화, ㄷ. 전표의 표준화, ㄹ. 표준코드의 활용, ㅁ. 포장치수의 모듈화 등이 있고, Hardware측면에서는 Unit Load System을 구축하기 위하여 파렛트와 물류설비 등의 정합성의 확보가 중요하다.

① Software 부문의 표준화

물류의 표준화 중에서 Software 부문의 표준화의 대상으로 ㄱ. 물류용어의 통일, ㄴ. 거래단위의 표준화, ㄷ. 전표의 통일, ㄹ. 표준코드의 활용, ㅁ. 포장치수의 표준화 등이 있다.

ㄱ. 물류용어의 통일

물류관리라는 분야가 국내 산업계에 본격적으로 도입된 것은 최근 3~4년에 불과하다. 따라서 물류에 관련된 용어들이 외국어로 된 원어 그대로 사용되는 것이 많고 전문가나 학자에 따라 또는 회사에 따라 동일한 용어의 내용이 서로 다르게 사용되고 있는 경우도 많은 실정이다. 그러므로 물류에 관련된 전문적인 용어들을 통일적으로 표준화하여 공통적인 이해가 가능하도록 기준을 삼을 만한 표준물류용어 규정을 제정하여야 할 것이다.

ㄴ. 거래단위의 표준화

기업간에는 물동량의 거래 단위가 천차만별 상태로 나타난다. 가능하다면 동종업계 동일상품인 경우에는 거래단위를 조정하여 이를 표준화하여야 한다. 단위포장의 중량, 크기, 수량 등을 적정하게 통일시켜 기업간에 거래하게 하는 것은 상류(상적유통)의 표준화에 해당된다고 볼 수 있을 것이나 이는 물류의 표준화에 직결되어 있다.

ㄷ. 전표의 표준화

업종별 · 지역별로 상품이 거래되는 유통과정에 사용되는 전표를 통일하여 사용토록 하여야 한다. 업종이나 기업 규모에 따라 거래관습이 달라 장부의 기장방식이 서로 다른 시스템을 운영하고 있다. 제조업자나 유통업자(도매업자 · 소매업자)는 물론 물류업자 간에 상호 교환 사용 되는 전표가 서로 다르므로 업무의 불편이 많다고 볼 수 있다.

ㄹ. 표준코드의 활용

현재 도입이 확산되고 있는 POS의 Bar Code를 물류분야에서 본격적으로 활용하여야 한다. 물론 물류코드로서는 Bar Code외에 OCR(문자) 코드도 병행하여 활용되어야한다.

ㅁ. 포장치수의 표준화

일반적으로 각 기업의 포장단위는 골판지상자, 지대(Bag), 캔·드럼 등으로 구성된다. 이때 포장단위의 가로×세로×높이의 규격의 표준화가 필요하다.

물류의 표준화에서 Unit Load System이 가장 중요하다고 볼 수 있는 바, 이를 위하여는 표준포장치수를 포장크기로 반드시 채택하여야 한다. KS 규격의 69종류의 포장치수로 포장크기를 설정하는 경우 포장의 Module화가 자동적으로 도입되어 Unit Load System을 구축할 수 있게 되므로 물류발전의 혁신을 이룩하게 될 것이다.

② Hardware 부문의 표준화

물류의 Hardware 부문이란 물류과정에 이용되는 장비나 기기 및 설비 등을 말한다. 물류의 기능 중에서 수송장비, 하역기기, 보관설비 등 Hardware의 표준화를 제안하고자 한다.

ㄱ. 파렛트의 표준화

우리나라 전체적으로 엄청난 물류비 손실을 야기시키고 있는 이유는 파렛트의 표준화가 이루어지지 않아 일관파렛트 시스템이 구축되지 못한 채 결국 물류의 비효율성을 탈피하지 못하고 있기 때문이다.

또한 목재 등 자원의 낭비는 물론이고 최근에는 폐기파렛트에 의한 산업공해의 원인이 되기도 한다. 이 문제의 해결을 위하여는 Unit Load System도입이 필요성을 인식하고 포장치수 표준화와 함께 파렛트 표준화를 시급히 추진하여야 하고, 20년 전에 제정하였으나 지금까지 잘 활용하기 못하고 있는 KS 규격의 수송용 표준 파렛트(KS A 2155)인 1,100mm×1,100mm 규격의 파렛트의 본격적인 보급을 위하여 모두가 심혈을 기울여야 할 것이다.

ㄴ. 지게차의 표준화

국내에서의 지게차 공급방식을 보면 각 제조업체별로 해외업체로부터의 기술도입에 의한 공급방식이었으므로 공급된 장비의 사양에 있어 각양각색이므로 표준화가 곤란한 실정이다. 따라서 표준지게차의 사양을 제정하여 표준화를 추진하여야 한다.

ㄷ. 트럭 적재함의 표준화

트럭적재함의 규격표준화는 물류 표준화의 주요한 과제로 등장하고 있으므로 적재함의 바닥높이, 적재함의 폭과 길이 등을 KS규격으로 제정하여 표준화시켜야 할 것이다.

ㄹ. RACK의 표준화

RACK의 종류도 다양하여 제조업체나 사용자측 모두에게 RACK 규격의 표준화도 반드시 필요하다. 각 부자재 및 부품의 규격화는 물론 조립시의 규격도 표준화가 되어 표준파렛트, 표준 BOX가 활용가능토록 설계되어야 한다.

ㅁ. 기타 물류기기

Flexible Container, 소형 운반차, 무인반송차(AGVS), 컨베이어류, 입체자동창고, 크레인류, Palletizer 등도 표준파렛트와 정합성 있게 표준화가 필요하다.

(4) 공동화[3]

공동화는 단독기업으로는 한계가 있는 처리물량을 증대시키기 때문에 대량화를 도모하기에는 가장 유효한 시책이다. 또한 공동화의 상대방에 따라서는 거래량의 기복을 서로 보완해서 평균화에 의한 효율화를 도모할 수 있다. 90년대에 들어 기업이 단독으로 물류효율화를 진척시키기에는 한계에 달하고 있고 특히 중소기업자에게는 자사내의 물류효율화가 충분히 이루어질 수 없다는 인식이 행정·경제계에도 급속히 파급되었다. 지금이야말로 일개기업의 틀을 넘어서 복수기업, 업계, 지역, 번화가 등 모든 기회, 가능성을 찾아 공동화를 실현하여야 하는 시기에 이르렀다고 생각한다.

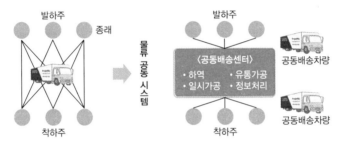

그림VI-3 물류시스템화와 Unit Load System

① 공동화의 형태

공동화의 개념도를 공동화 이전, 즉 종래와 실시 후를 비교해 보면 그림 VI-3 과 같다.

공동화의 형태로는

ㄱ. 주체자별 형태

ㄴ. 공동화대상의 기능별 형태

ㄷ. 공동화시 발하주, 착하주 특성에 따른 형태 등이 있다.

② 공동화 추진상의 문제점

공동화는 효율화의 메리트가 큼에도 불구하고 꼭 성공사례가 많다고 할 수 없는 것은 공동화에 따른 기업간의 이해조정(채산성문제), 기밀유지, 의사소통, 의사결정 지연, 물류서비스의 차별화 곤란, 운임요금문제, 리더, 조정자 확보의 문제, 기존물류업자와의 거래해지 문제 등의 어려운 과제가 원인이 되고 있다. 또한 공동화는 다른 기업과의 활

---

3) 대한상공회의소, "물류공동화 추진매뉴얼", 1995

동이기 때문에 포장, 용기, 전표, 정보입력방법등에서 표준화가 곤란하고 철저하지 못하여 혼란이 일어나고 효율이 저하되는 것등을 들 수 있다.

③ 공동화의 추진검토 요건

물류비용이나 서비스 실태에 대해서 외부에 설명할 수 있도록 해놓는 일이 공동화 검토에 중요한 요건이다. 그러므로

ㄱ. 서비스 내용의 명확화 · 표준화

ㄴ. 통일기준에 의거한 물류비의 명확화 · 체계화

ㄷ. 외부와 교환 가능한 파렛트/컨테이너 채용

ㄹ. 포장모듈화의 추진

ㅁ. 외부포장의 표준화 추진

ㅂ. 표준물류심볼 채용

ㅅ. 일관파렛트화/컨테이너화의 추진

ㅇ. 업계간 표준전표의 채용

ㅈ. VAN/EDI에 대한 대응 등의 요건이 정비되면 될 수록 시스템은 "열려 있는" 것이 되고《공동화의 가능성》이 커진다. 하지만 이들 요건은 공동화 실시 여부에 관계없이 물류시스템의 고도화를 위해 필연적으로 요구된다.

5) 효과와 문제점

Unit Load System을 실현하는 효과로서 가장 중요한 점은 하역의 합리화로서 낱개낱개의 물동량을 인력 작업으로 하역하는 경우와 비교하면「하역시간의 단축」,「각 하역작업의 연속성」,「운반활성의 확보」,「인력난의 해소」,「환경공해의 해소」등 효과가 있으며 최종적으로는 하역 비용의 절감이라는 결과로 나타난다. 또한 하역의 합리화나 하역시간의 단축은 수송기관의 효율적인 운용도 가능하게 하고 인력하역의 해소는 작업조건의 개선이나 인력하역에 의한 화물의 파손이나 착오를 감소시키게 된다. 그리고 단위화물로서 취급하므로 분실 등의 화물사고나 검수 등 물류관리 합리화의 효과가 있다.

그러나 반면에 Unit Load System의 문제점으로는「파렛트 · 컨테이너 등의 운용관리」,「수송기관이나 화물의 적재효율」,「파렛트 · 컨테이너나 관련시설의 구입자금」등의 조정과 검토가 필요하다. 특히, 이중에서도 운용관리의 문제는 Unit Load System의 성패에 영향을 주게 되므로 왕복 수송기간, 도착지 체류기간 등「시간적 요인」과 출하, 회수파동, 출발 도착 수송수량의 불균형 등「편차적요인」더구나 분실, 무단사용, 수리등「관리요인」등과 같은 복잡한 형태로 나타나게 된다. 이 문제는 파렛트 · 컨테이너의 회수제도나 빈 파렛트나 컨테이너를 회송하는 운반비의 부담과 필요보유수 · 운용범위의 조정 등에 대한 검토가 필요하게 된다.

(2) Unit Load System의 효과

1) 인건비의 절감

파렛트화나 컨테이너화에 따라 하역작업이 각종 장비에 의해서 기계화가 되므로 많은 인력이 절약 된다.

2) 물동량 흐름의 Speed화

하역단위가 대형화되어 인력하역작업단위인 20~30kg과 비교하면 수십배의 빠른 속도로 하역이 가능하므로 물동량의 유통속도가 빨라지게 되어 물류비용의 절감과 물류생산성이 향상된다.

3) 작업의 표준화

표준화된 단위로 포장, 하역, 수송, 보관되므로 물류의 전과정에 있어서 작업의 표준화가 가능하게 된다. 또 재고파악이 용이하고 유통과정의 서류수속을 간소화할 수 있다.

4) 이용의 공동화

표준화된 물류시설 및 장비를 공동이용함으로써 비용절감, 제품 및 서비스의 안정공급등이 향상될 수 있다.

5) 수송장비의 효율적인 이용

트럭이나 철도화차, 컨테이너, 선박 등 수송장비에 상·하차작업이 신속하게 이루어지므로 하역작업 대기시간이 대폭 단축되어 수송장비들의 운행시간이 늘어난다. 따라서 수송비의 절감과 수송장비의 운행회전율이 향상된다.

6) 포장비용의 절감

물동량을 단위화된 크기로 작업하므로 포장의 간이화가 가능하게 되고 인력작업과 비교하여 포장자재 비용의 절감이 가능하게 된다.

7) 물류장비 및 시설 활용증대

물동량을 단위화함으로써 각종 운반하역장비, 보관시설, 포장기계의 이용이 가능하게 된다.

8) 공간활용 증대

물동량을 표준화된 단위로 규격을 설정하게 되므로 창고내부 적재공간의 효율을 향상시킬 수 있고 수송장비 적재함의 적재효율을 제고시킬 수 있다.

4. 물류 Module 시스템의 추진방안

(1) 물류모듈의 설정

물류표준화 체계의 근간이 되는 것이 물류Module이다.

물류Module이란 물류시스템을 구성하는 각종 요소인 화물의 Unit Load 및 이 Unit Load에 대한 하역·운반기기·기계, 트럭, 철도화차, 컨테이너, 선박 등 수송을 위한 장비, 보관용 기기나 시설 등의 치수나 사양에 관한 기준척도와 대칭계열을 말한다. 즉 물류시설이나 장비들의 규격이나 치수가 일정한 배수(倍數)나 분할관계로 조합되어 있는 집합체로서 물류표준화를 위한 기준치수들이다. 물류Module의 치수구조를 보면 Unit Load의 최대허용치수(Maxium Plan View Size) 1,140㎜×1,140㎜를 기준으로 하여 배수(倍數)계열 치수들은 컨테이너 내부치수, 트럭적재함 치수, 보관용 랙규격과 창고의 천정높이, 기둥간격, 점포의 진열대규격, 운반·하역장비의 규격 등이 있으며 UNIT LOAD의 Net Unit Load Size를 기준으로 하는 분할계열치수인 포장단위치수들이 있다.

Unit Load System 의 효율화를 도모하기 위한 물류 Module은 물류 전반을 통하여 치수의 정합화를 구축할 수 있도록 포장치수의 표준화, Unit Load 치수의 표준화, 컨테이너·트럭의 적재함규격의 표준화, 하역·보관기기의 표준화, 보관시설, 수송시설, 점포 등의 표준화가 이루어져야 한다.

물류 Module 치수의 기본치수는 Unit Load 치수가 된다. 이 Unit Load 치수에는 실제물동량의 치수로 평면치수인 Net Unit Load Size(NULS)와 포장단위들을 하나의 집합체로 구성할 때 돌출부나 변형을 포함한 밑면과 수직인 4개 면의 간격인 입체면으로부터 설정되는 Plan View Size(PVS) 등의 2종류 Unit Load규격이 있다. 정방형규격으로서 가로x세로를 1,140㎜×1,140㎜로 하고 허용공차를 −40㎜로 한다.

(2) 분할포장 모듈 시스템

물류Module System에서 분할체계는 포장단위의 치수 Module System이다. 이는 KS A 1002(포장의 표준치수)로 제정되어 있다.

그림Ⅵ-2 포장 모듈치수 일람표(1,100×1,100㎜)

번호	길이×폭(㎜)	1단 적재수	적재효율(%)	번호	길이×폭(㎜)	1단 적재수	적재효율(%)
1	1100×1100	1	100	36	458×213	3×4	96.7
2	1100×550	2	100	37	450×325	2×4	96.7
3	1100×366	3	99.8	38	450×216	3×4	96.4
4	1100×275	4	100	39	440×330	2×4	96.0
5	1100×220	5	100	40	440×220	3×4,2×5+2	96.0
6	733×366	4	88.7	41	412×343	2×4	93.4

번호	길이×폭(㎜)	1단 적재수	적재효율(%)	번호	길이×폭(㎜)	1단 적재수	적재효율(%)
7	711×388	4	91.2	42	412×275	2×4 + 0	93.6
8	687×412	4	93.6	43	412×229	3×4	93.6
9	687×206	2×4	93.6	44	388×355	2×4	91.1
10	660×440	4	96.0	45	388×237	3×4	91.2
11	660×220	2×4	96.0	46	366×366	3×3	99.6
12	650×450	4	96.7	47	366×275	3×4	99.8
13	650×225	2×4	96.7	48	366×244	3×3	95.9
14	641×458	4	97.1	49	366×220	3×5	99.8
15	641×229	2×4	97.1	50	343×206	2×2×4	93.8
16	628×471	4	97.8	51	330×220	2×2×4	96.0
17	628×235	2×4	97.6	52	325×225	2×2×4	96.7
18	611×488	4	98.6	53	320×229	2×2×4	96.9
19	611×244	2×4	98.6	54	314×235	2×2×4	97.6
20	600×500	4	99.2	55	305×244	2×2×4	98.4
21	600×250	2×4	99.2	56	300×250	2×2×4	99.2
22	576×523	4	99.6	57	300×200	(2+3)×4	99.2
23	576×261	2×4	99.4	58	298×220	3×5×3	95.2
24	550×550	2×2	100	59	288×261	2×2×4	99.4
25	550×366	2×3	99.8	60	275×275	4×4	100
26	550×275	2×4	100	61	275×220	4×5	100
27	550×220	2×5	100	62	275×206	4×4 +5	98.3
28	523×288	2×4	99.6	63	250×200	2×3×4	99.2
29	500×300	2×4	99.2	64	244×203	2×3×4	98.2
30	500×200	3×4	99.2	65	235×209	2×3×4	97.4
31	488×305	2×4	98.4	66	229×213	2×3×4	96.7
32	488×203	3×4	98.2	67	229×206	2×3×4+1	97.4
33	471×314	2×4	97.8	68	225×216	2×3×4	96.4
34	471×209	2×4	97.6	69	220×220	5×5	100
35	458×320	2×4	97.9				

이 치수들은 1,140㎜×1,140㎜인 Unit Load Size−40㎜공차를 뺀 1,100㎜×1,100 ㎜(일관수송용 표준파렛트 규격)을 정수(1, 2, 3, 4, 5, …)로 분할한 수치들로서 T−11 형 표준파렛트를 사용하는 것을 전제로 하여 설정되어 있다. 즉 이들 치수들은 1,100㎜ 를 어떤 정수로 나누거나 가로와 세로의 치수들을 합산하여 1,100㎜가 되는 숫자들이며 포장 Module치수들은 이들을 조합하여 만들었다. 우리나라 표준파렛트인 T−11형에 맞는 기본치수는 표 Ⅵ−2 와 같다.

(3) 배수 물류 모듈 시스템

Unit Load Size(1,140mm×1,140mm)를 기준으로 하고 최대허용공차 40mm를 인정하고 있는 Plan View Unit Load Size가 하나의 기본단위이다. 이를 배수로 하여 물류시설이나 장비들의 표준치수들을 설정하고 있다. 여기서는 표준파렛트의 규격과 트럭의 적재함 규격, 그리고 컨테이너 규격의 배수 Module System을 설명하고자 한다.

육로수송의 주요장비가 되고 있는 8톤, 11톤 대형트럭의 적재함 폭은 2,340mm 이다.

Unit Load Size가 1,140mm이며 표준파렛트의 규격이 1,100mm로 이들 트럭의 적재함에 2열로 적재될 수 있도록 설계되어 있는 것이다. 8톤 트럭에는 표준파렛트가 12매(6매×2열), 11톤 트럭에는 16매(8매×2열)가 적재되도록 물류 MODULE에 있어서 배수관계가 정립되어 있다.

해상용컨테이너는 ISO표준규격으로서 현재 국제교역물동량의 주된 물류장비로 활용되고 있다. 컨테이너 내부치수의 폭이 2,330mm이므로 Unit Load Size 1,140를 2열로 적재할 수 있도록 되어 있다. 따라서 평면적으로 20Feet 컨테이너에는 10매(5매×2열), 40Feet 컨테이너에는 20매(10매×2열)가 적재되며 높이로 2단을 쌓는 경우 20Feet 컨테이너에는 20매, 40Feet 컨테이너에는 40매가 적재된다.

5. Container-Pallet Pool System의 구축방안

(1) 컨테이너-파렛트 풀 시스템[4] 도입의 필요성

우리나라에서는 플라스틱 박스(컨테이너)와 파렛트를 공장 내에서 원자재나 제품을 담는 단순용기나 보관시 깔판이나 하역작업시 받침대로만 사용하고 있을 뿐, 화물의 수송시 일관수송용으로 사용되지 못하고 있다. 그러므로 컨테이너/파렛트의 가장 중요한 기능인 일관컨테이너화/파렛트화 되어 유통과정 전반 경로인 생산공장으로부터 최종 소비자에까지 순환 사용되지 않고 공장·창고 등의 극히 한정된 부분공정 사용에만 그치고 있는 실정이다. 그 주요한 이유로서는

① 컨테이너/파렛트의 비표준화,
② 공 컨테이너/파렛트 회수 불가능,
③ 물동량 변동에 따른 컨테이너/파렛트수급불균형

등으로, 이러한 장애요인을 일시에 해결하여 주는 컨테이너 파렛트 풀 제도 도입이야 말로 가장 시급한 과제이다.

물류의 시스템화를 추진하기 위한 가장 기본이 화물의 단위화(Unit Load화)이며, 이 단위하중의 하역을 위한 최적수단이 컨테이너와 파렛트이다. 그러므로 수시로 변동하는 물동량, 장거리 공컨테이너와 파렛트 회수등 문제에 대처하여 하주로 하여금 가장 능률

---

4) 윤문규, "물적유통의 이론과 실제", 1985.

적, 경제적 컨테이너/파렛트사용이 가능토록 하는 것이 컨테이너/파렛트 풀 제도이다.

컨테이너/파렛트를 다량 보유하고, 전국적인 컨테이너/파렛트 집배(Depot)망을 갖고, 화주에 컨테이너와 파렛트를 공급, 공컨테이너/파렛트 회수를 맡고 있는 컨테이너/파렛트 풀제도를 도입하여 컨테이너/파렛트가 필요할 때, 필요한 장소에서 공급받고, 일관컨테이너화/파렛트화 사용후 불필요한때 불필요한 장소에서 반납하도록 하는 것이 가장 효율적이다.

그러나 자기소유 컨테이너/파렛트를 사용하는 하주인 경우, 년중 최대 화물량에 필요한 컨테이너/파렛트를 보유함으로써 유휴 컨테이너/파렛트 증가 및 이들의 관리 · 수리는 물론, 공컨테이너/파렛트 회수가 불가능하여 일관컨테이너화/파렛트화가 실현될 수 없는 바, 이러한 장애요인을 제거하여 가장 능률적이고, 경제적인 물류 시스템화의 기본이 되는 컨테이너/파렛트 풀 제도이므로 이의 도입을 서둘러야 할 때이다.

(2) 컨테이너-파렛트 풀 시스템의 의의와 공공성

컨테이너/파렛트 풀 시스템(Container-Pallet Pool System : 이하 "PS"라함)은 컨테이너/파렛트의 규격, 치수 등을 표준화하여 상호 호환이 되도록 함으로써 컨테이너/파렛트를 공동으로 이용하도록 하여 물류의 합리화와 물류비의 절감에 기여하고자 하는 제도이다.

컨테이너/파렛트의 교환성을 증가시키기 위해서는 일정한 규격의 컨테이너/파렛트를 Pool System(공동이용제도)하에서 관리 · 운영하여야 하며 풀 시스템에서는 일관컨테이너화/파렛트화가 원활히 이루어지도록 하여 화주나 유통업자의 부담을 경감시키는데 그 목적이 있다.

그러나 PS를 도입했을 때 우려되는 것은 공공의 것을 소중히 생각하지 않는 국민성도 문제가 된다. 풀컨테이너/파렛트라고 해서 자기소유의 컨테이너/파렛트 보다 거칠게 다루고 관리를 등한히 하는 현상이 나타나고 있으며 상태가 나쁜 컨테이너/파렛트만을 반납하여 PS의 운영주체에 커다란 부담을 주게 된다면 결국 PS는 도태되고 말 것이다. 여기서 PS의 사회적 공공성을 깊이 인식하여 컨테이너/파렛트를 공동으로 이용하기 위한 공동의 협력이 필요할 것이다.

PPS용 파렛트(표준규격)

CPS용 컨테이너(표준규격)

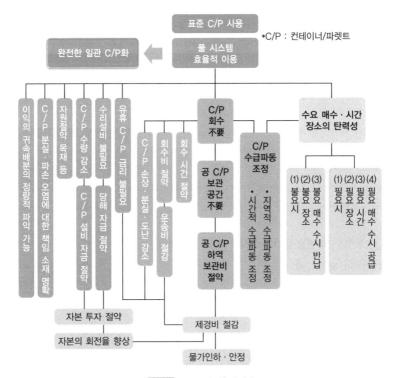

그림Ⅵ-4 풀 시스템 이용의 장점

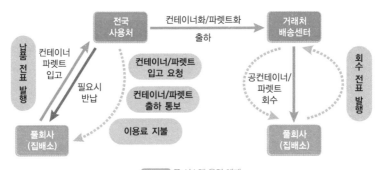

그림Ⅵ-5 풀 시스템 운영 체계

(3) 컨테이너-파렛트 풀 시스템의 장점

1) 컨테이너/파렛트의 장거리 회송이 불필요하다

자기 소유의 컨테이너/파렛트로 일관컨테이너화/파렛트화를 실시하게 되면 가장 큰 애로가 되는 것은 도착지에서 공컨테이너/파렛트가 발생하게 되면 발송지로 회수하여야 하고 이때, 장거리 회수운임이 들고 회수하려면 수송단위가 될 때까지 기다려야하므로 소요일수가 길어져 컨테이너/파렛트 비용이 많이 들게 된다. 이러한 장거리 컨테이너/파렛트 회수의 문제점을 해결하게 되는 것이 풀시스템의 주요한 임무이다. 풀 시스템은 전국 각 지역에 집배소를 설치하여 운영하고 있으므로 필요한 지역의 공장에서 컨테이너/파렛트를 공급받아 제품과 함께 수송한 후 거래처나 배송센터에서 빈컨테이너/파렛트를 반납할 수 있으므로 장거리 회수문제를 해결하게 된다.

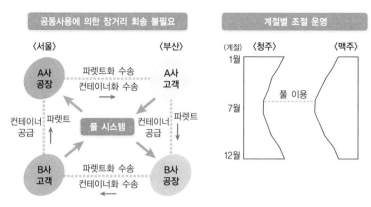

그림Ⅵ-6 풀 시스템 지역 및 계절 운영

2) 계절적이고 일시적인 수요에 대처할 수 있다.

모든 기업의 물동량은 항상 변동하고 있다. 따라서 계절적이고 일시적인 컨테이너/파렛트 수요에 자사 컨테이너/파렛트로 대응하는 것은 불필요한 경우에도 많은 공컨테이너/파렛트를 보유하고 보관하게 되어 엄청난 비용낭비를 하게 된다. 따라서 필요할 때에 풀 시스템에서 공급받고 불필요할 때 반납하는 풀 시스템을 이용하게 되면 컨테이너/파렛트 비용을 대폭 절감할 수 있게 된다.

3) 컨테이너/파렛트 회수관리의 어려움을 해소할 수 있다.

컨테이너/파렛트는 물동량과 함께 전국 각지로 분산되어 발송하게 되고 여러 종류의 컨테이너/파렛트가 혼합되어 사용되는 경우에 컨테이너/파렛트 구입자나 사용자 또는 무단사용 등의 이해관계로 다툼이 발생하게 되며 회수단위가 소량이 되어 회수가 곤란하게 되고 컨테이너/파렛트 선별 등 수많은 어려운 문제를 야기시키게 된다. 전국적인 풀 시스템을 통하여 컨테이너/파렛트를 공동으로 이용하게 되면 풀 시스템 회수 NETWORK에서 이 문제를 해결할 수 있다.

4) 환경오염의 문제를 해결할 수 있다.

컨테이너/파렛트 풀 시스템은 1회용 포장재 및 폐기물 발생으로 야기되는 환경오염의 문제를 반복사용과 공동사용에 의하여 이러한 쓰레기 발생을 억제함으로써 환경보전에 기여하게 된다.

(4) 컨테이너-파렛트 풀 시스템 운영시 문제점과 대책

1) 컨테이너-파렛트 풀 시스템 운영시의 문제점

컨테이너/파렛트 풀 시스템 운영시 가장 크게 문제되는 것은 표준파렛트 보급의 지연과 포장용기의 비표준화로 인한 일관수송시스템이 이루어지지 않고 있기 때문이다.

일관수송이 이루어지지 않는 그 주된 문제점을 살펴보면 표 Ⅵ-3 과 같다.

2) 향후 대책

일관수송시스템이 이루어지지 않는 주된 요인은 컨테이너/파렛트의 비표준화와 표준화 보급의 지연이라 할 수 있다. 따라서 표준컨테이너/파렛트의 보급을 위한 대책이 필요하다.

표 Ⅵ-3 일관컨테이너화/파렛트화의 저해요인과 도입과제

저 해 요 인	과 제
컨테이너/파렛트의 회수가 어렵다. 공컨테이너/파렛트의 반송에 비용이 든다.	컨테이너-파렛트 풀 시스템의 이용 컨테이너-파렛트 회수시의 운임할인제도
하역장소에 지게차 등의 하역장비가 없다.	저금리융자, 조세감면 등의 금융, 세제 지원정책 확립
파렛트 부피 만큼 적재효율이 저하된다.	일관컨테이너-파렛트화시의 운임할인제도
컨테이너-파렛트단위의 제품출하가 가능하지 않다. 차량적재함이 표준파렛트를 적재시 적재효율 저하	공동수송화 및 트럭 적재함의 광폭화
화물의 붕괴가 발생한다.	화물붕괴 방지책의 개발
파렛트 무게 만큼 과적문제가 발생한다.	표준파렛트(T-11형)에 한하여 파렛트 중량을 적재중량에서 공제
컨테이너-파렛트를 수송용에 사용하면, 필요 컨테이너 및 파렛트 매수가 대폭 증가한다.	컨테이너-파렛트 풀 시스템 이용 금융, 세제 지원정책의 확립
제품의 종류가 다양해서 수송용으로 컨테이너, 파렛트를 사용하기가 곤란하다.	제품의 규격화, 포장의 모듈화
거래처와의 관계를 고려할 때, 표준 컨테이너-파렛트 사용은 가능하지 않다.	업계 또는 협회단위의 이용 및 홍보
표준컨테이너-파렛트를 모른다.	표준컨테이너-파렛트 홍보
컨테이너-파렛트 수송을 해도 당사에 직접적인 이익이 없다.	일관컨테이너-파렛트화의 경제적효과 홍보

[표준컨테이너/파렛트 보급을 확대하기 위한 방안]

① UNIT LOAD SYSTEM 통칙의 제정

표준파렛트 T-11형의 보급을 확산시키기 위한 정부정책 중에서 표준파렛트와 직접 관련이 있는 물류시설이나 장비들을 정합성이 있도록 1,100㎜×1,100㎜규격의 표준파 렛트에 맞는 물류시스템을 구축하기 위한 표준화체계를 조성할 수 있는 효과적인 방안 이다.

지금까지 제정되어 있는 물류관련 KS규격들이 일관성이 있도록 1,100㎜×1,100㎜ 의 표준 파렛트에 정합성 있는 표준규격으로 제시되지 못하여 개별적인 규격으로 제 정되어 있는 바, 이들 여러 규격들을 T-11형 표준파렛트에 맞도록 충합적인 규격을 UNIT LOAD SYSTEM통칙으로 규격을 제정할 필요가 있다.

〈일본의 경우〉

물류표준화에 있어 구미선진국에 비교하면 상대적으로 뒤져 있는 일본으로서 정부차 원에서 본격적으로 물류표준화를 추진하기 위하여 3년여에 걸쳐 민관추진위원회의 연 구 및 준비기간을 거쳐 1995년 1월 1일부로 JIS규격으로 제정하여 공포한 물류표준화 기본규격이다.

② 파렛트 화물 요율체제의 조정

물류요율체제 중에서 중심이 되는 수송운임, 하역요금, 창고보관료 등을 표준파렛트 를 이용하는 물동량에 대하여 유리하게 하도록 하여 각 기업으로 하여금 표준파렛트를 이용하도록 유도하기 위한 방안이다.

T-11형 표준파렛트에 적재되어 있는 물동량에 대한 운임, 하역료, 보관료 등의 요 금체계를 초창기에는 기준요금보다 10% 정도 할인하여 주도록 요금을 차등 설정하도록 한다. 표준화율이 50% 이상 진전된 후에는 표준파렛트화 되지 않은 물동량에 대하여 반 대로 10% 정도 할증하도록 요율을 차등 설정하도록 한다. 이 경우에 필요한 사항으로는 물류업자인 운송회사, 하역회사, 창고회사가 할인하여 준 매출부분에 대하여는 세제혜 택의 조처가 당연히 필요하다.

파렛트화로 작업이 기계화되는 물동량은 하역작업을 신속하게 할 수 있어 성력화의 효과가 90%에 이르고 창고 보관시에 보관효율을 제고시키고 입출고 작업에 있어 시간 과 인력이 감축된다. 아울러 상하차 작업이 신속하게 이루어져 트럭의 대기시간이 단축 되어 수송장비의 가동효율을 대폭 향상시킬 수 있다.

ㄱ. 대상 물류요율
- 트럭 운임
- 선박의 접안료
- 창고 보관료
- 항만이나 창고 기타 작업장에서의 하역요금

ㄴ. 실시방안
- 대상물류요율을 표준파렛트화 물동량인 경우 10% 할인하여 주도록 한다.
- 따라서 표준파렛트를 사용하는 물동량과 사용하지 않은 물동량간의 물류요율 체계에 있어서 차등화를 실시하도록 한다.
- 물류업자(운송회사, 영업창고회사, 하역회사)에 대하여 표준파렛트 물동량에 대한 할인된 매출액에 대한 법인세 감면 혜택을 준다.

ㄷ. 트럭적재함의 표준화(중형 4~5톤 트럭)

국내에서 사용되는 트럭적재함의 규격이 대형트럭인 8톤, 11톤의 경우에는 ISO콘테이너와 같이 폭의 칫수가 2,350㎜로서 T-11형 1,100㎜×1,100㎜ 표준파렛트가 2열로 적재될 수 있도록 정합성을 갖고 있다. 그러나 중형트럭(4~5톤)과 소형트럭(1~2톤)의 적재함의 치수는 T-11형 표준파렛트와 정합성이 없어 2열로 적재가 불가능한 실정이다.

따라서 단기대책으로서 우선 4~5톤급 중형트럭의 적재함의 폭의 내치수를 현재의 2,100㎜~2,120㎜에서 230~250㎜ 정도를 넓혀 2,350㎜의 광폭으로 제작되도록 하여 T-11형 표준파렛트가 2열로 적재될 수 있도록 표준화를 추진 할 필요가 있다.

ㄹ. T-11형 파렛트 중량을 적재중량에서 공제

도로주행차량의 과적단속기준이 되는 축중량에서 표준파렛트의 중량을 공제하여 주는 방안이다. 8톤 트럭의 경우 T-11형 표준파렛트 12매, 11톤 트럭의 경우 16매가 적재되는 바, 이들 파렛트의 중량을 전체 중량에서 제외하도록 한다.

공제중량으로는 8톤 트럭의 경우 12매×50kg=600kg, 11톤 트럭의 경우 16매×50kg=800kg으로 2원화하는 방안과 단일화하여 700kg을 공제하는 방안이 있다.

ㅁ. 표준컨테이너-파렛트 구입금액에 대한 세제혜택

각 기업에서 사용하는 T-11형 표준파렛트 및 표준컨테이너의 구입금액에 대하여 세제혜택을 주어 물류표준화를 촉진하는 방안이다. 세제혜택 방안으로는 조세감면규제법 제26조에 투자세액 공제대상으로 ⓐ 에너지절감 대상시설 ⓑ 공해방지시설 ⓒ 유통근대화시설 등이 현행제도인 바, 이들 항목 이외에 표준컨테이너-파렛트(T-11형)를 추가하여 국산시설의 경우 투자금액의 10%를 법인세 과세표준에서 공제하도록 한다. 단, 현행법상 법인세율이 과세표준 1억 원 이하인 경우 과표의 18%, 1억 원 이상인 경우 과표의 32%이며, 공제금액이 클 경우에도 최저 과표의 12%는 반드시 법인세를 부과하도록 하고 있다.

〈대상 업체〉
화주기업과 운수 · 창고업 · 파렛트 풀 회사 등 물류업체

ㅂ. 물류표준화 설비개조 비용에 대한 지원제도[5]

---

5) 「물류표준마크제도 도입방안 연구」 1997.

기존으로 각 기업이 가지고 있는 자동창고나 PALLETIZER, 하역장비 등이 T−11형 파렛트나 표준 컨테이너에 적합하지 않는 것이 일반적인 현상이다. 따라서 T−11형 표준파렛트 및 표준컨테이너의 보급을 확산시키기 위하여 이들 시설이나 장비들을 개조하려고 하는 경우에 발생하는 소요자금에 대하여 정책금융으로 지원을 하여 이를 표준화설비로 전환하도록 해야 한다.

〈대상 품목〉
- 자동창고의 RACK과 CONVEYOR설비
- PALLETIZER
- PALLET TRUCK
- 포장기계
- 트럭의 적재함
- 창고시설

〈실시 방안〉
- 일본의 운수성이나 통산성이 지원하고 있는 바와 같이 장기저리 금융지원을 한다.
- 설비개조비용에 국한하되 융자비율 50% 금리 연 6%로 한다.

ㅅ. 홍보 · 계몽활동 및 포장제도 도입

현재 표준컨테이너−파렛트가 보급되고 있지 않은 이유는 각 기업차원의 입장에서 개개기업의 시설이나 장비, 포장규격에 맞추어 물류시스템을 구축하고 있기 때문이다. 임금의 급격한 상승으로 물류부문의 자동화도 급격히 확산되고 있는 추세인 바, 만약 이를 방치할 경우에는 우리나라의 물류시스템은 경쟁력이 떨어지는 상황에 직면할 것이다. 이를 정부차원이나 국가차원에서 각 기업에 홍보 · 계몽활동을 조직적으로 전개해 나가야 한다.

특히, 표준컨테이너−파렛트를 산업계에서 이용하도록 유도하기 위한 홍보 · 계몽활동을 강화하도록 한다. '95년도에 실시한 대한상공회의소를 활용한 물류표준화 팜플렛과 지침서의 계속적인 배포와 함께 '96년도에는 홍보영화 및 VTR FILM을 제작하여 각 기업에 배포하고 매스컴을 이용하여 홍보하도록 한다. 또한 각 지역의 상공회의소 조직을 활용하여 물류 관련공무원과 물류전문가들을 동원하는 물류표준화 및 컨테이너−파렛트표준화의 필요성을 강조하기 위한 순회설명회를 실시하도록 한다.

현재 시행되고 있는 (사)한국물류협회의 물류대상(대통령상)을 지속적으로 물류표준화와 컨테이너−파렛트표준화에 선도적인 기업에 포상을 실시하여 동기부여를 줄 수 있도록 한다.

(5) 풀 시스템에 의한 계량적 효과산출

1) 파렛트 풀 시스템에 의한 표준파렛트 보급 확대에 따른 기대효과

① 표준파렛트 보유 규모 확대

〈기본 규제〉
- '95~2000년간 파렛트 증가율 연평균 20% 가정
  - '95년 신규증가는 650만 매
  - 향후에도 신규 수요 증가에 따라 지속적인 빠른 증가세 예상
- 표준화에 따른 파렛트 절감효과 30% 가정
  - 표준화 → 호환성 확보 → 공동활용에 따른 파렛트 절감

〈표준파렛트 보유확대〉 (단위 : 만 매)

		1995	1996	1997	1998	1999	2000
PPS 부재시	신규 수요	650	770	900	1,040	1,210	1,420
	파렛트 보유	4,400	5,280	6,336	7,603	9,124	10,949
추진시 PPS	신규 수요	–	539	630	728	847	994
	파렛트 보유	4,400	4,939	5,569	6,297	7,144	8,138
	표준 파렛트	1,262	1,801	2,431	3,159	4,006	5,000
	표준화 율	28%	36%	43%	50%	56%	61%

② 표준화 효과

ㄱ. '95~2000년간 총 효과 : 14조 8천억 원
- 공동화 효과 : 5,300억 원(3.6%)
- 일관수송효과 : 12조 7,144억 원(85.7%)
- 파렛트풀효과 : 1조 5,893억 원(10.7%)

ㄴ. 2000년 한해 효과 : 4조 1,778억 원 (단위 : 억 원)

	1995	1996	1997	1998	1999	2000
공동화 효과	594	693	710	936	1,089	1,278
일관 수송 효과	9,086	12,967	17,503	22,745	28,843	36,000
파렛트 풀 효과	1,136	1,621	2,188	2,843	3,605	4,500
총 효 과	10,816	15,281	20,401	26,524	33,537	41,778

③ 제조업 매출액 대비 개선효과

– '96년 0.5%에서 2000년 1.0%로 증가

(단위 : 조 원)

	1995	1996	1998	2000
제조업 매출액(A)	255.4	297.9	347.5	405.3
물류비 절감액(B)	–	1.5	2.7	4.2
(B)/(A)	–	0.5%	0.8%	1.0%

※ 주 : 매출액 신장율은 연평균 8%로 가정

2) 컨테이너 풀 시스템에 의한 기대효과

① 컨테이너 풀 대상물동량

(단위 : 천 매)

	1998년	1999년	2000년	비 고
전국 물동량(A)	23,760	28,510	34,210	공산품 기준
컨테이너 풀 물동량(B)	750	1,500	3,000	
컨테이너 풀 표준화물동량(C)	300	800	2,050	적재효율 98% 이상
컨테이너 풀 자체표준화율(C/B)	40%	53%	68.3%	

② 기대효과 : 연간 27,793백만 원

구 분		사업 효과 금액	산출 근거
물류비 절감	하역비 절감	36,000원 (연간, 매당)	① 기업의 평균 하역회수를 6공정으로 함 ② 하역공정당 1파렛트 물동량의 컨테이너 인력 하역 작업비 1000원/톤, 기계작업시 500원/톤으로 함 ③ 물동량을 연간 12회전으로 함 500원/톤×6공정×12회전=36,000원/연, 매
소 계(A)		36,000	
컨테이너 비용 절감	컨테이너 수량 감축 (B)	667원 (연간, 매당)	① 매당 평균 구입단가 : 4,000원/매 ② 내구연한 : 3년 ③ 자사 컨테이너 사용할 때 보다 컨테이너 풀 시스템 이용할 때에는 소요수량의 50% 감축 가능 ④ 컨테이너 수량감축 효과 4,000원/매×0.5÷3년=667원/연, 매
	회수 관리비 (C)	840 (연간, 매당)	① 회수비용 절감 자사 컨테이너 사용할 때 장거리 회수운임 200원/매를 컨테이너 풀 시스템 단거리 회수운임 130원/매로 매당 70원 운임 절감 ② 연간 컨테이너 12회전 ③ 회수관리비용 절감 ④70원/회×12회=840원/연,매
소계 (B+C)		1,507	

구 분	사업 효과 금액	산출 근거
총계(A+B+C)	37,057 27,793백만원	연간 매당 절감 금액 연간 총절감 금액(37,057원×750,000매)

6. 물류합리화 실천사례

(1) 일본 식품업계 파렛트 공동이용시스템 구축[6]

1) T-11형 파렛트 공동이용연구회의 개요

① 결 성 : 1990년 12월

② 구성원 : 아지노모토(주), 아지노모토 제네랄후드(주), 가네보(주), 포카코퍼레이션, UCC(주) 외 7개사로 시작하여, 현재는 日淸製油(주), 네슬레(주), (주)일본산가리아, (주)尹藤園이 가입하여 11개사가 되었다.

③ 사무국 : 일본파렛트렌탈(주) (이하 "JPR(주)")

④ 연회비 : 120,000円(엔)

⑤ 운영회의 : 매월 1회, 수시로 부회 개최

⑥ 사업내용 : 회원각사가 도매점 등 거래처에 상품납품시 사용한 JPR렌탈 파렛트를 공동으로 회수한다.

⑦ 조 직 : 사무국-JPR[7], 운영위원회-8개사

2) 연구회 발족 배경

도매점 등 거래처에는 각사가 자사 파렛트를 사용하여 상품을 납품하고 있지만 이 파렛트의 회수가 잘 되지 않을 뿐만 아니라 회수율은 80% 정도 불과하고 도매점에서는 회사 구분 없이 쌓여 있어 자사 파렛트의 회수가 어렵다. 이 상황을 해결하기 위하여는 납품메이커의 파렛트를 1종류로 하여 공동으로 회수하는 방법을 보다 구체적으로 계획하기 위해서 연구회를 결정하였다.

3) 공동회수 방안

각사가 도매점에 납품한 파렛트의 매수는 사무국(JPR)만 알고, 어떠한 경우에도 타사가 알 수 없도록 하였다. 또 파렛트 회수는 JPR 렌탈파렛트만으로 제한하기로 하였다. 파렛트의 체류일 추정은 재고 회전일수로 부터 추정하였고, 공동회수 시작 후 회원을 늘려 취급 파렛트 수를 늘리면 체류일수는 짧아진다고 하는 전술론적 의미와 현재도

---

6) 대한상공회의소, 「물류표준화 가이드」, 1994.

7) 일본내 파렛트풀시스템 전문 운영회사 참사무국-JPR의 주석임.

자사에서 회수하기까지는 체류기간이 있어 같다는 관점에서 일정 일수는 납품측이 부담하고 그 일수를 넘길 경우는 JPR에서 부담키로 하였다.

연구회조직을 유지하기 위하여는 파렛트의 납품과 회수 수량관리를 철저히 할 필요가 있었고, 그 때문에 파렛트를 상품과 같이 생각하는 것이 필요하였다. 따라서 도매점측 납품시점에 수령인을 받는 것은 절대요건으로 하였다. 참가회원은 단지 식품업계만이 아니라 전체업계의 기본적인 문제로 인식하게 되어 업계를 뛰어넘어 발전시킬 것을 목표로 하게 되었다. 또 일관파렛트화를 달성하는 데에는 파렛트의 확실한 회수는 불가결하였다.

먼저 동 연구회에 관하여 설명회를 행하였다. 그 후 협회위원회 회원의 점포를 대상으로 T-11형 파렛트 공동이용연구회(이하 "研究會"라 함) 각사의 파렛트 배송실적을 사무국에 제출하여 사무국에서 테스트대상의 도매점을 선정하였다. 기초 파렛트 1매당 회수비용을 산출하였지만 초기는 예상보다도 쌌다. 그러나 장래에 회수점포의 숫자를 늘려 밀도를 높이고, 회수매수를 증가시키면 1매당 100엔도 가능하다고 판단하였다. 회수방법은 정기회수와 수시회수(일정수의 공파렛트가 모이면 회수연락을 도매점으로부터 받아서 회수)방식을 채택하여 9개 점포를 대상으로 한 테스트결과 정기회수를 원칙으로 하며 회수차량은 4톤 차의 경우는 광폭차량으로 결정하여 회수효율을 높이는 것으로 하였다. 수량관리는 수령서에 서명을 받았고 단지 도매점 측과 메이커 측에서 출하(=수령) 수량에 차이가 발생하는 경우가 있지만 그 원인은 도매점측 뿐만 아니라 메이커 측의 출하수량 관리가 부정확한 데에도 원인이 있었다.

체류일수는 예상대로 15일 이상 체류하는 결과가 발생하였지만 이것은 금후 확대하는 과정에서 해결될 것으로 판단하였다. 1992년에는 제1단계로 16개점을 확대하여 25개 점포로, 1993년에는 제2단계로 32점을 확대하여 57개 점포로, 1994년에는 제3단계로 대상지구를 관동까지 확대하여 100개점을 목표하고 있다. 관서지역은 1993년 10월 대상점포 27개점으로 시작하여 현재는 35개 점포에서 월간 약 4,000매의 파렛트를 회수하고 있으며 동해지역도 1994년 4월 대상점포 35개점에서 시작하여 현재는 40개 점포에 월간 약 4,000매의 파렛트를 회수하였고, 후꾸오까 지구는 1994년 10월 점포 10개점을 대상으로 출발하여 1,000매의 회수를 예상하고 있다. 전 업계가 참여하는 研究會(연구회)가 되기 위해 동해지역에서의 공동회수는 유통업계의 공동물류시스템인 프라넷트물류(주)이 담당하고 있고, 일용잡화업계(T-11형 파렛트가 주류)와도 공동회수를 시작할 예정이다.

또 회수율을 높이기 위해 각 지역을 2개로 나누어 2개사에 회수를 위탁하고 있다.

4) 시스템 개요

① **대상 파렛트** : JPR(주)의 T-11형 렌탈파렛트
② **납품보고** : 메이커는 공동회수대상 도매점에 파렛트로 납품한 경우 도매점에 수령인을 지정 전표에 받아 사무국에 연락한다.

③ **평균회수와 평균운임** : 납품한 시점에서 메이커는 회수까지의 도매점 체류일수분 (현재는 실적으로부터 평균일수를 산출하고 그 일수를 체류일수로 간주하고 있음) 을 부담함과 동시에 회수에 필요한 운임을 일괄하여 JPR(주)에 지불한다.(운임은 일정액)

④ **체류파렛트의 수량관리** : 메이커측의 납품정보와 사무국의 회수정보를 기초로 도 매점마다 실적표를 매월 작성하고, 도매점과 확인하여 차이가 있을 경우 수령서의 유무로 정보를 확정한다.

⑤ **회 수** : 도매점과 협의한 일자에 研究會(연구회)에서 정기회수를 담당하고 수령서 를 발행한다.

⑥ **위험부담과 정기재조정** : 평균회수에 동반하여 JPR에서는 미회수와 장기체류 가 발생할 경우 위험부담이 발생한다. 메이커 입장에서 보면 예정된 체류일수 보 다 빨리 회수되기도 하고, 효율적인 회수가 가능하게 될 경우에는 여분의 렌탈요 금이나 회수운임을 부담하게 된다. 따라서 정기적으로 렌탈요금과 회수운임은 재 조정한다. 현재의 회수율은 거의 100%이고, 미회수라고 하는 위험부담은 사실상 없다.

5) 기대효과

① 회수율(관동지역 회수결과)

항 목	93년 상반기	93년 하반기	93년 합계
출하파렛트	44,475매	37,531매	82,006매
회수파렛트	44,950매	37,005매	81,955매
회수율	101%	98.6%	99.9%

② 회수 비용

회수비용은 회수대상 점포의 증가나 정기적인 회수에 따라 100엔까지 줄일 수 있다. 동해지역에서는 대상점포가 집중되어 80엔까지 떨어졌다. 점포밀도와 회원증가로 비용 은 줄일 수 있을 것이다.

③ 체류 일수

93년 하반기 평균은 7~8일이다.

(2) 국내의 "PPS"도입 성공사례 -『경기화학(주)』

1) 회사현황

K사는 우리나라 대표적인 유기질 비료공급회사로서 지금까지 파렛트를 구내용으로 국한하여 사용하였으며 공장에서 비료출고시에는 Bag단위로 인력상차하여 수송하여 왔다. 그러나 최근 농촌지역의 일손부족으로 주거래처인 농협의 각 창고나 대리점의 하 치장에서 하차인력확보가 어려워지고 있어 이 문제점을 해결하기 위해 최근 생산라인에

자동포장기 파렛타이저 등을 설치하고 공장에서 각 주요거래처까지 일관파렛트화 추진을 검토해 왔었다. 그러나 공장구내용으로 현재 사용 중인 파렛트는 2톤용으로 2200㎜ ×1100㎜ 규격으로 너무 크고 수송용으로 사용하기에는 트럭적재함에 2열적재가 되지 않아 고민하고 있었다.

비료물동량의 성수기 비수기 재고량의 변동 폭이 크므로 성수기 3~4개월에 집중사용하고 비수기 8~9개월에는 타업종에서 사용할 수 있는 가장 사용범위가 넓은 T-11형(1100㎜×1100㎜)의 표준파렛트로 전환할 것을 검토한 후 거래단위는 농협 등과 협의하여 조정하고 포장(Bag)단위는 자동포장기의 설계를 변경하여 파렛트규격은 파렛타이저의 설계를 변경하는 등 자체 준비를 하고 파렛트 풀 시스템을 도입하게 되었다.

(2) 일관파렛트화의 필요성

① 현재의 문제점

공장 내에서 파렛트를 적재용으로만 사용하고 출고시 트럭에 상차시는 인력으로 적재하여 출고하고 있었고 하역시간은 2~3명을 기준하여 11톤 트럭 2시간 소요, 6톤 트럭은 1시간이나 소요되었다.

② 개선 방안

인력작업 문제의 해결을 위해서 작업방법은 표준파렛트에 적재후 대리점 및 농협창고까지 파렛트로 출고하였고, 그로 인해 하역시간이 작업인원 1~2명(지게차기사, 작업보조원) 으로 11톤 트럭에 지게차로 파렛트 상차시 20분 정도밖에 소요(1분/파렛트)되지 않았다. 따라서 파렛트풀을 이용한 파렛트 출고로 작업시간은 1/4로 단축되고 작업인원도 절반 이하로 줄일 수 있었다. 그리고 작업의 효율화, 제품의 회전율의 향상, 작업환경의 정비, 공장자동화, 보관효율의 향상 등으로 효율적인 물류관리를 할 수 있다.

(3) 파렛트 풀의 사용효과

① 구내사용 파렛트 수와 연간의 파동상황

월별	1월	2월	3월	4월	5월	6월	7월	8월	9월	10월	11월	12월	연간매수
상시 사용	6,000	6,000	6,000	6,000	6,000	6,000	6,000	6,000	6,000	6,000	6,000	6,000	72,000
PEAK 사용	27,000	18,000	9,000	4,000	-	3,000	-	1,000	6,000	8,000	13,000	25,000	114,000
계	33,000	24,000	15,000	10,000	6,000	9,000	6,000	7,000	12,000	14,000	19,000	31,000	186,000

동사의 통상파렛트 사용매수는 6,000매, 생산의 파동기인 12월~2월 최고 수요시에는 18,000~27,000매가 필요하다. 따라서 1년을 보면 PEAK시는 3개월 뿐이고 항상 33,000매의 파렛트를 보유하여야 한다는 것을 알 수 있다. 그래서 적어도 PEAK시만 렌탈 파렛트를 이용한다면 27,000매분(보유매수의 약 82%)의 파렛트 구입비와 수리유지비가 필요 없다. 그리고 보관을 위하여 필요한 공간을 유효하게 이용할 수 있으므로 2중 3중의 장점을 얻을 수 있다.

② 일관 PALLETIZATION에 사용되고 있는 매수와 연간 파동상황

월별	1월	2월	3월	4월	5월	6월	7월	8월	9월	10월	11월	12월	연간매수
사용수	4,900	20,000	22,000	26,000	20,000	17,000	13,000	8,000	9,000	13,000	10,000	15,000	177,900

파렛트의 경비를 산출할 경우 구내사용분과 파렛트 수송사용분의 구별을 할 수 없지만 일반적으로 여기서는 비교계산의 내용을 명확히 할 필요가 있으므로 구분하였다. 다음에 상기 자료를 기초로 일관 PALLETIZATION을 위하여 연간 소요 파렛트 수를 산출하고 분석을 보다 정확히 하기 위하여 여기에서도 다음을 추가하였다.

- 지역별로 발송된 파렛트의 평균 회수일수(K사의 경우 평균 48일임)
- 작업일수의 기준(K사의 경우 1개월 25일, 1년 300일 기준)
- 위의 표의 연간 총 발송매수 177,900매가 매일 평균으로 발송된다.

이상으로부터 일관 PALLETIZATION을 위하여 연간평균 소요 파렛트 매수를 산출하였다.

177,900매(연간 총 발송매수)÷300(작업일수)×48일(평균회수일수)=28,464매

K사의 경우 통상 28,464매를 PALLETIZATION용으로 사용하여야 한다는 것을 알수 있다. 여기서 일관PALLETIZATION을 위하여 연간 평균 소요파렛트 매수와 필요매수가 다르다는 것을 알 수 있다. 파렛트와 동일하게 일관 PALLETIZATION용의 파렛트로 2월~5월의 PEAK시에 합하여 사용할 수 없고 여분의 파렛트를 보유하여야 한다. 일관 PALLETIZATION을 위하여 연간 평균소요매수를 산출함에 있어서 파렛트 평균 회수일수를 48일로 가정하였고 거래선의 거리와 회수일수를 세 가지로 구분하였다.

거 리	4월중 발송 매수	회수 일수	최고 사용 파렛트 수
200KM 미만	20,500매	15일	20,500 25일×15일=12,300매
200KM 이상 300KM 미만	5,000매	180일	5,000 25일×180일=36,000매
300KM 이상	500매	180일	500 25일×180일=36,000매
계	26,000매	평균 48일	51,900매

구내용의 경우 PEAK시의 3개월간(12월~2월) 보유 파렛트가 거의 100% 가동되고 있고 나머지 9개월간의 33% 가동되고 있다. 또 일관PALLETIZATION용은 통상 월간(43%) 가동하고 PEAK월은 77~100%의 가동률을 나타내었다.

표VI-4 구내용 월간 평균 가동률

월 별	4월	5월	6월	7월	8월	9월	10월	11월	12월	1월	2월	3월
가 동	30%	18%	27%	18%	21%	36%	42%	58%	94%	100%	73%	45%

표VI-5 일관 PALLETIZATION용 파렛트 월별 가동률

월 별	4월	5월	6월	7월	8월	9월	10월	11월	12월	1월	2월	3월
가 동	100%	77%	65%	50%	31%	35%	50%	38%	58%	19%	77%	85%

현재 사용되고 있는 기업이 보유하고 있는 파렛트 매수와 총수(구내용, 일관파렛타이제이션용의 최대 필요수의 합계)는 84,900매에 달하였다. 불필요하게 보유하고 있는 파렛트를 삭감한다는 관점에서 파렛트 풀 시스템의 도입을 생각하면 구내이용의 파렛트를 단순히 PEAK시에 STOP적으로 풀 파렛트를 이용하는 것만으로도 적어도 27,000매의 파렛트를 삭감할 수 있다. 일관PALLETIZATION용의 경우는 최저 23,436매의 삭감이 가능할 것으로 계산되었다.

구내용 일관PALLETIZATION용 전량을 풀 파렛트로 바꾸는 경우와 자사 파렛트로서 구내용, 일관PALLETIZATION용을 공급하는 경우를 비교하면 일관PALLETIZATION용으로 213,480매, 구내용으로 186,000매 총 399,480매(월 33,290매)를 대여하면 된다. 자사 파렛트를 이용하는 경우 상시 84,900매를 보유해야 한다. 따라서 풀 파렛트를 사용하는 것이 파렛트 사용매수를 줄일 수 있고 비용도 파렛트 풀 이용시 자사보유시보다 66%의 금액에 불과하였다.

7. 결론

우리나라는 생활수준의 향상과 소비자 욕구의 다양화에 따라 물류가 종래의 소품종 다량물류에서 다품종 소량물류로 급속히 이행되고 있다. 이로 인해 자동화 물류기기의 개발과 보급은 물론 정보시스템을 효율적으로 이용하여 물류활동을 유기적으로 연결시킨 물류시스템의 보급이 활성화 되고 있다. 또한 경제규모의 확대와 더불어 물류수요의 증대 및 수출물량의 증가와 수송 및 하역물량이 증대하는 반면, 사회간접시설의 절대 부족은 물류에 있어서 심각한 문제로 대두되고 있다.

이와 같이 물류환경의 변화는 가속화되며 다품종, 소량화의 다빈도 배송이 전개되고, 노동력부족의 심화가 앞으로도 계속될 것으로 예상된다. 그러나 언급한 바와 같이 물류표준화와 물류공동화의 부진으로 엄청난 물류비용이 과도하게 지출되고 있는 실정이다.

따라서 물류시스템에 의해서 소프트적인 면과 하드적인 면에서의 표준화와 공동화를 적극적이고 선진적으로 추진하여 유니트 로드 시스템을 구축함으로써 비효율적인 물류시스템을 개선하고 물류비를 절감하기 위한 일관물류시스템을 도입하여야 하며 그 기본이 바로 컨테이너-파렛트 풀 시스템이라 할 수 있다.

이제 각 기업들은 컨테이너와 파렛트에 대한 인식을 새롭게 하여 물류표준화, 물류공동화를 통한 물류합리화를 이루는 데는 컨테이너-파렛트 풀 시스템이 필수불가결한 요소라는 것을 알아야 할 것이며, 컨테이너-파렛트 풀 시스템 보급 확대에 동참할 때이다.

참/고/문/헌

1. 대한상공회의소, 〈물류표준화 가이드〉, 1994.
2. 대한상공회의소, 〈물류표준화 실천 매뉴얼〉, 1998.
3. 대한상공회의소, 〈물류공동화 추진 매뉴얼〉, 1995.
4. 윤문규, 〈물적유통의 이론과 실제〉, 성문각, 1985.
5. 한국생산성본부, 〈한국기업의 물류관리 성공사례 연구〉, 1992.
6. 교통개발연구원, 〈동북아지역 물류의 표준화와 공동화 추진방안〉, 1995.
7. 한국물류협회, 〈유니트 로드 시스템 통칙제정에 관한 조사연구〉, 1995.
8. 대한상공회의소, 〈물류표준마크제도 도입방안 연구〉, 1997.

한국과학기술원 최고정보경영자과정 수료논문(1999년)

지능 컨테이너 · 파렛트 풀 시스템의 도입방안

KAIST AIM과정 논문
지능 컨테이너 · 파렛트 풀 시스템의 도입방안

한국파렛트풀주식회사
대 표 이 사 서 병 륜

〈 요 약 〉

물류란 원자재 → 반제품 → 상품 등의 흐름을 거쳐 공급자로부터 소비자에게 물자를 이동하는 과정이며 포장, 하역, 수송, 보관, 유통가공 등의 물류기능들로 구성되어 있으며 이들을 정보시스템으로 연결하여 관리하는 분야이다.

물류활동에는 거래단계가 복잡하고 물동량이 수시로 변동하고 있으며, 특히 최근에는 다품종소량화의 현상이 뚜렷이 나타나고 있다.

이러한 물류의 문제들을 극복하는 방안으로는 ① 물류경로와 거점을 결합하여 시스템을 구축하고 ② 물류시설이나 거래과정에 물류표준화, 규격화를 추진하고, ③ 물류의 협업화, 공동화를 추진하여야 한다.

또한 물류시스템화, 물류표준화, 물류공동화를 추진하기 위한 대책으로 유니트 로드 시스템(Unit Load System)이 있다. 물류의 거래단계마다 발생하는 물류작업을 효율적으로 수행하기 위하여는 물자들을 포장, 하역, 수송, 보관, 유통, 가공하는 과정에 낱개 방식이 아닌 일정한 표준화된 단위로 만들어 작업하는 체계가 유니트 로드 시스템이다.

이렇게 유니트 로드 시스템을 구축하면 인건비가 절감되고, 물동량의 흐름이 신속화 되고, 포장비용이 절감되며, 적재효율이 향상되고, 물류자동화가 가능하게 되고, 재고가 감축된다.

이 유니트 로드의 수단으로서는 컨테이너와 파렛트가 있으며 이들은 거래기업간에 이동하면서 일관수송용으로서 사용되기 때문에 반드시 회수하여야 하며 물동량 변동으로 수급파동이 발생하고 지역간에 불균형 현상이 나타날 수밖에 없다.

더욱 어려운 문제는 1개 기업이 거래하는 출하처가 수백 개, 수 천 개소에 이르므로 단일기업의 능력으로 공컨테이너와 공파렛트를 회수하는 일이 불가능하게 된다. 따라서 이러한 문제들을 해결하기 위하여 컨테이너와 파렛트를 기업간에 공동으로 이용하는 제도가 있다. 현재 우리나라 전산업계 3만여 기업이 참여하고 있는 컨테이너·파렛트 풀 시스템은 300여만 매의 컨테이너와 파렛트를 공급하고 회수하는 전국적인 네트워크를 구축하고 있다. 그러나 현행의 방식은 컨테이너와 파렛트를 단순한 물류작업의 도구로 활용하고 있는 실정인 바, 여기에 급속히 발전하고 있는 정보기술을 활용하여 지능형 시스템으로 만들어 컨테이너와 파렛트를 정보의 수단으로 전환시키고자 하는 방안을 연구하고 있다.

이 컨테이너와 파렛트를 지능형 시스템으로 운영하는 방안으로는 컨테이너와 파렛트에 일련번호 등을 인식할 수 있는 코드를 부착하여 이 코드와 적재되는 물자의 코드를 연동시켜 이들이 이동할 때마다 자동인식장치로 입력하여 물동량 정보를 통신망으로 종합하도록 하면 전 물류과정의 물자흐름이 온라인 리얼타임으로 관리하는 것이다.

이와 같은 지능 컨테이너·파렛트 풀 시스템은 하드웨어 측면에서 코드체계, 인식장치, 정보네트워크 등으로 구성되고 소프트웨어 측면에서 각 거래단계별 운영프로그램을 갖추고 있다.

정보자동화를 채택하는 수준은 정보통신기술이나 자동인식기술의 발전속도에 맞추어 결정하고 통신비용, 장비가격 등 경제성을 검토하여 운영체계를 단계적으로 진행시키고자 한다. 특히 전산업계 수만 개의 기업이 참여하여야 하므로 정부차원의 표준화 및 지원방안이 강구되어야 할 것이다.

우리나라 물류개선의 획기적인 전환점이 될 본 지능 컨테이너 · 파렛트 풀 시스템이 도입되면 거래기업간의 물자흐름의 속도를 신속하게 하고 전체 유통재고를 대폭 감축하여 물류비를 절감하게 될 것이며 기업의 상황변화에 즉시 대응하게 되어 악성재고나 결품의 발생을 방지, 기업의 물류경쟁력을 강화하게 될 것이다.

1. 서 론

물류란 재화를 공급자로부터 수요자에게 이동하게 하는 실물적인 흐름으로서 구체적으로는 포장 · 하역 · 수송 · 보관 · 유통가공 및 정보 등의 활동을 말하며 이와 같은 물류활동은 상거래에 수반하여 재화의 시간적 · 공간적인 가치를 창조하는 데 공헌한다.

우리나라 전체 산업계의 물류비는 1997년도 기준 GDP의 15.7%에 해당되는 56조원에 이르며, 기업단위의 물류비도 매출액의 15% 수준에 해당되고 있다.

이렇게 물류비가 국가경제적인 차원에서나 단위기업 차원에서나 많은 비중을 차지하고 있어 최근 이에 대한 비용절감, 효율향상 등의 측면에서 물류혁신에 대한 필요성이 고조되고 있다.

기업에서 물류의 목표로서는 고객에 대한 상품의 품질유지나 납기의 단축, 배송시간의 단축, 재고량의 감축, 물류작업의 자동화 및 물류비용의 절감 등이 있다. 또한 수시로 변동하는 물동량에 효율적으로 대처하는 방안, 다품종소량화라는 어려운 과제를 극복하는 방안, 곳곳의 도로가 막혀 있는 교통체증을 해결하는 방안, 힘들고 어려운 일을 하지 않으려는 3D현상으로 나타나는 일손부족을 해소하는 방안, 1회용 포장재와 공해물질을 다량으로 배출하고 있는 물류를 환경친화적인 물류로 전환시키는 방안 등 물류가 해결하여야 할 과제가 많다.

이 물자흐름을 신속하게 하기 위한 방안으로 Unit Load System과 On-Line Real Time 시스템이 반드시 도입되어야 한다. Unit Load System은 컨테이너와 파렛트로 실현될 수 있으나 물동량의 흐름을 On-Line Real Time 방식으로 관리하는 것은 아직까지 국내업계에서 채택되지 못하고 있는 실정이다.

본 연구논문은 급속하게 발전하고 있는 정보기술을 활용하여 물류의 On-Line Real Time 관리가 가능한 혁신적인 컨테이너와 파렛트에 의한 Unit Load System이 지능 컨테이너 · 파렛트 풀 시스템을 도입하기 위한 방안을 연구하고자 한다.

지금까지의 물류정보화가 물자에 따른 별도의 문서데이터를 입력하여 물동량을 관리하여 실시간 시스템 운영이 불가능하였던 바, 이를 개선하고자 현물자에 코드를 부착하여 이를 자동인식하므로써 컨테이너나 파렛트에 적재된 물자정보까지 On-Line Real

Time으로 관리가 가능하게 하여 물류관리를 혁신시키고자, 지능 컨테이너·파렛트 풀 시스템의 도입방안을 제시하고자 하였다.

2. 물류의 시스템화

(1) 물류활동의 문제점

물류란 제품을 생산하기 위하여 원자재인 원료나 부품을 외부로부터 조달받아 이들을 생산공정에 투입하여 제조 및 가공과정을 거쳐 상품성 있는 제품으로 만들어 공장으로부터 물류거점을 경유하여 소비자에게 전달되기까지의 물리적인 여러 활동을 말한다.

여기에는 포장과 운반·하역, 창고에 보관, 수송과 배송은 물론, 유통가공이나 이들을 연결하는 정보활동을 포함한다. 이러한 광범위하고 복잡한 물류활동에는 많은 어려움과 문제점들이 있다.

1) 거래단계가 복잡

물자를 주고 받는 물류과정의 단계는 대단히 복합적이다.

원자재를 공급하는 거래자들도 상호연관을 갖고 있고, 동일기업 내부에서도 구매, 자재, 생산, 판매, 부서간에 물류과정의 거래단계가 많다.

또한 외부의 운송회사, 유통회사, 고객 등과의 복합적인 물자의 흐름단계가 있다. 이와 같이 물류는 흐름의 과정이 복잡하게 연결되어 있다.

2) 물동량의 변동

자연현상에도 가뭄과 장마가 있듯이 물류현상에도 물동량의 기상이 심하게 나타나고 있다. 계절적인 성수기와 비수기가 확연히 구별되는 업종에서는 물동량의 변동이 심하고 경기의 활황이나 침체에 따라서도 물동량은 변하기 마련이다.

3) 다품종소량화 현상

기업의 경쟁은 날로 치열해지고 있다. 따라서 경쟁기업 간에는 신제품의 개발이나 제품의 차별화를 위한 마케팅전략이 강화되고 있다. 그 결과 고객들의 기호는 점점 까다로워져 다품종소량화가 물류담당자들에게 커다란 어려움을 주고 있다. 제품이나 원자재 등을 다루어야 하는 종류는 점점 늘어나고, 취급단위는 급격하게 작아지고 있다. 또한 납품서비스 회수는 늘어나고 납품수량은 점점 적은 단위로 되어간다. 더욱 큰 어려움은 제품의 Life-Cycle이 점점 짧아지고 있다는 사실이다.

(2) 물류시스템화 방안

기업의 물류시스템은 그 기업이 놓여 있는 물류환경과 조건에 적합한 경영방침에 따라 목표를 명확하게 설정할 필요가 있다. 이러한 물류시스템화의 목표로서는 고객에 대한 상품의 품질유지나 납기의 단축, 물류비용의 절감, 배송시간의 단축, 재고량의 감축 등이 될 것이다.

1) TOTAL SYSTEM의 구축

물류시스템은 Node와 Link로 구성되는 Network라고 할 수 있다.

즉 앞에서 설정한 목표들을 실현하기 위하여 합리적인 물류 Network을 만들어 종합 적으로 관리할 시스템을 구축하여야 한다.

표 Ⅶ-1 물류의 네트워크

구 분	물자의 흐름	정보의 흐름
Link	수송 · 배송의 경로	전화회선, 우편, 인간, 컴퓨터 등에 의한 정보전달 경로
Node	배송센터 · 창고 물류기지 등	중앙의 정보센터, 단말기설치장소, 주문 · 출하지시 등 정보의 접수장소, 전표 등의 작성 장소

이와 같은 물류 Network은 창고나 배송센터, 정보처리센터, 단말기 등의 효율이 높은 수송 · 배송경로 또는 전화나 컴퓨터 등의 통신경로로 연결하는 역할을 한다.

물류시스템을 설계할 때에는 물류의 Link와 Node로 구성되는 물류 Network의 기본 구조를 결정하고 각 분야별 관리시스템을 설계한 뒤에 종합시스템으로서 평가하는 3단 계 순서에 의하도록 한다.

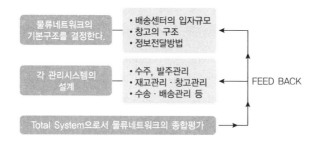

그림 Ⅶ-1 물류시스템의 설계순서

2) 표준화 · 규격화 · 통일화

물류시스템화를 추진해 나가기 위한 전제조건은 표준화 · 규격화 · 통일화이다. 수송 과 배송차량의 적재함과 같은 Link요소와 창고의 랙(Rack)규격과 같은 Node요소의 표 준화 · 규격화 · 통일화는 물류 Network 구축에 필수불가결한 것들이다. 그 밖에도 물류 활동에 관계되는 표준화 · 규격화 · 통일화를 요하는 사항들은 다음과 같은 것들이 있다.

① 물류용어의 통일

② 거래조건, 거래단위의 표준화

③ 거래전표의 통일

④ 거래코드(Code)의 표준화

⑤ 컨테이너 · 포장상자규격의 표준화

⑥ 파렛트 규격의 표준화

⑦ 물류시설 · 하역기계의 표준규격화

⑧ 수송 · 배송차량의 적재함규격의 표준화

3) 물류의 협업화 · 공동화

물류시스템화를 추진하기 위하여는 자사단독 자가시설이나 장비만으로 운영하는 경우에는 물동량의 변동이나 편도물동량에는 대단히 불리하게 된다.

따라서 물류전문업체인 운송회사 트럭이나 영업창고, 임대장비의 활용이 보다 효율적이다. 또한 입장이 같거나 협력이 가능한 화주기업끼리 공동보관, 공동배송, 컴퓨터 공동이용 등을 통하여 물류시설이나 장비 등을 공유함으로써 자금이나 인력, 기술, 설비들을 상호 유효하게 활용하도록 한다.

(3) 유니트 로드 시스템(Unit Load System)의 구축

물류가 물자의 흐름이므로 원자재, 재공품, 상품 등의 형상으로 한 기업단위의 차원에서 이동될 뿐만 아니라 이 기업을 중심으로 하여 공급자의 입장인 기업과 고객입장인 기업 등이 수직적으로 연결되어 물자가 이동하고 있다.

또한 연관되어 있는 서로 다른 업종간에도 수평적으로 연결되어 있기도 하다.

이러한 물류과정이 움직이는 물자들을 처리하는 물류작업공정은 수없이 많은데, 이때마다 낱개 낱개로 작업을 하기에는 시간과 비용측면에서 엄청난 낭비가 나타나게 될 것이다. 따라서 일정한 규모의 단위화물을 만들어 일관된 수송, 보관, 하역체계를 구축하여 효율적인 일관물류시스템으로 작업하도록 하는 것이 유니트 로드 시스템이다. 이 유니트 로드 시스템의 기본수단이 컨테이너와 파렛트이다. 이렇게 컨테이너와 파렛트를 이용하여 유니트 로드 시스템을 구축하게 되면 다음과 같은 효과가 있다.

1) 인건비의 절감

낱개단위 작업에 비교하여 작업단위가 커져, 기계화 · 자동화가 가능하게 되므로 인력이 대폭 감축되고 작업시간이 단축되어 인건비용이 절감된다.

2) 물동량 흐름의 신속화

물류공정간의 작업이 신속하게 처리되므로 각 물류과정의 물동량 흐름이 빨라지게 되고 이 결과로 전체 물류과정의 흐름을 신속화시킬 수 있다.

3) 포장비용의 절감

물동량을 단위화된 크기로 기계화작업이 되어 포장의 간이화가 가능하므로 포장재료 비용절감과 포장작업비용이 절감된다.

4) 적재효율의 향상

물동량을 표준화된 단위로 규격을 설정하게 되므로 창고의 공간이용율, 수송장비의 적재함 적재효율 등을 제고시킬 수 있다.

5) 자동화설비 이용 가능

물동량을 단위화함으로써 각종 운반하역장비, 보관설비, 포장기계 등 자동화설비를 이용할 수 있다.

6) 재고의 감축

물동량 흐름이 빨라져 전체 유통기간이 단축되므로 각 작업공정이나 보관창고의 재고를 대폭 감축할 수 있다.

3. 컨테이너 · 파렛트 풀 시스템

(1) 컨테이너-파렛트 풀 시스템 도입의 필요성

우리나라에서는 플라스틱 박스(컨테이너)와 파렛트를 공장내에서 원자재나 제품을 담는 단순용기나 보관시 깔판이나 하역작업시 받침대로만 사용하고 있을 뿐, 화물의 수송시 일관수송용으로 사용되지 못하고 있다. 그러므로 컨테이너/파렛트의 가장 중요한 기능인 일관컨테이너화/파렛트화되어 유통과정 전반 경로인 생산공장으로부터 최종소비자에게까지 순환 사용되지 않고 공장 · 창고 등의 극히 한정된 부분공정 사용에만 그치고 있는 실정이다.

그 주요한 이유로서는

① 컨테이너/파렛트의 비표준화,

② 공 컨테이너/파렛트 회수 불가능,

③ 물동량 변동에 따른 컨테이너/파렛트 수급불균형

등으로, 이러한 장애요인을 일시에 해결하여 주는 컨테이너 파렛트 풀 제도 도입이야 말로 가장 시급한 과제이다.

물류의 시스템화를 추진하기 위한 가장 기본이 화물의 단위화(Unit Load화)이며, 이 단위하중의 하역을 위한 최적수단이 컨테이너와 파렛트이다. 그러므로 수시로 변동하는 물동량, 장거리 공컨테이너와 파렛트 회수 등 문제에 대처하여 화주로 하여금 가장 능률적, 경제적 컨테이너/파렛트사용이 가능토록 하는 것이 컨테이너/파렛트 풀 제도이다.

컨테이너/파렛트를 다량 보유하고, 전국적인 컨테이너/파렛트 집배(Depot)망을 갖고, 화주에 컨테이너와 파렛트를 공급, 공컨테이너/파렛트 회수를 맡고 있는 컨테이너/파렛트 풀제도를 도입하여 컨테이너/파렛트가 필요할 때, 필요한 장소에서 공급받고, 일관컨테이너화/파렛트화 사용 후 불필요한 때 불필요한 장소에서 반납하도록 하는 것이 가장 효율적이다.

그러나 자기소유 컨테이너/파렛트를 사용하는 화주인 경우, 연중 최대 화물량에 필요한 컨테이너/파렛트를 보유함으로써 유휴 컨테이너/파렛트 증가 및 이들의 관리·수리는 물론, 공컨테이너/파렛트 회수가 불가능하여 일관컨테이너화/파렛트화가 실현될 수 없는 바, 이러한 장애요인을 제거하여 가장 능률적이고, 경제적인 물류 시스템화의 기본이 되는 컨테이너/파렛트 풀 제도이므로 이의 도입을 서둘러야 할 때이다.

(2) 컨테이너–파렛트 풀 시스템의 의의와 공공성

컨테이너 풀 시스템(Container Pool System : 이하 "CPS")과 파렛트 풀 시스템(Pallet Pool System : 이하 "PPS")은 컨테이너/파렛트의 규격, 치수 등을 표준화하여 상호 호환이 되도록 함으로써 컨테이너/파렛트를 공동으로 이용토록 하여 물류의 합리화와 물류비의 절감에 기여하고자 하는 제도이다.

컨테이너/파렛트의 교환성을 증가시키기 위해서는 일정한 규격의 컨테이너/파렛트를 Pool System(공동이용제도)하에서 관리·운영하여야 하며 풀 시스템에서는 일관컨테이너화/파렛트화가 원활히 이루어지도록 하여 화주나 유통업자의 부담을 경감시키는데 그 목적이 있다.

PPS용 파렛트(표준규격)   CPS용 컨테이너(표준규격)

그러나 풀 시스템을 도입했을 때 우려되는 것은 공공의 것을 소중히 생각하지 않는 것도 문제가 된다. 풀 컨테이너/파렛트라고 해서 자기소유의 컨테이너/파렛트보다 거칠게 다루고 관리를 등한히 하는 현상이 나타나고 있으며 상태가 나쁜 컨테이너/파렛트만을 반납하여 CPS, PPS의 운영주체에 커다란 부담을 주게 된다면 결국 풀 시스템은 도태되고 말것이다. 여기서 풀 시스템은 사회적 공공성을 깊이 인식하여 컨테이너/파렛트를 공동으로 이용하기 위한 공동의 협력이 필요할 것이다.

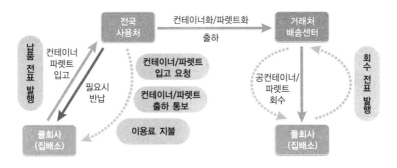

그림 VIII-2 풀시스템 운영 체계

(3) 컨테이너 – 파렛트 풀 시스템의 장점

1) 컨테이너/파렛트의 장거리 회수가 불필요하다.

자기소유의 컨테이너/파렛트로 일관컨테이너화/파렛트화를 실시하게 되면 가장 큰 애로가 되는 것은 도착지에서 공컨테이너/파렛트가 발생하게 되면 발송지로 회수하여야 하고 이때, 장거리 회수운임이 들고 회수하려면 수송단위가 될 때까지 기다려야하므로 소요일수가 길어져 컨테이너/파렛트 비용이 많이 들게 된다. 이러한 장거리 컨테이너/파렛트 회수의 문제점을 해결하게 되는 것이 풀 시스템의 주요한 임무이다. 풀 시스템은 전국 각 지역에 집배소를 설치하여 운영하고 있으므로 필요한 지역의 공장에서 컨테이너/파렛트를 공급받아 제품과 함께 수송한 후 거래처나 배송센터에서 공컨테이너/파렛트를 반납할 수 있으므로 장거리 회수문제를 해결하게 된다.

2) 계절적이고 일시적인 수요에 대처 할 수 있다.

모든 기업의 물동량은 항상 변동하고 있다. 따라서 계절적이고 일시적인 컨테이너/파렛트 수요에 자사 컨테이너/파렛트로 대응하는 것은 불필요한 경우에도 많은 공컨테이너/파렛트를 보유하고 보관하게 되어 엄청난 비용낭비를 하게 된다. 따라서 필요할 때에 풀 시스템에서 공급받고 불필요할 때 반납하는 풀 시스템을 이용하게 되면 컨테이너/파렛트 비용을 대폭 절감할 수 있게 된다.

3) 컨테이너/파렛트 회수관리의 어려움을 해소할 수 있다.

컨테이너/파렛트는 물동량과 함께 전국각지로 분산되어 발송하게 되고 여러 종류의 컨테이너/파렛트가 혼합되어 사용되는 경우에 컨테이너/파렛트 구입자나 사용자 또는 무단사용 등의 이해관계로 다툼이 발생하게 되며 회수단위가 소량이 되어 회수가 곤란하게 되고 컨테이너/파렛트 선별 등 수많은 어려운 문제를 야기시키게 된다. 전국적인 풀 시스템을 통하여 컨테이너/파렛트를 공동으로 이용하게 되면 풀 시스템 회수 NETWORK에서 이 문제를 해결할 수 있다.

4) 환경오염의 문제를 해결할 수 있다.

컨테이너/파렛트 풀 시스템은 1회용 포장재 및 폐기물 발생으로 야기되는 환경오염의 문제를 반복사용과 공동사용에 의하여 이러한 쓰레기 발생을 억제함으로써 환경보전에 기여하게 된다.

4. 컨테이너 · 파렛트 풀의 지능시스템화

(1) 필요성

컨테이너와 파렛트를 기업간에 공동으로 이용하는 제도인 컨테이너 · 파렛트 풀 시스템을 운영하는 과정에 발생하고 있는 문제로서 거래기업간에 컨테이너와 파렛트의 관리가 어렵다는 것이다.

현재 전국에 걸쳐 Network를 구축하고 식품업계, 생활용품업계, 석유화학업계, 섬유업계, 비료 · 농산물 업계, 유통업계, 건축자재업계 등 전산업계 발하주 2,000여 업체가 발송하고 착화주 30,000여 업체에서 회수하고 있는 300여 만매의 컨테이너와 파렛트를 공동으로 사용하는 국가차원의 컨테이너와 파렛트 풀 시스템을 운영하고 있다. 그러나 32,000개 회사간에 이동하는 컨테이너와 파렛트의 수량을 정확히 수불관리하는 것이 쉽지 않은 일이다.

그 이유로서 현재의 시스템은 단순한 물류작업 도구로서 컨테이너와 파렛트를 사용하고 있으므로 거래기업간에 수불관리를 별도의 번거로운 일로 간주하는 경우가 많기 때문이다. 따라서 컨테이너와 파렛트 수불관리를 철저하게 하기 위해서는 컨테이너와 파렛트 모두에 인식코드를 부착하여 각 기업의 물류작업의 현장에서 자동인식 할 수 있는 시스템을 만들도록 한다. 아울러 컨테이너 코드, 파렛트 코드와 함께 적재되는 상품의 정보들을 함께 인식시켜 데이터베이스를 구축한다면 현재와 같이 컨테이너와 파렛트를 단순히 포장, 하역, 수송, 보관하는 Hardware적인 기능만 담당하는 것이 아니라 물류정보의 수단으로 Software적인 기능까지 담당하게 된다. 즉, 컨테이너와 파렛트가 지금까지의 단순한 물류작업의 도구만으로서가 아니라 물류정보 수단으로서의 역할을 하는 지능을 가진 컨테이너 · 파렛트 시스템이 된다.

이렇게 컨테이너와 파렛트의 코드체계와 물류정보가 결합된 지능형 컨테이너 · 파렛트 풀 시스템을 구축하면 컨테이너와 파렛트를 공동으로 이용하는 효과 뿐만 아니라 물류정보를 온라인 리얼타임으로 관리하는 최첨단 물류시스템이 될 것이다.

(2) 시행방법

컨테이너와 파렛트가 단순히 물류작업 도구로서만이 아니라 물류정보화의 매개체로서 활용될 수 있도록 한다.

1) 컨테이너와 파렛트에 자동인식 할 수 있는 코드나 카드를 부착한다.

2) 컨테이너나 파렛트에 상품이나 물자를 적재할 때에 해당하는 정보를 동시에 입력
한다.

3) 화물이 적재된 컨테이너나 파렛트가 이동할 때에는, 각 작업장에서는 반드시 인식
장비(코드리더기 또는 카드인식기)를 장치하여 해당 물류 데이터나 정보를 자동으
로 인식하도록 한다.

4) 컨테이너와 파렛트가 이동하는 거래기업이나 부서간에 정보네트워크를 연결하여
물류정보가 온라인 리얼타임방식으로 관리되도록 한다.

5) 컨테이너 · 파렛트의 코드정보와 물동량코드를 결합시켜 물자가 입고 · 출하하는
전 과정에서 실시간으로 자동으로 인식하도록 한다. 즉, 코드를 자동으로 인식하
는 방법을 이용하므로 모든 데이터를 수동으로 입력작업하는 과정이 불필요하게
된다. 이렇게 하여 컨테이너 · 파렛트 및 물자 등의 흐름을 완벽한 온라인 리얼타
임으로 관리할 수 있게 된다.

6) 적용 범위

기본적으로는 모든 물자가 이동하는 물류과정에 적용할 수 있다. 그러나 여기서는 전
형적인 모델로서 ① 공장에서 제품을 생산하여 이들을 포장한 후 컨테이너에 담거나 파
렛트에 적재하는 과정에서부터 ② 이들을 제품창고에 입고, 보관, 출하하는 과정 ③ 공
장의 제품창고에서 출고하여 각 지역의 물류센터에 수송하여 입고, 보관하는 과정 ④ 거
래처로부터 주문을 받아 물류센터의 재고를 피킹, 소팅작업을 하여 배송차량에 실어 거
래처에 납품하기까지의 과정 등 판매물류경로에 적용할 수 있다. 그 외에서도 원자재나
부품을 조달하는 조달물류과정과 생산공정간의 물자의 이동흐름인 생산물류과정에도
동일한 방법으로 적용할 수 있다.

(3) 추진 단계

현재 운영하고 있는 컨테이너 · 파렛트 풀 시스템에 참가하고 있는 32,000여 업체(발
송화주 2000업체, 도착화주 30,000업체)에 전면적으로 도입하기에는 관리수준이나 투
자능력, 업무표준화 측면에서 어려움이 많다. 따라서 물동량이 많고 거래단계가 단순한
분야부터 우선 착수하여 점진적으로 확대해야 할 것이다. 또한 정보기술(인식기술, 통신
기술)의 국내 발전 수준에 맞추어 자동화 수준을 단계적으로 높여가야 한다.

본 Project를 정착시키는 데는 민간차원의 노력만으로는 부족하므로 정부차원의 국책
과제로 채택하도록 하여야 할 필요가 있다.

1) 정부차원의 과제

① 지능 컨테이너 · 파렛트 풀 시스템 연구 물류의 온라인 리얼타임 실현을 위한 연구용
역 실시

② 물류정보표준화 추진 : 코드나 인식장비, 운영시스템 등에 관한 KS 규격 제정이 필요하다.

③ 육성자금의 지원 : 물류정보화 촉진을 위하여 인식장비나 통신장비에 대한 구입자금 지원 및 조세감면 조치(일본정부 통산성에서 현재 추진 중임)

2) 인식자동화 추진단계

① 1단계 : 바코드 시스템

컨테이너와 파렛트에 1,000원 이하의 저렴한 바코드를 부착하여 인식하도록 한다. 이 방식의 문제점으로는 활용하는 정보종류가 단순하여 물류정보화 수준이 낮다.

② 2단계 : 카드 시스템

바코드 방식보다는 활용정보 종류가 다양하나, 카드 파손의 우려가 있다.

③ 3단계 : CHIP SYSTEM.

바코드 방식이나 카드 방식에 비교하여 다양한 물류정보를 활용할 수 있으나 투자 규모가 크다.

3) 업종별 추진계획

① 1999년도 : 석유화학업계 컨테이너 풀 시스템
② 2000년도 : (상반기) 식품 및 생활용품업계, 파렛트 풀 시스템
        (하반기) 유통업계 컨테이너 · 파렛트 풀 시스템
③ 2001년도 : 농산물 유통업계 컨테이너 · 파렛트 풀 시스템
④ 2002년도 : 섬유업계 파렛트 풀 시스템
⑤ 2003년도 : 전자 · 자동차업계 컨테이너 · 파렛트 풀 시스템

5. 지능 컨테이너 · 파렛트 풀의 도입방안

(1) 운영시스템

물류 거래기업간에 물자가 이동될 때 사용하는 컨테이너와 파렛트를 공동으로 이용하는 제도가 컨테이너 · 파렛트 풀 시스템이다. 물자를 담는 용기로서 컨테이너나 화물의 받침대로서 파렛트가 거래 단계간에 유니트 로드 시스템을 구축하여 물류의 생산성을 제고시키고 있으며, 물류비를 절감하는 데 크게 기여하고 있다.

그러나 현재의 풀 시스템은 단순히 물류수단으로서만 역할을 하고 있다.

물류관리의 궁극적인 목적은 물자의 흐름을 관리하는 데 있으므로 이 흐름관리의 수단으로 물류정보체계를 구축할 필요가 있다.

따라서 컨테이너와 파렛트에 인식코드를 부착하여 이들이 거래단계마다 이동할 때 자동으로 인식하게 하여 컨테이너와 파렛트에 적재되어 있는 물자의 정보를 자동인식하는 데이터베이스를 구축할 수 있다면 기업들의 물류관리수준을 가히 혁명적으로 향상시

킬 수 있다.

최근에 급속히 발전하고 있는 컴퓨터와 통신기술, 자동인식기술을 활용하여 모든 물류데이터들을 물자가 움직일 때마다 실시간으로 자동입력하면 컨테이너와 파렛트가 물류정보의 중요한 도구가 될 수 있다. 이렇게 되면 컨테이너와 파렛트에 두뇌가 장착된 것과 동일한 효과가 나타나므로 이를 지능 컨테이너, 지능 파렛트 시스템이라고 볼 수 있다.

이와 같은 지능 컨테이너·파렛트 풀 시스템을 운영하기 위하여는 Hardware측면에서 코드체계, 인식장치, 정보 Network 등을 구성하여야 하고, Software 측면에서 각종 정보시스템을 개발하여야 한다.

먼저 Hardware 구성에 있어 컨테이너와 파렛트의 코드로서 1단계로 바코드, 2단계로 전자카드, 3단계로, Chip 등을 이용할 수 있으며 인식장치나 Network들을 이 시스템에 따라 선택하여 활용하도록 한다.

다음으로 Software 구성에 있어 본 지능시스템을 총괄적으로 관리하는 운영센터를 설치하고 물자를 발송하는 발화주나 인수하는 착화주, 운송하는 운송회사, 그리고 컨테이너와 파렛트의 지역거점인 집배소를 전국적으로 설치한다.

이러한 지능 컨테이너·파렛트 풀 시스템을 실시하게 되면 컨테이너·파렛트의 풀운영 주체로서는 전국적으로 거래기업간에 이동하고 있는 컨테이너와 파렛트를 완벽하게 관리할 수 있다. 보다 큰 효과로서는 컨테이너·파렛트 풀 시스템에 참가하고 있는 기업들의 물동량이 온라인 리얼타임으로 관리가 가능하게 되어 가장 이상적인 물류시스템을 갖출 수 있다는 것이다.

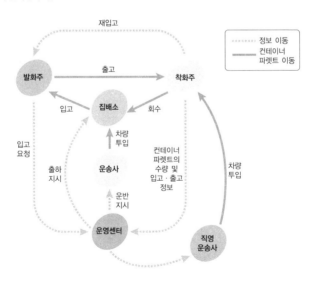

그림 Ⅶ-3 지능 컨테이너·파렛트 풀의 운영시스템의 흐름도

(2) Hardware 구성요소

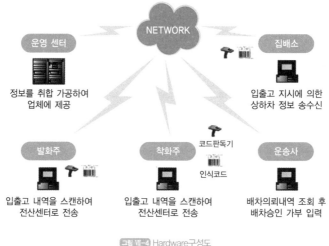

1) 코드체계

전자장치를 이용하여 정보수집을 하기 위한 여러 가지 매체 중 현재 산업계 전반적으로 사용되고 있는 매체를 간단히 소개하고, 이러한 인식매체를 컨테이너, 파렛트에 부착하여 기록할 관리정보에 대하여 알아본다.

① 매체의 종류

ㄱ. 바코드

다양한 폭을 가진 Bar(검은 막대)와 Space(흰 막대)의 배열 패턴으로 정보를 표현하는 수평방향으로 정보를 기록하는 1차원 선형바코드와 수직, 수평으로 정보를 기록하는 2차원 코드 등 여러 종류의 바코드가 개발되어 있다.

ㄴ. 스마트 카드

스마트 카드는 크게 접촉형과 비접촉형으로 나눌 수 있다.

접촉형 카드는 마이크로 프로세서가 있는 카드와 없는 카드로 구분 된다.

비접촉형은 단순히 Serial 번호를 읽어오는 RF-ID카드와, 데이터를 읽고 쓰고 기본적인 연산기능을 갖고 있는 RF-IC 카드가 있으며, 이들의 장점만을 통합한 Combi 카드가 있다.

파렛트, 컨테이너의 사용처가 손쉽게 정보를 얻을 수 있는 인식매체를 부착한다. 인식매체로서는 바코드, 스마트 카드 등 여러 인식매체가 있으며 이를 이용하여 사용처에서 상품의 출하서부터 납품까지의 정보를 신속, 정확하게 파악할 수 있는 코드의 체계는 다음과 같이 구성한다.

② 컨테이너, 파렛트의 일련번호

일련번호를 부여하여 컨테이너, 파렛트의 수명, 회전기간, 사용상태 등을 전산관리함으로서 컨테이너, 파렛트의 제작사별 품질관리, 추가구매 수량 예측, 분실의 책임소재 파악 등이 명확하게 이루어질 수 있다.

- 일련번호의 구조－소유사 코드, 제작사 코드, 제작년도, 일련번호

③ 상품 코드

상품번호를 부여하여 납품할 상품과 동일한 상품이 출하되는지, 또는 발주한 상품과 동일한 상품이 입고가 되는지 파악하기 용이하다

- 상품번호의 구조－제품업체코드, 제품코드

④ 부가 정보 코드

거래 업체간의 정보를 첨부함으로써 정확한 거래내역을 조회할 수 있다.

- 상품번호의 구조－납품업체코드, 상차지 코드, 상차년월일시, 발주처코드, 하차지 코드

위에서 기술한 내용 중 반드시 파렛트, 컨테이너의 일련번호는 필수사항이며 상품코드, 부가정보코드는 전산정보로써 네트워크로 연결되어 있을 경우에 제공되어지는 자료이므로 참고정보로서의 역할을 할 수 있는 코드이다.

2) 인식장치

컨테이너, 파렛트에 부착한 인식매체를 읽어 들일 수 있는 인식장치(바코드 리더기 또는 스마트 카드 인식기 등)를 Type별로 소개하고 이러한 인식장치를 설치 또는 비치하고 컨테이너, 파렛트의 입출고시 기재된 정보의 내용을 신속, 정확하게 인식하기 위해 업무처리가 용이한 설치장소에 대하여 설명하겠다.

① 인식장치

ㄱ. 바코드 리더

- Pen Type Scanner－바코드의 크기에 관계없이 사용
- CCD(Chsrge Coupled Device) Reader－높은 정밀도로 바코드 판독 가능
- Gun Type Scanner－먼거리(약5m)의 바코드 판독 가능
- Portable Data Entry Terminals－자체적인 컴퓨터기능을 내장
- Stationary Fixed Beam Reader－이동 중인 제품의 바코드 판독
- Moving Beam Reader－이동 중인 제품의 바코드 판독
- Imaging Array Reader－백화점이나 슈퍼마켓에서 사용 용이

ㄴ. 스마트 카드 판독기

- Contact Type Reader
- Contactless Type Reader
- Remote Antenna Type Reader

② 설치 장소

컨테이너 또는 파렛트에 부착되어 있는 인식매체에 필요한 정보를 읽고 쓸 수 있는 장소에 설치하여야 한다. 그러한 장소로서는 다음과 같은 장소가 적합하다.

ㄱ. 생산된 상품을 컨테이너 또는 파렛트에 적재 하는 장소에 설치

쪽인식장치가 인식매체의 일련번호를 판독하여 어느 일련번호에 상품이 적재되는지의 정보를 운영센터로 자동 전송하여 전산정보에 기록하며 어떤 상품이 적재되었는지 운영센터로부터 정보를 받아서 인식매체에 기록할 수 있어야 하며 어떤 장소로 출고되는지 운영센터로부터 정보를 받아서 인식매체에 기록할 수 있어야 한다.

쪽컨테이너, 파렛트의 입고 또는 출고되는 장소에 설치

ㄴ. 인식장치가 인식매체의 일련번호를 판독하여 어느 일련번호의 컨테이너, 파렛트가 입고 또는 출고되는지의 정보를 운영센터로 자동 전송하여 전산정보에 기록하며, 출고시에는 어느 차량이 어떤 장소로 출고하는지의 정보를 운영센터와 신속하게 정보를 송·수신하여 기록할 수 있어야 한다.

위에서 기술한 내용 중 인식매체에 기록하는 부분이 제외될 경우에는 컨테이너 또는 파렛트의 일련번호만 인식하며 상품정보, 운송정보, 출고정보, 파렛트 상태 등의 정보는 거래업체간 네트워크로 연결하여 상호 제공하도록 하여 전산정보의 공용화를 이룩할 수 있는 운영센터의 설립이 필요시 된다.

3) 네트워크

거래 업체 상호간 물류관리의 필요한 데이터 송수신을 위한 네트워크 시스템 구축이 필요하다. 이러한 네트워크 시스템의 구축시 다음과 같은 사항들이 요구된다.

① 무정지 시스템 구축
- 물류의 특성에 따라 24시간 정보제공이 필요하다.
- 네트워크의 장애로 인한 정보제공이 중단이 되지 않도록 확실한 장애 대책이 필요하다.
- 지속적인 고품질의 네트워크를 구축한다.

② 서버 시스템분리
- 통신 서버 시스템, 정보자료 DB 시스템 등으로 서버를 분리하여 가장 적합한 시스템으로 구축한다.

③ 다양한 접속 방법
- Host 사용자 지원을 위한 전송표준이 필요하다.
- PC사용자를 위한 전송표준이 필요하다.
- 용이한 접속과 확장성이 필요하다.

④ 고속화 및 대용량화
- 데이터의 멀티미디어화에 대응이 필요하다.
- 데이터의 신속한 처리가 필요하다.

⑤ 물류 정보 운영센터 설립
- 효율적인 정보 제공 및 자료관리를 위해 업체공동의 물류정보 운영센터가 필요하다.

⑥ 확실한 보안체계
- 네트워크, 시스템 등에 외부의 불법적인 접속을 차단할 수 있는 보안방안이 필요하다.
- 운영센터에 외부인의 출입을 차단할 수 있는 시스템이 필요하다.

업체간의 물류정보를 공유하기 위해서는 정보를 처리하는 서버시스템과 데이터를 전송하는 통로인 네트워크가 구축되어야 한다. 네트워크는 다시 서버시스템들을 상호 연결시키고 개발 및 운용단말들을 시스템에 접근 가능하도록 해주는 LAN과 데이터를 전국에 산재한 사용자들에게 전송하기 위한 대규모의 WAN으로 구분할 수 있다.

이 두 가지 네트워크가 원활하게 연동되어 정확하게 데이터를 전송해야만 업체간 물류정보의 공유가 가능하다.

(3) Software 운영시스템의 구성

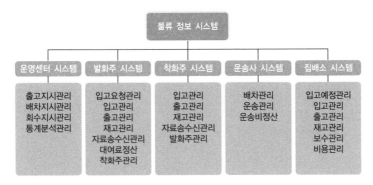

그림 Ⅶ-5 Software 구성도

1) 운영센터 시스템

업체간에 컨테이너, 파렛트의 입출고시 발생하는 제반 정보 등을 일원화하여 취합, 관리하고 발생하는 정보자료 등을 정리, 분석하여 관련업체에 제공한다.

① 컨테이너, 파렛트 소유사에 제공하는 자료
- 유형별 제작 년도별 제작 수량, 폐기량, 현재소유 수량
- 유형별 등급별 현황
  등급구분 : A, B, C, 폐기, 분실, 수리예정
- 유형별 현재 사용처 재고량
- 유형별 회전 일수

② 컨테이너, 파렛트 1차 사용처에 제공하는 자료
- 입고 예정 일시 및 수량
- 유형별 입고, 출고, 회수, 재고 수량
- 유형별 미사용재고, 사용재고
- 출고된 컨테이너, 파렛트의 2차 사용처별 유형별 입고, 재입고, 출고, 회수, 재고 수량
- 연간, 월간 컨테이너, 파렛트의 사용료

③ 컨테이너, 파렛트 2차 사용처에 제공하는 자료
- 입고 예정 일시 및 수량
- 1차 사용처별 유형별 입고, 출고, 회수, 재고 수량
- 유형별 사용재고, 사용완료재고
- 회수 예정 일시 및 수량

④ 컨테이너, 파렛트 집배소에 제공하는 자료
- 출고 예정 일시 및 수량
- 입고 예정 일시 및 수량
- 유형별 등급별 입고, 출고, 회수, 재고 수량
- 집배소 비용 정산

⑤ 운송사에 제공하는 자료
- 예정 상차지, 상차일시, 상차수량, 예정하차지
- 운송 내역 및 운반비 정산

2) 발화주 시스템

발화주라 함은 컨테이너, 파렛트를 대여하여 사용료를 지불하는 업체를 지칭하며 업체 내에서 사용하는 컨테이너, 파렛트를 관리하기 위하여 다음과 같은 업무를 하기 위한 시스템이다.

① 컨테이너, 파렛트의 입고 업무
- 공컨테이너, 공파렛트 납품 요청
  - 필요한 일시 및 유형, 수량, 하차지를 전산에 입력하여 운영센터에 전송한다.
- 입고 예정일, 유형 및 수량을 확인한다.
- 공컨테이너, 공파렛트 입고시 차량에서 하차할 때 부착된 코드를 인식장치로 읽어 운영센터로 자료를 전송한다.
  - 전송자료 : 일련번호, 유형, 수량, 하차지, 하차일시
- 입고 예정 유형 및 수량이 인식한 내용과 일치하는지 확인한다.

② 컨테이너, 파렛트의 출고 업무
- 컨테이너, 파렛트 출고시 부착된 코드를 인식장치로 읽어 운영센터로 자료를 전송한다.

－ 전송자료 : 일련번호, 상차지, 상차일시, 유형, 수량, 하차지, 하차예정일이다.
　　　컨테이너, 파렛트의 관리 업무
　•사용할 수 없어 반납하여야 할 컨테이너, 파렛트는 부착된 코드를 인식장치로 읽
　　어 운영센터로 자료를 전송한다.
　　－ 전송 자료 : 일련번호, 등급
　　－ 등급 종류 : B, C, 보수, 폐기, 세척

③ 착화주 관리업무
　•착화주의 유형별 재고 파악
　－ 발화주별 기간별 유형별 입고, 출고, 회수, 재고, 재입고
　•출고된 컨테이너, 파렛트의 상태를 파악한다.
　－ 출고된 컨테이너, 파렛트가 발화주 구내에서 사용되고 있는지 사용이 종료되었
　　는지를 파악하여 업체 내부 자료로서 활용한다.

3) 착화주 시스템
착화주라 함은 발화주로부터 제품을 납품받을 때 컨테이너, 파렛트를 받은 업체를 지칭하며 업체내에서 사용하는 컨테이너, 파렛트를 관리하기 위하여 다음과 같은 업무를 하기 위한 시스템이다.

① 컨테이너, 파렛트의 입고 업무
　•입고 예정일, 유형 및 수량을 확인한다
　•컨테이너, 공파렛트 입고시 차량에서 하차할때 부착된 코드를 인식장치로 읽어 운
영센터로 자료를 전송한다.
　－ 전송자료 : 일련번호, 유형, 수량, 하차지, 하차일시
　•입고 예정 유형 및 수량이 인식한 내용과 일치하는지 확인한다.

② 컨테이너, 파렛트의 관리 업무
　•사용이 종료되어 반납하여야 할 컨테이너, 파렛트는 부착된 코드를 인식장치로 읽
어 운영센터로 자료를 전송한다.
　－ 전송자료 : 일련번호, 등급

③ 발화주 관리 업무
　•발화주 유형별 재고 파악
　－ 발화주별 기간별 유형별 입고, 출고, 회수, 재고, 재입고

4) 운송사 시스템
운영센터로부터 받은 운송자료를 근거로 컨테이너, 파렛트를 납품한다. 납품하는 컨테이너, 파렛트를 관리하기 위하여 다음과 같은 업무를 하기 위한 시스템이다.

① 사용가능 차량 등록 업무
- 운영센터에서 컨테이너, 파렛트의 납품을 위해 운송사의 공차정보를 활용할 수 있도록 자료를 입력한다.

② 컨테이너, 파렛트의 납품 업무
- 운영센터로부터 수신한 배차요청 정보를 확인한다.
  - 확인 자료 : 상차지, 예정상차일시, 유형, 수량, 하차지, 하차일
- 운송요청에 따른 배차 여부를 1시간 내에 확정한다. 시간 내에 자료입력이 되지 않을 경우에는 배차요청은 자동적으로 취소된다.
  - 입력자료 : 배차승인시 차량번호, 상차지 도착 예정일시 입력

③ 운반비 정산
- 정상적으로 납품이 완료되었는지를 차량 기사로부터 전표를 회수하여 운영센터로부터 제공되어지는 자료와 비교하여 운반비를 정산한다.

5) 컨테이너, 파렛트 집배소 시스템
운영센터로부터 받은 자료를 근거로 컨테이너, 파렛트를 입고, 출고, 보관, 선별 등 파렛트를 관리하기 위하여 다음과 같은 업무를 하기 위한 시스템이다.

① 상차 업무
- 운영센터로부터 수신한 상차 정보와 차량기사가 가지고 있는 전표를 확인한다.
  - 확인 자료 : 운송사, 차량번호, 예정상차일시, 유형, 수량
- 컨테이너, 파렛트를 차량에 상차할 때 부착된 코드를 인식장치로 읽어 운영센터로 자료를 전송한다.
  - 전송자료 : 일련번호, 유형, 수량, 상차지, 상차일시

② 하차 업무
- 운영센터로부터 수신한 상차 정보와 차량기사가 가지고 있는 전표를 확인한다.
  - 확인자료 : 상차지, 상차일시, 유형, 수량
- 컨테이너, 파렛트를 차량에서 하차할 때 부착된 코드를 인식장치로 읽어 운영센터로 자료를 전송한다
  - 전송자료 : 일련번호, 유형, 수량, 하차지, 하차일시

③ 부수 업무
- 입고 예정정보를 운영센터로부터 조회하여 하차준비를 한다.
  - 조회자료 : 예정 하차일시, 유형, 매수
- 출고 예정정보를 운영센터로부터 조회하여 상차준비를 한다.
  - 조회자료 : 예정 상차일시, 유형, 매수
- 운영센터로부터 수신한 입고 정보중 보수, 폐기, 세척 등의 컨테이너, 파렛트의 상태를 파악하고 선별작업을 거쳐 부착되어 있는 코드를 읽어 등급을 확정하여

운영센터로 자료를 전송한다.
- 전송자료 : 일련번호, 등급

6. 컨테이너 · 파렛트 풀 시스템의 도입효과

물류에 있어 주요 수단인 컨테이너와 파렛트에 코드나 카드를 부착하여 이를 자동으로 인식할 수 있는 지능시스템을 구축하게 되면 물류정보화에 획기적인 발전을 이룰 수 있다.

특히 물류공동화의 핵심역할을 하고 있는 컨테이너 · 파렛트 풀 시스템에 이 지능시스템을 도입하게 된다면 32,000여 기업에 있어 온라인 리얼타임시스템을 실현할 수 있게 된다.

이 지능시스템을 도입하게 되면 다음과 같은 효과를 기대할 수 있다.

(1) 물류설비인 컨테이너와 파렛트 관리가 용이하게 된다.

물자가 거래단계에 따라 항상 이동하고 있으므로 물자를 담고 있는 컨테이너나 물자를 적재하고 있는 파렛트는 끊임없이 유통되고 있다. 현재는 물류의 단순한 도구로서 사용되고 있을 뿐, 확실한 방안이 없어 관리에 한계가 있다.

컨테이너나 파렛트에 코드 등의 인식장치를 부착하여 물류정보관리의 수단으로 사용하게 하면 이용자 모든 작업현장에서 자동적으로 관리가 가능하게 되어 효율적인 컨테이너 풀과 파렛트 풀을 운영할 수 있다.

(2) 이용기업의 물류관리를 혁명적으로 향상시킬 수 있다.

지능 컨테이너 · 파렛트 풀 시스템이 도입되면 컨테이너와 파렛트의 인식코드와 연계되어 있는 물자정보들이 완벽한 온라인 리얼타임 방식으로 관리되므로 물류관리를 한 차원 높은 단계로 향상시키게 될 것이다.

① 물자흐름의 속도가 빨라진다.
② 물류과정의 재고가 감축된다.
③ 악성재고와 결품이 방지된다.
④ 물류비용이 절감되고 기업의 경쟁력이 강화된다.

7. 결 론

물류시스템화를 추진하기 위하여 물류경로와 거점을 Unit Load System으로 연결하는 표준컨테이너와 파렛트를 공동으로 이용할 수 있는 컨테이너 · 파렛트 풀 시스템은 효과적인 대책이 된다. 그러나 현행 운영하고 있는 컨테이너·파렛트 풀 시스템은 단순한 포장용기와 화물의 받침대 역할만 하고 있는 실정이다.

물류정보화에 의하여 물류 온라인 리얼타임 시스템을 실현시키기 위하여 정보인식 기술을 활용하여 컨테이너와 파렛트가 정보시스템의 수단이 될 수 있도록 지능 컨테이너·파렛트 풀 시스템을 구축하고자 한다. 이렇게 하여 이용기업의 입장에서 컨테이너와 파렛트의 코드와 물자정보를 연계사용하게 함으로써 물류데이터를 실시간으로 관리할 수 있도록 하고, 또한 거래단계별로 컨테이너와 파렛트의 관리가 용이하게 할 수 있다.

선결과제로서는 물류정보화를 추진하기 위하여 정부의 국책과제로 채택하여 연구되어야 하고, 코드 및 카드, 인식장치 등의 정보인식 기술개발과 표준화가 추진되어야 할 것이다. 또한 이 지능시스템을 촉진하기 위한 정부의 육성자금 지원과 조세감면혜택 등이 검토되는 것이 요망된다.

본 Project가 도입된다면 컨테이너와 파렛트가 단순한 물류장비로서의 역할만이 아니라 정보화의 수단이 되어 물류정보시스템을 선진화하는 데에도 크게 기여하게 될 것이다.

참/고/문/헌

1. 서병륜, "물류표준화가이드", 대한상공회의소, 1994년
2. 변의석·박민영, "물류정보망의 종합연계체계 구축방안", 교통개발연구원, 1998년
3. 한국유통정보센터, "표준 물류바코드 활용매뉴얼", 1998년
4. 일본통산성 산업정책국, "物流用統一取引コードとシンボル", 1978년
5. 北澤 博, "物流情報システム", 白桃書房, 1990년
6. 唐澤 豊·今野哲平, "物流情報システムの設計", 白桃書房, 1992년
7. 村越稔弘, "ECR サプライチェイン革命", 稅務経理協會, 1995년
8. William H. Erdei, "BAR CODES", Mc Grawwhill, 1993년

물류의 길®

지은이	|	서 병 륜
발행인	|	신 재 석
발행일	|	4판 2쇄 발행 2024년 12월 1일
발행처	|	㈜ 삼양미디어
등록번호	|	제 10-2285호
주소	|	서울특별시 마포구 양화로 6길 9-28
전화	|	02) 335-3030
팩스	|	02) 335-2070
홈페이지	|	www.samyang𝓜.com
ISBN	|	978-89-5897-018-7